बातों-मुलाकातों में शहरयार

बातों-मुलाकातों में शहरयार

प्रेम कुमार

वाणी प्रकाशन

वाणी प्रकाशन

4695, 21-ए, दरियागंज, नयी दिल्ली 110 002

शाखा

अशोक राजपथ, पटना 800 004

फ़ोन: +91 11 23273167 फ़ैक्स: +91 11 23275710

www.vaniprakashan.in
vaniprakashan@gmail.com

BATON-MULAKATON MEIN SHAHRYAAR
by Prem Kumar

ISBN : 978-93-5072-262-6
Memoirs/Interview

प्रथम संस्करण
मूल्य : ₹ 395

ओम ऑफ़सेट, दिल्ली-110093 में मुद्रित

वाणी प्रकाशन का लोगो मक़बूल फ़िदा हुसेन की कूची से

श्रीमती चंद्रलेखा जी व श्री गोपाल कृष्ण सारस्वत जी
एवं उनके परिवार की
उस दुर्लभ, संस्कारित संवेदनशीलता को सादर...
जिसको पाकर
पुत्री का पिता होना
अद्भुत-सा एक अनुभव
और वरदान-सा एक सौभाग्य हो गया...!

—प्रेम कुमार

अनुक्रम

ये बातें, ये मुलाकातें

ज़िन्दगी में के काफी कुछ की तरह ही किसी किताब के भी जन्म, नाम, रूप, आकार पा लेने में प्रभावी रहे हालात या कारणों के बारे में निश्चित तौर पर कह-बता पाना आसान नहीं है। संगत व सम्भव भी नहीं लगता। ध्यान दिया तो याद आया कि शह्रयार साहब के साथ पिछले अनेक वर्षों में हुई बातचीतों को पुस्तक रूप में लाने की कमसिन-सी एक इच्छा अरसे से अन्दर-अन्दर जब-तब अँगड़ाइयाँ लेती रही थी। 'एक मस्त फ़कीर : नीरज' और 'ज़ने अजीब नासिरा शर्मा' के प्रकाशन के बाद यह इच्छा अधिकाधिक तीव्र-प्रबल होने लगी। इसी दौरान हुआ यह कि शह्रयार साहब को वर्ष 2008 का ज्ञानपीठ पुरस्कार दिए जाने की घोषणा हुई। घोषणा के तुरंत बाद से शह्रयार साहब के साथ, उनके आसपास काफी कुछ अजीब-अप्रत्याशित बहुत तेजी से घटता गया। उस घटित के अधिकांश को जितना और जिस तरह से दख-जान पाने का अवसर मुझे मिला-उसने मेरी अधजागी उस नन्ही-सी इच्छा को जैसे कुछ महीनों में ही युवा कर दिया—दीप्ति, ओज, उत्साह और ऊर्जा से आपूरित-आप्लावित कर दिया।

शह्रयार को पहले भी देश-विदेश में उर्दू-हिन्दी के कई पुरस्कारों-सम्मानों से पुरस्कृत-सम्मानित किया जा चुका है। लेकिन यह अजीब एक संयोग ही है कि ज्ञानपीठ पुरस्कार दिए जाने की घोषणा के बाद न जाने कब की छिपी-दबी व्याधियों ने उन्हें अपने घेरे में लेना शुरू कर दिया। शह्रयार की अस्वस्थता के उस दौर में उनके साथ-पास के तमाम-तमाम मौकों पर कई-कई बार लगा कि पुरस्कार पाने से पहले और बाद के– या कहें कि अस्वस्थ होने से पहले और बाद के शह्रयार एकदम एक और समान तो नहीं ही हैं। गौर किया तो जाना कि इस बीच में उनकी देह, उनके मन-मस्तिष्क, उनके व्यक्ति और रचनाकार में भी न्यून-अधिक, दृश्य-अदृश्य से अनेक बदलाव स्वयमेव आते चले गये थे । पुरस्कार पाने की खुशी को इस बीच उन्होंने अपनी तरह निजी स्तर पर भी और मित्रों-परिचितों के साथ भी खूब-खूब और भरपूर जिया था। अपने निश्चिन्त, बेपरवाह स्वभाव एवं अदम्य जीवट और

जिजीविषा के चलते वे आम बीमारों की तरह न कभी रहे, न दिखे-लगे। और जल्दी ही यह हुआ कि बड़ी प्रबल-भयावह कही जाने वाली उनकी उस व्याधि को लज्जित-पराजित होकर मैदान छोड़ भाग जाना पड़ा।

शहूरयार जैसे शायर की अस्वस्थता के दिनों में उनके साथ-पास होने, उनसे बातचीत करने के हर अवसर पर लगा कि उनकी ज़िन्दगी और शायरी में का बहुत कुछ अज्ञात-ज्ञातव्य इस दौर में जानने को मिल रहा है। हर कदम पर लगा कि पहले के शहूरयार से हुई बातें उनके एक अलग व्यक्तित्व और उनकी निज की कुछ परिचित-सी विशेषताओं से अवगत कराती हैं– तो बाद के शहूरयार से हुई बातें-मुलाकातें उनकी रचनाओं-रचनात्मकता के साथ उनकी हिम्मत, क्षमता, जिजीविषा, रोग-शोक-संकट से चुप-चुप लड़ते रहकर प्रसन्न-अप्रभावित रह सकने की अद्‌भुत सामर्थ्य और मानसिकता से परिचित कराती हैं।

इस सब को व्यवस्थित करने के क्रम में ऐसा भी लगा कि यह प्रयास सिर्फ कुछ सवालों का पूछ लेना भर नहीं था—या इन जवाबों को पा लेना किन्हीं सुचिंतित-सुविचारित, आयोजित-प्रायोजित उत्तरों को प्राप्त कर लेना भर नहीं था। उससे कहीं अधिक और आगे यह प्रयास एक रचनाकार-शायर की स्मृतियों की मंजूषा में से उसकी सुविधा, रुचि और कोशिश के बल पर उसमें के मूल्यवान-उपयोगी को देख-जान-पा लेना था। इसे यूँ भी कह सकते हैं कि यह प्रयास एक शायर—शहूरयार—के पूरे एक युग के इतिहास के अनगिन-अनजाने हिस्सों को देख-पा-जान लेने जैसा था। और जब यह सब इस रूप में तैयार हो गया तो यूँ भी लगा कि यह प्रयास किसी सर्जक से उसके मन, उसकी इच्छा से उसी की ज़बानी उसके अंतस् में सहेज-सँभालकर रखे हुए कुछ अनुभवों-दृश्यों-किस्सों को अफ़सानों की तरह कहलवा लेना या उन्हें औपन्यासिक रूप और विस्तार दिला लेना था।

जैसा जितना जो कुछ हो सका वह आपके सामने है! आशा है कि यह प्रयास—प्रश्नों-उत्तरों और देखे-सुने-जाने का यह व्यवस्थित पुस्तक रूप—शहूरयार के पाठकों, प्रशंसकों, अध्येताओं, शोधार्थियों को पठनीय-उपयोगी लगेगा।

—प्रेम कुमार

1

शहरयार और उनकी शायरी : एक मूल्यांकन

सोलह जून, उन्नीस सौ छत्तीस को आँवला-जिला बरेली(उत्तर प्रदेश), में जन्मे कुँवर अख़लाक़ मुहम्मद खाँ की शिक्षा का पूर्वार्द्ध बेनीगंज व हरदोई में सम्पन्न हुआ। आज़ादी के तुरंत बाद के वर्ष में उनके परिवार ने अलीगढ़ को अपना निवास स्थान बनाया। उसके बाद अलीगढ़ ने उन्हें उच्च शिक्षा दी, रोजगार और नाम दिया, बनाया-सँवारा। अलीगढ़ मुस्लिम विश्वविद्यालय से उन्होंने उर्दू में स्नातकोत्तर परीक्षा उत्तीर्ण की तथा पीएच. डी. की उपाधि प्राप्त की। 1966 में वे ए. एम. यू. के उर्दू विभाग में प्राध्यापक हुए। फिर इसी विभाग में वे प्रोफेसर और विभागाध्यक्ष भी हुए। विश्वविद्यालय के अपने सेवाकाल में उन्होंने अनेक महत्वपूर्ण पदों पर रहकर कुशलतापूर्वक दायित्वों का निर्वहन किया। जिला बुलन्दशहर के दो गाँवों—बिरौरा/ एवं चौंढेरा/से उनके प्रारंभिक जीवन के सम्बन्ध और लगाव के बारे में गिने-चुने लोग ही अवगत हैं। बिरौरा उनका मूल गाँव है— जहाँ उनसे पहले की पीढ़ी रही। उनके पिता अबू मुहम्मद खाँ और ताया कुँवर इक़बाल मुहम्मद खाँ/ दोनों की शादी चौंढेरा से हुई। अपनी माँ की मुहब्बत, नेकदिली और रहमदिली के लिए उनके मन में सदैव सम्मान रहा। उनकी बड़ी बहन की मृत्यु के बाद माँ की मनःस्थिति इतनी खराब हो गई थी कि वो होने के बावजूद न होने के बराबर थीं। उस दौर में उनके वालिद ने पुलिस की नौकरी में होते हुए भी माँ और बाप—दोनों की भूमिका निभाई। माँ की मृत्यु के बाद सगे-सम्बन्धियों के आग्रह करने पर भी उनके पिता ने दूसरी शादी नहीं की। अपने पिता के इस रूप और भूमिका के प्रति शहरयार अपने आदर-भाव की अभिव्यक्ति प्रायः करते रहे हैं। शहरयार मानते हैं कि एक खास तरह की 'आब्जेक्टिविटी' शायद उनमें उनके इसी रिश्ते के कारण पैदा हुई। इसीलिए रिश्तों के बारे में वे बहुत 'पर्टिकुलर' और 'रियलिस्टिक' रह सके। रिश्तों में दूसरों की सीमाओं का उन्होंने हमेशा

ख़याल रखा। यही वजह रही कि उनके रिश्ते देर तक और दूर तक चलते रहे।

सन् 1957 से पहले शहरयार की जो भी रचनाएँ छपीं वो कुँवर अख़लाक़ मुहम्मद खाँ के नाम से छपीं। दो-चार ग़ज़लों में उन्होंने 'कुँवर' का तख़ल्लुस के तौर पर इस्तेमाल किया। बाद में दोस्तों द्वारा मूल नाम को लम्बा, प्रोज़ेक व ग़ैर शायराना बताए जाने पर नाम परिवर्तन की प्रक्रिया शुरू हुई। शायर दोस्त **साज़ तमकनत** ने कई नाम सुझाए-पर उनके उस्ताद, अभिभावक, अत्यंत सम्मान्य ख़लीलुर्रहमान आज़मी के कहने पर 'कुँवर' की जगह पर नाम शहरयार हो गया। दोनों का अर्थ एक ही है—प्रिंस-राजकुमार! 1957 के आख़िर में रखा गया शहरयार नाम ऐसा चला कि फिर खुद अख़लाक़ अहमद को भी अपना यही नाम असली लगने लगा। शहरयार को याद नहीं कि उनकी पहली रचना कब और कहाँ छपी!— पर हाँ, यह याद है कि यूँ छात्र जीवन में 1960 में यूनिवर्सिटी के कैनेडी हॉल में एक बड़े मुशायरे में वे पढ़ चुके थे—लेकिन बाहर पहला मुशायरा उन्होंने 1961 में, अहमदाबाद में किया। शुरू-शुरू में मुशायरों में जाने से वे प्रायः बचते रहे। शर्मीले थे-सो झिझकते रहे। जाने की निरंतरता सेवानिवृत्ति के बाद बनी। अब जाना उन्हें भी अच्छा लगता है और श्रोता उन्हें देर तक, बार-बार सुनना चाहते हैं। अन्य मंचीय कवियों से शहरयार इन अर्थों में अलग और विशिष्ट हैं कि उन्होंने साहित्य की श्रेष्ठता और श्रोताओं को संस्कारित करने का ख़याल हमेशा रखा। लोकप्रियता के लिए रचना के स्तर से समझौता उन्होंने कभी नहीं किया। उन्हें अहसास है कि पब्लिक साफ़ स्लेट की तरह है और वह नई, अच्छी, अलग चीज़ को पसंद करती है। कवि उसे अच्छी रचनाएँ देकर ऊपर उठा सकते हैं।

शहरयार का पहला काव्य संग्रह 1965 में-'इस्मेआज़म' शीर्षक से प्रकाशित हुआ। उसके बाद से लिखने-छपने का सिलसिला निरंतर जारी है। 1970 में 'सातवाँ दर' आया, 1978 में 'हिज्र के मौसम'। 'ख़्वाब का दर बंद है' 1985 में एवं 'नींद की किरचें' 1995 में प्रकाशित हुए। 'मेरे हिस्से की ज़मीन', 'धुंध की रौशनी' तथा 'शाम होने वाली है' शीर्षक से शहरयार के संग्रहों का प्रकाशन क्रमशः 1999, 2003 व 2004 में हुआ। 'मेरे हिस्से की ज़मीन', 'मिलता रहूँगा ख़्वाब में', 'कहीं कुछ कम है', 'शाम होने वाली है' और 'सैरे जहाँ' नाम से उनके काव्य-संग्रह हिन्दी में भी आ चुके हैं। उनकी अद्यतन रचनाएँ 'हासिल-ए-सैरे-जहाँ' शीर्षक से 2001 में भारत से तथा उनकी समग्र रचनाएँ 'कुल्लियाते-शहरयार' के नाम से 2007 में पाकिस्तान से प्रकाशित हो चुकी हैं। कई भारतीय भाषाओं एवं अंग्रेजी, फ्रेंच और जर्मन में उनकी कविताओं के अनुवाद हुए हैं। इसके अतिरिक्त स्तरीय साहित्यिक पत्रिकाओं एवं पुस्तकों का संपादन कर, रेडियो-टेलीविज़न कार्यक्रमों में भाग लेते रहकर शहरयार

ने साहित्य की अभिवृद्धि में उल्लेखनीय योगदान दिया है। देश-विदेश के अनेक ऐसे प्रतिष्ठित पुरस्कारों-सम्मानों—जिन्हें पाना बड़े से बड़े रचनाधर्मी की ख़्वाहिश भी होती है ख़्वाब भी—से शहरयार को सम्मानित किया जा चुका है। ज्ञानपीठ एवं साहित्य अकादमी के अलावा उन्हें उत्तर प्रदेश अकादमी अवार्ड, साहित्य मंच अवार्ड, जालंधर अदबी संगम अवार्ड, उत्तर प्रदेश अकादमी अवार्ड, बहादुरशाह ज़फ़र अवार्ड, फिराक़ सम्मान, शर्फुद्दीन याहूया अवार्ड, बिहार तथा ग़ालिब इंस्टीट्यूट अवार्ड जैसे कई अन्य महत्वपूर्ण पुरस्कार प्राप्त हो चुके हैं।

शहूरयार ने कितनी ही बार खुद के अतीत मे झाँका-खोजा है, पर ऐसा कोई सिरा उन्हें नहीं मिला जिसे पकड़कर कह सकें कि वो शायरी की तरफ जाने वाले थे। कोतवाल पिता अपने पुत्र को थानेदार बना देखना चाहते थे, पर पुत्र राजी नहीं था-सो घर से अलग होना पड़ा। छात्र रहते ख़लीलुर्रहमान आज़मी—जो खुद बड़े कवि और आलोचक तथा ए. एम. यू. में रीडर थे—के साथ रहना शुरू हुआ। रचनाओं का छपना तब शुरू हो चुका था। बाद में अचानक कोई उनकी ज़िंदगी में आया! यह 'कोई' कौन है या था आज तक अज्ञात व परम गोपनीय है। इस उम्र में किसी को रुसवा करने से बचना है-सो लाख कोई पूछे नहीं बताना तो नहीं बताना। कैरियर का कुछ भी तो पहले से तयशुदा नहीं था। कभी दूर तक नहीं सोचा था कि उर्दू में एम0 ए0 करना है— अध्यापकी या पत्रकारिता से शुरू करना है। शायरों के बारे में आम जो एक रोमेंटिक तसव्वुर रहा है—ग़ैर जिम्मेदारी का या मुहीमियन जैसा, बाल बढ़े हैं, जिस लड़की को देखा उस पर आशिक हो गए, अपने बारे में इश्क के झूठे-सच्चे किस्से मशहूर करना, दिखावा, अपने इर्द-गिर्द हाला बनाना वगैरह—उसे अपने ऊपर ओढ़ने की कोशिश शहूरयार ने कभी नहीं की। अत्यंत संवेदनशील, विनम्र, शिष्ट, आत्मीय और दूसरों की भावनाओं-विचारों का सम्मान करने वाले शहूरयार को अपने कवि होने को ओढ़े-लादे घूमना या उसका अनावश्यक प्रदर्शन हमेशा नापसंद रहा है। वे मानते हैं कि जब शायरी में शायर अलग होता ही है तो फ़िर फ़िज़ीकली भी अलग क्यों दिखे। शायर को समाज से कुछ अतिरिक्त लेने की ख़्वाहिश नहीं रखनी चाहिए। शहूरयार के जीवन और सृजन में ख़ास-सा एक अनुपात, धैर्य और नियंत्रण बहुत प्राथमिक और प्रमुख चीज़ रहा है। वे जब कुछ पहनते-सजते हैं तो नहीं लगता कि उसमें सजने जैसी कोई कोशिश है। ऐसा ही उनकी शायरी के साथ भी है। अनुपात विशेष के चलते लगा ही नहीं कि उसके लिए अलग से कोई मेहनत करनी पड़ी है। वह एकदम सहज-अनायास सी लगती है।

शहूरयार के मतानुसार कविता में—सारी दुनिया की कविता में म्यूज़िक का तत्व ज़रूरी है। म्यूज़िक की तरह उसमें भी कुछ क़ायदे और उसूल हैं, जिन पर पाबंदी

जरूरी है। ये गिफ़्ट सिर्फ़ अभ्यास से हासिल नहीं किया जाता, व्यक्ति में उसके जर्म्स होने चाहिए। म्यूज़िक की तरह ही शायरी के लिए भी कुछ बातें जानना ज़रूरी है। परम्परा से जो हमें प्राप्त होता है उससे हम सीखते हैं। मसलन यह कि किस चीज़ को किन लोगों तक पहुँचाने के लिए क्या टूल्स लोग इस्तेमाल करते रहे हैं। इसके लिए कहाँ सिम्बल, मेटाफ़र या किस तरह का मीटर-फ़ॉर्म आना है। इस सिलसिले में बहुत कुछ अनजाने में ख़ुद-ब-ख़ुद होता रहता है कि किस अनुपात में कौन सी चीज़ किस तरह होकर उस शक्ल में बनेगी जो पढ़ने-सुनने वालों को हैरत में डालेगी। हैरत में इसलिए डालेगी कि वह अनौखी होगी—अपनी शक्ल में भी, कंटेंट में भी। हैरान करना किसी भी आर्ट का पहला और प्रमुख काम है। अपनी ख़ास बातों को इस शक्ल में लोगों तक पहुँचाने की कि वो खास होने के साथ आम बनने की ताकत भी रखें-ख़्वाहिश हर रचनाकार की होती है—'उसने ये जाना कि गोया/ये भी मेरे दिल में था'। अदब में 'आज' का होना शहरयार आवश्यक समझते हैं। साथ में यह भी कि उनके साज़ पर गुज़रे हुए कल का साया और आने वाले कल का इशारा या उससे सम्बन्ध ज़रूर होना चाहिए। शहरयार का सृजन इसलिए भी अनन्य है कि वो इस सच से बख़ूबी अवगत एवं उसके प्रति सजग हैं कि 'अदब और शायरी ज़िंदगी को पेश करते हैं लेकिन ज़िंदगी जब अदब में ढलती है तो उसमें इतना परिवर्तन हो चुका होता है कि वो उस ज़िंदगी की तस्वीर न मालूम होकर, अपना अलग वज़ूद अख़्तियार कर लेती है। उनका बहुत साफ़-साफ़ यह मानना और कहना है कि 'अदब और ज़िंदगी दो समान्तर रेखाएँ हैं, जो हमेशा साथ तो रहती हैं, पर उनका कहीं मिल पाना मुश्किल है।

संवेदना और विचार का संतुलन, व्यक्तियों, वस्तुओं, घटनाओं, मनः स्थितियों के आरपार दूर-गहरे तक देख-समझ सकने का दुर्लभ गुण व कौशल शहरयार और उनके रचनाकार को प्राप्त है। उन्हें अपने पिता की यह सीख सदैव याद रहती है कि व्यक्ति को भले ही यह पता हो या न हो कि वह क्या कर सकता है, पर यह अच्छी तरह मालूम होता है कि वह क्या नहीं कर सकता! अध्यापक रहते हमेशा कथा-साहित्य पढ़ाते रहने और प्रो. आले अहमद सुरूर के आग्रह के बावजूद गद्य लिखने का उनका न मन हुआ, न इरादा बना। शहरयार ने शुरू से ही शायरी की और कोशिश रही कि वो औरों से भिन्न-विशिष्ट हों। नज़्में भी खूब लिखीं और ग़ज़लें भी। शुरू में ग़ज़ल को बेहतर मानने के उनके रुख में अब उल्लेखनीय बदलाव आया है। अब उनका मानना है कि ग़ज़ल में जो भी सच होता है वह सामान्य बनकर आता है। उसके ब्यौरे मौजूद नहीं रहते इसलिए शेर कई जगह कई बातों को निकालते हुए आता है। यह उसकी ताकत भी है, कमज़ोरी भी। नज़्म में जिस तरह शायर अपनी बात कहता है, उसमें पढ़ने-सुनने वाला पूरी तरह नहीं तो काफ़ी बड़ी हद तक शायर

की सोच के आस-पास रहता है। ग़ज़ल में उसके फॉर्म की कुछ बंदिशों के कारण ग़ज़लगो कभी कुछ ज़्यादा कह जाता है या कुछ कम रह जाता है। ज़रूरी नहीं कि हर नज़्म सौ फ़ीसदी क़ामयाब हो, लेकिन ग़ज़ल के मुकाबले में लिखने वाले को यह अहसास होता है कि वह अपनी बात दूसरों तक पहुँचा सका है। शायरी—वो चाहे ग़ज़ल हो या नज़्म- शह्रयार की दृष्टि में तभी सच्ची और अच्छी है, जब उसमें शायर की सोच भी हो, पहचान भी। शह्रयार के शायर की सादगी, सच्चाई और सहजता का एक और पक्ष तब उद्घटित होता है जब वो अपनी रचना-प्रक्रिया के बारे में कुछ बोल-बता रहे होते हैं—'क्या सिम्बल, मेटाफ़र, किस तरह का मीटर-फ़ॉर्म शायरी को नया-अनौखा बना सकता है—शायर जानता है। लिखने का कोई क्या बताए? उसी वक़्त मालूम होता है कि क्या लिखना है—ग़ज़ल या नज़्म। कभी कोई लफ़्ज़ आता है, कभी कोई मीटर, म्यूज़िक, बहर, कभी कोई तजुर्बा ही, कभी कोई एक लाइन आ गई। उसके बाद उसका पैटर्न क्या होगा, पहले से कुछ पता नहीं। बाज़वक़्त पता रहता है कि यह अनुभव ग़ज़ल का है या नज़्म का है। मीर का एक शेर है—'यही जाना कि कुछ न जाना हाये/सो भी एक उम्र में हुआ मालूम!'

शह्रयार की शायरी ने एक तरफ़ जहाँ सुनने-पढ़ने वालों के बीच मान पाया है, वहीं अपने समय के शिखर समालोचकों व शोधकों का ध्यान भी खूब आकृष्ट किया है। शह्रयार की कविताओं के अंग्रेज़ी अनुवाद की भूमिका लिखते समय डा. गोपीचन्द नारंग सरीखे अग्रगण्य आलोचक ने उनकी काव्य-भाषा, शिल्प व सामाजिक प्रतिबद्धता की सराहना करते हुए अन्य अनेक समकालीन कवियों से उन्हें अलग और अहम माना है। प्रो. नारंग की राय में शह्रयार मूलतः एक बुद्धिजीवी शायर हैं इसीलिए उनकी अभिव्यक्ति की जड़ स्वानूभूति तथा सामाजिक समस्याओं को समझने की चाहत से सम्बद्ध हैं। वहाँ सन्देश या निष्कर्ष-संप्रेषण के प्रयास नहीं हैं, बल्कि ज़ख़्मी आधुनिक मनुष्य की आध्यात्मिक तकलीफ़ों एवं मनोवैज्ञानिक आकांक्षाओं की अभिव्यक्तियाँ हैं। डा. नारंग के ये कथन और निष्कर्ष तब और अधिक अर्थपूर्ण एवं प्रामाणिक लगने लगते हैं, जब हम साक्षात्कारों-बातचीतों के माध्यम से अनेक बार कहे-बताये गये शह्रयार के कुछ वाक्यों-तथ्यों पर दृष्टिपात करते हैं। अपने संग्रहों के शीर्षकों, प्रयुक्त प्रतीकों-बिम्बों अथवा अकेलेपन, उदासी, निराशा आदि के बारे में पूछे जाने पर वे अकसर कहते रहे हैं—'नहीं—'ख़्वाब का दर बंद है' में—जैसा मज़रूह सुल्तानपुरी ने कहा था—निराशा जैसा कुछ नहीं है। वहाँ तंज़ है—सैटायर है—'मेरे लिए रात ने/आज फ़रहाम किया/एक नया मरहला/नींदों से खाली किया/अश्कों से फिर भर दिया/कासा मेरी आँख का...xxxx जागो कि सो जाओ तुम/ख़्वाब का दर बंद है...।' जुल्म और ज़्यादती की रात है। व्यवस्था यही चाहती है कि उसे

बदलने के ख़्वाब देखना बंद कर दें तो वो आपको छोड़ देगी। फिर आप चाहे जो करें—आप पर कोई पाबंदी नहीं। बस, हमारे ऐब न देखो आप। हमें सत्ता से हटाने का हक़ नहीं है आपको। रोते, कुढ़ते, बिसूरते रहो, मगर ख़्वाब नहीं देखोगे। ज़ाहिर है कि शायर यह नहीं चाहता इसलिए सैटायर कर रहा है। 'सातवां दर' को देखें—किस्से-कहानियों में आता है कि सातवां दर नहीं खोलना—पर इंसान में क्यूरोसिटी है—यह जानकर भी कि सातवां दर खोलने से नुक़सान का ख़तरा हो सकता है...वो जानना चाहता है—'क्या सूरत हो सातवें दर के खुलने की/दस्तक देते-देते थक जाते हैं सब।' तो सारे उन्वानात में निगेटीविटी की बात है ही नहीं। अब जैसे 'नींद की किरचें' की बात करें—'बताऊँ किस तरह अहबाब को आँखें जो ऐसी हैं/कि कल पलकों से टूटी नींद की किरचें समेटी हैं.....।' टूटी हुई नींद को जमा किया है ताकि ख़्वाब देखें। ख़्वाब देखें तो 'उसको' देखें। किरचें समेटने में हाथ ज़ख़्मी-तो आँखें लाल हैं। सुबह को लाल आँखें देखकर दोस्त-अहबाब सवाल कर रहे हैं। उसके पीछे यही कि नींद समेटी-आँखें ज़ख़्मी-लाल हुईं। नींद इसलिए समेटी की ख़्वाब आएँ। ख़्वाब नींद के बाद ही तो आते हैं। हसीन, ख़ूबसूरत ज़िंदगी के ख़्वाब आदमी देखता रहा है। अदीब ऐसे ख़्वाब देखता है और चाहता है कि और लोग भी अगर ऐसे ही देखेंगे तो दुनिया हसीन हो जायेगी। स्थापित व्यवस्था ऐसे लोगों को पागल कहती है। ऐसी ही ख़्वाहिशें तो अदीब को अकेला बनाती हैं—'जिधर अँधेरा है, तनहाई है, उदासी है। सफ़र की हमने वो ही सिम्त क्यूँ मुक़र्रिर की है।' इस शेर में पैस्सीविज़्म नहीं है। बहुत रियलिस्टिक शेर है। जब-जब जहाँ-जहाँ किसी शख़्स ने किसी आइडियल को सामने रखा और उसके मुताबिक ज़िंदगी गुज़ारने की कोशिश की—तो उसको इन मंज़िलों का सामना करना पड़ा। इसका यह अर्थ नहीं कि लोग आइडियल के मुताबिक ज़िंदगी न गुज़ारें। पर यह कि आइडियल का सिलेक्शन करते वक़्त इसके लिए तैयार रहें कि इस पर चलना दुश्वारियों को दावत देना है।

रात एकांत का सिम्बल है मेरी शायरी में। डरावनी-पूर्ण एकांत वाली रात। वो अच्छी भी है, बुरी भी है। हर शेर में उसके अलग-अलग रूप नज़र आएंगे। कहीं रौशनी वैलकम चीज़ है। चाहते हैं कि खूब हो। कभी-कभी रौशनी तक़लीफ़देह मालूम होती है। जितने ये सिम्बल बार-बार आते हैं, वो हर बार, हर जगह किसी और मायने में होते हैं। एक जगह है—'रात अपने पर न खोले तो झुलस जाये ज़मीं।' वैसे—'अँधेरा जब घना होता है, कितना हौल आता है/तुम्हें क्या इल्म, तुमको जल्द सो जाने की आदत है।' मेरा अपना फ़लसफ़ा है कि आदमी जितना जागता है, वो ही असली ज़िंदगी है। नींद या सोने की अहमियत सिर्फ़ इसलिए है कि उसमें हम

ख़्वाब देखते हैं। तो मैं सोते में भी ख़्वाब देखता हूँ और जागते में भी देखता हूँ—'जागती आँखों से भी देखो दुनिया को/ख़्वाबों का क्या है, वो हर शब आते हैं।' क्रिटिक्स ने भले ही इस पर ज़ोर दिया है पर यह बात पूरी सच नहीं है कि मेरी शायरी में कुछ ख़ास सिम्बल बार-बार आते हैं। 'इस्मे आज़म' की किसी ग़ज़ल में ख़्वाब का लफ़्ज़ इस्तेमाल नहीं हुआ। यह सच है कि इन सिम्बल्स के ज़रिए मैं अपनी बात या तजुर्बे को निस्बतन आसानी से पढ़ने-सुनने वालों तक पहुँचाने में क़ामयाब हो जाता हूँ—'मुनहरिफ़ ख़्वाबों से हुए जब लोग/सोएँ या जागें, सब बराबर।' मेरे अन—सब कांशस में हमेशा यह रहा है कि जो फ़ीलिंग या इमोशन मैं लूँ—उस पर कुछ कहूँ तो वो अलग-अनोखा हो। लगता है कि मैं अनोखी बात कह रहा हूँ। वो मुझसे पहले किसी ने नहीं कही। शह्रयार की यह स्वीकृति और अभिव्यक्ति तब अत्यंत सहज, स्वाभाविक एवं विश्वसनीय लगने लगती है जब हम उनके लेखन के बारे में डॉ. शम्सुर्रहमान फ़ारुक़ी जैसे उर्दू के एक और शिखर समालोचक की राय से अवगत होते हैं। डॉ. फ़ारुक़ी ने अन्य उर्दू ग़ज़लकारों से शह्रयार के पार्थक्य एवं वैशिष्ट्य को रेखांकित करते हुए कहा है कि उनकी ग़ज़लें ग़ज़ल के पुरा-परम्परागत विषयों, अंदाज़ों और मानदण्डों से नितांत भिन्न हैं। छिपी-दबी अंतरंग भावनाओं-संवेदनाओं को उदात्तता के साथ अभिव्यक्ति कर सकने के शह्रयार के कौशल की सराहना करते हुए डॉ. फ़ारुक़ी ने माना है कि 'निःसन्देह शह्रयार अपने समय के महानतम उर्दू कवि हैं।'

शह्रयार के कवि और काव्य की स्वीकृति और ख्याति का यह विस्तार और सम्मान ही है कि उर्दू के अलावा-हिन्दुस्तान व पाकिस्तान में—अन्य भाषाओं के अनेक नामचीन लेखकों-समालोचकों ने उनके काव्य का मूल्यांकन किया है। शह्रयार की शायरी का अलग-अलग पक्षों-कोणों से अध्ययन-विश्लेषण करते हुए कमलेश्वर, मुग़नी तबस्सुम, एस॰ ज़हीर जाफ़री एवं सरवुल हुदा आदि विद्वानों ने पुस्तकें सम्पादित की हैं—लिखी हैं। पीएच॰ डी॰ की उपाधि के लिए शह्रयार पर तीन शोध प्रबंध प्रस्तुत किए जा चुके हैं। हिन्दी पाठकों-श्रोताओं के बीच शह्रयार की चाहत और इज़्ज़त अपार एवं असाधारण है। कमलेश्वर शह्रयार के उस ख़ामोश शायर के प्रशंसक हैं कि वह जब कठिन दौर और ख़ामोशी से जुड़ता है तो एक समवेत चीख़ती आवाज़ में बदल जाता है। बड़े अनकहे तरीके से अपनी खामोशीभरी शाइस्ता आवाज़ को रचनात्मक चीख़ में बदल देने का यह फ़न शह्रयार की महत्त्वपूर्ण कलात्मक उपलब्धि है। कमलेश्वर की नज़र में शह्रयार की शायरी चौंकाने वाली आतिशबाज़ी और शिकायती तेवर से अलग 'बड़ी गहरी सांस्कृतिक सोच' की शायरी है और वह दिलो-दिमाग की बंजर बना दी गई ज़मीन को सींचती है। हिन्दी के

वरिष्ठ प्रतिष्ठित कवि-आलोचक अशोक वाजपेयी का साहित्य के श्रोताओं-मर्मज्ञों के एक बड़े समूह में यह उद्घोषित करना कि 'शहरयार हमारे प्रिय कवि हैं' अथवा अंग्रेजी के अत्यंत ख्यात लेखक खुशवंत सिंह का अपने साप्ताहिक स्तंभ में यह लिखना कि 'अधिकांश उर्दू प्रेमी सहमत होंगे कि शहरयार आज के हमारे सर्वोच्च कवि हैं'—शहरयार की शायरी की बड़ाई और लोकप्रियता को ही दर्शाता है। यह सच है और शहरयार भी इसे शान से स्वीकार करते हैं कि उनको प्राप्त यश और सम्मान में 'उमराव जान' की अहम और असंदिग्ध भूमिका है। यूँ उन्होंने 'अंजुमन', 'फ़ासले', व 'जूनी' के लिए भी गीत लिखे, किंतु उन सबके साथ कुछ न कुछ अघटनीय सा घटता गया। 'गमन' और मुख्यतः 'उमराव जान' के लिए लिखे गीतों ने उन्हें ख्याति के दुर्लंघ्य शिखर तक पहुँचा दिया! वे मानते-बताते हैं कि ज़िंदगी में बहुत सी चीज़ें उन्हें फ़िल्म के गानों की मक़बूलियत से मिलीं। उन्हें लगता रहा है कि फ़िल्म में गीत लिखकर उन्होंने अपनी आइडियोलॉजी के लिए इस मीडिया का बेहतर इस्तेमाल किया है। इसके साथ यह भी कि फ़िल्म या मंच के लिए उन्होंने साहित्य के स्तर और मूल्यों से समझौता नहीं किया।

उसके दो-चार कदम चलने के साथ ही किसी शायर के बारे में यह जान-बता पाना चमत्कारिक-सा होता है कि वह आगे की यात्रा में किन-किन गहराइयों, ऊँचाइयों, विस्तृतियों, दूरियों को छू-माप-या परख अथवा वहाँ तक पहुँच सकेगा। पर सुधीजन और गुण-ग्राहक अंकुरण के साथ ही बीज के विकास और भविष्य को माप-समझ सकने वाली अद्भुत प्रतिभा के धनी होते हैं। संभवतः ऐसी ही प्रतिभा और अपने सहज ज्ञान के चलते उर्दू के स्तम्भ आलोचक-कवि प्रो॰ आले अहमद 'सुरूर' ने 1965 में प्रकाशित हुए शहरयार के प्रथम काव्य-संग्रह 'इस्मेआज़म' की दो मुख्य विशेषताओं के लिए सराहना की थी। एक किशोर कवि की शुरुआती कविताओं में उपलब्ध मितव्यता, अनस्फीति, सघनता, गूँजों-अनगूँजों से जुड़कर व्यक्त हुई भावनाओं और निराशा-नकारात्मकता से मुक्त होने ने उन्हें आश्वस्त किया था। शहरयार के युवाकाल में ही फ़ैज़ अहमद फ़ैज़ जितने ऊँचे कद के शायर ने इस कवि के बारे में विश्वासभरी यह घोषणा कर दी थी कि 'अपने समय के युवा कवियों की सूची में भविष्य की उर्दू कविता की दिशा तय करने वालों में शहरयार सर्वोच्च हैं।'

यह सब अपनी जगह—पर इतना-ऐसा तो क्या, इसका अंश भर मिलने के साथ ही अक्सर रचनाकारों को अहंकार होने लगता है, तरह-तरह की कुंठाओं व ग़लतफ़हमियों के वे शिकार होने लगते हैं। शहरयार के व्यक्ति और रचनाकार की यह एक और अन्य ख़ासियत है कि काफ़ी कुछ पा लेने के बाद भी उन्होंने अहमन्यता या कुंठा जैसी किसी विकृति को अपने पास तक फटक सकने की सहूलियत या इजाज़त नहीं दी। अप्राप्तियों का ज़िक्र या चिंता किए बिना प्राप्तियों के लिए सुख-सन्तोष जी पाना या ऐसा कुछ कह

पाना किसी आश्वस्त, आत्मतुष्ट, अकुंठित रचनाकार के लिए ही संभव हो पाता है—'मुझे जिस तरह जितना मिला है, मैं सैटिसफाइड हूँ। वैसे कुछ ज़्यादा ही मिला है। मुझे चीज़ों के पीछे भागना नही पड़ा। कोई छोटी हरक़त नहीं करनी पड़ी। यूँ पूरी तरह कोई मुतमईन नहीं होता। शायद आदमी के ज़िंदा रहने के लिए ज़रूरी है कि वह किसी की ख़्वाहिश करता रहे, किसी चीज़ की कमी महसूस करता रहे—'न जिसकी शक्ल है कोई, न जिसका नाम है कोई/एक ऐसी शै का क्यूँ हमें अज़ल से इंतज़ार है।' शहरयार का ईमान उन्हें भविष्य से मायूस नहीं होने देता कि हिन्दोस्तान के लोग पाखंड को बहुत दिनों तक बर्दाश्त नहीं करते। शोर नहीं मचाते, लेकिन जब फ़ैसले का वक़्त आता है तो सच्चे और अच्छे फ़ैसले करते हैं। इसीलिए तो शहरयार को यक़ीन है कि आगे की पीढ़ी को वह कुछ नहीं देखना पड़ेगा, जो वो ख़ुद या उनकी पीढ़ी देख रही है—

'आज का दिन बहुत अच्छा नहीं, तस्लीम है,
आने वाला दिन बहुत बेहतर है, मेरी राय है।'

2.1

शहूरयार से संवाद–एक

कमलेश्वर शहूरयार को ख़ामोश शायर मानते हैं। एक ऐसा ख़ामोश शायर कि वह जब इस कठिन दौर व ख़ामोशी से जुड़ता है, तो एक समवेत चीख़ती आवाज़ में बदल जाता है। बड़े अनकहे तरीके से अपनी ख़ामोशी भरी शाइस्ता आवाज़ को रचनात्मक चीख़ में बदल देने का यह फ़न शहूरयार की महत्वपूर्ण कलात्मक उपलब्धि है। वे मानते हैं कि शहूरयार की शायरी चौंकाने वाली आतिशबाज़ी और शिकायती तेवर से अलग "बड़ी गहरी सांस्कृतिक सोच" की शायरी है और वह दिलो दिमाग़ की बंजर बना दी गई ज़मीन को सींचती है। अकादमी पुरस्कार के अतिरिक्त विभिन्न स्तरों पर देश-विदेश में सम्मान और ख्याति प्राप्त शहूरयार के उर्दू में 'इस्मे आज़म', 'सातवां दर', 'हिज्र के मौसम', 'ख़्वाब का दर बंद है', 'नींद की किरचें' और 'मेरे हिस्से की ज़मीन' शीर्षकों से आए काव्य-संग्रह काफ़ी चर्चित और प्रशंसित हुए। 'ख़्वाब का दर बंद है' हिंदी व अंग्रेजी में भी प्रकाशित हो चुका है तथा 'काफ़िले यादों के,' 'धूप की दीवारें', 'मेरे हिस्से की ज़मीन' और 'कहीं कुछ कम है' शीर्षकों से उनके काव्य-संग्रह हिन्दी में प्रकाशित हो चुके हैं। 'सैरे जहाँ' हिंदी में शीघ्र प्रकाश्य है। उमराव जान की ग़ज़लों से शहूरयार को जो ख्याति, जो सम्मान मिला उसे वे अपनी उपलब्धि और ख़ुशक़िस्मती मानते हैं। फ़िल्म को आज के संदर्भ में वे काफ़ी 'इफ़ैक्टिव मीडिया' मानते हैं। वे कहते हैं कि उन्होंने अपनी आइडियालॉजी के लिए इस मीडिया का बेहतर इस्तेमाल किया। एक श्रेष्ठ और समर्पित कवि के अतिरिक्त वे एक संवेदनशील, विनम्र, आत्मीय और दूसरों की भावनाओं का सम्मान करने वाले व्यक्ति हैं। वे हँसकर बता रहे थे कि अपने अध्यापन काल में उन्होंने पोयट्री नहीं आलोचना और कथा-साहित्य ही अधिकांशतः पढ़ाया है। गद्य में न लिखने की बात करते हुए वे कह रहे थे—कि हाँ, प्रोफ़ेसर होने से पहले आले अहमद

सुरूर ने मुझको कहा था कि मैं 'एस्थेटिक्स' पर एक किताब लिख दूँ। मैंने मना कर दिया कि साहब मैं ये काम नहीं करूँगा। वे शान से बताते हैं कि उन्होंने जो कुछ भी पाया है ए.एम.यू. में, अदब में, ज़िंदगी और दुनिया में—सब जगह केवल पोयट्री की वजह से पाया है। पोयट्री के प्रति उनके इस लगाव और गद्य से बचने को लेकर ही मैंने बातचीत के शुरू में उनसे पूछा था—पिछले दिनों हिंदी में 'कविता की मौत' और गद्य के भविष्य पर काफ़ी कुछ कहा गया है। उर्दू में भी पोयट्री और फ़िक्शन की महत्ता-अमहत्ता पर चर्चा होती रही है। पिछले दिनों क़ाज़ी अब्दुस्सत्तार ने पोयट्री पर कई कोणों से प्रहार करते हुए इक्कीसवीं सदी को फ़िक्शन की सदी कहा है। एक शायर होने के नाते आप इन बिन्दुओं पर किस तरह सोचते हैं?

'देखिए इस पर ख़ुश नहीं होना चाहिए कि यह फ़िक्शन का दौर है। इस पर अफ़सोस होना चाहिए कि यह अदब का दौर नहीं है। यह ग़म का मुक़ाम है कि लोग सीरियस लिट्रेचर न पढ़ें। महसूस करने को आला ज़बान है—हर शख़्स की मादरी ज़बान और उसकी सबसे अच्छी चाहते हैं, तो महसूस करने का यह माद्दा ख़त्म नहीं होना चाहिए। जो शख़्स महसूस नहीं कर सकता, वह ख़ासा ख़तरनाक होता है। वह न तो अच्छा शायर हो सकता है, न अच्छा बाप, न शौहर, न पड़ोसी। इसीलिए वे आर्गनाइज्ड लोग, जो समाज में उथल-पुथल करना चाहते हैं, वे इंसानों से उनके महसूस करने का हक़ छीन लेना चाहते हैं। शायरी, पेंटिंग, म्यूज़िक सब इमेज़िनेशन की पैदावार हैं। सोसायटी में इनका न होना ख़तरनाक है। वेल्यूज़ को जितनी फ़ोर्सफुली और पर्फ़ेक्टली पोयट्री रिप्रेज़ेंट कर सकती है, उतना और कोई फ़ैकल्टी ऑफ़ आर्ट नही कर सकती। पोयट्री से लुत्फ़ उठाने के लिए, उसे एप्रीशिएट करने के लिए कई चीज़ ज़रूरी हैं— म्यूजिक, पेंटिंग, फिलॉसफी, मीटर्स वगैरह। उन्हें जानना ज़रूरी है। जब तक रिद्म दुनिया में क़ायम है, पोयट्री क़ायम रहेगी। यदि आपको ऑडरली सोसायटी चाहिए और उसमें वैल्यूज़ की बुनियाद चाहिए, तो पोयट्री ज़रूरी है। पोयट्री फ़िक्शन की कोई दुश्मन नहीं है। सारी दुनिया की ज़बानों में पहले पोयट्री पैदा हुई फिर फ़िक्शन। फ़िक्शन को लो मैन भी पढ़ सकता है, पर पोयट्री का लुत्फ़ बहुत कुछ जानने पर ही लिया जा सकता है। बड़ा फ़िक्शन भी पोयट्री के बिना नहीं लिखा जा सकता। हमारी सबसे बड़ी फ़िक्शन राइटर हैदर का उपन्यास 'आग का दरिया' पोयट्री की मिसाल है। मीटर नहीं, पर पोयट्री उपस्थित है। क़ाज़ी साहब भी जब अपना नॉवेल सुनाते हैं, तो उन्हें वहीं दाद मिलती है जहाँ पोयट्री है। उपन्यास की बात कहते हुए ये सामने नही रखा जाता कि सीरियस फ़िक्शन कम पढ़ा जाता है। वह अधिक पढ़ा जाता है जो जासूसी या रोमानी होता है और आदमी को ज़िंदगी की सच्चाइयों से एस्केप कराता है।

थ्रिलर फ़िल्मों की तरह वक़्त गुज़ार सकने वाला फ़िक्शन वक़्त गुजारने भर को आदमी पढ़ता है।

आप जान लें कि एशिया का पूरा सोच, ट्रेंड पोयटिक है। दुनिया में कहीं फ़िल्मों में गाने नहीं होते, पर हमारे यहाँ जब तक एक-दो गीत न हों तो कहाँ क़ुबूलते हैं? हम इमोशनल हैं, इसलिये भी पोयटिक हैं। और वेस्ट- और ख़ासतौर से अमेरिका की तो पहचान ही यह है कि इमोशनल नहीं होना चाहिये। उनका हर फ़ैसला सोचा, समझा और फ़ायदे के लिये होता है। फिर भी वहाँ की सोसायटी में शायरी हो रही है। पापुलरिटी या डिमांड से किसी नतीजे को निकालना ठीक नहीं। आज फ़िल्म के कैसिट से ज़्यादा ग़ज़ल का कैसिट बिक रहा है, इसका यह मतलब तो नहीं कि वह बहुत पापुलर है।'

उर्दू में शायरी की ताक़त के नाम पर प्रायः ग़ज़ल का ज़िक्र किया जाने लगता है। आप भी पहले नज़्म की तुलना में ग़ज़ल के रूप को बेहतर मानते रहे हैं। ग़ज़ल और नज़्म के स्तर पर आज आप शायरी या शायर को किस तरह से अलग अथवा बेहतर-कमतर मानते हैं?

पहले मेरा इस पर रुख़ दूसरा था। अब चेंज किया है मैंने अपनी राय को। अब दोनों में ही सभी तरह की प्रॉब्लम्स फ़ेस करता हूँ। ग़ज़ल में जो भी ट्रुथ होता है वह जनरल बन जाता है। उसकी डिटेल्स मौजूद नहीं होतीं इसलिए शेर कई जगह कई बातों को निकालते हुए आता है। यह उसकी ताक़त भी है कमज़ोरी भी। आप चाहते हैं कि किसी पर्टिकुलर चीज़ पर निग़ाह डालें लोग, पर जनरल होने की वजह से सुनने-पढ़ने वाला अपनी तरह से अर्थ ले लेता है। नज़्म में जिस तरह आप अपनी बात कहते हैं, उसमें पढ़ने-सुनने वाला पूरी तरह नहीं, तो काफ़ी बड़ी हद तक आपकी सोच के आस-पास रहता है। ग़ज़ल कहते समय उस फ़ॉर्म की कुछ बंदिशें हैं, जिनकी वजह से कभी-कभी कुछ ज़्यादा कह जाते हैं या कुछ कम रह जाता है। ज़रूरी नहीं कि हर नज़्म में सौ फ़ीसदी क़ामयाब हों, लेकिन ग़ज़ल के मुकाबले में लिखने वाले को यह अहसास होता है कि वह अपनी बात दूसरों तक पहुँचा सका है।

ग़ज़ल की ताक़त या कमजोरी की बात नहीं है। उसके फ़ॉर्म में न ख़ूबी है, न ख़ामी है। इस्तेमाल करने वाले पर है। हमारे यहाँ इसका बहुत चलन रहा है। उसके ज़रिए जो कहा जाता है, वह बहुत जल्द और बहुत से लोगों तक पहुँचता है। हर ज़माने में यूँ तो नक़्क़ाल और मामूली लोग ज़्यादा रहे हैं, जिनकी ग़िरह में कुछ नहीं होता। ग़ज़ल के बारे में हर बार कहा गया है कि अपने ज़माने का साथ नहीं दे सकती, पर इक़बाल, फ़ैज़ सबने साबित किया कि दे सकती है। मुशायरे की शायरी से हिंदी या उर्दू में अंदाज़ नहीं लगाना चाहिए। वहाँ जज़्बात

को उकसाने वाली शायरी होती है। जैसे राजनीति में नेता फोलोअर्स के चाहने के आधार पर चलता है, वह लीड नहीं करता, रास्ता नहीं दिखाता, एकाध को छोड़ दें तो कवि सम्मेलनों और मुशायरों में ऐसे ही शायर होते हैं। ऐसी सोसायटी सीरियस लिट्रेचर का आईना दिखाने वाले को पसंद नहीं कर सकती। प्लेटो ने शायरों को इसीलिए अपनी रिपब्लिक से निकाला था कि वे बेचैनी पैदा करते हैं, प्रश्न करते हैं।

हमारे यहाँ बहुत से ऐसे शायर हैं—अच्छे शायर, जिन्होंने ग़ज़ल बिल्कुल नहीं लिखी पर उनकी शायरी कुछ ख़ास लोगों की शायरी है। शायरी में शायर की अपनी सोच होनी चाहिए, पहचान होनी चाहिए, कुछ ख़ास बातें उसकी होनी चाहिए, लेकिन उसकी पहुँच ख़ास के साथ आम लोगों तक भी हो। तब वह एक सच्ची और अच्छी शायरी होती है। उर्दू में इसकी सबसे बड़ी मिसाल ग़ालिब हैं, जो बहुत गहरी, बहुत फ़िलॉसफ़ीकल बातें करते हैं और ज़िंदगी की ऐसी सच्चाइयाँ सामने लाते हैं, जो हमें हैरान कर देती हैं। उनकी ज़बान भी, ईडियम कहिए, वो आसान नहीं है, लेकिन इसके बावजूद एक सतह पर आम आदमी भी उससे लुत्फ़अंगेज़ होता है, मज़ा लेता है।

ग़ज़ल और नज़्म की बात जहाँ तक है, हम उर्दू वालों का मिज़ाज ग़ज़ल में इतना रच-बस गया है कि वो नज़्म को उतना पसंद नहीं करता। यही वजह है कि उर्दू में वो शायर नुक़सान में रहे, जिन्होंने सिर्फ़ नज़्में लिखीं। आम मक़बूलियत उन्हीं शायरों को मिली, जिन्होंने ग़ज़लें और नज़्में दोनो लिखीं। मसलन फ़ैज़ की मक़बूलियत में उनकी ग़ज़लों का बड़ा हाथ है। अगरचे अदब की सतह पर देखा जाए तो उनका असली कंट्रीब्यूशन उनकी नज़्मों में है। ग़ज़लों में उन्होंने खासे ट्रेडीशनल सिंबल, सिमलीज़, मैटाफ़र्स इस्तेमाल किए हैं, लेकिन वे तरक़्क़ीपसंद शायर की हैं और वे इसी हैसियत से मशहूर थे, इसलिए पढ़ने वालों ने उनके मायने नए कंटैक्ट्स में निकाले।

आपने ग़ज़ल की जिस ख़ूबी-ख़ामी और उर्दू शायरों की पसंद व मिज़ाज़ की बात की है, वह तो अपनी जगह है, पर क्या आपको भी ऐसा लगता है कि ग़ज़लों में अपने पूर्ववर्तियों की छाया अथवा नक़ल या फिर दोहराव अधिक—बहुत अधिक दिखाई देता है। मौलिकता के संदर्भ में आप उर्दू ग़ज़ल को कहाँ देखते हैं?

ऐसा नहीं है। ये दौर बड़ी शायरी का दौर नहीं है। दूसरे दर्जे के शायर हैं और वे सब मिलकर बड़ी शायरी बनाते हैं। फ़ैज़, मक़दूम, मजाज़, जज़्बी, सरदार वगैरह मिलकर एक शक्ल बनाते हैं। अच्छे शायर हैं ये सब और अच्छी बात है अलग-अलग अच्छे शायर होना। हर शायर का जहाँ प्वाइंट आफ़ व्यू होगा वह उससे

देखेगा चीज़ों को। सिलेक्ट करने न करने का आला प्वाइंट आफ़ व्यू है। ऐसा मालूम होता है कि कुछ सिमलीज़ व मैटाफ़र्स बार-बार आ रहे हैं। उससे लगता है कि रिपीट कर रहा है शायर अपने को। अच्छा-सच्चा शायर कोशिश करता है कि अपने को रिपीट न करे। अब जैसे रात आया या सहर आया कहीं। पॉलिटिकल-सोशियो प्रॉबलम्स हैं, अपनी बात है, कहने में कुछ सिंबल हैल्प करते हैं। इसलिए रात और दिन सिंबल बन गए। सिचुएशन की मुख़्तलिफ़ी से फ़ैज़ के और मेरे, पाकिस्तान के रात या दिन अलग होंगे। बहुत से दौर अदब में ऐसे आते हैं और आए हैं जहाँ शायरों की बात ओवरलैप करती है। वह पूरे दौर की बात बन जाती है। एकस्टर्नल फ़ोर्सेज़ बहुत से लोगों को एक तरह से सोचने को मजबूर कर देती है। जब सब लोग एक तरह से सोचने को मज़बूर हो जाएँ तो ज़ाहिर है कि उनकी ज़बान में भी समानताएँ नज़र आती हैं। पर ये ऊपरी समानताएँ होती हैं। सरसरी नज़र से, कैज़ुअली जो पढ़ता है, उसे यह धोखा होता है कि सब एक तरह की बातें कर रहे हैं। शायरी में हर शायर की इंडिवीजुअलिटी ज़रूर मौजूद रहती है। इसलिए क्रिएट करने वाले की अपनी जो आइडेंटिटी है, वह गुम नहीं होती। शायरी या कोई सीरियस आर्ट-फ़ॉर्म पढ़ने-सुनने-देखने वाले से थोड़ी सावधानी और थोड़ा वक़्त माँगता है। ज़ाकिर साहब का यह कथन कि अगर कोई काम इस क़ाबिल है कि किया जाए तो फिर उसे दिल लगाकर किया जाए, अदब पर भी पूरी तरह लागू होता है।

आपने अभी कहा कि यह दौर बड़ी शायरी का दौर नहीं है। आख़िर क्या कमियाँ या कारण आप इस दौर में देखते हैं, जिनकी वजह से बड़ी शायरी पैदा नहीं हो पा रही है?

बड़ी शायरी जिस ज़माने में पैदा होती है, उसमें कुछ वैल्यूज़ को सब मानते हैं। जब इपिक या बड़ी शायरी पैदा हुई, सब वैल्यूज़ को सबने माना है। अब भी पैदा हो सकता है यह कंडीशंस से तो नहीं लगता। बहुत से शायर मिलकर शायद कुछ परछाईं हों बड़ी शायरी की। ये जो जल्दी-जल्दी चेंज आ रहे हैं, वे किसी वैल्यू पर रुकने नहीं देते सोसायटी को। अच्छा, बुरा, हसीन, बदसूरत अब एब्सोल्यूट फ़ॉर्म में नहीं है। जब तक एब्सोल्यूट वैल्यू न हो तब तक बड़ा कहाँ? सब अच्छे को अच्छा कहें, अच्छा समझें। आज तो बदसूरत में ख़ूबसूरत भी मिल रहा है। सबका अच्छा-बुरा अलग-अलग। जंग के नाम पर अमन और अमन के नाम पर जंग। गुलाब के फूल के लिए आज सब लोग ख़ूबसूरत नहीं मान रहे हैं। आज हर सच का झूठ आप देख चुके हैं। सोसायटी कहीं ठहर ही नहीं पा रही। जल्दी-जल्दी सरकारें बदल रही हैं। चीज़ें जिस तरफ़ जा रही हैं उससे उम्मीद नहीं। जब भी हमें अब फ़ैसले करने होते हैं, तो हम देखते हैं कि कौन कम ख़राब और कम ख़तरनाक है। इस दौर में, ऐसी

सोसायटी में बड़ी शायरी कहाँ? यह मेरा नहीं बहुत लोगों का ख़याल है। पर अच्छी शायरी होती रहे यही अच्छा है। बड़े के चक्कर में अच्छी शायरी भी बंद न हो जाए। लालची कुत्ते की तरह कहीं हड्डी भी न चली जाए। शायरी केवल अपने आप ही बड़ी नहीं होती, सोसायटी भी कई बार शायरी को बड़ा बना देती है। फ़ैज़ या इक़बाल को यदि हम कहें कि वे बड़े नहीं थे तो सोसायटी नहीं मानेगी। उसने उन्हें बड़ा मान-बना दिया है। बड़ी शायरी का फ़ैसला वक़्त गुज़रने के बाद होता है। अगर शायरी अपने दौर के गुज़रने के बाद भी बड़ी साबित हो तो आइन्दा नस्लें उसे बड़ी शायरी मानेंगी।

पाकिस्तान के उर्दू अदब और वहाँ के अदीबों से आप परिचित हैं। कई बार पाकिस्तान की शायरी की बेहतरी की बातें पिछले दिनों की गई हैं। हिंदुस्तान के शायरों की तुलना में पाकिस्तान की शायरी को आप कहाँ रखते हैं?

बँटवारे से पहले से ही वहाँ यह ट्रेडीशन है कि वहाँ ओरल शायरी नहीं है। बहुत कम मुशायरे होते हैं वहाँ। वहाँ लिखित शायरी होती है। वहाँ के शायरों की मातृ ज़बान पंजाबी रही है। उर्दू उन्होंने एक्वायर की है और शुरू से ही ये कोशिश रही कि उर्दू ज़बान के इलाके वालों के बराबर वे कांपीटेंट हो जाएँ। उन्होंने सीखने-पढ़ने पर ज़ोर दिया, जबकि हिंदुस्तान में रहने वाले शायरों ने पढ़ने-लिखने पर इतनी तवज्ज़ो नहीं दी। यहाँ के लोगों की उर्दू मादरी ज़बान थी। पाकिस्तानी शायरी को बेहतर समझा जाता है, लेकिन यहाँ के भी सीरियस शायर पाकिस्तान के सीरियस शायरों से किसी तरह कम नहीं हैं। मुशायरे जब भी दुनिया में कहीं होते हैं, तो पाकिस्तान से वे ही शायर बुलाये जाते हैं, जिनकी लिट्रेरी अहमियत होती है। दूसरी तरफ़ इंडिया से अस्सी प्रतिशत, कभी-कभी सौ प्रतिशत वे ही शायर बुलाये जाते हैं, जो पक्की रोशनाई से न छपे हैं, न छपने की ख़्वाहिश है। अदब और ज़िंदगी से जिनका कुछ लेना-देना नहीं। जिनके पास कुछ शायरी ऐसी है, जिसको वे कहीं तरन्नुम से, कहीं चिल्ला-चीखकर पढ़ते हैं। उन्हें वे दाद देते हैं, जो मुशायरे को गाने-बजाने या तफ़रीह का ज़रिया समझते हैं। पाकिस्तान में साल में मुश्किल से दो-तीन मुशायरे होते हैं और उन्हें भी मुहाज़िर आयोजित करते हैं। सवा सौ साल से ज़्यादा के दौरान जो बड़ा अदब आया है वो पंजाब के लोगों ने लिखा है। मंटो, बेदी, फ़ैज़, क़ासमी सब पंजाब के लोग थे। इसलिए पंजाब वर्सेज़ इंडिया कहना चाहिए, पाकिस्तान वर्सेज़ इंडिया नहीं। वहाँ पर रोज़ी-रोटी उर्दू से बावस्ता रही। फ़ैज़, क़ासमी, इंतज़ार हुसेन ने अख़बार में काम किया। जैसे यहाँ हिंदी वालों का मीडिया पर होल्ड है, वैसे वहाँ उर्दू वालों का। पार्टीशन के बाद दोनों के सीरियस शायरों का पलड़ा बराबर है। पाकिस्तान की फ़िलॉसफ़ी यह है कि

यहाँ न उर्दू है, न अदीब है, न शायर है, न मुसलमान। बड़े से बड़ा अदीब वहाँ जाए, रेडियो पर आएगा, न टी.वी. पर। वहाँ से यहाँ अदीब आते हैं तो देखें कि कैसे प्रोजेक्ट करते हैं सब। आफ़ताब हुसेन का मैंने नाम नहीं सुना था, पर जब से भारत में हैं आप देख लें कौन-कौन इंटरव्यू ले रहा है। मीडिया ने उठा लिया। बावजूद इसके कि वे शरण दिए जाने को लेकर इंडिया पर इल्ज़ाम भी लगा रहे हैं।

आपको मुशायरों में बुलाया जाता रहा है। आप शिरकत भी करते रहे हैं। ऐसा क्यों है कि आपकी मुशायरों के बारे में अच्छी राय नहीं है? अपनी कुछ ख़ामियों के बावजूद मुशायरे या कवि-सम्मेलन अपनी-अपनी भाषाओं को लोकप्रिय तो बना ही रहे हैं?

इंडिया में मुशायरों और कवि-सम्मेलनों में सिर्फ़ चार बातें देखी जाती हैं—पहली, मुशायरा कंडक्ट कौन करेगा? दूसरी—उसमें गाकर पढ़ने वाले कितने लोग होंगे? तीसरी—हँसाने वाले शायर कितने होंगे? और चौथी यह कि औरतें कितनी होंगी? मुशायरा आर्गेनाइज़-पेट्रोनाइज़ करने वाले इन्हीं चीज़ों को देखते हैं। इसमें शायरी का कोई ज़िक्र नहीं। हर जगह वे ही आज़माई हुई चीज़ें सुनाते हैं। भूले-बिसरे कोई सीरियस शायर फँस जाता है, तो सब मिलकर उसे डाउन करने की कोशिश करते हैं! इसे आप पॉपुलर करना कह लीजिए। फ़िल्म-ग़ज़ल भी बहुत पॉपुलर कर रहे हैं। पर बहुत पॉपुलर करना वल्गराइज़ करना भी हो जाता है बहुत बार। इंस्टीट्यूशन में ख़राबी नहीं, पर जो पैसा देते हैं, वे अपनी पसंद से शायर बुलाते हैं। गल्फ़ कंट्रीज़ में भी जो फ़ाइनेंस करते हैं, पसंद उनकी ही चलती है। उनके बीच में सीरियस शायर होंगे तो मुश्किल से तीन-चार और उन्हें भी लगेगा जैसे वे उन सबके बीच आ फँसे हैं। जिस तरह की फ़ीलिंग मुशायरों के शायर पेश करते हैं, गुमराह करने वाली, तास्सुब, कमनज़री वाली चीज़ें वे देते हैं, सीरियस शायर उस हालत में अपने को मुश्किल में पाता है।

आप हिंदी के साहित्य और साहित्यकारों से भी आत्मीय व क़रीबी स्तर पर जुड़े रहे हैं। हिंदी-उर्दू साहित्य को अगर आज तुलनात्मक दृष्टि से हम देखना चाहें, तो क्या मुख्य समानताएँ या असमानताएँ उनके बीच दिखती हैं? हिंदी ग़ज़ल के बारे में विशेष रूप से अपनी राय जाहिर करते हुए आप अन्य विधाओं में लिखे गए साहित्य की वर्तमान स्थिति के बारे में अपने अनुभव, अपने विचार किस तरह प्रकट करना चाहेंगे?

मैंने हिन्दी साहित्य को हिस्टोरिकल प्रोस्पेक्टिव में सिस्टेमैटिक और आर्गेनाइज्ड ढंग से नहीं पढ़ा। पर हाँ, जिन लोगों से संबंध रहे हैं उन्हें पढ़ा है। भले ही

सिस्टेमैटिक ढंग से नहीं पर मैंने सर्वेश्वर दयाल सक्सैना, गिरिधर राठी, अशोक वाजपेयी, भारती, शमशेर, दुष्यंत, केदारनाथ, त्रिलोचन, नागार्जुन, श्रीकांत वर्मा वगैरह को पढ़ा है। वह अलग शायरी है। इसमें कंपेयर नहीं। हिंदी के लोग ग़ज़ल लिखते हैं, यह अच्छी बात है। पर दुष्यंत ने जो छाप लगा दी, वह बिल्कुल अलग है। किसी भी तरह देखें वह ग़ज़ल है। हम जिस तरह के मीटर के आदी हैं, हिंदी शायरी हमें थोड़ी प्रोज़ेक लगती है। हम जिस तरह के मीटर और रिद्म के क़ायल हैं, उसकी वजह से यह अहसास होता है कि जैसे वह प्रोज़ के क़रीब है। महादेवी, निराला में ऐसी बात नहीं। पर जहाँ तक थॉट-कंटेट की बात है, बहुत सीरियस शायरी है। क्रिटिसिज़्म मैंने सुनी ज़्यादा है, पढ़ी कम है। उर्दू में भी उतनी ही जितनी की पढ़ाने को ज़रूरी थी। जनरल-पॉपुलर क्रिटीसिज़्म पढ़ा भी है, सुना भी है। अपनी तकरीर में नामवर सिंह बहुत इंप्रेस करते हैं। समझदार हैं, पर ऐसी बात नहीं कह पाते, जो हमें बहुत दिनों तक याद रहे। उनका रिकॉर्ड काफ़ी दिनों से एक जगह ठहरा हुआ है। मुझे कमलेश्वर और नामवर की तकरीर में अन्तर नहीं लगता। दोनों इंप्रेस करते हैं और दोनों के कुछ पहलू ऐसे हैं, जो ज़्यादा देर मुतासिर करते हैं। हिंदी में फ़िक्शन अच्छा है। कमलेश्वर, मोहन राकेश, राजेंद्र यादव, मन्नू, शानी, श्रीलाल शुक्ल को पढ़ा है। एक खास पीरियड में राकेश, कमलेश्वर, राजेंद्र यादव, शानी ने अच्छा लिखा है। हमारे यहाँ उस पीरियड में उतना अच्छा नहीं लिखा गया। फ़िक्शन के लिए होलटाइमर होना चाहिए। हिंदी में ट्रेडीशन थी। पत्रिकाओं, किताबों से पैसा भी मिला राइटर्स को। हमारे यहाँ उतना एक्सपीरियंस और टाइम नहीं दे सके। जब तक गिनोरिया न हो जाए, हर जगह जाएँ, घूमें, अर्जित करें, लिखें, तब तक फ़िक्शन नहीं लिखा जा सकता। शायरी में तो इनडायरेक्ट एक्सपीरियंस भी शायरी बन सकता है, पर फ़िक्शन में डायरेक्ट एक्सपीरियंस ही कामयाब होता है। उर्दू में नए लोग ख़ासे अच्छा लिख रहे हैं, प्रोमेज़िंग हैं। हिंदी में इन दिनों नया नहीं पढ़ा है। पैग़ाम आफ़ाक़ी, मु. अशरफ़, अब्दुस्समद, अनवर कमाल, अली जौकी, तारिक छतारी, अनवर ख़ान जैसे अफ़सानानिगार अच्छा लिख रहे हैं। दुनियाएँ सिकुड़ने से जहाँ से भी जो मिले लेने की प्रवृत्ति सभी जगह बढ़ी है। एप्लीकेशन सही हो रहा है या ग़लत, यह अलग बात है। उर्दू में भी यही स्थिति है। अपटूडेट बनाए रखने का बहुत पहले से जनरल ट्रेंड रहा है। सफ़रनामे, रिपोर्ताज, ह्यूमर-सेटायर, बायोग्राफ़ी, ओटो-बायोग्राफ़ी, सभी कुछ लिखा गया है। ज्ञानसिंह शातिर और आले अहमद सुरूर की आत्मकथाएँ चर्चित हैं। रिसर्च, एडीटिंग, ट्रांसलेशन बेपनाह हुए हैं।

ख़राबियाँ-अच्छाइयाँ दोनों में कॉमन हैं। हिंदुस्तानी वाला इलाका बैकवर्ड है। यहाँ अदब के बूते ज़िंदा नहीं रहा जा सकता। रीज़नल ज़बानों में रिकॉग्नीशन मिलने

पर ज़िंदगी गुज़ारी जा सकती है। मराठी, उड़िया, बंगाली, तमिल वगैरह में पढ़ा-लिखा कोई आदमी ऐसा नहीं होगा जो अपनी भाषा के लेखकों को न जानता होगा। जो नेचर, लेंगुएज़, म्यूज़िक या राइटिंग्स के बारे में नहीं जानता होगा, उसे पढ़ा-लिखा माना ही नहीं जाएगा। यू. पी. का कोई कल्चर नहीं, बिहार का फिर भी है, राजस्थान का थोड़ा है—वेश, खाना, जीना। हिंदी-उर्दू वाले आसानी से नए लोगों को रिकगनाइज़ नहीं करते। हम ही रहें, नए न आएँ। एस्टेबलिशमेंट बन गया है। कैंप्स, ग्रुप, टांग-खिचाई सब तरफ़। नए ख़ून को उत्साहित करने वाले फोरम कम। एकेडेमिक इंस्टीट्यूशंस और हिन्दी-उर्दू डिपार्टमेंट्स की स्थिति यह है कि वहाँ लिट्रेचर से लेना-देना नहीं। साहित्य पढ़ाने में लगे हैं, किंतु एकेडेमिक काम के अलावा दुनिया भर के काम उन्हें हैं। हिस्ट्री, एंथ्रोपोलॉजी, सोशियोलोजी की बात छोड़ दें, बहुत से लोग तो अख़बार तक नहीं पढ़ते। प्रोग्रेसिव आइडियाज़ से हिंदी-उर्दू दोनों में लोग बिदकते हैं। अपने पिछले एक्सपीरियंस से मुझे लगा है कि जनवादी स्तर पर सोच, प्रॉब्लम्स और एप्रोच के आधार पर बहुत कुछ मिलता-जुलता है दोनों जगह। बहुत पहले भारत भवन, भोपाल में 'कवि भारती' कार्यक्रम हुआ था। ऐसा ही एक कार्यक्रम केरल में हुआ। मैंने देखा भारत की हर ज़बान में ईडियम का फ़र्क़ है, पर सोचने, महसूस करने का कलेक्शन बहुत मिलता-जुलता है। सारे देश की कविताओं में मैंने बड़ी समानताएँ देखीं।

कई बार हिंदी को "थोपने" की बात बड़े ज़ोर-शोर से की गई है। आज के हालात में हिंदी-उर्दू के पारस्परिक संबंधों पर आप क्या सोचते हैं? हिंदी-उर्दू के बीच की दूरी को बढ़ाने व कम करने वाली ताक़तों को आप किस रूप में देखते हैं तथा उर्दू का भारत में आपको भविष्य कैसा दिखता है?

हिंदी को कोई थोप नहीं रहा किसी पर। हिंदी वालों का एटीट्यूड इस बीच काफ़ी बदला है। हिंदी के समझदार लोगों का ख़याल है कि उर्दू के साथ न्याय होना चाहिए। यह टिपीकल हिंदुस्तानी ज़बान है। इसका मुसलमानों और पाकिस्तान से लेना-देना नहीं है। सारे साउंड्स हिंदी के हमारे यहाँ हैं। पर्शियन और अरबी से जो हमें सूट नहीं करता था, हमने नहीं लिया। हमारे अल्फ़ाबेट्स में उनका वही हिस्सा है जो हमें सूट करता था। आम लोग जो बोलते हैं, उसे स्टैंडर्ड हमने माना। ऐसे साउंड्स या लफ्ज़, वे भले ही ग़लत हों, चूँकि मेजोरिटी बोलती है, इसलिए हमने उन्हें एक्सेप्ट किया। हम पर्शियन और अरबी के बिना लिखते हैं और कामयाब होते हैं। फ़िल्मों में जो दिखाया जाता है, वहाँ हिंदू-मुसलमान जो भाषा बोलते हैं, ऐसा हक़ीक़त में नहीं हुआ कभी। हिंदुस्तान में जो स्टैंडर्ड लेंगुएज़ रही, उसे सबने बोला। फ़िल्मों में जानबूझकर आर्टीफ़िशियल लेंगुएज़ लाते हैं। ये

कोशिश वेलकम नहीं हुई। हैदराबाद में आप देखिए, जहाँ मादरी ज़बान नहीं थी उर्दू, बुकिश लेंगुएज़ थी, वहाँ भी ऐसी कोशिशें हुईं। कुछ अलग बनाना चाहा उन्होंने। हम उर्दू वालों ने स्टेशन, पोस्टमैन, कंडेक्टर का कभी तर्जुमा नहीं किया। शाम, दिन, पानी, दुपहर आदि जो हिंदुस्तानी में उपलब्ध था, जो बोल-चाल में आता था—वह सब लिया। रात को रात्रि, शाम को संध्या आप बनाएँ, अलग करने-दिखाने को तो ठीक है पर वैसे क्या ज़रूरत है? शक, दुःख, उलझन, घबराहट, क़ाश्तकार, ज़मींदार, बैलगाड़ी, गाय, बैल, भैंस, मिठाई, नमकीन, दाल-भात को आप कुछ कहें, तो इसकी तुक क्या है? अब हिंदी में काफ़ी अन्तर आया है। पहले क्रेज़ था वहाँ शुरू में अनपॉपुलर शब्दों को लाने का। कमलेश्वर वाला ग्रुप इसलिए पॉपुलर हुआ कि उन्होंने पॉपुलर ज़बान इस्तेमाल की। हिंदी वाले भी अब बिंदी लगाते हैं।

उर्दू के बारे में कई बार कहा गया है कि उर्दू मर गई। उर्दू यहाँ की ज़बान है और जैसे-जैसे लोग शहरों की तरफ़ बढ़ेंगे, उर्दू का चलन बढ़ेगा, उर्दू की ताक़त बढ़ेगी। उर्दू का इस्तेमाल बढ़ रहा है। स्क्रिप्ट की प्रॉब्लम हिंदी एरिया में है। बिहार, महाराष्ट्र, बंगाल में उर्दू स्पीकिंग लोग स्क्रिप्ट जानते हैं। यू. पी. वाले न तो उर्दू जानें और न हिंदी जानें और न जानने पर उन्हें फ़ख्र है। पॉलिटीकली बैकवर्ड जो महसूस न कर सके, वह क्या ग़लत और सही सोचेगा?

उर्दू में बाल साहित्य की स्थिति क्या हिंदी की तरह ही है या उससे कुछ बेहतर? क्या आपने बच्चों के लिए कविताएँ लिखी हैं और बच्चों के लिए बेहतर-लेखन की आप कैसी परिस्थितियाँ पा रहे हैं? इधर दलित और महिला लेखन को लेकर हिंदी में बहुत बातें होती रहीं हैं। उर्दू के परिप्रेक्ष्य में आपके अनुभव और विचार क्या हैं?

बच्चों के लिए दोनों ही ज़बानों में तवज़्जो नहीं दी गई। आप देखिए फ़िल्म के सारे गाने वही क्लिक किए जो बच्चों के नज़रिए से थे। नर्सरी पोयट्री बहुत पॉपुलर हुई। 'एक, दो, तीन, चार'—'ढपली वाले ढपली बजा,' जैसे कितने ही गाने हैं। एक ज़माने में जामिया स्थापित हुई तो बच्चों के लिए कहानियाँ लिखी गईं, शायरी की गईं। मुज़ीब साहब, ज़ाकिर साहब, आबिद साहब जैसे लोगों ने बेहद कोशिशें की। मातृभाषा में लिखने का एक फ़ेज़ आया। नंदन, चंपक जैसी मैगज़ींस का बड़ा इंपॅटेंट रोल रहा। इक़बाल ने बच्चों के लिए बहुत उम्दा नज़्में लिखीं। 'सारे जहाँ से अच्छा' बच्चों के लिए है। कई पत्रिकाएँ अच्छी निकलती थीं, जिन्हें उर्दू वाले भी पढ़ते थे। बच्चों की भाषा होती थी। इस पीरियड में नेग्लेक्ट किया गया बच्चों के साहित्य को। हिंदी-उर्दू की बदक़िस्मती कि फ़िक्शन को पैसा दिया गया, पोयट्री को नहीं। कुछ नहीं मिलना तो क्यों लिखे कोई। हिंदी में भी बहुत से शायरों ने

लिखा, कोर्स में भी चलती हैं, पर सीरियस शायरी से बच्चों की शायरी को अलग समझा गया। मैंने बहुत नज़्में लिखीं पर छपवाई नहीं। अपनी इस नेगलीजेंस पर हमें शर्मिंदा होना चाहिए। बच्चों को पढ़ने के लिए इमेज़िनेटिव चीज़ें मिलनी चाहिए। प्राइवेट संस्था यह नहीं कर सकती। सरकार सब्सडाइज़ करके कर सकती है। हिंदी-उर्दू अकादमी को लाखों रुपये मिलते हैं। इनाम देकर, किताबों के छपवाने को देकर, ऐड देकर, आप कितनी बड़ी रक़म बर्बाद कर रहे हैं? चलिए आप बर्बाद भी करिए पर अगर ज़बान को पढ़ने-बोलने-लिखने वाले नहीं रहेंगे, तो आप क्या करेंगे? बच्चा प्रिजुडिस नहीं होता ज़बान से। आप पचास ज़बानों की किताब उसके सामने डाल दें, वह ख़ूबसूरत को चुनेगा। इस पर हमें सोचना चाहिए। हम घरों पर बच्चों को हिंदुस्तानी बोलते देख शर्माते हैं। सबकी कहानी एक-सी है। यह वह नस्ल है जो आई.ए.एस., पी.सी.एस में जा रही है। उसे हिंदुस्तान में सैलाब आए, भूकम्प आए, कोई फ़र्क़ नहीं। जो लिट्रेचर की बैकग्राउंड के हैं, हाँ उन पर असर है। पब्लिक स्कूल्स ने जो रोल अदा किया है, वह बिकने में सहायक है भारत के। वे सोच नहीं सकते कि गर्मी में आदमी बिना ए.सी. के रह सकता है। धूप, गर्मी, बरसात जो न देखें, रिक्शे में जो न चलें, उनके हाथ में सत्ता है। भूख-ग़रीबी क्या है, वे क्या जानें?

दलित लेखन की जहाँ तक बात है, वह हमारे यहाँ इतना नहीं, जितना रीज़नल लेंगुएज़िज़ में आया है। यह नेचुरल है। आना था, आया है। मीडियम क्लास वाले नीचे नहीं उतरना चाहते, वह स्प्रिट नहीं समझना चाहते। एक तरफ़ औरतों की बात है, पर जैसा मीडिया, टी.वी. में आ रहा है वह एब्नार्मल है। जो पर्दों पर, कारों में नज़र आती हैं, वो डाइवोर्स्ड हैं या फ्लर्ट करती हैं या पर्सनल प्रमोशन के लिए कुछ करती दिखाई जाती हैं—यह लिट्रेचर नहीं है, सोसायटी को करेप्ट करने का रोल है। जो दलित की हिमायत के ठेके ले रहे हैं, वे अब दलित कहाँ रहे हैं? दलित-महिला के नाम पर लोग फ़ायदा उठाना चाहते हैं। ख़ुशामदें करते हैं, पर एक्सेप्टेंस नहीं है—न माइनॉरिटी को, न दलित को, न स्त्री को। ज़ाहिर है यह सूरते हाल अच्छी नहीं है। नफ़रत बेसिकली ख़ौफ़ की पैदावार है। दोनों साथ रहती हैं जुड़वाँ बहनें हैं। इनके नतीजे बुरे होते हैं।

आपके बारे में कहा जाता है कि आपने अपने लेखन में हिंदी-उर्दू के बीच एक पुल बनाया है? आप हिंदी में भी काफ़ी लोकप्रिय हैं। आपकी लोकप्रियता में फ़िल्मों के गीतों की क्या भूमिका है? आप अपनी उपलब्धियों और देश के वर्तमान हालात पर क्या कुछ कहना चाहेंगे?

मैं हिंदी या उर्दू को नहीं लिख रहा, बल्कि उन लोगों के लिए लिख रहा हूँ जो यू.पी. में—ख़ासतौर से उर्दू भाषा-भाषी हैं, पर स्क्रिप्ट नहीं जानते। उन लोगों के लिए

जिनकी मातृभाषा उर्दू नहीं है, पर मेरी शायरी पसंद करते हैं। मेरे शेर सुनकर, मुझसे मिलकर बहुत ख़ुश होते हैं, मुझे प्यार देते हैं। हिंदी में ज़्यादा पॉपुलर होने की बात यह है कि वे छापते हैं, पैसे देते हैं, इज़्ज़त देते हैं, मानते हैं। उर्दू में ख़ुद छापनी पड़ती हैं किताबें। मेरी ज़िंदगी में फ़िल्म के मेरे गीतों ने बहुत अहम रोल अदा किया है। मैं अपनी लिट्रेरी अहमियत की वजह से फ़िल्म में गया। फिर आम स्तर पर फ़िल्म की वजह से लिट्रेचर में मेरी अहमियत बढ़ी। पहले इस बात पर मैं शर्मिंदा होता था, अब ख़ुश होता हूँ। ऊपर वाले की मेहरबानी है, मुझे हर चीज़ वक़्त से पहले मिली। मुझे कोशिश नहीं करनी पड़ी। जिस तरह और जितना मिला, मैं सैटिसफाइड हूँ। वैसे कुछ ज़्यादा ही मिला है। मुझे चीज़ों के पीछे भागना नहीं पड़ा, कोई छोटी हरकत नहीं करनी पड़ी। दुनिया बहुत अच्छी है और उसमें अच्छे लोग ज़्यादा हैं। मुहब्बत, शोहरत, दौलत, इज़्ज़त, बच्चे आदि, आदमी जो ख़्वाहिश कर सकता है, मुझे ख़ूब मिला। वैसे आप यह जानते हैं कि पूरी तरह कोई मुतमईन नहीं होता। शायद आदमी के ज़िंदा रहने को ज़रूरी है कि वह किसी चीज़ की ख़्वाहिश करता रहे, किसी चीज़ की कमी महसूस करता रहे—

'न जिसकी शक्ल है कोई, न जिसका नाम है कोई,
इक ऐसी शै का क्यूं हमें अज़ल से इंतज़ार है।'

जहाँ तक देश की सूरतेहाल का सवाल है, तो जैसे मुल्क का फ़्यूचर तय हो रहा है, रिफ़ॉर्म्स के नाम पर जैसे जो हो रहा है और आम आदमी को कुछ नहीं मिल रहा, हम खुली आँखों से देख रहे हैं और अपने को बेबस महसूस करते हैं। ईस्ट इंडिया कंपनी दूसरी तरह से आ रही है। आम आदमी को सच्चाइयों से दिन-प्रतिदिन दूर किया जा रहा है। लेकिन हिंदुस्तान के बारे में मेरा जो अनुभव है वह यह कि वह पाखंड को बहुत दिनों तक बर्दाश्त नहीं करता। यहाँ लोग शोर नहीं मचाते, लेकिन जब फ़ैसले का वक़्त आता है, तो सच्चे और अच्छे फ़ैसले करते हैं। मेरा यह ईमान मुझे फ़्यूचर से मायूस नहीं होने देता। मुझे यक़ीन है कि आने वाली जैनरेशन को वह कुछ नहीं देखना पड़ेगा, जो हम देख-सह रहे हैं—

'आज का दिन बहुत अच्छा नहीं, तस्लीम है,
आने वाला दिन बहुत बेहतर है, मेरी राय है।'

आपको 'उमराव जान' के गीतों के कारण बेहद ख्याति मिली थी। उसके बाद आपने कुछ अन्य फ़िल्मों के लिए भी गीत लिखे हैं। फ़िल्म जगत के आपके अनुभव कैसे रहे हैं तथा भविष्य में क्या कुछ और फ़िल्मों के लिए गीत लिखने के प्रस्ताव अथवा कोई योजना आपके पास है? फ़िल्मों के लिए लिखते समय आप स्वयं को कितना समर्थ और अनुकूल मानते हैं?

मुझे ज़िंदगी में बहुत सी चीज़ें फ़िल्म के गानों की मक़बूलियत से मिलीं। मसलन मैं ऑल इंडिया मेडीकल इंस्टीट्यूट जाता हूँ, तो मुझे लाइन में खड़ा नहीं होना पड़ता। वहाँ कार्ड बिना डॉक्टर को दिखाता हूँ और वह बहुत ख़ुशी से मेरा मुआयना करते हैं। ट्रेन या हवाई जहाज में रिज़र्वेशन का मसला हो, ए.एम.यू. की एक्ज़्यूक्यूटिव या कोर्ट के इलेक्शन का मसला हो, 'उमराव जान' के गानों ने हमेशा मेरी मदद की है। दूरदराज़ मुल्कों में जो मुशायरों को बुलाया जाता है तो उसमें यही इन्ट्रोडक्शन काफ़ी होता है कि ये 'उमराव जान' के गीतों के लेखक हैं। मेरे बच्चों से अक्सर हर जगह यह सवाल किया जाता है कि आप उन्हीं शहरयार के बच्चे हैं, जिन्होंने 'उमराव जान' के गाने लिखे हैं। मैं आवाम की पसंद की अहमियत का हमेशा क़ायल रहा हूँ। अगर कोई किसी को पसंद करता है तो उसमें कुछ न कुछ अच्छा ज़रूर है। नासिर काज़मी का एक मिसरा है–"कुछ होता है जब फ़लके ख़ुदा कुछ कहती है।" मक़बूलियत की अपनी जगह है।

'उमराव जान' के बाद मुज़फ़्फ़र की 'अंजुमन' के लिए लिखे। फ़िल्म बनी, जिसका वीडियो कैसिट रिलीज़ हुआ, सिनेमा हॉल पर रिलीज़ नहीं हो पाई। यश चौपड़ा की 'फ़ासले' को लिखे, जो इत्तिफ़ाक से बॉक्स ऑफिस पर फ़्लॉप हो गई। मुज़फ्फ़र की ही एक फ़िल्म पोइटेस अब्बा ख़ातून की ज़िंदगी पर "जूनी" नाम से बनी। कश्मीर के हालात और डिस्टर्बेंस की वजह से सात-आठ रील बनीं, आगे नहीं बढ़ पाई। सारे गाने मेरे थे। 'दामन' में गीत लिखे, ख़ासा चर्चा था उन गानों का। मेरा एक उसूल है कि मैं किसी ऐसी फ़िल्म में गाने नहीं लिख सकता, जिसमें गाना कहानी का पार्ट न हो और जिसमें पोयट्री की गुंजाइश न हो। मुझे उम्मीद है कि ऐसी फ़िल्में नीयर फ़्यूचर में बनेंगी और मैं उनमें गाने लिखूँगा। मेरे फ़ादर पुलिस इंस्पेक्टर थे। उनका कहना था कि यह तो आदमी को मालूम नहीं हो पाता कि वह क्या कर सकता है, लेकिन यह बहुत आसानी से मालूम हो जाता है कि वह क्या नहीं कर सकता। जब यह मालूम हो जाए तो ऐसा काम करने के बाद सिवाय ज़िल्लत के कुछ नहीं मिलता। मालूम है आसान है गाकर पढ़ना, चीखकर गाना। मैं उनके ख़िलाफ़ नहीं हूँ, पर मैं नहीं लिख सकता, मैं नहीं लिखना चाहता। वहाँ निन्यानवे प्रतिशत गाने धुनों पर लिखे जाते हैं। फ़ौरन वहीं पर। हम नहीं लिख सकते। बहुत दिनों से यह काम हो रहा है। साहिर वगैरह बहुत लोगों ने लिखे। लगता है जैसे कफ़न तैयार है अब मुर्दा तैयार कीजिए। जब तक हम कहानी-करेक्टर का हिस्सा न बना लें गीत को कैसे लिखें? क्रिएटिव प्रोसेस इंटरकोर्स से मिलता-जुलता है। उसको प्रायवेसी ज़रूरी है। हम दनादन धुन पर तुरंत नहीं लिख सकते।

पिक्चर को मन इसलिए होता है कि उस मीडियम का इफ़ैक्ट है। हमारी

बहुत-सी बातें जो वैसे नहीं पहुँच रहीं, वहाँ से पहुँचें। हमने उस मीडियम को अपनी आयडोलॉजी के लिए इस्तेमाल किया है। हमें खड़े होने के लिए सही जगह मिलनी चाहिए, हम उनके सारे रिक्वायरमेंट्स पूरे कर सकते हैं। मेरे अनुभव बहुत अच्छे रहे हैं वहाँ के। हमें हमेशा यह अहसास रहा कि हम यूनीवर्सिटी के नौकर हैं। हमने मुशायरों-फ़िल्मों के लिए छुट्टियाँ ज़ाया करना ज़रूरी नहीं माना। बाहर के ऑफ़र्स उन दिनों एवायड करते रहे। अब रिटायरमेंट के बाद हम वक़्त देना एफोर्ड कर सकते हैं। टीचर होकर आदमी बहुत से कामों का नहीं रहता। हज़ारों सलाम मिलते हैं, आप वहाँ जाकर किसे सलाम करेंगे।'

और तब मैं डॉ. शह्रयार से दूसरी बार अलग जगह, अलग समय पर बातें कर रहा था। इस-उस तरफ रखी-लगी किताबें-पत्रिकाएँ-उर्दू की, अंग्रेज़ी की, हिंदी की! जगह-जगह लगे रखे फ़ोटोज़—बड़े-बड़े साहित्यकारों, उच्चपदस्थ राजनीतिक हस्तियों के साथ शह्रयार! मैडल्स, मोमेंटम, सम्मान-प्रशस्ति-पत्र-देश के, विदेश के! उन सबको सँभाले-रख पाने में जैसे उनका ड्राइंगरूम छोटा पड़ रहा था। गोरा रंग-लंबा क़द, सफ़ेद बाल, चमकता-सा पतला चश्मा! कुर्ता, चुस्त पाजामा, स्वेटर और सदरी भी! सौम्य, विनीत, बहुत अपनेपन के साथ सबसे मिलने वाले इस ख़ास शख़्स को आज सब शह्रयार के नाम से जानते हैं। कहा-माना और बताया जाता है कि उनका जन्म आँवला—जिला बरेली—में हुआ, हरदोई ने पढ़ाया-लिखाया और अलीगढ़ ने रोज़ी-रोटी व नाम दिया, बनाया-सँवारा! यह सच है! लेकिन लोग यह नहीं जानते कि उनकी, उनके ख़ानदान की ज़िंदगी में छोटा ही सही, पर एक ख़ास स्थान बिरौरा और चौंढैरा—जिला बुलंदशहर—का भी है। चौंढेरा से अपने जन्म के संबंध के नाते ही मैंने इस स्थान से उनके जुड़ाव को जानने, रेखांकित करने के लिहाज़ से बातचीत की शुरूआत इसी बिंदु से की थी। मेरे ठीक सामने सोफ़े पर बैठे शह्रयार साहब ने अपने परिचित मासूम-नर्म-से लहजे में बताना शुरू किया था—'बिरौरे में तो माँ-बाप रहे केवल! मुझे वहाँ का कुछ याद नहीं। कभी-कभी चौंढेरा से लगाव होता है। बिरौरे का धुँधला-सा एक ख़ाका है, कोई महक नहीं। चौंढेरे की है....।' अतीत की लंबी दूरी को लाँघकर वे जैसे बचपन के दिनों में पहुँच गए हैं! यादों के सहारे कुछ दृश्य, कुछ चित्र जैसे दिखा-बना देना चाह रहे हैं—'वह सड़क, रास्ते की कीचड़, इक्के में बैठकर जाना, अपने मामू का घर, वह गेट, वो फाटक जिसमें हाथी मय हौदे के निकल जाए, दाख़िले की मस्जिद, वह मदरसा!' हैरान-सा मैं सोच रहा था कि छोटी-से-छोटी यादें भी किस तरह और कब तक क़ाबिज़ रही आती हैं और मौक़ा मिलते ही अपना अधिकार-प्रभाव दिखाने में ज़रा भी गुरेज़ नहीं करतीं। चहक भरे-से बता रहे हैं—'मग़रिब के वक़्त हम पैदल चलकर बन्नेरशरीफ़ जाते थे।

काली नदी के किनारे खड़े होकर उस आवाज़ को सुना करते थे जिसके बारे में कहानियाँ सुनी थीं। वहाँ का उर्स, दो-दो, चार-चार दिन का रहना सब याद आता है। मेरी माँ और मौसी दोनों चौंढेरे की थीं। मेरे पापा अबू मोहम्मद खाँ और ताया कुँवर इक़बाल मोहम्मद खाँ–दोनों की शादी चौंढेरा से हुई थी। काफ़ी प्रोपर्टी थी वहाँ। वालिद जाते रहते थे वहाँ–बेनीगंज से भी और यहाँ अलीगढ़ से भी।'

मैंने उनके कवि होने के शुरुआती क्षणों, दिनों, स्थितियों को याद करने का आग्रह किया है। बड़े सहज ढंग से विस्तार के साथ बताया जा रहा है–'ये मुझे याद नहीं आता! बार-बार सोचा है–कोई ऐसा सिरा नहीं मिला कि पकड़ कर कह सकूँ कि मैं शायरी की तरफ़ जाने वाला था। बेसिकली यह याद आता है कि ख़लीलुर्रहमान साहब, जो बड़े कवि और आलोचक थे, ए.एम.यू. में रीडर थे–से मिलना-जुलना होता था। जब मैंने तय किया कि मुझे थानेदार नहीं बनना है, तो घर से अलग होना पड़ा! तब मैं ख़लीलुर्रहमान के साथ रहने लगा। लोग पूछा करते–कौन साहब हैं ये–क्या करते हैं? साथ रहते तब बार-बार अजीब-सा अहसास होता। सात-आठ साल का अंतर था हमारी उम्रों में–पर रिश्तों पर शक करते थे लोग! वे बहादुर थे। ऐसे आदमी कम होते हैं। तो शुरू में मेरी जो चीज़ें छपीं, एक्चुअली वो मेरी नहीं हैं। बाद में अचानक कोई मेरी ज़िंदगी में आया...। नहीं, यह कांफीडेंशियल है....। मैं कितना ही रुसवा हो जाऊँ इस उम्र में, किसी और को रुसवा क्यों करूँ?.... तब दुनिया मुझे अजीब लगने लगी और फिर मैं शायरी करने लगा। बी.ए. की आख़िरी साल में शेर कहने की रफ्तार तेज़ हो गयी। एम.ए. में साइकोलॉजी में दाख़िला लिया और जल्दी ही अहसास हुआ कि फ़ैसला ग़लत लिया है। दिसंबर में नाम कटा लिया। फिर चार-छह महीने केवल शायरी की–ख़ूब छपवाई। ऊपर वाले की मुझ पर....हाँ, यूँ मैं मार्क्सिस्ट हूँ फिर भी मानता हूँ कि कोई शक्ति है। कोई बड़ी ताकत है जो मेरी चीज़ों को तय करती रही है। उर्दू की बहुत अच्छी मैग्ज़ीन्स में मेरी चीज़ें छपने लगीं। तेज़रफ्तारी से सामने आया। फिर एम.ए. उर्दू में ज्वायन किया। इत्तिफ़ाक़ यह भी कि जो एक साल वेस्ट किया, उसमें शायरी की। उस दौर में मेरा और मासूम रज़ा राही का कंपटीशन चलता था। जी, हमने बी.ए. साथ-साथ किया, फिर मैं एक साल पीछे हो गया। विभाग की सोसायटी के सेक्रेटरी के पद के लिए जब मेरा नाम पेश किया गया तो जौकी साहब की राय ये थी–'राही ने सेक्रेटरी रहते जैसे प्रोग्राम कराए हैं, ये क्या करेगा!' पर बाद में सबने माना कि बड़े यादगार कार्यक्रम हुए। एम.ए. फाइनल में विभाग की मैग्ज़ीन में एडीटर रहा। एम.ए. का रिज़ल्ट आने से पहले अंजुमन तरक्क़ी की वीकली 'हमारी

ज़बान' में एडीटर हो गया। यूनिवर्सिटी के ज़माने में 'चौपाल' और 'ग़ालिब' नाम से दो मैग्ज़ीन निकालीं—टाइप में छपती थीं वे। ये कि हमारा ज़माना था वो। मैं जब कोई काम करता हूँ तो उसके अलावा और कुछ दिखाई नहीं देता। जिसे मछली की आँख पर नज़र कहते हैं—वही करता हूँ। एक फ़ैक्टर जिसे मैं आज तक एक्सप्लेन नहीं कर पाया कि मेरे कैरियर का पहले से कुछ भी तयशुदा नहीं था। कोई ग्राफ़ हो, ऐसा नहीं। कभी दूर तक नहीं सोचा कि उर्दू में एम.ए. करूँगा। जर्नलिस्ट से शुरू करूँगा। जर्नलिस्ट वाले हिस्से का बड़ा फ़ायदा यह हुआ कि मेरी राइटिंग में कोई चीज़ ज़्यादा नहीं होगी। कम हो सकती है। अख़बारों की रिपोर्टिंग में कोई चीज़ ज़्यादा देखूँ तो कोफ़्त होती है। देवनागरी आती थी—इसका पूरा फ़ायदा मिला!'

बहुत से एक्सपीरियंस हुए! मसलन मुजरे लिखने का एक पहलू यह हो सकता है—जब से होश संभाला मेरे फ़ादर थाने में थे। वहाँ तीन बड़े फंक्शंस होते थे—कीर्तन, मीलाद और नाच। तब होश संभाला ही था। बहेड़ी में थाने के बिल्कुल बराबर तवाइफ़ों के मकानात थे—लंबी कतारों में। वालिद कई दिनों को दौरे पर चले जाते थे। मैं अक्सर उधर जाता। दरोगा का बेटा, सो बड़ी आवभगत होती। यक़ीन के साथ नहीं कह सकता कि वहाँ के माहौल का क्या असर हुआ, पर असर, क़बूल किया होगा। जब बेनीगंज में बडे भाई के पास गए, तब प्राइमरी में पढ़ते थे। उस इलाके में मुस्लिम लीग का ज़ोर था। तब लीग अट्रेक्टिव क़िस्म की होती थी! जुलूस निकलते थे—जुलूस लीग के भी, कांग्रेस के भी! मैं कांग्रेसी जुलूस में होता। बच्चा ही था तब—पर टकराव भी हुआ वहाँ! ख़बर बड़े भाई तक पहुँची। उन्होंने डाँटा कि तुम्हें मालूम नहीं कि मैं पुलिस का नौकर हूँ। सियासी जुलूसों में हिस्सा ठीक नहीं। जी, भाई साहब भी पुलिस में थे। पर मुझ पर असर नहीं हुआ। सोचा-समझा हुआ नहीं था वह बहुत कुछ तब! मेरे फ़ादर वाला हिस्सा जो था, उसने कभी पाकिस्तान की तरफ़ माइग्रेट होने का ख़याल भी नहीं किया। अलबत्ता मेरे ताया और उनकी फ़ैमिली पाकिस्तान चली गई।'

बहती-तैरती-सी उस आवाज़ में यकायक धीमी-भीगी-सी महक भरी एक ख़नक सुनाई दी—'मुझ पर मेरी माँ का बहुत असर मालूम होता है। वे बहुत ही नेक और रहमदिल थीं। कभी किसी फ़क़ीर को बग़ैर कुछ दिए रुख़सत नहीं करती थीं। मेहतरानी से दोस्ताना तरीके से बातें—नौकर या ग़रीब के साथ फ़र्क़ करने का रवैया कभी अख़्तियार नहीं किया! बच्चों से बेहद मुहब्बत। मुहल्ले का बच्चा भी रोए तो उन्हें बुरा लगता था...।' बोलने की गति धीमी हो चली है और आवाज़ भी कुछ हल्की-भारी-सी—'मुझसे बहुत मुहब्बत करती थीं। दस-बारह साल की उम्र तक मैं उनके पास सोता था। मेरी एक बड़ी बहन—जिसकी जवानी में मौत हो गई

थी—उसका उनके ज़ेह्न पर बहुत असर हुआ। इससे मेंटली डिसऑर्डर हो गई थीं वे। माँ होने के बावजूद न होने के बराबर थीं। वालिद साहब ने पुलिस की नौकरी के बावजूद बाप और माँ का भी रोल अदा किया। मेरी माँ की सगी बहन के कहने के बावजूद मेरे वालिद ने दूसरी शादी नहीं की और ज़िंदगी का लंबा हिस्सा माँ के साथ, पूरी देख-भाल के साथ गुज़ारा। मेरे अंदर एक ख़ास तरह की ऑब्जेक्टिविटी शायद इसी रिश्ते के कारण पैदा हुई। कि मैं माँ को भी और पिता को भी मज़लूम—हालात के विक्टिम समझता था! रिश्तों के बारे में मैं बहुत पर्टिकुलर रहा हूँ और मैंने लोगों की लिमिटेशंस का हमेशा ख़याल रखा है। यानी मैं आइडियलिस्टिक होने के बजाए थोड़ा रीयलिस्टिक रहा हूँ। शायद इसीलिए मेरे रिश्ते बहुत देर तक और दूर तक चलते रहे!

जी, सेक्स की जानकारी मुझे बहुत कम उम्र में हो गई थी। ये मेरी बहुत कमज़ोरी रही। मैं बहुत इमेजिनेटिव था। जिस्म मुझे काफ़ी अट्रेक्ट करता रहा। अच्छी ज़िंदगी गुज़ारने का बहुत शौक़ रहा। यही कि अच्छा खाना, अच्छा पहनना, ताश खेलना...! शराब पीना बहुत जल्दी शुरू कर दिया था। नहीं, इसकी ज़िम्मेदारी किसी पर नहीं। मेरे ख़ानदान में दूर-दूर तक कोई नहीं पीता था। अपने आप शुरू की। किसी का कोई सबब नहीं। मैं इस थ्योरी के ख़िलाफ़ हूँ कि हमें कोई किसी की तरफ़ ले जाता है। सबमें कुछ न कुछ तत्व होते हैं। मुझमें भी थे। ताश का पता नहीं, कब से शुरू हुआ। सिगरेट—तब से जब से होश सँभाला और अब यह भी कि छूट गई। बिल्कुल! अच्छाइयाँ तो हमारी हैं, पर कमज़ोरियाँ किसी की वजह से हुईं—मैं इस बेसिक तसव्वुर के ख़िलाफ़ हूँ। यह ठीक नहीं कि इसके लिए हम दोस्त, हादसे, रिश्ते को दोषी करार दे देते हैं।

हाँ, हाँ—तो घर छोड़ने के बाद एक ख़ास तरह की इनसीक्योरिटी का बहुत अहसास रहा। बड़ा डर लगता था। यही कि विभाग में लोग पॉल्टिक्स लड़ाते थे। हम डरते कि हमारे बारे में राय ख़राब न हो जाए! ये भी कि बहरहाल जगह मिल गई। एम.ए. के बाद लेक्चरर होने तक का अरसा ऐसा रहा कि बड़ा फूँक-फूँककर क़दम रखना होता था। नौकरी पाने की चिंता रहती थी। पाँच साल के उस पीरियड में भी यूँ हम बेकार नहीं रहे। स्कॉलरशिप मिलता रहा, 'हमारी ज़बान' में काम करते रहे, पर एक डर तो लगा ही रहता था। उसी ज़माने में कुछ दुनियादारी, कुछ दिखावा, कुछ चालाकी अपने अंदर पैदा करने की कोशिश की। ये अलग बात है कि उस साँचे में पूरी तरह ढल नहीं पाए। मेरे अंदर का जो राजपूत है, वो मुझे कई बार मुसीबतों में डाल चुका होता, लेकिन पता नहीं कैसे मैं उससे सलामत निकल गया। अब भी कभी-कभी मेरा जी चाहता है कि कुछ लोगों से आम आदमी की ज़बान में

बात की जाए—लेकिन उसको मैं बहुत नहीं समझता—इसलिए अपने को रोके रहता हूँ।' हँसते, आईने की मानिंद साफ़-चमकते-से चेहरे पर पल-दो पल के लिए मलाल और तल्ख़ी की जैसे धुंध आ गई थी। भीतर की ऊष्मा ने तुरंत ही उसे जैसे भाप बनाकर सुखा-उड़ा दिया था—'हाँ, फ़िल्म देखने का मुझे बहुत शौक़ रहा है। ज़ाहिर है कि तब इतनी आज़ादी नहीं थी—तरह-तरह के बहाने करके फ़िल्म देखा करते थे। यह शौक़ भी तभी से, जब से होश सँभाला! जी, अड़तालीस से हम लोग अलीगढ़ आ गए थे। अड़तालीस से पचपन तक यहाँ मसूदाबाद मुहल्ले में रहा। वहीं नुमायश लगती थी—ख़ूब देखते थे—रातों-रात देखते रहते। लिहाफ़ लेकर जाते थे बाइस्कोप देखने...!' एक-एक दृश्य को खोजा और अंकित-चित्रित किया जा रहा है। चहक और आश्चर्य के मिले-जुले रंग—जैसे उसी उम्र को जी रहे हों वे इस क्षण—'फ़िल्में—मार-धाड़ की! नाडिया जान काउस, भगवान, बाबूराव जैसे एक्टर्स की फ़िल्में, जैमिनी की फ़िल्में—यही सब फिल्में बनती थीं तब! जासूसी नॉविल बहुत पढ़ता था। तब कुछ लोग छोटे-छोटे हिस्सों में कहानियाँ बेचा करते थे। हाँ, जैसे उड़ने वाला कालीन, उड़ने वाला खटोला...। शुरू में शॉर्ट स्टोरीज़ की जगह नॉविल पसंद थे। वे देर तक चलते थे। रोमानी नॉविल किराए पर ले आते थे। जितना मोटा, उतना अच्छा कि देर तक चलेगा।...शायद इंसान की ये आज भी कमज़ोरी है कि वो नई दुनिया में— कहानियों में जाता रहा है। उसका जी चाहता है कि वह बहुत देर तक वहाँ रहे और घिसी-पिटी, बेसुरी इस दुनिया से दूर रहे। दास्तानें, थ्रिलर फ़िल्में, जासूसी नॉविल्स—सबके पीछे उसकी यही जो प्रीमिटिव कमज़ोरी है, वह उसे वहाँ ले जाती है। आजकल रीयलिस्टिक फ़िल्में जो नहीं बनतीं, उसकी वजह भी शायद यही है कि आदमी वो कुछ देखना चाहता है, जो उसे हासिल नहीं है—और उससे भागना चाहता है, जो ज़िंदगी वो गुज़ार रहा है या जो उसके आस-पास है। पहले वो राजाओं, शहज़ादों, बादशाहों के ज़रिए से अनोखी दुनिया की सैर करता था और अब बड़े-बड़े उद्योगपतियों के ज़रिए से अनदेखी ख़ूबसूरत दुनिया की सैर करता है।....तब दुनिया को समझने की बेहद क्यूरॉसिटी थी। मन होता था कि जो मेला है, जितना क़रीब से, पास से, अलग-अलग शक्लों में तुम देख सकते हो, देखो! तब सफ़र का बड़ा शौक़ था। झूठ को कोई कह दे तो फ़ौरन चल देते थे। जी, अब कम हो गया है। अलीगढ़ को भी तब ख़ूब देखा। मसूदाबाद से रॉयल टॉकिज़ तक पैदल जाते। इतना बेआबाद शहर अब इतना आबाद हो गया है कि ये याद नहीं आता कि कौन-सी चीज़ कहाँ थी...।

मंच पर पढ़ने की अपनी शुरुआती झिझक की आज आपको कैसी और कितनी याद है?

सुनकर ज़ोर से हँसे हैं। हँसते-हँसते कहना शुरू हुआ है—'मुशायरे में बहुत देर से पढ़ा। पढ़ने से डरते-बचते थे। विभाग में पढ़ा, पर दिल अंदर से नहीं चाहता था। तकरीर करने या मुशायरे में पढ़ने से मैं हमेशा बचता रहा। ये तो अब मैं पढ़ने की थोड़ी बहुत कोशिश करता हूँ। जाना तक़रीबन रिटायरमेंट के बाद शुरू किया। पहले लोग बुलाते थे, पर बाद में पछताते थे कि क्यों बुलाया। पहले यह अच्छा मालूम नहीं होता था कि मुशायरे के लिए तीन दिन की छुट्टी लो। अब जाना अच्छा लगता है, मज़ा आता है। जब मालूम हो गया कि यह काम करना ही है तो करना शुरू कर दिया। जाता हूँ, मुआवज़ा भी मिलता है। मंच के लोग अब इस बात पर हैरत का इज़हार करते हैं कि देर तक पढ़ते हैं, ऑडियेंस का ख़याल रखते हैं। मंच से पॉपुलर होने को नीचे नहीं उतरा हूँ। वही शायरी पढ़ता हूँ जो पहले पढ़ता था। जी, इसमें फ़िल्म ने मदद की है। लोग सुनते हैं। आपके और ऑडियेंस के बीच रैपर्ट हो जाए तो फिर सुनते हैं। पब्लिक साफ़ स्लेट की तरह है। उसके ज़ाती प्रीजुडिस कम हैं। आप उसे अच्छी चीज़ देकर ऊपर उठा सकते हैं। हर जगह—देख लें—फ़िल्म, सियासत, खेल—सब में जब अच्छी चीज़ आती है तो उसे पब्लिक ही ऊपर उठाती है। उसे मौक़ा मिलना चाहिए और इस बात का अहसास भी कि उसकी ओपीनियन से वो चीज़ गवर्न होगी! वो नई, अच्छी, अलग चीज़ को पसंद करती है। उससे अगर आप अपना समझकर बातें करें तो वो हर बात सुनती है। पर आप डिक्टेट करने लगें, ऊपर खड़े होकर कहें कि हम तुम्हें सिखाने आए हैं, बताने आए हैं—तो ऐसे लोगों को वह नकारती है।'

मंच की स्थिति को लेकर बहुत तरह की बातें की जाती हैं—हिंदी में भी, उर्दू में भी! मंच के लिए आए बुलावे पर जाने से पहले क्या आप कुछ ख़ास बिंदुओं-सीमाओं पर विचार करते हैं अथवा हर कहीं यूँ ही चले जाते हैं?

'थोड़ा-बहुत ख़याल मैं रखता हूँ मंच का प्रोग्राम आने पर। ऐसी जगह होनी चाहिए कि आने-जाने में सुविधा हो। जान पर खेलकर, दुःख उठाकर पैसा भी मिले तो मैं नहीं जाता। किसी कॉज़ के लिए, दोस्त के लिए, ऑयडियोलॉजीकल मसला हो तो चला जाता हूँ। पर केवल एंटरटेनमेंट के लिए हो तो माकूल मुआवज़ा, ठहरने-रहने की सुविधा होनी ही चाहिए। जी हाँ, फ़िल्म की वजह से बुलाने वालों को मुझे बुलाने में सुविधा रहती है। मेरा थोड़ा-सा नाम जो उनसे हुआ, इससे मुझे बुलाने में लोगों को सहूलियत होती है।'

हिंदी में तो मंच के स्तर के गिरते जाने की...?

'वो तो उर्दू में भी है। अच्छे-बुरे हर तरह के लोग जाते भी हैं। नहीं, किसी के साथ पढ़ने-न-पढ़ने की शर्त नहीं रखी। यह सही है कि खाली लिट्रेरी हैसियत के प्रोग्राम अच्छे लगते हैं। यह दुनिया कुछ ख़ास लोगों के लिए नहीं बनी है, हर तरह के लोग उसमें मौजूद हैं और उन्हें मौजूद व ज़िंदा रहने का हक़ है। ख़ुद हम जिन लोगों को कंटेप्ट के साथ देखते हैं, उनका एक रोल है। वो जिस सतह पर लोगों को एंटरटेन करते हैं, उसकी भी एक ज़रूरत है। हम-आप भी अगर अपने आपको अपने बनाए हुए जाल से थोड़ा-सा निकाल सकें तो हमको भी वो चीज़ें अच्छी लगती हैं। हमने एक खोल-सा ओढ़ रखा है कि उस चीज़ पर हँसेंगे, उस पर नहीं हँसेंगे। मंच में और सीरियस लिट्रेचर में जो बहुत बड़ा फ़ासला पैदा हो गया है, उसकी थोड़ी-बहुत ज़िम्मेदारी सीरियस राइटर्स पर भी है। वो उस ईडियम में बात करने लगे हैं कि जो बहुत ख़ास लोगों के लिए रह गया है। इसका मतलब यह नहीं है कि हमें अपने से नीचे उतरना चाहिए। पर अर्थ यह है कि हमें अपनी गंभीर बात को सहज अंदाज़ में कहने का आर्ट हासिल करना चाहिए। ये अंदाज़ कुछ तो गॉडगिफ्टिड होता है और कुछ इस ख़याल से पैदा होता है कि हमें अपनी बात ज़्यादा लोगों तक पहुँचानी है। इस मामले में जहाँ भूल-चूक होती है तो हम कभी-कभी बहुत नीचे उतर आते हैं और सीरियस चीज़ों की डोर हम से छूट जाती है। इस सूरत में हमें अवाम मिल जाते हैं, लेकिन अदब कहीं छूट जाता है।'

अचानक जैसे कुछ ख़ास ध्यान आया है। जल्दी से उठकर फ्रिज़ तक गए हैं। लौटे तो एक हाथ में पेप्सी-भरा गिलास और दूसरे में प्लेट में काजू और कुछ मिठाई! मिठाई की ख़ासियत बताते हुए खिलाने का आदेशात्मक आग्रह! ख़याल आया कि अपने इस घर में यह सब भी तो उन्हीं को तय करना होता होगा और यह भी कि उनके यह सब करने में भी शायरी की तरह ही एक लय है, अपनापन है और भीतर-भीतर बहती-सी एक ख़ुशी भी है। अब चर्चा कविता के मूल, उसकी आत्मा, उसके टूल्स, उसकी ज़रूरतों-ख़ासियतों पर हो रही है। शह्रयार जी जैसे अध्यापक हो गए हैं—सेवानिवृत्ति से पहले के साहित्य के अध्यापक—'पोयट्री...सारी दुनिया की पोयट्री में म्यूज़िक का एलीमेंट ज़रूरी है। इसीलिए म्यूज़िक की तरह उसमें भी कुछ क़ायदे और उसूल हैं, जिन पर पाबंदी ज़रूरी है। ज़ाहिर है ये गिफ़्ट हासिल नहीं किया जाता। जिसे ये गिफ्ट हासिल है, उसे इन क़ायदों-उसूलों की पाबंदी भी करनी चाहिए। नहीं, सिर्फ़ अभ्यास से नहीं, उसमें जर्म्स होने चाहिए। किसी ज़मीन में पैदा करने की सलाहियत है तो बीज पैदा हो जायेगा । ख़ूब जोतें, पानी डालें—सब करें, हर ज़मीन में हर बीज पैदा नहीं होगा। देखने में लगता है कि हर आदमी ये काम

कर लेगा, पर करने बैठता है तो नहीं कर पाता। कुछ लोग ही कर पाते हैं। सारा क्रिएटिव आर्ट आप देख लें। इमेजीनेशन हर-एक के पास है, पर इमेजीनेशन को आर्गेनाइज़ करने, शक्ल देने, कोहिरेंट करने की बात हर आदमी के बस की नहीं। इसीलिए जब हम इधर-उधर बिखरी चीज़ों को ख़ास शक्ल में देते हैं तो हम हैरान होते हैं। हैरान करना—जादुई असर—किसी भी आर्ट का पहला काम है। वो चीज़ फिर सोचने को मजबूर करती है—फिर व्यक्ति ख़ुद को उससे जोड़ता है। उसका अजीब होना, अनोखापन, नयापन हैरान करता है सुनने-पढ़ने वाले को!

म्यूज़िक में जैसे कुछ चीज़ों का जानना ज़रूरी है, उसी तरह शायरी में भी। ट्रेडीशन में जो मिलता है, उससे आप सीखते हैं! आप सीखते हैं कि क्या टूल्स लोग इस्तेमाल करते रहे। हर चीज़ में है कि जो आप बनाते हैं, उसके ज़रिए से क्या बात कहना-पहुँचाना चाहते हैं और यह भी कि किन लोगों तक पहुँचाना चाहते हैं। जिन लोगों तक पहुँचाना चाहते हैं उनकी ज़िंदगी और पोयट्री के बारे में क्या एज्यूकेशन है? उनका भी कॉम्पीटेंट होना ज़रूरी है। मसलन उन तक जब शायरी पहुँचे तो उनके इनबिल्ड में ये मौजूद हो कि शायरी सिंपिल तरीके से नहीं कही जाती! वह अलग तरीके से होगी—जो अब तक उन तक नहीं पहुँची होगी। अब पहुँचाने वाले का मक़सद वो नहीं, जो औरों का रहा है। इसके लिए कहाँ सिंबल, मेटाफ़र, किस तरह का मीटर—फ़ॉर्म इख़्तियार करना है—ट्रेडीशनल या फ्रीवर्स या ब्लेंक वर्स या प्रोज़ या पोयम लिखनी है—ये वो जानता है। इस सिलसिले में बहुत कुछ अनजाने में ख़ुद ब ख़ुद होता रहता है कि किस प्रपोर्शन से कौन चीज़ होगी—किस तरह वो शक्ल बनेगी जो पढ़ने-सुनने वाले को हैरत में डालेगी! वो हैरत में इसलिए डालेगी कि वो अनोखी होगी—अपनी शक्ल में भी, अपने कंटेंट में भी। हर राइटर की ख़्वाहिश होती है कि वो अपनी ख़ास बातों को लोगों तक पहुँचाए। लेकिन पहुँचाने के प्रोसिस में वो उसको ऐसी शक्ल देने की कोशिश करता है जो ख़ास होने के साथ आम बनने की ताकत रखती है। बड़ा मशहूर जुमला है—उसने ये जाना कि गोया ये भी मेरे दिल में था—पढ़ने वाले को यह धोखा हो कि ये तो मैं ही कहना चाहता हूँ और वो एस्थेटिक एक्सपीरियंस उसका अपना एक्सपीरियंस बन जाए। बड़े अदब में तो ये क्षमता होती ही है, लेकिन सच्चे और अच्छे अदब मे भी ये ख़ूबी होती है।

हाँ, यह है—जैसे ज़िंदगी में बहुत-सी चीज़ों के सेलेक्शन में या उसके अच्छे-बुरे को परखने में हम धोखा खा जाते हैं, अदब के सिलसिले में भी हम ये धोखा खाते रहते हैं। जैसे अच्छे शो रूम में—ख़ास कंडीशन में बनाए शोरूम में रखी मामूली चीज़ें हमें लुभाती हैं, ऐसे ही अदब के सिलसिले में भी—ख़ासतौर से अपने ज़माने के अदब के सिलसिले में—ये फुँदने, गोटे और ग्लैमर, पढ़ने का अंदाज़, पब्लिसिटी का अनोखा

इस्तेमाल हमें धोखे में डाल देता है। लेकिन अल्टीमेटली अच्छा-सच्चा अदब ही सर्वाइव करता है। अदब में 'आज' का होना मैं बहुत ज़रूरी समझता हूँ, लेकिन मेरे साज़ पर गुज़रे हुए कल का साया और आने वाले कल का इशारा या उससे उसका संबंध ज़रूर होना चाहिए—वरना वो उसी में रह जाएगा और ये बात अपने पूरे इतिहास में—अदब के, ज़िंदगी के—अहम है। उसका अच्छा शऊर जिनको होता है और वो वाक़ई अदीब होते हैं तो उनके यहाँ यह चीज़ ख़ुद-ब-ख़ुद पैदा हो जाती है। बहुत-से सच्चे और अच्छे अदीब इस पहलू पर कांशसली ग़ौर नहीं करते, लेकिन फिर भी उनके यहाँ देर तक ज़िंदा रहने वाला अदब पैदा होता रहता है।

अदब में फ़ॉर्म और कंटेट की बहस में हमेशा उलझावा रहा है। इसलिए कि अदब में इन दोनों को अलग-अलग से देखना नामुमकिन है। ये तो हम उसका असेसमेंट करने में, उसको एप्रीशिएट करने में अपनी सहूलियत के लिए अलग-अलग करके देखते हैं और कभी एक चीज़ पर और कभी दूसरी चीज़ पर ज़्यादा एम्फैसिस देने लगते हैं। मैं उन लोगों में हूँ जिनका ख़याल है कि अगर कोई मजबूरी आन पड़े और हमें फ़ॉर्म और कंटेंट में से एक की अहमियत को ज़्यादा तस्लीम करना पड़े तो मैं कंटेट को अहमियत दूँगा। लेकिन मेरी ये ख़्वाहिश भी है कि अदब में इस तरह की मजबूरियाँ न आएँ तो अच्छा है। अदब और शायरी ज़िंदगी को पेश करते हैं, लेकिन ज़िंदगी जब अदब में ढलती है तो उसमें इतना परिवर्तन हो चुका होता है कि वो उस ज़िंदगी की तस्वीर न मालूम होकर अपना अलग वजूद अख़्तियार कर लेते हैं। अदब और ज़िंदगी दो पैरेलल लाइनें हैं—जो हमेशा साथ तो रहती हैं, पर उनका कभी मिल पाना मुश्किल है।'

तभी एक नवयुवक एक कार्ड हाथ में लिए उपस्थित हुआ है। बड़े लाढ़ के साथ उसकी, घर की कुशलता जानी गई है। परिचय कराते समय सामने रखे एक फ़ोटो की तरफ़ इशारा करते हुए बता रहे हैं—'ये ही तो हैं ख़लीलुर्रहमान आज़मी!

यह उन्हीं का फ़ोटो है! ये उन्हीं का मझला बेटा है! हाँ, मैं इनकी वजह से हूँ—सब कुछ इन्हीं की वजह से हूँ।' कृतज्ञता ज्ञापन का सिलसिला उनके मौन होने के बावजूद मुख-मुद्राओं से देर तक चलता रहा था। युवक को रुख़सत करके लौटने पर मैंने उनसे पूछा है—'अख़लाक़ मोहम्मद खाँ के शहरयार बनने का राज़ और इतिहास क्या है?' मौन को शब्द ज़रूर मिल गए थे, पर साफ़ था कि वे थोड़ी देर पहले की भावभूमि में ही थे। धीरे-धीरे कहा गया है—'सत्तावन से पहले मेरी जो चीज़ें छपीं वो कुँवर अख़लाक़ मोहम्मद खाँ के नाम से छपीं! और एकाध ग़ज़ल में मैंने कुँवर का तख़ल्लुस के तौर पर इस्तेमाल किया। लेकिन मेरे कई दोस्तों ने मुझसे कहा

कि ये बहुत लंबा-चौड़ा नाम है। बहुत प्रोज़ेक और ग़ैरशायराना नाम है ये। हमारे एक दोस्त थे—शायर साज़ तमकनत—उन्होंने कई नाम भेजे। एक दिन ख़लीलुर्रहमान आज़मी ने कहा कि कुँवर है नाम—अब शहरयार रख लो। दोनों का अर्थ प्रिंस है—राजकुमार, शहज़ादा! तो हमने रख लिया! फिर चल पड़ा। सत्तावन के आख़िर में रखा! अब हमें यही असली लगता है। दूसरा तो केवल सेलरी रजिस्टर में देखकर मालूम होता है कि हम ए.एम.के. शहरयार हैं।

पहली कविता—कब, कौन-सी, यह याद नहीं। हाईस्कूल-इंटर कब पास किया, शादी कब हुई, पहले बच्चे का जन्म कब हुआ और पहली किताब कब आई—मुझे इनके सन् तो याद हैं—बाक़ी सबके बस इंप्रेशन हैं। हाँ, पहली किताब 'इस्मेआज़म' उन्नीस सौ पैंसठ में आई। मैं बहुत लकी हूँ कि हर हल्क़े से उसे काफ़ी पसंद किया गया।

सबसे पहले मुशायरा—अहमदाबाद में किया। सन् इकसठ में मोहम्मद अलवी ने किया था! तीन शायर थे—विमल कृष्ण 'अश्क', बशीर बद्र और मैं। बहुत महफ़िलें हुईं वहाँ! बड़ी चर्चा रही! उससे काफ़ी चर्चा रही। बाहर तब फिर सबसे बड़ा मुशायरा लालकिले में बासठ-तरेसठ में! यूँ सन् साठ में स्टूडेंट लाइफ़ में कैनेडी हॉल में एक बड़े मुशायरे में पढ़ा था। वह मुशायरा रिलीफ़-फ़ंड के लिए कराया गया था। वैसे पढ़ने से मैं बचता रहा हूँ। अंदर से ख़्वाहिश नहीं होती थी। पर्फ़ोमेंस से डर लगता था। मैं शाई बहुत था!

नहीं, इत्तिफ़ाक से ऐसा कभी नहीं हुआ—हूट कभी नहीं हुआ। एक बार ऐसा तो ज़रूर हुआ कि बदायूँ में मुशायरे में बहुत तवज्जो से नहीं सुना मुझे। कुछ हमारी बेदिली भी रही! और फिर कंडक्ट कराने वाले वो लोग, जो लिट्रेरी लोगों को अहसास कराने के लिए कुछ ख़ास तरह की हरकतें, घटनाँए कराते हैं—ऐसे हालात पैदा कर देते हैं! हमको दाद की बहुत परवाह भी नहीं रही! लेकिन अब हमने तय किया है कि कुछ लोग तो ऐसे हैं जो हमें सुनने आए हैं—हम उन्हें ख़ुश करें, मुतमईन करें! हाँ, हल्का-सा तब्दील किया है। पहले सिलेक्टेड कुछ सुनाते हैं—ऐसी चीज़ें जिन्हें आदमी जल्दी एप्रीशिएट कर सकता है। बार-बार सुनाई चीज़ें सुनाते हैं। अपनी पुरानी चीज़ों पर पब्लिक रेस्पांस ज्यादा होता है। वहाँ ऑडियेंस पर सोचने का ज़्यादा मौक़ा नहीं होता। या तो उसे बार-बार पढ़ा जाए, लाउडली पढ़ा जाए कि उस तक पहुँचे—उसमें की मीनिंग को कम्युनिकेट करने के लिए! पढ़ने के अंदाज़ में थोड़ा-सा यह ख़याल रखना होता है कि कहाँ पॉज़ लगाना है, किन लफ़्ज़ों पर एम्फ़ैसाइज़ करना है। आप जब सुना रहे हैं तो पढ़ने के अंदाज़ की अहमियत होती है। तो मैं कोशिश करता हूँ कि उस अंदाज़ से पढ़ूँ मैं...।'

किन शायरों का पढ़ना आपको पसंद आता रहा? कुछ शायरों के पढ़ने का असर आपको अपने आप पर भी महसूस होता है क्या?

'तरन्नुम में मज़रूह और मक़दूम को मैं पसंद करता था। अच्छे लगते थे। तहत में अख़्तरुल ईमान, मुनीबुर्रहमान का अंदाज़ पसंद था। वैसे फ़ैज़, जां निसार अख़्तर—जिनके पढ़ने के अंदाज़ को लोग अच्छा नहीं कहते थे—मुझे वो भी अच्छे लगते थे। बंबई में एक बार हसन कमाल ने फ़ैज़ को इंट्रोड्यूस करते वक़्त उनके पढ़ने के सिलसिले में कहा कि फ़ैज साहब जितना अच्छा लिखते हैं, काश! वो उतना अच्छा पढ़ते भी। पता है इस पर फ़ैज़ ने क्या कहा? उन्होंने कहा—'सब काम हम ही करें? अच्छा लिखें भी हम, अच्छा पढ़ें भी हम! कुछ आप भी तो करें।' दरअसल समाज में बहुत से प्रीजुडिसिस आदमी की शख़्सियत का हिस्सा बन जाते हैं। मसलन मुशायरा बुरी जगह है, शेरों को अच्छी तरह पढ़ना नाटक है... ।' यह ग़लत है। मेरे ख़याल में मंच की एक अहमियत है। अगर उसका ग़लत इस्तेमाल हो रहा है या वह ग़लत लोगों के हाथों में है तो इस वज़ह से मंच को नकारा नहीं जा सकता। शायर को—उसकी शायरी की जो क्वालिटीज़ हैं—ख़ासतौर से साउंड और म्यूज़िक की क्वालिटीज़—पढ़ते वक़्त उनको उभारने की कोशिश करनी चाहिए। जो अच्छा लिखते और अच्छा पढ़ते भी हैं, उनकी क़द्र करनी चाहिए!

फ़ैज़ का क्या पसंद था...बहुत कुछ इस पर होता है कि आप क्या एसपेक्ट करते हैं। हम उन्हें बहैसियत शायर पसंद करते थे। हमारे पास उनका कैसिट है। हम उसे अक्सर सुनते रहते हैं। उनका पढ़ने का अपना एक अंदाज़ था। हमको वो अंदाज़ अच्छा लगता था। इसलिए कि वो शायर हमें अच्छे लगते थे। वो औरों की तरह क्यों पढ़ें? जिस तरह पढ़ते थे, हमें अच्छे लगते थे। अपने में डूबकर पढ़ा करते थे। फ़िराक़ साहब को शुरू में लोग एप्रीशिएट नहीं करते थे। पर बाद में वो अंदाज़ ख़ास-आम सबको अच्छा लगता था। डपट-डपटकर, अर्थ बताकर, अंग्रेज़ी बोलकर वे पढ़ रहे होते—सब सुनते—अच्छा लगता था। शायर अच्छे थे इसलिए हर अदा अच्छी लगती थी। लोगों का शायद यह ख़याल न हो—नीरज का पढ़ते समय ज़िंदगी के बारे में बोलना, व्याख्या करना, अंग्रेज़ी में बोलना—यह असर शायद उन्होंने फ़िराक़ साहब से लिया है। आँखें, मुद्राएँ, अपनी बीमारियों को मशहूर करना... । मुझे लगता है उन पर जिगर और फ़िराक़ का असर है। जी, तहत में फ़िराक़ का, तरन्नुम में जिगर का.. ।

नहीं, शायर के बारे में जो एक रोमेंटिक तसव्वुर है, वो अपने ऊपर ओढ़ने की मैंने कभी कोशिश नहीं की। मसलन—ग़ैरजिम्मेदार, मुहीमियन, बाल बढ़े हैं, जिस लड़की को देखा आशिक़ हो गए, अपने बारे में इश्क़ के झूठे-सच्चे किस्से मशहूर करना, दिखावा, अपने इर्द-गिर्द हाला बनाना-वगैरह, वगैरह! शायरी में शायर अलग

तो होता ही है, पर फ़िज़ीकली भी अलग दिखे क्यों? अपनी डे टुडे ज़िंदगी में शायर को भी वही सब करना होता है, करना भी चाहिए! उसमें समाज से कुछ अतिरिक्त लेने की ख़्वाहिश पैदा नहीं होनी चाहिए! कि हम ग़रीब रहे हैं, हम शायर हो गए हैं, शायर हैं इसीलिए बीवी-बच्चों का ख़याल ही न रखें—इन सब तसव्वुरात के मैं बहुत ख़िलाफ़ रहा हूँ। मुझमें जो कमज़ोरियाँ हैं, वो हैं। वो इसलिए नहीं कि मैं शायर हूँ! शायर न होता वो तब भी होतीं! उनके लिए कोई एक्सक्यूज़ नहीं।'

आपकी शायरी में का यह जो अकेलेपन का अहसास है—बहुत शिद्दत से, गहराई से, बहुत घना-सा है और बार-बार है। ऐसे ही रात, अँधेरा, उदासी आदि कुछ ऐसी और इस तरह हैं कि...?

वाक्य पूरा नहीं हुआ, पर जैसे उन्होंने आशय जान लिया था—'ये तो सच्चाई और हक़ीक़त की बात है कि जो सोचने वाला आदमी है, वो तनहा होता है। ज़िंदगी के बारे में जनता या आम आदमी जिस तरह सोचता है, बुद्धिजीवी उससे आगे भी सोचता है। पैदा होने या अन्य ज़रूरतों के बारे में आम आदमी भी ठीक सोचता है, पर बुद्धिजीवी कुछ अलग सोचता है। एक तसव्वुर है कि मकान हो—पर एक यह भी कि खुला हो, प्रदूषण न हो, बाग़-बग़ीचा-फूल हों...। इसी तरह खाने-पीने को हो, बच्चों की मिनिमम एज्यूकेशन हो सके। उससे आगे ये कि ज़िंदगी हसीन हो, ख़ूबसूरत हो। ये ख़्वाब आदमी देखता रहा है। तो अदीब ऐसे ख़्वाब देखता है और सोचता है कि और भी अगर ऐसे ही देखें तो दुनिया हसीन हो जाए! एस्टेब्लिश्ड सिस्टम ने ऐसे लोगों को पांगल कहा है। अपने रिपब्लिक्स से प्लेटो ने उन्हें इसीलिए निकालने को कहा। हाँ, वो अकेला तो होता ही है। सोचता है कि सब ऐसे ही ख़्वाब देखें—'जिधर अँधेरा है, तनहाई है, उदासी है। सफ़र की हमने वो ही सिम्त क्यों मुक़र्रिर की है'—इस शेर में पैस्सीविज़्म नहीं है! यह बहुत रीयलिस्टिक शेर है। जब-जब जहाँ-जहाँ किसी शख़्स ने किसी आइडियल को सामने रखा और उसके मुताबिक ज़िंदगी गुज़ारने की कोशिश की—तो उसको इन मंज़िलों का सामना करना पड़ा। इसका मतलब यह नहीं है कि लोग आइडियल के मुताबिक ज़िंदगी न गुज़ारें। हाँ, आइडियल का सिलेक्शन करते वक़्त इसके लिए तैयार रहें कि इस पर चलना दुश्वारियों को दावत देना है और ज़िंदगी नाम अपने लिए नहीं तो दूसरों के लिए दुश्वारियों को आसान बनाने का है। रात, एकांत का सिंबल है मेरी शायरी में। डरावनी-पूर्ण एकांत-अच्छी भी है, बुरी भी है। हर शेर में उसके अलग-अलग रूप नज़र आएँगे। कहीं रौशनी वेलकम चीज़ है—चाहते हैं कि ख़ूब हो! कभी-कभी रौशनी तकलीफ़देह मालूम होती है। जितने ये सिंबल बार-बार आते हैं, वो हर बार, हर

जगह किसी और मायने में होते हैं। एक जगह है—'रात अपने पर न खोले तो झुलस जाए ज़मीं... ।' 'वैसे अँधेरा जब घना होता है तो कितना हौल आता है। तुम्हें क्या इल्म, तुम्हें जल्द सो जाने की आदत है।' मेरा अपना फ़लसफ़ा है कि आदमी जितना जागता है, वो ही असली ज़िंदगी है। सोना वेस्ट ऑफ़ लाइफ़ है। आख़िर में सोना तो है ही! नींद या सोने की अहमियत सिर्फ़ इसलिए है कि उसमें, सोने में हम ख़्वाब देखते हैं। तो मैं सोते में भी ख़्वाब देखता हूँ, जागते में भी देखता हूँ। मेरा मिसरा है—'जागती आँखों से भी देखो दुनिया को। ख़्वाबों का क्या है, वो तो हर शब आते हैं'। और अगर मेरी शायरी को ग़ौर से पढ़ा जाए तो ये बात पूरी सच नहीं कि मेरे यहाँ कुछ खास सिंबल बार-बार आते हैं। हाँ, क्रिटिक्स ने इन पर ज़ोर दिया है। इन सवालों से परेशान होकर मैंने कभी-कभी अपनी शायरी को पढ़ा है तो मुझे सूरत इतनी साफ़ नज़र नहीं आई। मसलन 'इस्मेआज़म' की किसी ग़ज़ल में भी ख़्वाब का लफ़्ज़ इस्तेमाल नहीं हुआ! प्रपोर्शन देखा जाए तो ऐसा नहीं है—और बहुत-से हिस्से भी हैं। लेकिन ये भी सच है कि इन सिंबल्स के ज़रिए से मैं अपनी बात या तजुर्बे को निस्तबन आसानी से पहुँचाने में कामयाब हो जाता हूँ। मेरा एक शेर है—'मुनहरिफ़ ख़्वाबों से हुए जब लोग। सोएँ या जागें, सब बराबर।' किसी उस्ताद का मशहूर शेर है यह—'आदमी हो तो किसी के काम आओ। वरना खाओ, पीओ और चले जाओ।'

मेरा यह भी ख़याल है कि शायरी पढ़ाई नहीं जा सकती है। इसलिए कि जिस तरह हम शायरी पढ़ाते हैं—उसकी पैराफ्रेज़िंग करते हैं—वो हमें शायरी तक पहुँचाती नहीं है। मेरा ख़्याल है कि जो लॉजीकल बात नस्र में—प्रोज़ में कही जा सकती है—वो शायरी में कभी नहीं बन सकती। उसकी शक्ल बदल जाती है। हम उसकी शक्ल बदल देते हैं। मैंने एम. ए. में कभी शायरी नहीं पढ़ाई। बी. ए. के लेविल पर पढ़ाई-पढ़ानी पड़ी। टीचर को करना पड़ता है—और पढ़ाने का वो ही तरीक़ा! बाज़ फ़ॉर्म है—मर्सिया, क़सीदा, मसनवी—तो इनमें कहानी होती है, आप बता सकते हैं कि करेक्टर्स हैं—ये कहानी है। मर्सिए में हुसेन आदि के बारे में, जंग के बारे में कि घोड़े क्या, कैसे—बता सकते हैं। क़सीदे में भी बहुत-सी बातें एक्सप्लेन की जा सकती हैं। पर शायरी का जो एलीमेंट है, उसे लॉजीकल तरीक़े से एक्सप्लेन करना दुश्वार काम है। उससे मज़ा लेने के लिए तो एक ख़ास कॉम्पीटेंस ज़रूरी है।' बोलते-बोलते अध्यापक ही हो गए हैं अब! क्लासरूम में ही पढ़ा रहे हों जैसे—'बहुत से शेर हैं—आप देखिए—'असद ख़ुशी से मेरे हाथ-पाँव फूल गए। कहा जो उसने मेरे हाथ-पाँव दाब तो दे'—आप क्या एक्सप्लेन करेंगे? यह

हमेशा का, हर शख़्स का एक्सपीरियंस नहीं है, पर लगता है कि क्या ख़ास लम्हा रहा होगा—क्या अहमियत रही होगी! अब इसमें देखिए—'गदा समझ के वो चुप था, मेरी जो शामत आए। उठा और उठके क़दम मैंने पासबाँ के लिए।' हाँ, ग़ालिब के हैं दोनों शेर! लिखने का क्या बताऊँ? कुछ नहीं—उसी वक़्त मालूम होता है कि क्या लिखना है—ग़ज़ल या नज़्म। कभी कोई लफ़्ज़ आता है, कभी कोई मीटर—म्यूज़िक, बहर, कभी कोई तजुर्बा ही, कभी कोई एक लाइन आ गई। उसके बाद उसका पैटर्न क्या होगा, पहले से कुछ पता नहीं! बाज़वक़्त पहले पता रहता है कि ये एक्सपीरियंस ग़ज़ल का है या नज़्म का है। ज़िंदगी के या तमाम चीज़ों के बारे में जो अल्टीमेट है—तो मीर का यह एक शेर है—'यही जाना कि कुछ ना जाना हाये! सो भी एक उम्र में हुआ मालूम!'—ये भी बहुत देर में मालूम हुआ। हमारा एक शेर है—'इस नतीजे पर पहुँचते हैं सभी आख़िर में। हासिल सहरे जहाँ कुछ भी नहीं, हैरानी है'—हाँ, अपने आप से, दुनिया से, क़ुदरत से भी। सच तो ये है कि—'हर क़दम पर मोड़ थे, हर मोड़ पर मंज़र नए। उम्र की एक-एक सांयत सर्फ़े हैरानी हुई।'

सर्वाधिक पसंद की अपनी कोई एक रचना?

'जैसे बच्चे अपने माँ-बाप को प्रिय होते हैं—हर बच्चे में अलग-अलग चीज़ें देखकर खुश होता हूँ! छपवाई हैं तो वे सब अच्छी हैं। मुझे सब पसंद है। इसलिए कि मैं बहुत सोच-समझकर छपवाता हूँ। अलबत्ता जो और लोगों को पसंद है, उसको भी पसंद करता हूँ। लोगों को इंतख़ाब करने की पूरी आज़ादी देता हूँ। उनका यह हक़ है। जिस तरह मुझे लिखने का हक़ हासिल है, उसी तरह पढ़ने वालों को उसे न पढ़ने या अपनी तरह पढ़ने का हक़ हासिल है। वे अगर मेरी शायरी नहीं पढ़ेंगे, तब भी इंसान रहेंगे—पढ़ेंगे तो मैं ख़ुश होऊँगा।'

ऐसा कोई असर कि उस जैसा हो जाने का मन हुआ हो?

'अपना ही असर देखता हूँ। डेलीब्रेटली किसी का असर नहीं। जिसको पसंद करता हूँ, उससे बचने की कोशिश की है। ये नहीं कि वैसा हो जाऊँ!'

सबसे बड़ा दुःख?

'इस वक़्त तनहा रहना! जिस शॉक से निकल नहीं पा रहा हूँ मैं! इसके लिए मैं तैयार नहीं था!'

सबसे बड़ा सुख?

'मुझे बहुत मोहब्बत करने वाले लोग हासिल हैं। मैंने अपनी नीड्स को बहुत लिमिटेड रखा है। सैटिसफ़ाइड हूँ। एक ही दुआ करता हूँ कि मैं किसी बड़ी बीमारी में न फँसूँ और दूसरों को परेशान न करूँ और दुनिया से चलते हाथ-पैर चला जाऊँ!'

कोई अफ़सोस?

'मेरी ज़िंदगी में आख़िरी में जो हुआ, उसका! मैं इतना ज़हीन आदमी होते हुए भी, वो सब कुछ जो मेरे लिए किया जा रहा था—मैं क्यों उसको समझ नहीं सका?'

कोई ख़ास ऐसी चाहत...?

'अब कोई ऐसी ख़ास चाहत नहीं। जब तक ज़िंदा रहूँ, कुछ न कुछ नया लिखता रहूँ...और मुझे अपना ज़िंदा रहना बेमसरफ़ न मालूम हो!'

2.2

शहरयार से संवाद–दो

उन्मन-हिचकता मन! इतनी बार की बातों के बाद अब आज क्या नया ला पाओगे उनसे? अन्दर कोई फुसफुसाया—झरना, नदी, समंदर, गुल, दरख़्त, चाँद सितारों के पास जाते यह अहसास क्यों नहीं होता? हर बार बदले-बदले-नये-नये से। यूँ ही तो नहीं कहा था बुद्ध ने—एक नदी में हम दोबारा स्नान नहीं कर सकते। सच तो यह भी है कि किसी नदी को कोई भी स्नानकर्ता कभी एक साथ पूरा नहीं मिलता—दोबारा मिलने का तो प्रश्न ही नहीं। फिर कैसा संकोच और काहे को बचना? आज न तो शहरयार साहब आज से ठीक पहले वाले होंगे और न मैं। मेडिकल रोड स्तिथ सफ़ीना अपार्टमेंट। सीढ़ियाँ चढ़कर फ़्लैट नम्बर एक सौ एक के दरवाज़े पर लगा कॉलबेल का स्विच दबाया! अविलम्ब आवाज़ आयी—'खुला है! आ जाइये!' बैठने की जगह तय होने में देर लगी! कमरे के आकार की अपेक्षा कहीं अधिक दुनिया भर का सामान। सोफ़ा, टी॰वी॰! छोटे-बड़े दर्जनों फ़ोटो-यहाँ-वहाँ, दीवारों पर, मेज़ पर! देश विदेश के, कई भाषाओं के, अनेक संस्थाओं के पचासियों प्रशस्ति पत्र, प्रतीक चिह्न, पुरस्कार, उपाधियाँ! इधर-उधर अलमस्त, बेतरतीब बिखरी-सी रखीं कितनी ही किताबें, पत्रिकाएँ, अख़बार!

यहाँ-वहाँ करते-कराते अंततः डायनिंग टेबिल पर बैठना तय हुआ! देखा तो मेज़ की दुनिया एकदम अलग और विचित्र नज़र आयी। ढंग से लिखने भर को भी जगह बनाने के लिये उन्हें भी कोशिश करनी पड़ी, और मुझे भी! रसोई में काम करता वह सेवक आया। किताबें खिसकाने में उसने हम लोगों की मदद की और खुली-ढकी प्लेट्स को वहाँ से उठा ले गया। मेज़ की तो जो गत थी सो तो थी ही—कुर्सियों तक पर ये-वो सामान! जैसे वो मेज़ शहरयार साहब के खाने की मेज़ होने के साथ उनकी ड्रेसिंग टेबल भी थी और अलमारी तथा स्टोर भी। सफ़ेद कुर्ता-पाजामा! उनकी

गोराई पर फबते वे उड़ते-बिखराते-से शुभ्र रेशम-रेशम बाल! अच्छी-ख़ासी गोलाई वाले चश्मे के उस फ्रेम के शीशों के पीछे से ऐसे देखा जा रहा है मेरी ओर जैसे कहना चाह रहे हों कि अब पूछो—क्या पूछना है तुम्हें!

'क्या कहें इस जगह को जहाँ आप और मैं बैठे हैं?' अचकचाए—जैसे सोचा नहीं था कि ऐसे इस सवाल से शुरुआत होगी। हँसे—एक ऐसी हँसी जिसका आशय शायद ये था कि भला यह भी कोई पूछने की बात है! हँसना रुका तो ऐसे बोलना शुरू हुआ जैसे इस बीच सोच लिया गया हो कि पूछ रहे हो तो बताये देता हूँ—'और क्या कहेंगे—खाने की मेज़ है...। "...'मेज़ ही कहेंगे इसे?' मेरे उस चौंकने पर ध्यान दिया था उन्होंने...'हाँ, यूँ कहो कि आधी खाने की—आधी दवाओं की।' मैंने हाथ उधर करते हुए पूछा— 'और ये...ये सब?' मेरे असन्तोष को भाँप लिया था उन्होंने—'ये कुछ खुशबुएँ...ये शेव का सामान, आफ्टर शेव, स्प्रे--- ये हेयर ड्रायर ...ये ड्राइ फ्रूट्स के डिब्बे...ये पानी की बोतलें...! अरे भई यह सब कम जगह की वजह से है । यूँ एक ड्राइंग रूम और दो बैडरूम हैं- पर अलमारियाँ नहीं हैं। जो अलमारियों में होना चाहिये , वो सब मेज़ पर है। इसीलिये बाँटता रहता हूँ बहुत-सी किताबें। रिसाले हर महीने पाबंदी के साथ बाँटता रहता हूँ। रखने की जगह नहीं है।'

...'केवल जगह की ही बात नहीं—शायद इसलिये कि ठीक से इन्हें रख सकने वाला कोई नहीं है! या यूँ कहें कि आपकी ज़िंदगी में की अव्यवस्था के कारण है यह?' ध्यान से सुना। संजीदा-से चुप रहे कुछ देर। लगा कि जैसे हाँ कहने वाले हैं। अगले क्षण सावधान होते-से दिखे। पैनी-सी एक दृष्टि मुझे अपनी ओर आती दिखी। शायद मंशा भाँपी थी उन्होंने मेरी—'नहीं...कोई देखभाल पहले भी नहीं थी...अब भी नहीं है। पत्नी साथ थीं तब ऐसा कुछ ख़ास नहीं था। हम ही करते थे ज़्यादातर। पर तब मकान इतना बड़ा था कि वहाँ बिखरने की जगह ही नहीं थी। उतनी जगह यहाँ नहीं है- अब सिमटने की मजबूरी है। यकायक आए झौंके-सी एक हँसी हँसे-जैसे अभाव-अव्यवस्था की बात को हवा में उड़ा देना चाह रहे थे—'बक़ौल नीरज...जितना कम सामान रहेगा। उतना सफ़र आसान रहेगा।' किताबों के यूँ ही बाँट दिए जाने की बात पर जब और पूछा तो समझाते से बोले—'सिर्फ़ वो-जिनका इस्तेमाल ख़त्म हो चुका होता है...जिनमें वक़्ती चीज़ें छपती हैं और महसूस करता हूँ कि इन्हें दोबारा नहीं पढ़ना! क्लैसीकल चीज़ें महफ़ूज़ रहती हैं। मैं निराश नहीं होता। हर मामले में कोशिश करके आशावाद ज़िंदा रखना चाहता हूँ। पुरानी यह सोचकर बाँट देता हूँ कि आगे वाली चीज़ें अच्छी होंगी। मैं बहुत अच्छी चीज़ों के चक्कर में कम अच्छी चीज़ों को नज़रअंदाज़ नहीं करता। कम अच्छी चीज़ें भी मुझे अट्रेक्ट करती हैं। चीज़ें होती रहें- चाहे कम अच्छी हों। इससे

ज़िंदगी के मीनिंगफुल होने का अहसास होता है। कोशिश रहती है कि आसपास की दुनिया में दिलचस्पी ली जाए...उसकी ख़ूबसूरती पर ज़्यादा नज़र रहे हमारी।'

उनका सेवक चाय रख गया है। उन्होंने ड्राई फ्रूट्स का डिब्बा खोला है। मेरे मना कर देने पर उसे बंद करते-करते बता रहें हैं—'अपने आसपास के लोगों में अक्सर मैं मायूसी देखता हूँ। आज जो हो रहा है उससे। कल्चर और लाइफ़ स्टाइल जिस तरह का है आज- उससे हमारी ऐज ग्रुप के लोग बहुत डिप्रेशन महसूस करते हैं। उन्हें लगता है कि दुनिया बहुत ख़राब हो गई— और ख़राब होगी। मैं इसके बिल्कुल उलट सोचता हूँ।...इसलिए कि आसानियों, सहूलियतों और वक़्त की क़ीमत का अहसास जिस तरह अब पैदा हुआ है-उससे किसी तरह भी ऐसा नहीं लगता कि मायूस हों।'

—पर आपकी कविता में तो मायूसी, तनहाई और कुछ-कुछ हार मान लेने जैसी स्थितियाँ खूब-खूब दिखती हैं?

प्रश्न का जो असर होता मैंने देखना चाहा था, वह नहीं दिखा! मेरे सोचे से अलग बड़े-शांत-दृढ़ अंदाज़ में उन्होंने मेरे कहे को निरस्त करना चाहा था जैसे—'मायूसी, तनहाई या कभी-कभी हार मान लेने का अहसास—ये भी एक पोज़िटिव थिंकिंग का नतीजा हो सकता है। जब आदमी उम्मीदों के मुताबिक़ चीज़ों को होता नहीं देखना चाहता है या अपनी सोच की वजह से अपने को तनहा महसूस करता है- तो मोमेंट्री तौर पर वह दुखी होता है। मेरा एक शेर है- 'जिधर अँधेरा है, तनहाई है, उदासी है। सफ़र की हमने वो ही सिम्त क्यूँ मुक़र्रर की।' हम चाहते तो यही रहते हैं कि ख़्वाब क्रिएट करके खुश ज़िंदगी गुज़ार सकते। आप अगर वैल्यूज़ के साथ ज़िंदा रहना चाहते हैं तो आज की दुनिया में कदम-कदम पर आपको नाकामी और पछतावे का अहसास होता है। कमज़ोर आदमी सरेंडर कर देता है। अगर आदमी को अपनी वैल्यूज़ की ताक़त का सहारा हो तो वो सब कुछ के बावजूद इस दुनिया में कामयाब हो सकता है।...जी...बग़ैर किसी समझौते के...या गिरे हुए!'

—आपके इस कामयाबी शब्द का आशय?

प्रवाह जैसे बाधित हुआ। कुछ सोचते-से चुप रहे कुछ देर। फिर से खुद को पूर्व की गति और स्थिति में लाने का प्रयत्न किया—'कामयाबी—हाँ, अब इस ज़माने में बहुत रिलेटिव चीज़ बन गई है। एक ज़िंदगी वो होती है। जिसे साफ़-सुथरी कहते हैं। कोई चाहे तो उसे बसर कर सकता है। एक ज़िंदगी वो है जिसमें बहुत ज़्यादा सहूलियतें और सुख हैं। बहुत ज़्यादा के चक्कर में आदमी खुद ही दुख को इनवाइट करता है। उस बहुत ज़्यादा के चक्कर में उसे दुखी या सुखी होने का मौक़ा भी कम मिलता है। टाइम ही नहीं मिलता उसे। पैसा है उस पर-पर वो उसका इस्तेमाल नहीं

कर पाता। पैसे से वो बच्चों को, घर को वक़्ती ख़ुशी, वक़्ती ग्लैमर, वक़्ती सजावट के कामों में लगा देता है। जैसे यही कि दिन में तीन बार साड़ी बदल ली...अब आप देखिए, चार दिन में भी बदलने वाले हैं अपने यहाँ। यह भी है कि जो चार दिन में बदल पा रहा है– उसके सुख और दुख दोनों की क़द्र होती है।'

—क़द्र? आज लगता तो ये है कि चमक-दमक-बनावट ने हमारे यहाँ के बहुत बड़े वर्ग से जैसे क़द्र पाने का अवसर और अधिकार ही छीन लिया है?

चेहरे पर चमक है और शब्दों में ख़ास-सा एक आत्म-विश्वास—'हिन्दोस्तान के पर्सपेक्टिव में हमें एक चीज़ कभी नहीं भूलनी चाहिए। हम जिन चीज़ों से बहुत ज़्यादा ख़ौफ़ज़दा और डरे हुए हैं—वो आबादी के बहुत छोटे हिस्से का मसला है। आबादी के बड़े हिस्से को वो चैन, वो ख़ुशी हासिल है जो हर सहूलियत और कम्फ़र्ट का नतीजा होता है। ठीक है– बहुत सी चीज़ें उसकी ज़िंदगी में नहीं हैं– या न होने के बराबर हैं—पर जो हैं वो अनमोल हैं।...जी, जैसे– सुकून, हमदर्दी, मुहब्बत, दूसरे की मदद करना, दूसरे के दर्द को समझना। अच्छी-बुरी चीज़ में फ़र्क़ करना। मेहनत-ईमानदारी की क़द्र करना। इंसान पर भरोसा करना। ट्रेडीशंस और कस्टम्स का ख़याल रखना– मेले और त्यौहारों से लुत्फ़अंगेज़ होना। और जैसे कलेक्टिव ज़िंदगी जीने का तसव्वुर। पड़ोसी, गाँव वालों, बिरादरी, भाईचारा– इन तमाम चीज़ों का अहसास। बर्दाश्त करने की क़ुव्वत, क़ुर्बानी का जज़्बा! फ़ायदे-नुक़सान से बुलंद होकर अच्छे-सच्चे कामों के करने की ख़्वाहिश...।' ऐसे बोले जा रहे थे जैसे इंसान और इंसानियत पर अपना लिखा निबंध पढ़कर सुना रहे हों। सब कुछ अच्छे के नष्ट-भ्रष्ट– अवमूल्यित होते जाने के रात-दिन रिकॉर्ड्स सुनते रहने के शौक़ीन, आदी, महारती मेरे कानों को इतना यह सब सुनना अटपटा-सा और मुश्किल लग रहा था– साथ ही कुनकुना-सा अच्छा भी। उनकी आँखों में एक चमक थी और अभिव्यक्ति में विशिष्ट-सा एक अनुशासित प्रवाह—'ये ही वो आबादी है जो इलेक्शंस के वक़्त चिलचिलाती धूप में लम्बा फ़ासला तय करके लम्बी क़तारों में खड़े होकर देश के भविष्य को उज्ज्वल बनाने के लिए—बग़ैर किसी ख़ौफ़-लालच के अपने वोट का इस्तेमाल करती है। और-और उन लोगों को जिनके हाथ में इक़्तदार हैं, बार-बार सिखाती है कि जनता में कितनी ताक़त है और वह क्या चाहती है।...जी...कुछ लोग उससे सीख लेते हैं...नहीं-नहीं—जो आदी या मुजरिम हो गए हैं उनमें परिवर्तन नहीं होगा...।'

—सब कुछ के बावजूद आप यूँ भी तो देखिए कि देश के भविष्य को उज्ज्वल बनाने की इच्छा वाले इस वर्ग का वर्तमान क्या और कैसा है! आपका ऐसे सोचना-कहना क्या आज के भारत का पूरा सच है? ब्यूरोक्रेसी की भूमिका और

पूँजीवादी व्यवस्था के आज अधिक क्रूर, अमानवीय और स्वार्थी होते जाने के बावजूद भी भारत का भविष्य आपको उज्ज्वल और आश्वस्तकारी लगता है?

कुर्त्ते की बाँहें कुहनी से ऊपर तक चढ़ा ली गई हैं। कुहनी के ऊपर के दोनों हिस्सों को जैसे सहलाया जा रहा है। दृष्टि दरवाज़े की जाली से बाहर दूर कहीं कुछ देख रही है। धीमे-धीमे रुकते-से कहना शुरू हुआ है– 'ब्यूरोक्रेसी... दरअसल ये जो पब्लिक स्कूल ऐज्यूकेशन शुरू हुई-उसने एक ख़ास क्लास पैदा की है। वो क्लास नेचुरल कैलेमिटीज़, कम्यूनल राइट्स और रीज़नल इंट्रेस्ट्स के बारे में ग़ौर करना ग़ैर ज़रूरी समझती है। किसी भी तरह पावर और पैसा हासिल करना वो ज़िंदगी का मक़सद समझती है। तमाम तरह के जो एक्सपेक्टेशंस होते हैं, वो यहाँ भी पाए जाते हैं। ज़ाहिर है कि पूँजीवादी या व्यापारी वर्ग के इंट्रेस्ट्स में और आम आदमी के इंट्रेस्ट में क्लैश होता रहा है। शायद ही किसी ज़माने या सोसायटी में ऐसा हुआ हो कि क्लैश न हुआ हो! जहाँ पर यह क्लैश या फ़ासला बहुत बढ़ा है, वहाँ ज़ाहिर है कि रिवोल्यूशन आए हैं। कहीं खूनी– कहीं ब्लडलैस। अब पावर में उन क्लासेज का भी शेयर बढ़ने लगा है, जिनके बारे में यह सोचा ही नहीं जा सकता था कि वे पावर में आएँगे। जी, अब दलित-पिछड़ी सोसायटी के लोग अपनी पोज़ीशन को असर्ट कर रहे हैं। पॉलिटीकल पॉवर में भी उनका शेयर बढ़ने लगा है। कुछ लोग षडयंत्र करते रहते हैं। रीज़न, मज़हब, ज़बान के नाम पर वे कभी-कभी बहुत कामयाब भी हो जाते हैं। लेकिन जिस तरह से मुलम्मा वाली चीज़ें होती हैं ऊपर देखें तो सोना चढ़ा है-पर वह उतरता है...उसका रंग बहुत दिनों तक नहीं रहता। जी- आप देखिए कि इसका सबूत हमें बार-बार मिलता रहता है... ।'

पता नहीं कहाँ से आकर एक सवाल ने चुप-चुप अंदर-अंदर मुझसे जानना चाहा– ये तर्क, यह सोच, यह मान्यता कहीं एक संवेदनशील कवि की भावुक-सी आशावादी अभिव्यक्ति तो नहीं है? उनके चेहरे से विकीर्ण होती उन विश्वास की किरणों और उनके कहने के अंदाज़ में की वज़नी सच्चाई ने मुझे अपने सवाल को उत्तर देने का मौक़ा ही नहीं दिया। उनके सुबूत की अहमियत और ताक़त जानने की मैंने जैसे ही कोशिश की तो तुरंत सुनाई दिया– 'हिन्दोस्तान में इनबिल्ट कुछ ऐसा है... इसकी मिट्टी में ये है कि यहाँ धोखाधड़ी बहुत दिनों तक नहीं चल पाती। हिन्दोस्तान का आम आदमी मासूम ज़रूर है– बेवकूफ़ या नासमझ हर्गिज़ नहीं। हिन्दोस्तान की तमाम ज़बानों के फ़िक्शन से अगर अपने देश की तस्वीर बनाई जाए तो वैसी ही निकलेगी जैसा कि मेरा ख़याल है। जी, इसलिए कि फ़िक्शन में डिटेल्स में ज़िंदगी आती है– विविधता से टाइम और स्पेस के साथ। स्पेस और टाइम को देखना हो तो आप यहाँ की किसी भी ज़बान के फ़िक्शन को देख सकते हैं। ताक़त

और कमज़ोरी— दोनों की जो तस्वीर बनेगी, वो कल के आने वाले हिन्दोस्तान की बनेगी। और वो तस्वीर फ़िक्शन में नज़र आती है। कण्टीन्यूटी मालूम होती है...। जारी रहने की...ग्रेजुअल ग्रोथ देखनी हो तो तमाम रीज़नल ज़बानों के फ़िक्शन में आम आदमी के हवाले से हम देख सकते हैं। जो सोशियोलॉजीकल, हिस्टोरीकल, ऐंथ्रोपोलॉजीकल स्टडीज़ हुई हैं—उनसे साफ़ पता चलता है कि हिन्दोस्तान की तरक़्क़ी की रफ़्तार जो हमें धीमी नज़र आती है—उसकी एक वजह कण्टीन्यूटी भी है। शहर की तरक़्क़ी में जो जम्प नज़र आते हैं...जी, जैसे एक इलाके में बहुत तरक़्क़ी, दूसरा पिछड़ा...फ़ाइव स्टार होटल के पास झुग्गी...झोपड़ियाँ...यह फ़र्क़ और फ़ासला देहातों में नहीं है। ज़ाहिर है हिन्दोस्तान का बड़ा हिस्सा देहात है। वहाँ फ़र्क़ की यह सूरत नहीं। हाँ, हाँ, चले जाइए आप ट्रेन में...आपको दूर-दूर तक कंटीन्यूटी का अहसास होता है...एकदम से जम्प नहीं नज़र आता...।'

—आप किस देहात और आम आदमी की बात कह रहे है? कब-कहाँ देखे आम आदमी के अपने अनुभव की बात कह रहे हैं आप?

'मेरा बचपन तो...।'

—बचपन की बात छोड़िए...बाद के बारे में कुछ याद करें...?

चूँकि मैंने वाक्य पूरा होने से पहले ही अपनी बात उन तक पहुँचानी चाही थी-इसलिए थोड़े चौंकते— हैरान होते-से उन्होंने मेरी ओर देखा। कुछ क्षण बाद ही ठिठकते-से कहा गया—'ज़ाहिर है— वैसे तो कांटेक्ट में नहीं आता है। लेकिन बस-ट्रेन में सफ़र करते हुए, उसकी बातें सुनते हुए, स्टेशन पर गाड़ी का इंतज़ार करते समय, उसे खुद खाते, बच्चों को खिलाते देखते हुए...और जैसे सब्ज़ीवाला, फलवाला, रिक्शेवाला, सफ़ाई-पुताई वाला या घर में जो काम करने आता है...तो आम आदमी हर कदम पर मिलता है...।'

—इसे आप क्या सच में मिलना— देखना कहेंगे?

सुनकर ग़ौर से मेरी ओर देखा— लगा कि कुछ सावधान हुए हैं अब। यूँ ज़रा पहले भी उन्हें शायद यह अहसास था कि आम आदमी पर उस तरह से वो सब नहीं कहा जा रहा है, जिसे सचमुच उसकी आज की ज़िंदगी का अक्स माना जा सके— पर अब वो अपने ड्राइवर, अपनी खाना पकाने और सफ़ाई करने वाली को केन्द्र में रखकर अपने व्यवहार की बात कर रहे थे—'ये तो देखने वाले के विज़न पर है... अपने यहाँ काम करने आने वालों के साथ व्यवहार करते मुझे आमतौर से इनके द्वारा किए जा रहे काम का अहसास रहता है...। ख़याल रखता हूँ कि मैं अगर किसी ऐसे घर में पैदा हो जाता तो मैं भी यही कर रहा होता। मैं उनके दुख-दर्द को बहुत हद तक समझने की कोशिश करता हूँ। जहाँ तक मुमकिन होता है ऐसी बात करने

से बचता हूँ कि उसे यह अहसास हो कि वो मामूली चीज़ है या मुझसे कमतर है। मैं उसे इंसान समझता हूँ। कुछ इंसानी कमज़ोरियाँ जो घर से, माहौल से मिलती हैं, मुझे भी मिली होंगी– पर मैं उन कमज़ोरियों को बुराइयाँ समझता हूँ। हाँ, यूँ कभी गुस्सा आ जाता है पर... ।'

कुछ था कि हम दोनों की बातचीत में आम आदमी के ज़िक्र के आने के बाद से एक अजीब-सी– असहजता आ उपस्थित हुई थी। दोनों की तन्मयता प्रभावित हुई थी–और प्रवाह भी बाधित-सा लग रहा था। पर जब यूँ सोचा कि शहरयार साहब केवल शायर ही तो नहीं हैं, वो अध्यापक, बुद्धिजीवी और एक संभ्रान्त नागरिक भी तो हैं–तो प्रश्नों का यह क्रम असंगत नहीं लगा था। इस सबके बावजूद विषय बदलने के प्रयास में वोट और चुनाव की चर्चा चल पड़ी थी। शहरयार साहब जैसे आम आदमी सम्बन्धी अपनी धारणा के पक्ष में कुछ और प्रमाण देना चाह रहे थे–'यह अनुभव क्या कम है... इलेक्शन होता है तो वोट देने कौन जाता है? टी0वी0 देखने वाला, अख़बार पढ़ने वाला, बहस-मुबाहसा करने वाला, सुबह से शाम तक पॉलीटिकल बहस करने वाला। व्हाइट कॉलर्स... पोलिंग बूथ करीब होता है तो जाता है–पर वाहन इधर-उधर घुमाकर ले जाता है। उसका कोई कमिटमेंट नहीं होता। आम आदमी दुनियाभर की दिक़्क़तों-परेशानियों के बावजूद वोट देता है– और अब तो वो बताता भी नहीं कि वोट दिया किसे है!''

–जाति, धर्म, क्षेत्र, धमकी, ख़रीद-फरोख़्त और बूथ कैप्चरिंग जैसी तमाम विकृतियों के बावजूद आप यह...?

–'वो तो ज़ाहिर है– है– पर ये चीज़ें कम होती जा रही हैं। यू0पी0 में अभी जिस तरह इलेक्शन हुए– अगर ऐसे ही पूरे हिन्दोस्तान में होने लगें– तो फ़र्क़ नज़र आएगा। इस फ़ेयर इलेक्शन की वजह से जो लोग पावर में पहुँचे हैं– वो अगर कहीं बाई इलेक्शन होता है तो वही टेकनीक भी इस्तेमाल करते दिखते हैं, जिन्हें वे नापसंद करते थे...! जी-जी, पैसा, पुलिस, पावर, ख़रीद, धमकियाँ– सब! पर जनता ही इन पर रोक लगाएगी आगे... ।'

...ऐसी इस आपाधापी में साहित्य और साहित्यकार भी तो निर्दोष- निर्विकार या वैसा प्रतिबद्ध नही रह पा रहा है शायद? इस सब में रचनाकार की भूमिका और स्थिति को कैसे देखते है आप?

–'साहित्य की जो शक्ल हमारे सामने टी0वी0, मैग्ज़ींस और अख़बारों के ज़रिए आ रही है, वो बहुत ज़्यादा खुश होने का मुक़ाम नहीं है। ये मैं हिन्दोस्तान के हिन्दी स्पीकिंग एरिया के बारे में कह रहा हूँ। हम लोगों ने राइटिंग के ज़रिए अपनी दुनिया बनाने पर ज़्यादा ज़ोर देना शुरू कर दिया है– और दुनिया को अच्छा बनाने का

काम तक़रीबन सौ फ़ीसदी सियासी लोगों को सौंप दिया है। अब देहात और आम आदमी लिट्रेचर की ज़्यादातर शक्लों में हाशिए पर आता जा रहा है। जी, ठीक है आपकी यह बात किसी हद तक...सत्ता, नेता या ब्यूरोक्रेसी लिट्रेचर और लिट्रेरी पर्सस को बहलाने-फुसलाने की पुरज़ोर कोशिश में है। दरअसल– हमारे डिसेंट की ताक़त– जो राइटर की बुनियादी चीज़ है– वो ज़ल्द ख़त्म हो जाती है। और फिर वो ऐसे ऐस्टेब्लिशमेंट की तलाश में रहते हैं। जिसमें किसी बहाने से उन्हें जगह मिल जाए...और हम फ़िल्मी एक्टर्स-एक्ट्रेसिस और सियासी लोगों की तरह ग्लैमरस दुनिया का हिस्सा बन जाएँ।' मोबाइल बजा तो उसे उठाने को उठकर गए। 'जी, फरमाएँ- मैं अलीगढ़ में हूँ। मैं न भी होऊँ, तो जब ग़ज़लें टाइप हो जाएँ तो मकान में डाल जाइएगा...।' बातें ख़त्म होते ही मोबाइल हाथ में थामे-थामे फिर कुर्सी पर आकर बैठ गए हैं। उन कुछ पलों में मुझे शहरयार साहब के बारे में कहे गए उर्दू के एक बड़े रचनाकार के कुछ जुमलों का ध्यान आ रहा था। ठिठकते-से उनमें से एक जुमला मैंने उन्हें सुनाना चाहा– 'है तो व्यक्तिगत-सा ही– पर फिर भी... आपके बारे में यह कहा है उन्होंने कि शहरयार की पहुँच राम के चौके में भी है और रावण के में भी...। ऐसी इस पहुँच का रहस्य क्या है आख़िर?''

कुछ इस तरह से मुझे देखा कि जैसे मेरा आशय उनकी समझ में नहीं आया। मैंने आशय स्पष्ट करना चाहा। मोबाइल मेज़ से उनके बाएँ हाथ की उँगलियों के बीच आ चुका था। गंभीर-सा एक मौन रहा कुछ देर। उँगलियों से मोबाइल को मेज़ पर घुमाते-घुमाते कहना शुरू किया– 'एक रहस्य यह है कि मैंने लोगों के जो अच्छे पहलू हैं, उनको सराहा है- उनसे मुहब्बत की। लेकिन उनके वो आस्पेक्ट्स– जो मेरे ख़याल में देश के लिए या देश की एकता के लिए हानिकारक लगे– उनसे कोई समझौता नहीं किया। इसका उनको इल्म भी है। इसका इजहार में ज़बान से भी करता हूँ और कलम से भी। इस इज़हार में मैंने कभी संकोच नहीं किया। मैंने अपने मार्क्सिस्ट और जनवादी होने को कभी किसी से छुपाया नहीं – न इस पर मुझे पछतावा है। मैं आज भी इस पर ईमान रखता हूँ। हाँ, यह ज़रूर है कि जिस तरह से मुझे कोई नुक़्त-ए-नज़र रखने का हक़ हासिल है, उसी तरह में दूसरों को भी इस हक़ के इस्तेमाल की आज़ादी का कभी विरोध नहीं करता...।'

आवाज़ में की पहली वाली शीतलता जैसे कुछ-कुछ पिघली थी इस बीच। मामूली-सी ही सही पर एक ऐसी तपिश शब्दों में आ मिली थी जो खुद के बारे में किसी की आरोप– जैसी बात को सुनकर पैदा हो ही जाती है। मुझे इंतिज़ार हुसेन, अहमद फ़राज़, मुनीबुर्रहमान साहब की अलीगढ़ यात्राओं के समय शहरयार साहब की उनके आने-जाने–रहने आदि को लेकर की जाने वाली चिंताओं, तवज्जो और

ख़ातिरदारी का ध्यान हो आया। असाधारण-सी आत्मीयता, स्मरणीय संवेदनशीलता! उनके इस स्वभाव के बारे में जानने का मन हुआ–'रिश्तों को बहुत अहमियत देते हैं आप?' इतना सुनते ही चेहरे पर अलग-सी एक आभा दिखी-'जी, मैं जो भी रिश्ते क़ायम करता हूँ– रियलिस्टिक बुनियाद पर क़ायम करता हूँ। अमली तौर पर मैं बहुत रियलिस्टिक हूँ। जी, ज़िंदगी के बारे में तो आदर्शवादी हूँ...पर प्रेक्टीकल। मैं दोस्त से कम से कम उम्मीदें रखता हूँ– और उसकी उम्मीदों पर ज़्यादा से ज़्यादा पूरा उतरने की कोशिश करता हूँ। हाँ, हाँ– पर बहुत कम रिश्ते मेरी तरफ़ से कम हुए हैं...!'

लगा कि अब जो आ रहा है उसमें ऊपर की– मस्तिष्क की भूमिका कम, अंदर की भूमिका अधिक थी। यूँ ही पूछ बैठा– 'कौन सा रिश्ता सबसे अहम रहा आपकी ज़िंदगी में?' तुरंत से ऐसे बोले जैसे उनकी पसंद का कुछ पूछ लिया हो मैंने– 'रिश्ता? दोस्ती का सबसे अहम रहा। बच्चों को और बीवी को भी मै दोस्त की तरह समझता रहा हूँ। जी, इसमें मेरे माँ-बाप का बहुत बड़ा रोल रहा है। मेरे बाप का बहुत पुराने ज़माने के होने के बावजूद– मेरे साथ बहुत ही हैल्दी और दोस्ताना रिश्ता रहा है।' 'सबसे ज़्यादा याद किसकी आती है आपको ?' पूछा तो यह सोचकर था कि वो कहेंगे-बीवी की। पर दोनों हाथों की तर्जनियों को मेज़ के सिरे से टिकाए तपाक से कहा गया–'सबसे ज़्यादा? अपने दोस्त ख़लीलुर्रहमान आज़मी को याद करता हूँ... और अपनी माँ को याद करता हूँ। वैसे ज़ाहिर है कि जो भी मुझसे बिछुड़ गए है, वे सब याद आते हैं...।'

आवाज़ धीरे-धीरे धीमी होती गई थी और उसमें से संवेदनशील-सा कुछ झाँक रहा था। उनके ज़रा पहले कहे अंतिम वाक्य को सुनकर मुझे लगा कि जैसे अप्रत्यक्षतः ही सही पर याद आने के क्रम में उन्होंने तीसरे नम्बर पर पत्नी को ही रखा है। उनके बारे में कुछ और कहलवाने के लालच में पूछ लिया–'अपने इस अकेलेपन को आपने ख़ुद ही चुना है न?' इधर-उधर देखते-से जैसे सोच रहे हैं कि क्या कहूँ, कैसे कहूँ। पंद्रह-बीस सेकिंड्स में तय भी कर लिया है शायद–'एक्चुअली मैंने चुना नहीं! लेकिन जब मेरे ऊपर अकेलेपन की आफ़त आ गई तो मैंने इसे बहुत खेल की भावना से लिया। आपको बता दूँ खेल में मेरी दिलचस्पी रही है। खेलता रहा हूँ। जी, हॉकी...हमेशा...पागलों की तरह से खेलता था। खेल में मैं हार-जीत को अहमियत नहीं देता। खेल के क़ायदों और तरीक़ों की पाबंदी को बहुत ज़रूरी समझता हूँ मैं। खेल में जीत भी होती है, हार भी। बस, हार में मैं यह ज़रूर समझता हूँ कि मै अपनी ग़लती से हारा हूँ– दूसरे के अच्छा खिलाड़ी होने या ताक़त की वज़ह से नहीं हारा हूँ। यही अहसास खेल को जारी रखने के लिये मुझे इंस्पायर करता रहता

है।' एक बच्चे की- सी बहुत कम उम्र की हँसी सुनायी दी। लगा कि वो मेरे पूछे प्रश्न को हँसी में उड़ा देना चाह रहे हैं। हँसी के जाते ही पूछा– 'खेल पर एक शेर सुनाऊँ?' और फिर एक शेर– 'कभी ख़याल ये आता है कि खेल ख़त्म हुआ। कभी गुमान गुज़रता है एक वक़्फ़ा है।'

मैंने ध्यान से देखा– शेर सुनाते समय वाले शहूरयार साहब जैसे कुछ और हो गए थे। खुशी से लबालब वह नूर से भरपूर फूल-सा उनका चेहरा ! सब कुछ के साथ-साथ मैं सावधान था कि उनसे वह कुछ सुनूँ जिस पर कुछ कहने-बताने से वे बचते रहे हैं। तब वे अपनी दाईं बाँह के अँगूठे से बाँए हाथ की कलाई को हल्के-हल्के रगड़ रहे थे– 'क्या आपको कभी ऐसा भी लगता है कि आप में पुरुषों वाली– सामंती पुरुषों वाली कुछ ख़ामियाँ-ख़राबियाँ भी हैं?' आहिस्ता से हँसे । अँगूठे का चलना जहाँ– जिस तरह से तत्क्षण थमा, उसे देखकर लगा कि जैसे वह उस हाथ की नब्ज़ पकड़ना– देखना चाह रहा है– 'कुछ ज़्यादा ही हैं। अब उस पर मैंने कैसे क्यों कर काबू पाया है- इसकी तफ़सील बयान करके मैं अपनी रुसवाई नहीं करना चाहता। इतना बता दूँ कि अपने आप को हद में रखना मेरे बस के बाहर है।...जी...कमज़ोरियाँ...ये ही कि मुझे सेक्स...जी, सेक्स हमेशा मेरे लिये सबसे बड़ा अट्रेक्शन रहा है। सेक्स की ये ख़्वाहिश जैसे और जिन चीज़ों से पैदा होती है– उनको लेकर भी अट्रेक्शन रहा है।...जी, जी– अच्छे, ख़ूबसूरत, तन्दरुस्त लोग मुझे पसन्द आते हैं...।' इस समय के उनके संप्रेषण का अन्दाज़ बदला हुआ था– और प्रवाह कुछ बढ़ा हुआ!

–लोग... लोग से मतलब? क्या मर्द...?

वे उसी प्रवाह और भावभूमि में थे– 'हाँ, हाँ मर्द में भी– ख़ूबसूरती अच्छी लगेगी– मगर नोहियत– वजह अलग होगी। ज़ाहिर है कि अगर वो औरत है तो अच्छी लगती है। पर ज़रूरी नहीं की हमेशा कोई ग़लत बात ही ज़ेहन में आये। ये है कि अच्छी चीज़ें देखने को जी चाहता है। बहुत देर तक देखने को जी चाहता है।' प्रसन्न वदन- उत्साहित-स्फूर्ति भरे– से शब्द-'कभी वॉल्ट विटमैन की तरह किसी चेहरे को देखकर दिल से ये भी निकलता है– थैंक यू- फॉर बीईंग सो ब्यूटीफुल !' क्षणांश को रुके। ऐसे कहीं खो– से गये थे– जैसे ऐसा कोई चेहरा या अपना कभी का ऐसा कहा जाना याद आ गया हो– 'हमारे यहाँ टैबूज वग़ैरह इतने हैं कि हम किसी औरत से कहें तो फ़ौरन कहेगी कि बदतमीज़ है– या यह कैसा आदमी है! यह अलग बात है कि सुनकर ख़ुश भी हो। ज़ाहिर है कि हर ख़ूबसूरत चीज़-चाहे वो ज़ानदार हो या बेज़ान, चाहती है कि दूसरे लोग उसकी तरफ अट्रेक्ट हों– एप्रीशिएट करें। आदमी वो चाहे औरत हो या मर्द– घर से सजकर क्यों निकलना चाहता है? इसलिये

कि अच्छा लगना चाहता है- किसी को अच्छा लगना चाहता है।' ध्यान आया कि उन्हें जब भी कहीं घर से बाहर देखा है तो वो हमेशा वैल ड्रेस्ड ही दिखे हैं । कोई जगह हो, कोई मौसम हो उनकी वेशभूषा हमेशा उन्हें अच्छा- बेहतर से बेहतर दिखाने की कोशिश को समर्पित दिखी है। अनरुके उनका बोलना जारी था- 'जब मैं अपने किसी कुलीग, शार्गिद, तालिबेइल्म को बग़ैर शेव, बग़ैर पॉलिश किये जूते और मरगुज़े कपड़े पहने देखता हूँ तो फ़ौरन टोक देता हूँ। घर से बाहर आदमी को साफ़-सुथरी शक्ल में निकलना चाहिये। दूसरे को तकलीफ़ पहुँचाने का हक़ किसी को हासिल नहीं है। आपको मालूम है या नहीं? निज़ामुददीन औलिया के बारे में मशहूर है कि एक साहब उनके मुरीद बनने के लिए आये। उनकी दाढ़ी बेतुकी-बड़ी हुई। कपड़े भी बहुत ख़राब पहने हुए थे। निज़ामुददीन औलिया ने उनसे कहा कि अपना हुलिया ठीक करके आइये तो मैं मुरीद बनाऊँगा ! तो... मेरे यहाँ जो सबसे बड़ा और नेक काम है– जिसे लोग कर सकते हैं– वो ये कि अपने को और अपने आस-पास की दुनिया को बदसूरत न होने दें!'

ख़ूबसूरती पर शुरू हुई बात की अंतिम तान यहाँ आकर टूटेगी-सोचा ही नहीं जा सकता था। उनकी आँखों की तरफ़ निग़ाह गयी तो लगा कि जैसे वो उस समय किसी बेहद ख़ूबसूरत चेहरे को देखने में मुब्तिला थीं। मन किया कि उन आँखों द्वारा ख़ूबसूरती का ख़िताब पाने वाले के बारे में कैसे ही कुछ जानूँ– 'कोई ऐसी यादगार तारीफ़...?' सुनकर कुछ और खिले-खुले-से दिखे– एक शेर है हमारा-'तुमसे मिलते न हम तो लगता है। ज़िंदगी में बड़ी कमी रहती...।' कुछ और कहलवाने के लिए ज़रा और कुरेदा तो रहस्यमयी-सी एक मुस्कान के साथ कहा गया... 'ज़ाहिर है कि जिसको देखकर या जिससे मिलकर ये शेर कहा होगा, उसने मेरी ज़िन्दगी में क्या-क्या न परिवर्तन किया होगा।' मैंने नाम जानने के लिये बच्चे जैसी एक जिंद की। उन्होंने बड़े गुनी– अनुभवी के कौशल के साथ उसे फिर से एक शेर सुनाकर जैसे अनसुना कर दिया– 'आगे बढ़े न किस्सए– इश्के बुतां से हम। सब कुछ कहा खुले न मगर राज़दां से हम।' मैं अपने इरादे को पराजित होने नहीं देना चाहता था। किसी सीखतर खिलाड़ी की तरह अपने इरादे की गेंद को साहस की हॉकी से सटाए– चिपकाए मैं लगातार इधर-उधर घुमा रहा था। पर वो थे कि मुझे गेंद को हिट कर सकने तक का मौक़ा नहीं दे रहे थे– गोल तक तो भला मैं उसे क्या पहुँचा पाता। मेरी कोशिश जारी रही– कभी उस रिश्ते का समय पूछा तो कभी उम्र और कभी वर्तमान! मेरे प्रश्नों को सुन-सुनकर वो बताते-बताते ऐसे मुस्कराते रहे थे जैसे कोई श्रेष्ठ खिलाड़ी किसी किशोर के खेल में के बचपने को देख-देख कर मुस्करा रहा हो– 'सब कहा– बुतों से इश्क का तरीका बताते रहे।... नहीं, मिले थे– तब नहीं–

शेर तो बाद में—बहुत बाद में कहा गया।... वो किस्सा सन अट्ठावन वग़ैरह का है। उस रिश्ते की उम्र...बहुत चली... अब भी वो रिश्ता- इमोशनल रिश्ता— बाक़ी है!' मन हार मानने को तैयार ही नहीं हो रहा था— 'अच्छा ऐसी कोई स्मृति जब आपने समर्पण किया?' मुस्कान हँसी में तब्दील हुई। जैसे उसे भी मेरे पूछने और उस आग्रह पर हँसी आ गयी थी— 'वो तो म्यूचल ही था— अन्यथा दूसरा आदमी इतना दीवाना नहीं हो सकता था— दोनों तरफ़ थी आग बराबर लगी हुई...।'

कुछ तो होता है ऐसा कि अपनी किसी ख़ूबसूरती से जुड़ी यादें व्यक्ति को आलोकित-आभावान बना देती हैं। अलग से एक संकोच और गौरव से उसे भरा- पूरा-सा- कर जाती हैं। उनके गौरववर्णी उस चेहरे को गुलाबी-गुलाबी-सा होते देखते-देखते मैंने पूछा था— 'अपनी तारीफ़ को सुनकर आपको कैसा लगता है?' संयमित-सी एक हँसी हँसे— 'लोग समझते हैं कि मैं एक मॉडेस्ट आदमी हूँ— पर पता नहीं मेरी क्या ट्रेनिंग हुई... मेरी अपब्रिंगिंग कुछ ऐसी हुई है कि मुझे अपनी तारीफ़ से बहुत ज़्यादा खुशी कभी नहीं होती। बहुत बार याद भी नहीं रहती। खुश तो होता हूँ, पर याद रखना, कोट करना, ये सब नहीं। लोग अपनी झूठी बातें भी प्रचारित करते हैं, मैं इस मुताल्लिक़ सच्ची भी नहीं करता। शायद वज़ह यह है कि मेरी इतनी तारीफ़ें हुई हैं कि...! जब भी कोई मुझे मिलता है तो तारीफ़ से ही शुरू होता है। अरे, आप साब! ...अरे साब, आप जलसे में आ गए, भाग हमारे!...बड़ा संकोच होता है। छोटा बेटा कल ही तो कह रहा था— आपका तो इतना जादू चला हुआ है कि मेरा नाम जब भी कोई देखता है तो मुझसे पहले यह पूछता है कि आप उन्हीं शहूरयार के बेटे हैं...!'

बेटे की बात आयी तो मुझे यह अच्छा नहीं लगा कि मुझे उनके बच्चों के नाम तक की जानकारी नहीं है। पता नहीं संबंधों की किस दुनिया में जीते हैं हम आजकल? सालों-सालों की क़रीबी- मुलाकातें— पर एक दूसरे के घर-परिवार की ज़रूरी जानकारियों तक से अंजान! पहले तो छोटे बेटे का ही नाम पूछा था— पर जब देखा कि शहूरयार साहब के अन्दर का पिता प्यारपगा-सा बहुत कुछ बताना चाहता तो अन्य कुछ संबंधों के बारे में भी पूछता गया— 'जी, छोटा बेटा-फ़रीदूँ शहूरयार— बॉम्बे में हंगामा डॉटकॉम में डॉयरेक्टर है। बहू- आरिफ़ा— वहाँ अग्रेंज़ी पढ़ाती है। बड़ा बेटा दुबई में है— हुमायूँ शहूरयार! वहाँ उसका इन्वैस्टमेंट का कारोबार है। जी हाँ— बेटी है- सायमाँ शहूरयार। वो डॉक्टर है...दामाद भी डॉक्टर हैं। बड़े बेटे की बीवी जर्मन है। गोल्फ चैंपियन है। बेटा हॉकी का खिलाड़ी रहा है।...वहीं अफ़ेयर हुआ था! बेटे की बिजनेस में हेल्प करती है। ...बहुत अच्छी लड़की है बहुत ख़याल करती है। जाता हूँ तो देखभाल करती है। पर ये है कि उससे अग्रेंज़ी में बात करनी

पड़ती है। जी– फ़ादर पुलिस इंस्पेक्टर थे– कुँवर अबू मोहम्मद खाँ... और मदर का...बिसमिल्ला बेगम... ।' लगा कि उन्हें अपने बच्चों से जुड़ी यादों को याद करना अच्छा लग रहा है। उनके इस अच्छे लगने को थोड़ा और अच्छा लगाने की कोशिश में पूछ लिया– 'इन नामों को किसने रखा था– आपने या आपकी पत्नी ने?' इसके लिये उन्हें कुछ सोचने – याद करने की ज़रूरत ही नहीं थी– 'दोनों बेटों के ख़लीलुर्रहमान आज़मी साहब ने और बेटी का नाम मैंनें।' बेटों का नाम रखने वाले का नाम सुनकर मुझे चौंकते देखा तो जैसे कुछ और विस्तार से बताने की इच्छा हुई। आह्लादित– उत्साह भरे अन्दाज़ में बताने लगे– 'मेरा नाम भी उन्होंने ही रखा था– ख़लील साहब ने। मेरा सर्टिफिकेट्स में नाम कुँवर अख़लाक़ मुहम्मद खाँ है। शुरू में मैंने कुछ ग़ज़लों में कुँवर तख़ल्लुस किया था। बहुत से लोगों ने कहा लम्बा है, अनपोइटिक है, शायराना नहीं है। तो ख़लील साहब ने शहरयार कर दिया। और यही चल पड़ा– यही मेरा असली नाम हो गया। जी– कुँवर के मायने भी प्रिंस और शहरयार के मायने भी प्रिंस! इस्तेमाल से नाम बहुत ही मानूस हो जाता है! आपको पता है– बहुत से लोग...जी, ख़ासतौर से हिन्दी वाले शहरयार का अर्थ सिटीफ्रेंड लेते हैं।' बताते-बताते ख़ुद ही ध्यान आ गया था उन्हें कि बात बच्चों के नाम की चल रही थी! वाणी एकदम से कुछ और कोमल, ललित- ललाम हो गयी है–'हुमायूँ तो बादशाह थे ही– फ़रीदूँ भी नाम बादशाह का है। नाम रखने का पहले यह आम तरीका था कि फ़ाल निकाली जाती थी। फ़ारसी के बहुत बड़े शायर हैं– हाफ़िज़! उनका दीवान है। उससे फ़ाल निकालते हैं। तो इन दोनों के नामों की दीवाने हाफ़िज़ से फ़ाल निकाली थी ख़लील साहब ने। जी बेटी का मैंने रखा। सायमाँ दो तरह से लिखा जाता है। एक स्वाद से– जिसके मायने हैं रोज़ेदार औरत! दूसरा सीन से लिखा जाता है– उसके मायने हैं सैर करने वाली औरत ! नहीं– मैंने सैर करने वाली औरत के अर्थ में रखा था!' चेहरे पर नामालूम-सी एक असहमति का– सा भाव आया और आवाज़ भी थोड़ी-सी कमदम हुई लगी– 'अब हमारी बीवी ने अलग होने के बाद उसका नाम स्वाद से लिखना शुरू कर दिया है। नहीं-नहीं–शुरू में तब तो सैर वाले अर्थ पर दोनों की स्वीकृति थी। तब वो कोई ऐतराज़ ही नहीं करती थीं। अब उन्होंने अपना हक़ जताते हुए एक किताब में उसका नाम स्वाद से लिखा है। जी– किताब डेडीकेट की तीनों बच्चों को । जी, सैयद हामिद पर लिखी है किताब उन्होंने ! उसमें स्वाद से लिखा है।'

'अपनी किताबों के नाम आपने रखे हैं...या फिर...?

प्रश्न सुनते ही भाव-भंगिमा में त्वरित-सा एक परिवर्तन हुआ। अब जैसे उनको अपनी तमाम किताबों का जनक होना– सृष्टा होना याद हो आया था। शब्दों पर

ज़ोर जैसे कुछ बढ़ा था– 'हाँ मैंने रखे हैं सारे उन्नावात किताबों के। एक तो ज़ाहिर है किताबों का नाम रखने में यह होता है...जैसे बच्चों का रखते हैं, वैसे ही इनका ...कि और किसी का ना हो वैसा नाम। उसमें यह ख़याल रखते हैं कि उसमें वो क्वालिटी हो। किताब में प्रीडोमीनेंट कौन सा पहलू ज़्यादा है– कौन चीज़ें ज़्यादा हैं– जब बाद में नाम रखते हैं तो ये ख़याल रखते हैं। औरों में तो नहीं– पर हाँ, 'ख़्वाब का दर बंद है' में कुछ लोगों ने सलाह दी कि आपके यहाँ ख़्वाब बहुत आता है इसलिए ऐसा कुछ ख़्वाब पर रखिए! फिर यह टाइटिल नज़्म मैंने बाद में लिखी! नाम का यह है कि पहले तो अजनबी लगता है– पर जब बार-बार इस्तेमाल होता है तो परिचित और अच्छा लगता है। जैसे जिगर मुरादाबादी– क्या है इस नाम में? अजीब-सा– जिगर। फिर शक्ल-सूरत भी अच्छी नहीं। पर शायरी इतनी ऐसी...तो बाद में देखने पर भी ख़ूबसूरत लगते थे। नाम भी अच्छा और तस्वीरें भी अच्छी आती थीं। तो नामों का तो ये है कि कान बार-बार सुनते रहें तो अच्छे लगने लगते हैं।'

इस बीच शह्रयार साहब के संग्रहों के कई नाम रह-रह कर मुझे याद आ रहे थे। उनकी शायरी के कुछ ख़ास विषयों , प्रतीकों और बिम्बों का ध्यान मुझे बार-बार आ रहा था। कुछ पाठकों – समीक्षकों की कुछ प्रतिक्रियाओं का स्मरण भी मुझे हो आया था। इसी सबके चलते मैं कह बैठा – 'आपकी किताबों के २ा।र्षक – आपके द्वारा बहुत बार प्रयुक्त प्रतीक-कवि की निराशावादिता की ओर संकेत करने लगते हैं...?' मेरे आगे कुछ कहने से पहले सिर इनकार में हिला और शब्द और लहज़े में पुरज़ोर असहमति का भाव आ मिला–'ग़लत समझते हैं लोग! ख़्वाब का दर बंद है– नाम से मज़रूह सुल्तानपुरी ने समझा कि बहुत पैसीमिस्टिक है– जबकि उसमें सेटायर है।' पास रखी पेंसिल कब उनकी उँगलियों में आ गयी उन्हें भी पता नहीं चला। बंद पैंसिल के मुँह से टेबिल पर बिछे सफ़ेद कवर पर कुछ लिखते- से मुझे समझाना चाह रहे हैं – 'नज़्म ये है– मेरे लिए रात ने/ आज फ़रहाम किया/ एक नया मरहला/ नींदों से खाली किया/ अश्कों से फिर भर दिया/ कासा मेरी आँख का ...यानी अब तक मेरी आँखों में नींद थी। रात ने मेरी आँखों को नींद से खाली करके आँसुओं से भर दिया– एक नया इश्यू मुझे दिया– 'और कहा कान में/ मैंने हर एक ज़ुल्म से/ तुमको बरी कर दिया/ मैने सदा के लिए/ तुमको रिहा कर दिया/ जाओ जिधर चाहो तुम/ जागो कि सो जाओ तुम/ ख़्वाब का दर बंद है–--तुम पर ये जुर्म था कि ख़्वाब नहीं देख सकते ! इसमें तंज़ है, निराशा नहीं। ज़ुल्म और ज़्यादती की रात है। एस्टेब्लिशमेंट तो यही चाहता है कि उसे बदलने के ख़्वाब देखना बंद कर दें– तो वो आपको छोड़ देगा। आप पर कोई पाबंदी नहीं । जो चाहें करें– पर हमारे ऐब न देखें । हमें सत्ता से हटाने का ख़्वाब देखने का हक़ नहीं

आपको। रोते, कुढ़ते, बिसूरते रहो , मगर ख़्वाब नहीं देखोगे। ज़ाहिर है कि हम यह नहीं चाहते - इसीलिए सैटायर कर रहे हैं।' उनका अध्यापक अब अपने फ़ॉर्म में था। किसी ट्यूशन पढ़ने वाले विद्यार्थी की तरह मैं एकाग्रभाव से उन्हें सुन रहा था– और अधिक सुनना चाहता था। कब– कहाँ मिलते हैं ऐसे अवसर कि किसी रचनाकार से आप उसकी रचना के पीछे के मर्म और उद्देश्य के बारे में सुनें-जानें। पाठकों – समीक्षकों के अपने-अपने अर्थों से अलग किसी रचना के बारे में उसके सर्जक से 'कवि के अर्थ' को जानना निःसंदेह विशिष्ट भी होता है, उपलब्धि भी। उनकी नज़र अब लगातार मुझ पर थी– बिल्कुल साहित्य के उस अध्यापक की तरह जो व्याख्या करते समय प्रतिपल अपना प्रभाव विद्यार्थियों के चेहरे पर तलाशता चलता है...'हमारा एक और शेर है– मुनहरिब ख़्वाबों से हुए जब लोग। सोएँ या जागें सब बराबर है।' ख़्वाबों से इनकार के बाद हमारे लिये कोई फ़र्क़ नहीं कि कोई जागे या सोए! हमारे लिए ख़्वाब देखने तक रिलेवेंट। जिनके पास वैल्यू- टार्गेट नहीं, जो दुनिया को बेहतर नहीं बनाना चाहते – उनका होना न होना, बराबर। प्लेटो ने अपने रिपब्लिक से शायरों को इसीलिए तो निकाला था कि वो इस ज़माने में किसी और ज़माने के ख़्वाब देखते हैं।' रुके। मुझ पर नज़र गड़ाई जैसे पूछा हो कि क्यों कैसा लगा ये शेर ? अध्यापक होने के नाते मैं जानता हूँ कि पढ़ाने की प्रशंसा छात्र मुँह से नहीं करता– पर उसकी आँखों से तो तारीफ़ और चाहत का भाव व्यक्त होना ही चाहिये। मैंने अच्छा है कहकर अपने फ़र्ज़ की अदायगी की। उन्हें सचमुच अच्छा लगा– 'अब जैसे ये शेर है– ऐसे हिज्र के मौसम कब-कब आते हैं। तेरे अलावा याद हमें सब आते हैं।'... अब ये कोई निगेटिव चीज़ नहीं हैं। दूरी के मौसम में महबूब की याद आनी चाहिये- और हो यह रहा है हमारे साथ कि वो ही याद नहीं आ रहा– बाकी सब आ रहे हैं। तो ये दुःख की चीज़ निगेटिव तो नहीं है। अब जैसे ये शेर है... कि तेरे सिवा भी मुझे कोई याद आने वाला था। मैं वरना हिज्र से कब घबराने वाला था। तू मेरे पास नहीं– दूर है। तो मैं किसी और के चक्कर में न फँस जाऊँ... कोई और न याद आने लगे। और मैं बेवफा होना नहीं चाहता। इसीलिए मैं दूरी से घबराया हूँ– वरना मुझ में बड़ी ताक़त है दूरी बर्दाश्त करने की। कहने का तरीक़ा ऐसा है कि मालूम होता है कि उसकी वफ़ा से भागना है। ये पोज़िटिव है। उसे अपनी तरफ माइल करना...मुहब्बत के लिए उकसाना... इन्सानी नफ़्सियात है...।

मुझे मालूम है कि अध्यापक के शुरू होने का मतलब– जितने मिनट का पीरिएड पढ़ाने का आदी रहा है वह। अच्छा यह था कि एक अच्छे अध्यापक के अंतराश की तरह उनको सुनने के उस समय में मैं रुचि और प्राप्ति के बेहतरीन

से एक अहसास को जी रहा था– 'सातवाँ दर' को देखें– उसमें भी पॉज़िटिव! किस्से कहानियों में आता है कि सातवाँ दर नहीं खोलना। पर इंसान में जो क्यूरोसिटी है... यह जानकर भी कि सातवाँ दर खोलने से नुक़सान हो सकता है... इन्सान फिर भी चाहता है कि वो जाने...' क्या सूरत हो सातवें दर के खुलने की। दस्तक देते देते थके जाते हैं सब।' तो इस तरह के जो सारे उन्वानात हैं, उनमें निगेटीविटी की बात कहाँ है? अब जैसे 'शाम होने वाली है' को लिजिए! उससे भी मालूम होता है कि तनहा मुसाफ़िर जल्द लौटकर घर जा– शाम होने वाली है। एक तरह की वार्निंग है। इससे पहले कि शाम हो जाये– और जो काम दिया है उसे ख़त्म न कर सको। इसमें कहीं से निगेटिव जैसी बात नहीं। बहुत से नाम सैटायर करने को... चौंकाने को रखे जाते हैं। जैसे 'नींद की किरचें' है मेरी एक किताब का उन्वान– 'बताऊँ किस तरह अहबाब को आँखें जो ऐसी हैं। कि कल पलकों से टूटी नींद की किरचें समेटी हैं।' टूटी हुई नींद को जमा किया है ताकि ख़्वाब देखें। ख़्वाब देखें तो उसको देखें। किरचें देखने में हाथ ज़ख़्मी...तो आँखें लाल हैं। सुबह को लाल आँखें देखकर दोस्त-अहबाब पूछ रहे हैं। उसके पीछे यही कि नींद समेटी – 'आँखें ज़ख़्मी हुईं, लाल हुईं। क्यों समेटी – की ख़्वाब आएँ। नींद के बाद ही तो ख़्वाब आते हैं।'

यकायक जैसे कुछ ध्यान आया। कुर्सी छोड़ी। मेज़ पर रखे कप-प्लेट्स उठाए और उन्हें रखने किचिन की ओर गए। किचिन से सीधे डायनिंग टेबल पर नहीं लौटे– बराबर वाले कमरे में गए। कुछ देर लगायी लौटने में। उनके वापिस आने तक एक सवाल मेरे पास आ चुका था और उसकी ज़िद थी कि पहले मैं शहरयार साहब के सामने उसे ही पेश करूँ! मैंने उसकी ज़िद मानी – 'क्या आपको यह लगता है कि हिन्दी में प्रकाशित होने ने आपको लोकप्रिय बनाने में मदद की है?' बिना देर किये सहमति के विनम्र भाव के साथ कहा गया– ज़ाहिर है हिन्दी में शाया होने से और पॉपुलर हुआ। मैं मुशायरों- कवि सम्मेलनों में जाता रहा हूँ...फ़िल्म की वजह से...और जनवादी लेखक संघ में होने की वजह से काफ़ी हिन्दी वाले मुझसे परिचित थे। ज़्यादातर लोग मुझे हिन्दी का शायर मानते हैं। हिन्दी के बहुत सारे शायर– लेखक मुझसे मुहब्बत करते हैं। वे चाहते थे कि मेरी चीज़ें हिन्दी में छपें। छपीं तो उसका फ़ायदा मिला। मेरी शायरी में एक एडवांटेज मुझे हमेशा रहा है। बहुत से मक़बूल शायरों की अपेक्षा...मेरे सबकांशस– अनकांशस में हमेशा यह बात रही है कि जो फ़ीलिंग या इमोशन मैं लेता हूँ – उस पर कुछ कहता हूँ तो लगता है कि अनोखी बात कह रहा हूँ। वो मुझसे पहले किसी ने नहीं की है। चाहता हूँ वो दूसरों तक पहुँचे और पहुँचाने की सारी कम्प्लेक्सिटीज़ के बावजूद कोशिश यही रहती है कि जो ज़बान और ईडियम में इस्तेमाल करूँ- वो पढ़ने वाले को किसी न

किसी तरह से उस एक्सपीरियंस में शामिल होने के लिए मजबूर करे और उकसाए। शायरी के सिलसिले में एक बात हमेशा ध्यान में रहनी चाहिए– कि शायरी कभी भी लॉजीकल प्रोज़ में किसी भी शक्ल में आने को तैयार नहीं होती। इसीलिए एक्ज़ेक्ट और एक्यूरेट मीनिंग शायरी के न कभी कम्युनिकेट हुए हैं और न कभी कम्युनिकेट हो सकते हैं। जो शायरी लाँजीकल प्रोज़ में ढल सकती है, वो शायरी नहीं हो सकती। मीनिंग या उसकी फ़ीलिंग के आसपास अगर कोई ज़बान शायरी को ले जा सकती है तो शायर उसमें कामयाब है। इसमें अपनी तारीफ़ का यह पहलू ज़रूर निकलता है... लेकिन यह मेरी ही नहीं और लोगों की भी राय है... कि मैं लोगों को अपनी शायरी के करीब लाने में बड़ी हद तक कामयाब रहता हूँ।'

कुर्सी छोड़कर फिर अंदर कमरे में गये हैं। कुछ देर बाद वापिस लौटे तो मैंने उनके कवि होने के बावजूद अध्यापक के रूप में हमेशा कथा- साहित्य पढ़ाए जाने का ध्यान दिलाकर आगे के प्रश्न की जैसे भूमिका बनानी चाही थी। हल्की-सी उनकी हँसी के बीच मैंने लॉजीकल प्रोज़ वाली बात को थोड़ा और स्पष्ट कराना चाहा था। रुककर जैसे कुछ सोचा और फिर – 'फ़िक्शन हमेशा टाइम और स्पेस में रहेगा। कोई घटना किसी वक़्त और किसी जगह में हो– उसमें इनर लॉजिक हमेशा पाई जायेगी। जबकि शायरी में एपिक – नैरेटिव पोयट्री को छोड़कर स्पेस और टाइम उस तरह मौजूद नहीं होता... बल्कि स्पेस एंड टाइम को ट्रांसेंड करना ही शायरी की ख़ूबी समझी जाती है।'

–आपने नज़्म भी ख़ूब कही हैं पर चर्चा आपकी ग़ज़लों की ही अधिक की जाती है...?

पीठ कुर्सी से टिकी है। पैर यथासंभव फैल गए हैं। दाएँ हाथ की उँगलियों ने मोबाइल से अब फिर खेलना शुरू कर दिया है– 'आम तौर से जब मेरी शायरी के बारे में बात की जातीं है तो आम लोग ग़ज़ल को ही सामने रखते हैं... जबकि मैंने नज़्में ग़ज़लों से ज़्यादा लिखी हैं...और नई उर्दू शायरी के सिलसिले में मेरा ज़िक्र मेरी नज़्मों के हवालों से ज़्यादा किया जाता है। मेरी इमेज़री, मेरे सिम्बॉलिज़्म– और डिक्शन की जो वैरायटी है– वो मेरी नज़्मों में ज़्यादा देखी जा सकती है। कवि-सम्मेलनों– मुशायरों या वैसे– मैं सिर्फ़ ग़ज़लें सुनाता हूँ– इसलिए मेरे बारे में यह ग़लतफ़हमी बहुत फैल गई है कि मैं सिर्फ़ ग़ज़ल का शायर हूँ। उर्दू शायरी के बारे में राय क़ायम करते वक़्त बहुत से लोग मुशायरों को सामने रखते हैं– जबकि उर्दू की पिछले पचास साल की शायरी का मुशायरों से कुछ लेना-देना नहीं है। यही बात हिन्दी के बारे में कवि - सम्मेलनों के हवाले से कही जा सकती है। हिन्दी शायरी के जो ट्रेंड्स हैं या अहम नाम हैं, उनका कवि-सम्मेलनों से कुछ लेना-देना नहीं है।

मुशायरों और कवि सम्मेलनों का एक ख़ास पैटर्न बन गया है। क्या-क्या...यही कि उनमें चार चीज़ों पर ज़ोर होता है– कंडक्ट कौन कर रहा है, ...हास्य – कवि कितने हैं... औरतें कितनी हैं – और गाकर पढ़ने वाले कितने हैं? शायरी पर कोई बात नहीं। कराने वाला इन्हीं चार बातों पर नज़र करता है। स्पांसर भी इन्हीं पर सवाल पूछता है और जो सुनने जाता है, उसके सामने भी यही बातें होती हैं। सुनने और सुनाने वाले– दोनों अच्छी तरह से यह जानते हैं कि जो कुछ सुनाया गया है– न वो काग़ज़ पर लिखा जाएगा और न काग़ज़ पर पढ़ा जाएगा। उर्दू में तो हंड्रेड पर्सेंट मुशायरों में ज़बानी शायर जाने लगे। हिन्दोस्तान में मौहर्रम और रमज़ान को छोड़कर हर रोज़ तक़रीबन दस ऑल इंडिया मुशायरे होते हैं। हर मुशायरे के लिए कम से कम सोलह शायरों की ज़रूरत होती है। इस हिसाब से हर रोज़ एक सौ साठ शायरों की ज़रूरत है। अब इससे बक़िया नतीजे खुद निकाले जा सकते हैं। यही सूरत कवि- सम्मेलनों की भी है। शायद उनकी तादाद दस से भी ज़्यादा होती है।'

वो कुछ जल्दी-सी में उठे और फिर उस कमरे में गए। उन्हें सुनते हुए मुझे नीरज जी का ध्यान बार-बार आ रहा था। कवि - सम्मेलनों के गिरते स्तर पर खूब दुखी होते हैं। स्वास्थ्य के कारणों से जा पाने में होने वाली तमाम तरह की दिक़्क़तें गिनाएँगे। पर जब जाने का अवसर आए तो जैसे और कुछ याद ही नही रहता– बस माइक...सामने बैठी भीड़– और वाह-वाह – दोबारा-दोबारा का ही ध्यान रहता है। अबकी बार के शह्रयार साहब के कमरे में जाने पर मेरा अलग-से ध्यान गया था। पर जब लौटे तो पहले मैंने उनसे यह जानने की इच्छा प्रकट की – 'जब यह सब है वहाँ– तो फिर आप जाते क्यों हैं मुशायरों में?' उन्हें जैसे यह पूछे जाने की उम्मीद नहीं थी। ज़रा रुककर सँभलते-से बोले– 'मैं पहले मुशायरों के ख़िलाफ़ था– लेकिन बाद में उनकी यूटीलिटी का अहसास हुआ। मुशायरों की बदौलत मैंने पूरी दुनिया घूम ली। खुद हिन्दोस्तान के बड़े हिस्से तक मेरी पहुँच मुशायरों की वजह से हुई। मुशायरों में मुझे एक सीरीयस शायर समझकर ही बुलाया जाता है– और मैं वहाँ वो ही शेर सुनाता हूँ, जो मैं लिखता हूँ। मुशायरों के ऑर्गनाइज़र्स में और सुनने वालों में अब भी एक तबक़ा ऐसा होता है जो इस बात पर ज़ोर देता है कि उन शायरों को भी बुलाइए जिनकी लिट्रेरी अहमियत है। मैं मुशायरों में जिन शरायत पर जाता हूँ– उसमें पहली शर्त होती है कि मुझे एक बड़ी रक़म रेम्यूनरेशन के तौर पर दी जाए। सफ़र मैं हवाई जहाज या ए0सी0 फ़र्स्ट क्लास से करता हूँ। यह भी कि मुझे बहुत माकूल जगह ठहराया जाए। ज़ाहिर है कि ये सारी शरायत बहुत कम मुशायरों में पूरी की जा सकती है। इसलिए मैं बहुत कम मुशायरों में जाता हूँ। एक बात मैं पूरी ईमानदारी से कहना चाहता हूँ कि मुशायरे के शायर हम जैसे

शायरों के साथ बड़ी इज़्ज़त और मुहब्बत से पेश आते हैं कि उनको मालूम है कि हम उनके रास्ते में कहीं नहीं आते।'

शायद उन्होंने समझा होगा कि उनके बार-बार कमरे में जाने पर इस समय मैंने ध्यान नही दिया है। पर मैं देर से इंतज़ार में था कि इसकी वजह जानूँ- 'ये बीच-बीच में उठकर बार-बार आपका कमरे में जाना...?' यह पूछे जाने की तब उन्हें उम्मीद नहीं थी। चेहरे पर से हैरानी के एक छोटे-से बादल जैसा टुकड़ा गुज़रा। कुछ-कुछ सकुचाते- से कहा गया...'हाँ, थोड़ी सी--फिर शुरू कर दी...।' उनके इस कथन और अंदाज़ पर ठहाका लगाने का मन हुआ। जैसे-तैसे ख़ुद को रोका —'आप तो सेहत के कारण...?' 'दरअसल यहाँ टहलने-वहलने की जगह...।' आगे का हिस्सा मेरे सुने जाने से इसलिए रह गया कि तब मुझे पिछले वर्ष की शहरयार साहब की कई घोषणाएँ, कई वायदे, कुछ घटनाओं के कुछ अंश अचानक बड़ी शिद्दत और तेज़ी के साथ याद आए जा रहे थे — सिगरेट और व्हिस्की छोड़ने के बाद स्वास्थ्य में हुआ सुधार...कुछ दिनों बाद कभी पीठ के दर्द की चिंता तो कभी ज़रा चलने पर साँस फूलने लगने की चर्चा। एक दिन एक ख़ास मनःस्थिति में बहुत उत्सुक- उत्साहित भाव से प्राणायाम और अनुलोम-विलोम के बारे में विस्तार से पूछना-जानना और वादा करना कि कल से टहलना भी शुरू होगा और योग भी। दो तीन दिन बाद फ़ोन किया तो मालूम हुआ कि जग तो जाता हूँ— पर आलस में पड़ा रहता हूँ। रास्ता तलाशा गया- ठीक है, सुबह रोज़ में आपको फ़ोन करके टहलने जाने की याद दिला दिया करूँगा। पूरी पांबदी से ठीक समय पर बीस- पच्चीस दिन फ़ोन हुआ। हर दिन- थैंक्यू- कुछ इस अंदाज़ में जैसे अब उन्होंने बिस्तर छोड़ ही दिया है। कुछ दिन बाद जब उनके घर जाना हुआ और टहलने जाने के बाद के अंतर के बारे में जानना चाहा तो बड़े निरपेक्ष- मासूम-से अंदाज़ में कहा गया— 'फ़ायदा? कैसे होता? जा ही कहाँ पाया...!' उस समय खीझ भी हुई थी और झुँझलाहट भी। कमाल है, इतने दिन रोज़ फ़ोन... पर...! पर आज इस वक़्त खुलकर हँसने को जी चाह रहा था। पता नहीं इस बीच उन्होंने क्या कहा! ख़ुद को फिर से वहाँ— उनके साथ-पास लाने के लिए मैंने सेहत के प्रति लापरवाह होने को लेकर हिचकते-से कुछ कहा। कैसा विशिष्ट बच्चों जैसा वह भोलापन! अमल-धवल -सी वह हँसी। अपने जाने कैसे प्यारे, मोहक, दमदार कारण— "मैं सेहत को बेहतर बनाने की कोशिश की बजाय— जो चीज़ें सेहत को ख़राब करती है, उनसे बचता हूँ। खाने-पीने में थोड़ी-सी, ज़रा-सी ऐतियात बरत लेता हूँ। सेहत के बारे में मेरा ये है कि आदमी ज़िंदा रहे—वर्किंग कंडीशन में रहे। पुरानी मोटर को नई मोटर में तब्दील करना नामुमकिन है। ये है कि वो ठीक-ठाक चलती रहे। जैसे मोटर को मैकेनिक के पास जाना पड़ता है, मुझे डॉक्टर

के पास जाना पड़ता है। डॉक्टर की ज़्यादातर बातें मान लेता हूँ। काफ़ी दिनों तक मानता रहता हूँ– लेकिन कभी उसकी बात भूल जाता हूँ... और फिर मनमानी करने लगता हूँ। और ज़ाहिर है कि उसका नतीजा बुरा निकलता है। फिर थोड़ा पछताता हूँ और नए सिरे से डाक्टर की बात पर अमल शुरू करता हूँ। डॉक्टर की बात मानने और न मानने का काम कभी-कभी बहुत दिनों तक चलता रहता है– और कभी-कभी बहुत ज़ल्दी ख़त्म हो जाता है।' रोकते-रोकते भी अब मैं हँसी की आवाज़ पर नियंत्रण नहीं रख पाया था। क्या खूब है सेहत को लेकर उनकी यह लापरवाही– उनकी यह ईमानदारी!

हाथ में पैंसिल है और दाएँ पैर ने खुद को टखने से बाएँ पैर के घुटने पर टिका लिया है। मेरा वह हँसना जैसे अनदेखा- अनसुना रह गया था। अब जैसे बातों के ट्रेक को बदलने की कोशिश में अभिव्यक्ति की शैली में भी अंतर आता जा रहा था– 'इंसान को बहुत मुश्किल होता है– मैकेनिकल, ऑर्गेनाइज़्ड- बहुत ही डिसीप्लिंड ढंग से जीते जाना...। और जो लोग सौ फ़ीसदी अच्छे है– उन्हें अदब-वदब से क्या लेना! लिखने वाले– और पढ़ने वाले भी वही लोग होते हैं, जिनके दिमाग़ में कोई फ़ितूर होता है। बहुत नॉर्मल और हैल्दी लोगों को शायरी या कल्चर जैसी बहुत-सी चीज़ों की ज़रूरत ही नहीं पड़ती।... जी, जी, मज़हब की तरफ़ भी बहुत अच्छे आदमी का झुकना बहुत अजीब लगता है। मज़हब या खुदा का ख़ौफ तो उसी को होगा जिसमें कुछ कमज़ोरियाँ होती हैं... जो कुछ ग़लतियाँ करता है। दफ़्तर में आप अगर वक़्त से जाते हैं, अपना पूरा काम करते हैं, वक़्त से आते हैं, कोई बेईमानी नहीं करते– तो फिर आप अफ़सर से डरेंगे ही क्यों?'

—बहुत नॉर्मल-हैल्दी की बात तो आपने की... पर मेहनत की ज़िन्दगी को अदब या कल्चर की ज़रूरत के बारे में कुछ ---?

शह्रयार साहब इस समय जैसे एक ख़ास धुन और लय में थे। ढंग से कह भी नहीं पाया था फिर भी उन्होंने जान लिया था कि मैं क्या जानना चाह रहा हूँ– 'आम आदमी जो बहुत मेहनत करता है– जिसकी ज़िदंगी में मोनेटनी है– उसको ज़रूरत है। जिस्म और ज़ेहन के सुकून के लिए कल्चर-आर्ट की बहुत ज़रूरत होती है। इसलिए फ़ोक म्यूज़िक- पोयट्री दुनिया में सबसे ताक़तवर चीज़ रही है– और अब भी है। पूरे यूनीवर्स में जो रिद्म है– वो ख़ास चीज़ है। जिस रोज़ रिद्म गड़बड़ होगा, उस दिन सब गड़बड़ हो जायेगा– तारे-सितारे, ग्रह-चाँद टकरा जाएँगे! कोई मशीन... कोई चीज़ है... उसमें कोई वक़्फ़ा... धड़कन-बीट मौजूद होगा। पूरी क़ायनात में एक रिद्म है।' ऊपर लटके बंद पंखे की ओर इशारा किया है हाथ से – 'ये पंखा-नम्बर एक पर चलेगा तो दूसरी

रिद्‌म और दूसरे-तीसरे पर कुछ और रिद्‌म। अगर रिद्‌म में न चले तो उसकी हवा भी तकलीफ़देह होगी। आप उसे बर्दाश्त नहीं कर पाएँगे। पंखा-चाहे हाथ का हो, चाहे मशीन का।'

इस बार जब वे कमरे में से लौटकर कुर्सी पर बैठे तो कई बार इधर-उधर हिले-डुले। हाथों को आगे-पीछे, ऊपर-नीचे किया। कुर्ते की बाँहें चढ़ाईं- नीचे कीं। ललाई -सी उन आँखों में जैसे कुछ उमड़-घुमड़ रहा था। पता नहीं क्या था कि अनाम-सी कोई बेचैन कशमकश उनकी कुर्सी के इर्द-गिर्द अपने लिए वाजिब-सा कोई ठौर-ठिकाना ढूँढती-सी नज़र आ रही थी। 'गमन' की उनकी ग़ज़ल का शेर मन-मन गुनगुनाया- 'आँखों में जलन, सीने में तूफ़ान सा क्यों है। इस शहर में हर शख़्स परेशान सा क्यों है।' याद आया इस ग़ज़ल ने उन्हें बेहद ख्याति ओर प्रतिष्ठा दिलाई थी। कोई तुक नहीं थी फिर भी नीरज जी का ध्यान आया। उनके गीत- कारवाँ गुज़र गया – का ध्यान आया। नीरज जी को रातों-रात इस गीत ने राष्ट्रीय - अन्तर्राष्ट्रीय बना दिया था। मन ने चुप-चुप दोनों में कई समानताएँ और असमानताएँ ढूँढ़ निकालीं। स्मृतियों की उसी रेल-पेल में- 'उमराव जान' की याद हो आई। ये नाम और शहरयार साहब का नाम इस हद तक एक दूसरे से जुड़ गया है कि मुमकिन ही नहीं कि शहरयार साहब आपके पास-साथ या सामने हों और आपको 'उमराव जान' का स्मरण न हो आए। यादों की इसी बारात के धूम-धड़ाके का परिणाम था कि मैंने उनसे प्रश्न किया– ''उमरावजान'' के गानों की क़ाबिले ज़िक्र और क़ाबिले तारीफ़ कामयाबी की वजह आप क्या मानते हैं?

जानता हूँ कि 'उमराव जान' का ज़िक्र आते ही वे कुछ से कुछ होने लगते हैं। अजीब-सा एक संकोच, ख़ूबसूरत-सा एक गर्व। आँखों में चमक। चेहरा खिला-खिला। रोम-रोम से एक ख़ास-सी ख़ुशी और तृप्ति प्रकट होने को मचलती-सी– 'ये मैं अब सोचता हूँ- इस फ़िल्म में जो गाने मैंनें लिखे उनकी कामयाबी में शायद इन फ़ैक्टर्स का भी कुछ न कुछ हाथ ज़रूर होगा। ये– तवायफ़ का जो इंस्टीट्यूशन होता है– ये मैंनें बाद में ग़ौर किया–मुझे इससे वाक़फ़ियत थी। मेरे वालिद की पोस्टिंग बहेड़ी (बरेली) के थाने में थी। उस वक़्त मेरी उम्र सात-आठ साल रही होगी। थाने के बिल्कुल बराबर तवायफ़ों के मकान थे।'' रुककर सोच रहे हैं कुछ। गंभीर मुद्रा में। जैसे उम्र के उस हिस्से का कुछ उपयोगी ढूँढ़ा जा रहा है– 'वालिद साहब सरकारी कामकाज से कभी दो-चार रोज़ को चले जाते। मैं घूमता-फिरता उधर पहुँच जाता। तवायफ़ें दरोगा जी का बेटा होने की वजह से मेरी बडी ख़ातिर- तवाजो करतीं। फिर मेरे वालिद साहब थाने में हर साल तवायफ़ों का एक बहुत बडा मुजरा कराया करते थे। मेरे दोनों भाइयों की जब शादी हुई तो उसमें भी मशहूर तवायफ़ें आई और रात

भर उसमें रक़्स-ओ-मूसीक़ी का प्रोग्राम रहा। और फिर ज़ाहिर है कि दस-बारह साल मैंने उमराव जान-नॉविल को बतौर उस्ताद पढाया भी है। इसके अलावा– उसमें बेसिकली इतने अच्छे गाने लिखे गए– फ़िल्माए गए, गाए गए– उसका सबसे बड़ा क्रेडिट मुज़फ़्फ़र अली को जाता है।... इसलिए कि उनके ज़ेहन में गानों का जो रोल है– वो बहुत साफ़ था। उसमें जो मेन करेक्टर है... उसकी पूरी ज़िंदगी का जो बायोग्राफ़ीकल ग्राफ़ था... किस तरह वो तवायफ़ से एक मैच्योर औरत बनी– जिस माहौल में उसका पूरा एक्शन तय हुआ... अमल तय हुआ... कि क्या करना है।' तब पता नहीं वो मन के किस हिस्से में से उन उतनी पुरानी यादों को धो-पौंछकर सामने ला रहे थे– 'उन सबको डिपिक्ट करना गानों के ज़रिए से...!' शब्दों में से अभी तक झलकते उस उपलब्धि के भाव ने जैसे अपनी जगह किसी और को आने की अनुमति दी है। शब्दों ने थोडा-सा जज़्बाती होने के संकेत देने शुरू किए हैं– 'आख़िरी गाना– जहाँ उसकी पूरी ज़िंदगी समअप होती है– वह जिस तरह से... उसके जो अल्फ़ाज़ हैं– जो धुन है– जिस तरह रेखा ने उसे अदा किया है– देखने वाले को वह सब रुला देता है।' शब्दों में से आ रही भीनी-भीनी गंध बता रही है कि अब ये शब्द एक शायर की भावना के महकते बग़ीचे में से होकर आ रहे हैं– 'मैं भी जब उसको देखता हूँ तो– मेरी आँखों में आँसू आ जाते हैं।' अपने आँसूओं की इस तरह बात करते शह्रयार साहब को पहले नहीं सुना! निजी जीवन की उन त्रासद घटनाओं के बारे में बात करते समय भी – जिनके ज़िक्र के साथ साधारण आदमी की आँखें शायद बरसने ही लगें। खामोशी के ज़रा से इस वक़्फ़े में जैसे खुद को नियंत्रित कर लिया था उन्होंने– 'पहले इस इंट्रोडक्शन पर कि मैंने 'उमराव जान' के लिए गाने लिखे हैं, मुझे उलझन होती थी। लेकिन अब मैंने इस उलझन पर काबू पा लिया है। कभी कभी मुझे अहसास होता है कि मैं अपनी अदबी अहमियत की वजह से फ़िल्म में गया था– और अब अदब में फ़िल्म की वजह से वापस आ रहा हूँ।'

मैं उनसे मुजरे के बारे में कुछ कहलवाना चाहता था कि वे फिर अंदर कमरे की ओर बढ़ चले। जल्दी ही वापस आए तो मैंने उनसे मुजरे की ख़ासियत-कैफ़ियत जाननी चाही। कुछ आहिस्ता से शुरुआत हुई– 'नहीं-नहीं- एक्चुअली-हर वो गाना जिसे कोई तवायफ़ मजमे में नाच के साथ गाए– बेसिकली उसको मुजरा कहते हैं। नहीं वो लिखने का कोई फॉर्म नहीं है। नई उमराव जान की पब्लिसिटी करते वक़्त जैसे शबाना कहती है कि पुरानी उमराव जान में मुजरे लिखे गए थे– इसमें ग़ज़लें लिखी गई हैं। पता नहीं मुजरे या ग़ज़ल में क्या फ़र्क़ करते हुए उन्होंने यह फ़र्माया। पता नहीं क्या इल्म या आधार था उनका

इस बारे में कहने का। वो जो पाकीज़ा में है– 'इन्हीं लोगों ने ले लीना दुपट्टा मेरा -- वो मुजरा ही कहलाएगा। दिल चीज़ क्या है आप मेरी जान लीजिए...' यह भी मुजरा है। पोयट्री का फ़ॉर्म अलग चीज़ है, म्यूज़िक का अलग। कत्थक के बोल कुछ भी हों– कत्थक का एक फ़ॉर्म के बोल कुछ भी हों– कत्थक का एक फ़ॉर्म तय है। डांस का वो फ़ॉर्म कत्थक ही रहेगा– बोल फ़ारसी में भी हो सकते हैं, संस्कृत-अवधी में भी हो सकते हैं, तमिल-तेलगू में भी हो सकते हैं- लेकिन वो रहेगा कत्थक ही।'

तब मैंनें उनसे 'उमराव जान' के गीतों की सृजन-प्रक्रिया पर कुछ कहलवाना चाहा था। जिस तरह कुछ सोचने को रुके, लगा कि शायद याद कर रहे हैं उस समय विशेष को। पर जब बोले तो कुछ याद न होने की बात से कहना शुरू किया– 'हमें आज याद नहीं उस क्रिएटिव प्रोसिस की। जो लोग बयान करते हैं, आमतौर से वो झूठा होता है। इसलिए कि वो बहुत ही मिस्टीरियस चीज़ होती है– और हर क्रिएशन के साथ प्रोसिस अलग होता है। उस प्रोसिस से आदमी गुज़रता है तो एक मिस्टीकल-सी धुन होती है। इतना डूबा होता है कि याद ही नहीं होता कि पहले कैसे कौन सा लफ़्ज़ आया। कैसे करेक्ट किया। इंसपीरेशन... या फिर कैसे कंज़्यूम हुआ। शऊर-लाशऊर में कितना म्यूज़िक का ख़याल रखा होगा। बच्चा कैसे पैदा हुआ– ये सब याद ही नहीं होता। बच्चे की पैदाइश के वक्त उसकी माँ मौजूद होगी और लोग मौजूद होंग... कैसे पेश होगा... ये सारी चीज़ें ज़ेहन में होंगी... पर उसे रिकलेक्ट करना बहुत मुश्किल। मशीन की तरह नहीं कि ये खींचा... वो खींचा...। ...हाँ, आखिरी गाने के सिलसिले में ख़ैयाम साहब एडेमेंट थे कि यह मुखड़ा बदलना चाहिए इसमें। ये गुबार ही गुबार नहीं होना चाहिए। ये तो धूल उड़ रही है पहले मुखड़े में ही। मिस्ट के अर्थ में था, पर वो धूल-गर्द समझ रहे थे उसे। मुज़फ़्फ़र अली ने कहा कि आप बिल्कुल एग्री मत करिएगा। उनकी ये चीज़ मुझे पसंद आई। उनकी इच्छा थी कि फ़िल्म कामयाब हो। ख़ैयाम साहब अड़े थे– सो मैंने उनके सख़्त रुख़ को नर्म करने के लिए साईकोलॉजीकली एक तरकीब सोची। मैंनें एक और मुखड़ा लिखा– जो अब याद नहीं। लेकिन शाम को जब महफ़िल हुई तो ख़ैयाम साहब थे और मैं था। जब वो थोड़ी कैफ़ियत में आ गए तो मैंने बड़ी मुहब्बत से कहा कि साहब मैंने आपकी बात तो मान ली– पर मुज़फ़्फ़र ने उसे जिस तरह विजुएलाइज़ किया– तो वो ओरीज़नल मुखड़ा है– वो उन्हें ज़्यादा सूट कर रहा है...!'' धीमी-लम्बी एक हँसी सुनाई दे रही है। हँसी की आवाज़ में कुछ और इज़ाफ़ा हुआ है– ''ख़ैयाम साहब ने कहा कि चलिए, उसी को रख लेते हैं– 'ये क्या जगह है दोस्तो, कौन सा दयार है। हदे निगाह तक जहाँ, गुबार ही गुबार है।' चेहरे पर शिकायत का-सा

एक भाव आया। आवाज़ तंज़ मिली-सी हुई- 'ये अलग बात है कि इस बात को अब ख़ैयाम साहब तस्लीम नहीं करते। हमारे दोस्त है शरद दत्त। वो उन पर काम कर रहे थे। मुझसे भी लिखने को कहा। मैंने लिखा। उसमें हालाँकि उनकी तारीफ़ थी– पर ज़िक्र तारीफ़ के साथ जयदेव का भी किया था। तो वह शामिल नहीं हुआ किताब में। बाद में एक्सक्यूज़ ये दिया कि देर से पहुँचा। मैं सोचता हूँ कि वजह वही रही होगी। ख़ैयाम साहब अक्खड़- खुर्रे किस्म के पंजाबी हैं। वो यह नहीं बर्दाश्त कर सकते कि उनसे ज़्यादा या आगे भी कोई सोच सकता है।'

मैंनें इरादतन कुछ आवाज़ के साथ उनकी पंक्तियों को उन्हें सुनाते-से पढ़ा– दिल चीज़ क्या है आप मेरी जान लीजिए...। और हुआ वही जो मैं चाह रहा था। सचमुच शहरयार साहब उस गाने की जैसे व्याख्या ही करने लगे थे- 'दरसल दिखाना यह था... उसमें जो करेक्टर है उसका... नॉविल में भी है...वैसे भी ज़िक्र है– कि उसका कंप्लेक्शन फ़ेयर नहीं था। ज़ाहिर है और तवायफ़े, पैदायशी तवायफ़ें थीं या बहुत प्रोफेशनल थीं... तो उसने उनसे मुकाबला कर सकने के लिए ख़ासतौर से थोड़ा म्यूज़िक भी सीखा, लिट्रेचर भी पढ़ा। तो ज़ाहिर है कि ये गाना थोड़ा शोख़ है– जो मर्द को फ़ौरन रिझाए। अगर इज़हार-ए-इश्क औरत की तरफ़ से हो तो मर्द एलीवेटिड महसूस करता है। सोचता है कि मुझमें कोई ख़ास चीज़ है। जो बात मर्द को कहनी चाहिए वो औरत कह रही है– दिल चीज़ क्या है...। मर्द औरत से ईक्वल-हर तरह से खुलकर पार्टीपेशन... इजहार चाहता है...। बीवी से वो ऐसी ऐक्सपेक्ट नहीं करना चाहता। इस इच्छा को वो वहाँ- बीवी से अलग पूरी करता है। शादी के अलावा जो रिश्ते होते हैं। उसके पीछे यही चीज़ होती है– मर्द की यही फ़ितरत होती है।... औरत की तरफ़ से एक ख़ास तरह से सेक्स का इज़हार जो होता है– उससे मर्द को सुपीरियरिटी का भी अहसास होता है। बीवी अपनी ख़ामोशी से उसके सुपीरियरिटी के अहसास को तस्कीन पहुँचाती है– औरत-तवायफ़ या प्रेमिका जिससे भी आपके रिश्ते हों- वो अपने इज़हार के ज़रिए से तस्कीन पहुँचाती है।''

इस विषय पर उन्हें इस तरह बातें करते देख यकायक सूझा कि उनसे अब विवाहेतर संबंधों के बारे में उनकी राय जानी जाए! प्रश्न सुनते ही उनके चेहरे पर के भाव बदलते दिखे। उनका कहा सुना तो अनुभव हुआ कि अभी तक के कहने में उनका शायर प्रबल था– पर अब जैसे उनका सामाजिक मुख्य और मुखर हो उठा है – 'देखिए -- या तो आप ऐसी सोसायटी में हों जिसमें दोनों को यह आज़ादी हो। दोनों को यह आज़ादी हो कि उन्हें जहाँ तस्कीन हासिल हो– वहाँ हासिल करें! अगर एक पर प्रतिबंध हो तो दूसरे पर भी प्रतिबंध होना चाहिए। अगर यह एक को बुरा है तो दूसरे को भी बुरा है। जहाँ फ़ैमिली का तसव्वुर है– आर्गेनाइज़्ड

सोसायटी है – वहाँ यह जस्टीफ़ाइड नहीं है। इसलिए कि ऐसी रिलेशनशिप से बच्चों को लेकर भी तमाम तरह की चीज़ें पैदा होती हैं। सोसायटी में ये चीज़ें डिज़ायरेबल नहीं हैं। आप ये भी तो देखिए– जिन्हें मज़हब या सोसायटी ने सिन या गुनाह कहा है– तो यूँही तो नहीं कहा। बहुत सोच-विचार के बाद ये फ़ैसले हुए हैं। हेट द सिन बट लव द सिनर– अगर इसको ध्यान में रखा जाए तो हम बहुत से प्रॉब्लम्स को फ़ेस करने की अपने अंदर क्षमता पैदा कर सकते हैं। जहाँ तक हो सके इसको सोसायटी में परमीसिबल नहीं समझा जाए। एक मुहज़्ज़ब सोसायटी के लिए यह अच्छी चीज़ नहीं है। ख़ासतौर से हमारी हिन्दोस्तानी सभ्यता इन चीज़ों की खुल्लमखुल्ला इज़ाज़त नहीं देती।'

—अब तो यहाँ भी समलैंगिक संबंधों को लेकर...और अभी कुछ दिन पहले का दिल्ली हाईकोर्ट का वो फैसला...?

चेहरे पर झलके अल्प-सी उस उदासी और क्षोभ के मिश्रण ने उनकी नापसंदगी का संकेत दिया था जैसे- 'ये मेरी समझ में बिल्कुल नहीं आता। न तो हाईकोर्ट का वो फ़ैसला मेरी समझ में आता है, और न वो लोग जो इसे अच्छा समझते हैं। जहाँ रिलेशनशिप या रिश्ते फ़िक्स नहीं होते... कोई क़ायदा-क़ानून आड़े नहीं आता– वहाँ ये होता रहे तो हमें कोई आपत्ति नहीं। जिस मुल्क में रिश्तों का एक तसव्वुर मौजूद है– और हज़ारों सालों से चला आ रहा है– जिन चीज़ों को नेचर जस्टीफ़ाइ नहीं करता – वहाँ ये अननेचुरल ही होगा। कुछ लोग एक्सेप्शन हो सकते हैं– पर उसके लिए क़ानून बनाना या मसला बनाना मेरी समझ से बाहर है। क़ानून और लॉज ऑफ नेचर के ख़िलाफ़ जो चीज़ें होती है– उनमें इंटरफ़ीयर किया जाएगा तो ज़ाहिर है कि गड़बड़ पैदा होगी।'

—और ये लिव इन रिलेशनशिप? उस पर सुप्रीम कोर्ट की टिप्पणी...उस टिप्पणी पर शुरू हुई बयानबाज़ी...बहस?

बोलना बता रहा था कि इन बातों पर बात करते-करते जैसे- अब उनकी रुचि और उत्साह में अंतर आ रहा है– 'यूँ तो – बहुत सी चीज़ें हो रही हैं। अच्छा यह सोचिए कि उसकी सोशल सेंक्शन और कानूनी शक़्ल क्यों चाहते हैं ये? घर में आप कुछ भी कर रहे हैं– करें। यूँ तो कोई भी कह सकता है कि हम इंटरफ़ीयर क्यों कर रहे हैं। पर– अगर गंदगी आप सड़क पर फैंकेंगे तो? गंदगी जब तक सामने नहीं आती, हम कुछ नहीं कहते। लेकिन जब सामने आती है तब फिर और कुछ नहीं, यह भी कि मुहज़्ज़ब सोसायटी में किसी की पर्सनल लाइफ़ को ग़ैर ज़रूरी तौर पर पब्लिक में लाना और उसे रुसवा करना कोई अच्छी बात नहीं है।' इस बीच मुझे महिला आरक्षण को लेकर मच रही हाय-हाय, काँय-काँय का ध्यान हो आया था।

मैंने कल्वे जव्वाद साहब के उस बयान का ज़िक्र किया जिसको लेकर ख़ूब हायतौबा मची थी। वो बयान- जिसमें उन्होंने औरतों के राजनीति में भाग लेने की मनाही करते हुए सलाह दी थी कि औरतें अच्छे राजनीतिज्ञ पैदा करने का अपना फ़र्ज़ निभाएँ। सुनकर तुरत-फुरत और दृढता के साथ कहा गया– 'औरत को हुक़ूक मिलना चाहिए। इस बिल को मैं वेलकम करता हूँ। लेकिन लोगों के इसमें जो ये रिज़र्वेशन्स हैं कि इसमें औरतों के बहुत छोटे से सेक्शन को लाभ मिलेगा और उनके पास उसकी पूरी लॉजिक है– उससे हम आसानी से आँखें नहीं बचा सकते। औरत को बीवी के अलावा माँ-बेटी-बहन वग़ैरह के रूप में देखने की आदत हमको डालनी चाहिए। कम-ज़्यादा या कब-किसे मिलें– ये बातें बाद में तय होगीं। डिसकशंस हो सकते हैं– पहलुओं पर ग़ौर किया जा सकता है। पर ये कि उन्हें हक़ ही नहीं मिलना चाहिए– यह ग़लत है। इसकी मुख़ालफ़त ठीक नहीं।... वो बयान... तो अब वो कहते हैं कि मेरी बात को ग़लत तरीक़े से पेश किया गया है। मैंने ये नहीं कहा। वो अपनी बात से मुकर गए– इसलिए उस पर गुफ़्तगू करना बेकार है।'

औरत को बीवी के अलावा और रूपों में भी देखने की आदत वाले वाक्य ने मेरा ध्यान आकृष्ट किया था। तभी यह तय कर लिया था कि अब अगला सवाल यही पूछना है। इस बार कमरे में से लौटे तो चेहरा कुछ थकान-सी लिए लौटा। सीधे हाथ की कुहनी मेज़ पर टिकी है और चिबुक उसकी हथेली पर। समाज और राजनीति से हटकर मैंने उनके मन को टटोलना चाहा– 'आपके ख़यालों में की औरत की तस्वीर क्या है? उसके किस रूप को अधिक अहमियत देना चाहेंगे आप?' मस्तक पर का खिंचाव जैसे खत्म हुआ... चेहरे पर की थकान जैसे नदारद हो गई... 'मुख़्तलिफ़ लमहों में उसका रोल अलग-अलग होता है। वो हर शक्ल में अच्छी लगती है। ज़ाहिर है पहला और बहुत ही मज़बूत– और कभी न मिटने वाला रूप माँ का ही रहा है। और सारे रूप आते-जाते रहे हैं। इनके बारे में सोच ही अलग है। लेकिन औरत के साथ उसका ख़ूबसूरत, तंदरूस्त, जवान होना लुभाता रहा है। जी- मतलब यह कि माँ के अलावा उसके दो ही रूप मेरे ज़ेहन में आते हैं। या तो बहुत तक़द्दुस– गोडेस... या फिर कंपेनीयन का रूप। इसके ज़रिए से हमारी तकमील होती है। बिना स्त्री के पुरुष मुकम्मल नहीं होता है। फ़ैज़ का एक शेर है– 'अपनी तक़मील कर रहा हूँ मैं। वरना तुझसे तो मुझको प्यार नहीं।'– मैं किसी पुरुष को बग़ैर स्त्री के तसव्वुर नहीं कर सकता...।'

इस दौरान कई चीज़ें मेरे मस्तिष्क में विद्युत-गति से आ-जा रही थीं। कुछ दिनों पहले की ही तो बात है। मरहूम आले अहमद सुरुर साहब के घर से उनके साथ मुझे अमीर निशां – मुनीब साहब के घर जाना था। रास्ते भर कार में हुई अनेक

बातों के बीच पत्नी से हुए संबंध और शादी के बारे में काफ़ी बातचीत हुईं थी। उसके कुछ हिस्से दिमाग में बार-बार कौंध रहे थे – 'जी, सुरूर साहब के ये बेटे हैं– सिद्दीक़ अहमद सिद्दीक़ी। मेरे दोस्त हैं। वैसे तो मेरे बहुत से दोस्त हैं- पर अलीगढ़ में एक ये और एक विजय कुमार बजाज– दो लोग हैं– जिनसे मेरे बहुत निजी ताल्लुक़ात हैं। सिद्दक़ी बहुत सीधे, सरल, साफ़ इंसान हैं। ईमानदार– अपनी बातों पर डटने वाले। मेरी सोच पर इनका असर है। कभी कभी सोचता हूँ कि मैं ऐसा क्यों नहीं हो पाता। नहीं- शादी नहीं हुई इनकी। हम दोनों ने बहुत पहले तय कर रखा था कि शादी नहीं करनी। हाँ, मेरी हुई। पर – शादी मैंने नहीं की– मुझसे की गई।...यही कि... हम तुम पर क़ुर्बान हैं... शादी नहीं कि करोगे तो हम ये कर लेंगे– वो कर लेंगे। शादी की बात आई तो मैंने इनसे ज़िक्र किया। बोले- कर लो! मैंने अपना दूसरा कलेक्शन इन्हीं को डेडीकेट किया है।'

कौंध की उस श्रृंखला में से जैसे - तैसे ख़ुद को मुक्त किया तो देखा- शहरयार साहब कहीं खोए-डूबे- से जैसे आगे के सवाल का इंतज़ार कर रहे हैं। सहमे-सकुचाए-से कहने का प्रयास किया– 'क्या कभी दोबारा शादी का ख़याल...?।' आगे कुछ कहने की ज़रूरत ही नहीं पड़ी– 'इस पर एक शेर है मेरा- 'बुझने के बाद जलना गवारा नहीं किया। हमने कोई भी काम दोबारा नहीं किया।' और यह सही है– पूरी ज़िंदगी में यही रहा है मेरा ! अगर मैं बचपन में भी किसी ख़ास सिचुऐशन या शक्ल में साइकिल से गिरा हूँ तो दूसरी बार उस शक्ल में कभी नहीं गिरा।' चेहरे पर अलग-सी एक ताज़गी है और शब्दों में उत्साहित-सा एक आत्मविश्वास– 'खेल में भी- हॉकी में जो ग़लती एक बार हो जाती थी– पूरी कोशिश होती थी कि वो ग़लती दूसरी बार न हो। इस मामले में बहुत पर्टिकुलर हूँ। एक स्थिति में जिससे धोखा, नुक़सान या पछतावा हो गया– या किसी की तारीफ़ से या ख़फ़ा होकर कोई ऐसा क़दम उठा लिया– जिसका बाद में पछतावा हुआ हो... फिर बहुत कोशिश की कि वह दोबारा न हो...।'

मैं जानता हूँ कि वो इन कुछ बातों पर बात करने से बचते हैं। फिर भी अपने जाने बहुत बचते-बचाते से, बड़ी होशियारी दिखाते – से मैंने कहना शुरू किया– 'क्या है बड़े बड़े रचनाकारों के साथ ऐसा कि उनका दाम्पत्य जीवन...? जी, ख़ुद के बेहद संवेदनशील-समझदार होने के बावजूद...?' ऐसे देखा जैसे कहा हो कि मुझे पता है कि तुम क्या सुनना चाहते हो। कुछ पलों की एक चुप्पी सधी। बायीं कुहनी ने ख़ुद को कुर्सी के बाएँ हाथ पर टिकाया। उँगलियों ने पंजे की शक्ल में मुड़कर और बाएँ कान के समीप तक जाकर जैसे सिर के बोझ को हल्का करने – उसे आराम देने की कोशिश की थी। सुनाई दिया– 'इस मामले को मत लाइए।' कुछ देर को

ख़ामोशी ओढ़ ली। फिर मेरी ओर ऐसे देखा जैसे कहना चाहा था कि लो जब तुमने पूछा है तो बताता हूँ। बोलना शुरू हुआ– पर ऐसे जैसे उनका शब्द-शब्द हैरानी में डूब-पगकर बाहर निकल रहा हो– 'ख़ुद मेरी समझ में नहीं आया वह सब क्यूँ हुआ-कैसे हुआ? इसलिए कि मेरी जो कमियाँ-ख़राबियाँ थी– वो सब मैं उनको बता चुका था। हमने शादी ही इस शर्त पर की थी कि वो इन कमज़ोरियों को बर्दाश्त करेंगी। नहीं– जिन चीज़ों को लेकर अलग हुए उनका शायरी से ताल्लुक़ नहीं है। ...हाँ, ताश खेलना, शराब पीना, देर तक घर से बाहर रहना...। जी– शुरू से था ये सब। बाद में पता नहीं क्या हुआ?' लगा कि जैसे उनके भीतर से उन्हें किसी ने रोकना चाहा। शब्द उनके मौन में कुछ देर को गुम हो गए। गुमशुदगी से बाहर आए भी तो ऐसी घिसटती चाल चलते-से जैसे अपने अंदर के बोझ से दबे-गढ़े जा रहे थे- 'मैं अलग नहीं हुआ, वो अलग हुईं मुझसे। मैंने उन्हें नहीं छोड़ा...। उन्होंने कोर्ट से डॉयवोर्स लिया। मैंने उसे कंटेस्ट नहीं किया। मैं न कोई सफ़ाई पेश करता हूँ, न उन्हें भला-बुरा कहता हूँ। इस मामले पर मैं बात नहीं करता। मैं उन पर कोई तोहमत लगाना नहीं चाहता। यूँ कहूँ कि मैं ख़ुद अलग हुआ। जब लगा कि साथ रहना अब मुश्किल है तो अलग हो गया...।' सदाशयी-सा एक आदर-भाव और आदरणीय-सी एक सदाशयता– 'फिर मेरी ज़िद भी...!'

—ज़िद?

—'शायद उन्हें यह ग़लतफ़हमी थी कि मैं उनके बिना ज़िंदा नहीं रह सकता। मेरे मिज़ाज में एक ज़िद है। मैंने अपने को अब ढाल लिया है...।' बहादुरी प्रदर्शित करना चाह रहे उन शब्दों की डगमग-डगमग जैसे छुप नहीं पा रही थी। संभ्रांत-सा उनमें का वह शिकवा, शिष्ट-सा उनमें से दिखता वह उपालंभ- 'जी, बच्चों को मालूम है कि पापा जब ज़िद करते हैं तो फिर...। इसीलिए इसमें बच्चों ने कभी इंटरफ़ीयर करने की कोशिश नहीं की। – उनकी मेरे बारे में क्या राय है– यह तो नहीं बता सकता– पर उनके एक्शंस से मालूम होता है कि वो बराबर की मुहब्बत करते हैं ... हर तरह का ख़याल रखते हैं। बड़ा तो हर वक़्त फ़िक्रमंद रहता है। हर सहूलियत देने की कोशिश रहती है उसकी।' अब उनके अंदर का पिता एकदम जागृत और मुखर हो गया है। शब्द-शब्द में संतोष और आभार मिली एक प्रसन्नता– 'ये मकान जिसमें मैं रहता हूँ, उसी ने ख़रीदा है। ये मोटर जिसमें चलता हूँ, उसी ने ख़रीदी है। जब भी मैं दुबई जाता हूँ तो...! जी, छोटा बेटा और बेटी भी हर तरह से मेरा ख़याल रखते हैं।'

तितली की तरह की एक हल्की, नन्हीं-सी ख़ूबसूरत चुप्पी ने दो-चार पल को उनके होठों पर टिक कर देखा। पंखे की ऊँचाई तक देखते-देखते बताया गया– 'मैं

अपनी माँ से बहुत मुहब्बत करता था। मेरा फ़लसफ़ा यह है कि माँ सबसे इम्पोर्टेंट होती है। मेरी माँ मुझे बहुत मुहब्बत करती थी...।' हो ही नहीं सकता कि कोई अपनी माँ से दूर- वंचित हो...और उसे याद करे... तो...तो...उसका कंठ अवरुद्ध न होने लगे – या वाणी बेआवाज़-कमदम-सी न होने लगे। पूरा नियंत्रण था शहूरयार साहब का ख़ुद पर– फिर भी उनकी आँखों – उनकी आवाज़ में सुबह के सूरज की किरणों में लिपटी बूँदों की-सी झिलमिल-झिलमिल साफ़ दिख रही थी – 'बेहद नेकदिल-नर्मदिल थीं वो! बच्चों को रोता नहीं देख सकती थीं वो। उनसे इनहैरिट किया है मैंने। उनकी तमाम नहीं– पर कुछ ख़ूबियाँ आईं।... तो मैंने बच्चों को अपनी माँ को मुहब्बत करने के लिए हमेशा इंस्पायर किया। आज भी वो उनका ख़याल रखते हैं...।' आवाज़-सुनाई देना रुका तो उनके चेहरे की तरफ़ नज़र दौड़ी। अब जैसे वो मुझे नहीं वहाँ अनुपस्थित किसी और को देख रहे हैं...उसी को सम्बोधित कर रहे हैं...'मैं अपनी बीवी का आभारी हूँ कि मैं तीन बहुत अच्छे बच्चों का बाप बन सका...बहुत ही इंटेलीजेंट और कामयाब बच्चों का...।'

दीर्घ, नीरव-सी वह निःशब्दता। बहुत वज़नी-गीला-सा कुछ आ घिरा था हम दोनों के आसपास। थम गए– से ख़ामोश उन लमहों में दिल के किसी नामालूम गोशे में पिन-सी चुभी। दर्दीली-सी एक फ़ुसफ़ुसाहट ने स्वरहीन होकर पूछना चाहा- 'इतने सबल, समर्थ, समझदार... संवेदनशील इंसानों की ज़िंदगी में ऐसे मोड़ आख़िर आ कैसे जाते हैं...?...आ ही क्यों जाते हैं?' मुझे कुछ पता होता तो शायद उत्तर देने की कोशिश भी करता...पर...।

कुर्सी की पुश्त पर दोनों हथेलियाँ जमाए खड़े हैं। त्वरित गति से ज़रा-सी उस मुस्कान ने आकर जैसे होठों को चमका देना चाहा है। मुस्कान ने हँसी की ओर कदम बढ़ाते-बढ़ाते इशारों में जैसे कहना चाहा है कि अब बस। खड़े-खड़े ही मैंने उनसे उनके साहित्यिक प्रदेय के बारे में पूछा था। ऐसी खिलखिलाहट जिसे उनके उस घर ने भी सुना। जैसे कोई छोटे किसी बच्चे की बड़ी-सी नादानी पर हँस पड़े- हिन्दोस्तान और दुनिया में इतने बड़े-बड़े लोग...कारनामे करने वाले लोग पैदा हुए हैं...। उस पर...हम अपनी ढपली बजाते रहें...। हमारी क्या बिसात... समंदर में कतरा! ऊपर से देखिए... नुक़्ता-नुक़्ता नज़र आता है आदमी! नीचे से आप देखते रहें...! आईना सामने रखकर ख़ुद को देखते रहते हैं... और... बड़ा समझते रहते हैं। मगर सच तो यह है... जैसा यगाना चंगेज़ी का एक शेर है...

'बुलंद हो तो खुले तुझपे राज़ पस्ती का
इस ज़मीन में दरिया समाए हैं क्या-क्या !'

3

फ़ैज़ अहमद 'फ़ैज़' की शायरी : शहरयार की दृष्टि में

आसमान घने ज़र्द-काले बादलों से ढका-भरा था। रिमझिम-रिमझिम कर गाती-गुनगुनाती-सी बूँदाबाँदी थी। हवा के मुन-मुन-चुनमुन-से झोंके खेलते ऊधम मचाते-से जैसे ठंड को उकसा-भड़का देने पर आमादा थे। दरवाज़ा खुला तो दिखा कि सिर से पैर तक ख़ुद को गर्म कपड़ों में कसे-लपेटे शहरयार साहब किसी से मोबाइल फ़ोन पर बातें करने में मुब्तिला हैं। पता है कि शहरयार साहब को ठंड कुछ ज़्यादा ही सताती-डराती है। फिर भी आज की उनकी यह चौकसी, यह नाकेबंदी कहीं ज़्यादा लग रही थी। उधर कोई ख़ातून है शायद! खड़े-खड़े की जा रही उस बातचीत को अब समापन के क़रीब ले आया गया है- 'जी एक कलेक्शन भी तैयार कर रहा हूँ फ़ैज़ पर— वाणी प्रकाशन के लिए। सुना तो है ही- अलग से भी ख़ूब पढ़ा है उन्हें मैंने। अच्छा ठीक है—हाँ, प्रेमकुमार आ गए हैं। आपसे बाद में बात करते हैं फिर!' सोफ़े पर बैठने के बीच दो-तीन बार खाँसा गया है हल्के-हल्के। नज़ले से पीड़ित होने की सूचना दी गई है। और अब बिना किसी भूमिका के पल की भी देर किए बग़ैर एक नज़्म सुनने की आदेश देती-सी ज़िद की जा रही है। मेरी हाँ-ना की जैसे न उन्हें कोई प्रतीक्षा थी, न जरा-सी भी चिंता— 'वो लोग बहुत ख़ुशकिस्मत थे/जो इश्क़ को काम समझते थे/या जो काम से आशिक़ी करते थे।'

चेहरे पर एकदम अलग-सी ख़ुशी और तृप्ति। ओठों पर सुनाते जाने की बैचेन, उतावली-सी एक चाहत— 'हम जीते जी मसरूफ़ रहे/कुछ इश्क़ किया कुछ काम किया।' कई बार दोहराया है। इन पंक्तियों को। कुछ इस तरह जैसे आगे का हिस्सा याद न आ रहा हो। पास रखी भारी-भरकम-सी एक किताब उठाकर उसके पन्नों को उलटा-पलटा जा रहा है— 'काम इश्क़ के आड़े आता रहा/और इश्क़ से काम उलझता रहा/फिर आख़िर तंग आकर हमने/दोनों को अधूरा छोड़ दिया।' आँखों में दाद

देती-सी दिपदियाती एक चमक! मुझ पर हुए असर को देखने-जानने को आतुर-प्रतीक्षित-सी उनकी निगाहें। आज के उनके इस सुनाने में के आवेश-उल्लास ने मुझे चौंकाया। इस जोश और जज़्बे के साथ तो शहरयार साहब अपने क़रीबियों से एकांत और फ़ुर्सत में भी अपनी ताज़ी से ताज़ी, अच्छी से अच्छी रचना को सुनने के लिए प्रायः नहीं कहते। कभी घर पर या फ़ोन पर सुनाने का मन भी हुआ तो बेहद शांत, शीतल, सहज अंदाज़ में झिझकते-से कहा जाएगा— 'हाँ, सुनिए— ये कुछ अशआर हुए!... यह नज़्म हुई। सुनोगे? सुनाएँ? तो सुनिए...।'

—फ़ैज़ साहब की ही है न यह नज़्म?

—'बिलाशक— उन्हीं की ही है। कलेक्शन तैयार करने के सिलसिले में आज इसे पढ़ रहा था। कई बार पढ़ा है सुबह से अब तक। बहुत पसंद आई है। बहुत लोगों को सुनाया है आज इसे मैंने।'

चहचहाती-विहँसती-सी उनकी वह उत्फुल्लता। मेरे अंदर यकायक जागा गाता-सा वह भाव-शहरयार जितने क़द और रुतबे वाले शायर को अपने अग्रज रचनाकार की रचना पर इस हद तक रीझते देखना सचमुच एक दुर्लभ, अद्भुत अनुभव ही तो है। तय है कि शहरयार का ऐसा यह रीझना रचना की किसी बहुत ख़ास-सी ऊँचाई, गहराई बड़ाई या श्रेष्ठता के बिना तो नहीं ही हो सकता। इसका मतलब— श्रेष्ठ इस रचना को सम्मान देते इस शायर का यह भाव असाधारण है, उसका यह अंदाज़ प्रशंस्य है। और हाँ, एक सम्मानित को एक सम्मान्य के द्वारा सम्मान दिए जाते देखना-सुनना भी तो अविस्मरणीय है। इसीलिए तो इस कालखंड का साक्षी हुआ मैं— फ़ैज़ की इस रचना से शहरयार द्वारा परिचित होता मैं— ख़ुद को एकदम आंनद-पूरित, गर्वित और धन्य-धन्य-सा अनुभव कर रहा हूँ।

इसके इतने इस पसंद आने की वजह?

तीर जैसी तेज़ी और नुकीलेपन के साथ उत्तर की जगह एक सवाल मेरे कानों से आ टकराया— 'क्या आपको अच्छी नहीं लगी?'

सकपकाया-सा मैं उत्तर योग्य शब्द तलाश ही रहा था कि नर्म-मुलायम-सी वह आवाज़ सुनाई दी- 'जो आप को अच्छी लगी, वह मुझे लगी...।'

—पर मेरे और आपके अच्छे लगने में तो अंतर होगा न?

—'नहीं-सच्ची शायरी की ख़ूबी यही है कि जो सुनेगा, वो इसी नतीजे पर पहुँचेगा जिस पर मैं पहुँचा हूँ।'

—फिर भी— कुछ भी के पसंद आने की कोई न कोई ख़ास वजह तो होती ही है न?

'—देखिए— हम जिस ज़माने में जी रहे हैं वो इश्क़ करने को कोई काम नहीं

समझता। आप शायरी करते हैं तो हर आदमी पूछता है कि आप काम क्या करते हैं। गोया शायरी करना कोई काम नहीं है। हाँ- ऐसे ही कोई बेकार चीज़ है वो जिसका जीने से ताल्लुक़ नहीं या शायरी जीने का ज़रिया ही नहीं हो सकती। इस सवाल पर हमारी कल्चर्ड सोसायटी कभी ग़ौर नहीं करती। आप पेंटर से, तबले या सारंगी वाले से ये नहीं पूछते-पर राइटर से हमेशा यह सवाल किया जाता है कि आप काम क्या करते हैं। पता नहीं हमारे समाज में यह पूछना कब से चला आ रहा है। कोई ग़ौर नहीं करता कि ये कितना एब्सर्ड सवाल है। आप देखिए कि नक़्क़ाद से नहीं पूछेंगे कि आप काम क्या करते हैं– पर क्रिएटिव राइटर से हरेक यही सवाल करता है। जी– हर कोई चाहे उसका बाप हो या बेटा हो।'

—यह तो है– पर मैं इस नज़्म की...?

मेरा इतना भी बोलना जैसे उन्हें खटका था। झाँई-सी मारती पल-दो पल की एक रुकावट आई। उनकी निगाह ने मेरी आँखों में झाँकते-से जैसे कुछ जाँचा-परखा। और अगले पल तक तो वो एक अध्यापक हो गए थे– 'जी– मैं इसी नज़्म के हवाले से बात कह रहा हूँ। फ़ैज़ की ये नज़्म– कि इश्क़ भी एक काम है– और यही नहीं कि इश्क़ अपोज़िट सेक्स से ही हो। किसी भी चीज़ को हासिल करने या उसके हुस्न, ख़ूबसूरती में आदमी का इतना खो जाना कि उसे सुध-बुध न रहे– दीवानों-पागलों की तरह का आदमी का चाहना– इश्क़ है। यह किसी आइडियल से, औरत, मुल्क या राइटर से- किसी से भी हो सकता है। जिसको पाने के लिए आदमी फ़ायदे-नुक़सान से ऊपर हो जाए। जी हाँ– ये ख़ुदा से भी हो सकता है– यानी किसी से भी। ऐसा आदमी हर काम को – रोज़मर्रा के काम को भी – दीवानों की तरह करता है। काम से भी आशिक़ी। वो जो कहते हैं न कि हर चीज़ को रिलीजियसली परफ़ॉर्म किया-दुनियावी काम को भी– तो उस तरह करना काम को। फ़ायदे-नुक़सान को सोचकर न करे जब आदमी-अपनी पसंद का है इसलिए पूरा दिल लगाकर करे जब उसे। आप किसी के सामने अकाउंटेबल हों या न हों– अपने सामने ज़रूर हों। अपने सामने अकाउंटेबल तब होता है इंसान जब अपने कांशस को फ़ेस करता है। फ़ेस करने के दौरान जब वह पूछता है कि मुझे जिस काम पर मुक़र्रर किया गया है– टीचर, सैनिक, सिपाही, मिनिस्टर या और जो भी– तो मैंने जो वह काम किया या कर्त्तव्य किया वह पूरे मन से किया या नहीं। अगर जवाब हाँ में मिलता है तो वो अपनी नज़र से गिरता नहीं है।'

ऐसा कुछ ध्यान आ गया है इस बीच कि मोबाइल पर किसी का नम्बर मिलाने में लग गए हैं– 'हाँ, बेटे कहाँ हो? ऐसा करना कि रेलवे स्टेशन जाना। वहाँ बुक स्टॉल से– अच्छा, लिख लो नाम– तुम्हें याद नहीं रहेगा।' दो-तीन, हिन्दी-उर्दू की

पत्रिकाओं के नाम बोले गए हैं। 'हाँ, देख लेना— उनमें हमारा कुछ है— ले आना।' तेज़ उड़ती-सी उनकी एक निग़ाह मेरी पेशानी तक आई और बिना पैर टिकाए तुरंत उलटे पंख वापस भी हो गई। शायद जानने आई थी कि इस बीच मेरी मनःस्थिति में कैसा-क्या बदलाव आया है। अननुकूल नहीं लगा होगा उसे शायद कुछ इसीलिए शहरयार साहब को ज़रा पहले वाली अपनी उस मुद्रा और गति में आने में समय नहीं लगा था— 'ख़लीलुर्रहमान आज़मी का एक शेर है-- 'अपना मुशाहिदा नहीं करता स्याहरूह। वो देखे आईना कि जो रौशन ज़मीर हो...' इसीलिए तो— ज़मीर जिसका पाक-साफ़ हो उसे आईना देखने में डर नहीं लगता...।'

—जी-दरअसल बात इस नज़्म की ख़ासियत की...?

—'ख़ासियत—यही कि यह जो हमारा दौर है, उसमें इश्क़ करना भूल गए हैं हम। फ़ारसी का एक शेर है— बड़ा मशहूर है। पूरा याद नहीं— पर ये है कि दमिश्क़ मैं जब क़हर पडा तो लोग इश्क़ करना भूल गए। हम लोग जिस ज़माने में ज़िंदा हैं उसमें भी लोग इश्क़ करना भूल गए हैं। मुहब्बत जो है, वो भी, एक कारोबार बन गई है। अपना एक शेर याद आ रहा है— 'पहले था...'शेर से पहले लम्बी-गहरी साँस की उस आवाज़ ने कह दिया था कि मैं अंदर कहीं बहुत गहरे में से आ रही हूँ— 'पहले था जो भी आज मगर कारोबार-ए-इश्क़। दुनिया के कारोबार से मिलता हुआ सा है।'

—लेकिन यह इश्क़ या काम का फ़लसफ़ा— और फ़ैज़ या उनकी वह विचार-धारा?

—'दरअसल फ़ैज़ का जो नजरिया था— मार्क्सिज़्म का— उन्होंने उसको वो दर्जा दे रखा था जो ज़िंदगी में माशूक़ को हासिल होता है। बड़ा मशहूर शेर है उनका— आपने ज़रूर सुना होगा— 'ग़र बाजी इश्क़ की बाजी है जो चाहे लगा दो डर कैसा। ग़र जीत गए तो क्या कहना हारे भी बाज़ी मात नहीं।' बड़ी ख़ूबसूरत ग़ज़ल है यह फ़ैज़ की।' गद्गद् कंठ। पलक बंद। बिल्कुल ऐसे जैसे कोई गीतकार अपने में खोया-डूबा-सा अपना कोई बहुत प्रिय गीत अपने किसी अज़ीज़-क़रीबी को सुना रहा हो— 'कब याद में तेरा साथ नहीं, कब हाथ में तेरा हाथ नहीं। सद शुक्र की अपनी रातों में अब हिज्र की कोई रात नहीं।' पलकों के खुलते ही कलाइयों और उँगलियों ने चलना-घूमना शुरू कर दिया है। किसी काव्यांश की व्याख्या करते अध्यापक की तरह तफ़सील से बताया जा रहा है— 'अब दूरी कैसी। हर वक़्त तेरी याद। जब हर वक़्त तेरा हाथ मेरे हाथ में रहता है तो...।'

—इन हिस्सों को आज आपसे सुन रहा हूँ तो कई तरह से अलग-सा असर हो रहा है फ़ैज़ के अंदाज़ और उनके एक-एक शब्द का...।

'—यही तो है! फ़ैज़ बड़े शायरों की तरह से उन शायरों में हैं जो अपने इस्तेमाल किए हुए लफ़्ज़ों पर ऐसी मुहर लगाते हैं कि वो लफ़्ज़ सिर्फ मख़सूस हो जाते हैं। जैसे पेटेंट करा देते हैं न! ट्रेडमार्क बन जाते हैं न जैसे। तो ग़ालिब के बाद मुख़्तलिफ़ राइटर्स ने बड़ी तादात में अपनी कहानियों के टाइटिल्स, किताबों के नाम उनके बनाए हुए मुरक्केबात— हाँ, जुड़-मिलकर बने शब्दों— जी, शायद यही जिन्हें आप सामासिक शब्द कह रहे हैं- तो मुरक्केबात पर रखे हैं। जी, जैसे क़ाज़ी अब्दुल सत्तार का उपन्यास है न— 'शब गज़ीदा'। और हाँ— 'सफ़ीनए-ग़म-ए-दिल' है जैसे कुर्तुलुन का। उन्हीं का 'आख़िरे शब के हमसफ़र है।' आप जानते हैं कि यह जो लफ़्ज़ है सहर— वैसे तो सुबह के अर्थ में आता है— पर तरक़्क़ीपसंदों— ख़ासतौर से फ़ैज़ के इस्तेमाल से यह किसी चीज़ के पॉज़ीटिव रिज़ल्ट के अर्थ में प्रचलित हुआ और वैसे ही रात निगेटिव के। इससे पहले सहर या रात सिर्फ़ टाइम को ज़ाहिर करते थे।'

—आपकी तो मुलाक़ातें भी हुई हैं न फ़ैज़ से?

—'हाँ, हाँ, मेरी उनसे बाराहा मुलाक़ात हुईं। बहुत ही निजी तरह की महफ़िलें। उन मुलाक़ातों में कभी हिन्दुस्तान-पाकिस्तान की समस्याओं या रिश्तों वग़ैरह पर बातें नहीं हुआ करती थीं। वो यहाँ या वहाँ के मसायलों के बारे में कभी गुफ़्तगू नहीं किया करते थे। वो कहते थे कि हम तो भाई मुहब्बत के सफ़ीर हैं। और इसके अलावा कुछ सोचते नहीं। उनकी पूरी शायरी में भी कोई ऐसी फ़ीलिंग नहीं है जिसमें नफ़रत, जंग की हिमायत, दूरी फैलाने या फ़ासला पैदा करने वाला कुछ हो। ऐसा कुछ दूर-दूर तक वहाँ नहीं है। बांगला देश बनने पर उन्होंने जो ग़ज़ल लिखी थी, उसमें भी बहुत उदासी थी। सोचते थे कि जो हुआ, वो बहुत तकलीफ़देह हुआ। वो सब नहीं होना चाहिए था। पर जो हुआ— उनकी नज़र में उसके कॉज़िज़ मौजूद थे। एक आम पाकिस्तानी नेशनालिस्ट की हैसियत से वो दुखी थे। मसलन वो लाइन है उनकी— 'ख़ून के धब्बे धुलेंगे कितनी बरसातों के बाद।' उसके बरअक्स अहमद फ़राज़ ने नज़्म लिखी है ढाका फॉल पर। वहाँ पाकिस्तानी फ़ौजों ने जो सरेंडर किया था उस पर। वो एक फ़ैनेटिक पाकिस्तानी मुसलमान की हैसियत से लिखी नज़्म है। वहाँ फ़राज़ ने फ़ौजियों से कहा है कि किस मुँह से वापस लौटे हो— मर जाते तो अच्छा था। आज की दुनिया में इस तरह की सोच एक सेंसेबल आदमी की नहीं हो सकती। फ़ैज़ में आम पाकिस्तानियों की तरह वो तास्सुव नहीं था। वो यहाँ के कई शायरों को पढ़ते, पसंद करते और मान देते थे। आम पाकिस्तानियों के बरअक्स उन्होंने मक़दूम, जज़्बी, जाफरी और मजाज़, को शुरू की अपनी एक किताब डेडीकेट की थी। डेडीकेट करते समय इन चार शायरों में से दो को दस्त-ओ-बाज़ू और दो

को उन्होंने क़ल्ब-ओ-जिगर लिखा था।'

—यह भी तो है कि उनके लेखन में कई बार सन् सैंतालीस में मिली उस आज़ादी को लेकर नाखुशी और असंतोष का इज़हार हुआ है। जैसे वो जो उनकी नज़्म है- 'ये दाग़ दाग़ उजाला...।'

बाएँ हाथ ने बढ़कर फ़ैज़ के उस संग्रह को हाथ में थाम लिया है। पृष्ठों के उलटने-पलटने के साथ-साथ जोशीले लहज़े में कहना शुरू हुआ है— 'जी'— ये पार्टीशन पर लिखी थी। बहुत मशहूर हुई। सुनाना शुरू हो चुका है। साथ ही किताब में उसकी तलाश भी जारी है— 'ये दाग़ दाग़ उजाला ये शब गज़ीदा सहर/ये वो सहर तो नहीं/ जिसकी आरज़ू लेकर चले थे/यार कि मिल जाएगी कहीं न कहीं/फ़लके दस्त में तारों की आख़िरी मंज़िल/कहीं तो होगा शबे सुस्त मौज़ का साहिल/कहीं तो जाके रुकेगा सफ़ीना-ए-ग़मे दिल।' नज़्म तलाश ली गई। गुनगुनाते-से उसे फिर से पढ़ा जा रहा है। अपनी एक ख़ास धुन में— 'आख़िरी लाइनें है— 'अभी गिरानि-ए-शब में कमी नहीं आई निजात-ए-दीद-ओ-दिल की घड़ी नहीं आई/चले चलो कि वो मंज़िल अभी नहीं आई।'

नज़्म खत्म हुई तो उनका जो हाथ किताब को मेज़ से उठाकर लाया था, जल्दी से उसे वहीं वापस पहुँचाने के लिए चल दिया। आख़िरी पंक्ति दो-तीन बार बाआवाज़ पढ़ी गई है। कहीं दूर देखते-सोचते-से कह रहे हैं— हिन्दुस्तानी और पाकिस्तानी सब इस बात पर ख़ुश थे कि चलो अंग्रेज़ों से छुटकारा मिला— मगर फ़ैज़ दुखी थे कि ये आज़ादी उनके ख़्वाबों की आज़ादी नहीं थी। पार्टीशन में इंसानियत का जैसे ख़ून हुआ- जैसे वो बँटवारा हुआ—उसने बहुत तकलीफ़ पहुँचाई थी उन्हें। वो पाकिस्तान में रहते थे— तो ज़ाहिर है कि उस हक़ीक़त को क़ुबूल कर लिया था— पर अंदर से ख़ुश नहीं थे।

—पर बाद में तो सुना गया कि उन्होंने ऐसा कुछ लिखा जिस भारत-विरोधी कहकर हंगामा खड़ा करने की कोशिशें भी हुई?

—'नहीं— भारत-विरोध जैसी बात कहकर उसे बेवजह ग़ैरमुनासिब तूल दिया गया। दरअसल हुआ यह कि सन् पैंसठ की जंग में तमाम पाकिस्तानियों ने इंडिया को बुरा-भला कहा। पाकिस्तानी शायरों ने एंटी इंडिया नज़्में लिखीं। पाकिस्तानी प्रेस में बहुत ऐतराज़ किया गया कि फ़ैज़ ने एंटी इंडिया कुछ नहीं लिखा। तो वहाँ के इन्फॉर्मेशन डिपार्टमेंट ने उनका एक मुक्तक रिलीज़ किया कि ये फ़ैज़ ने एंटी इंडिया लिखा है।' आँखें बंदकर याद करने की कोशिश की है कुछ देर। याद आने में मुश्किल दिखी तो किताब फिर हाथ में आ गई है— 'हाँ, ये है वो मुक्तक— 'दीद-ए-दर पे वहाँ कौन नज़र करता है। कासा-ए-चश्म में ख़ूनाबे जिगर लेके चलो।

अब अगर जाओ पए—अर्जो तलब उनके हुज़ूर। दस्तो कशकोल नहीं कासा-ए-सर लेके चलो।' जी— इस पर धर्मवीर भारती ने 'धर्मयुग' में बहुत सख़्त बाबेला की थी। आप खुद देखिए कि वो जंग अप्रैल में हुई थी— और ये फ़ैज़ ने जनवरी सन् पैंसठ में लिखा था। ये तारीख़— ये देखिए— उनकी पुस्तक 'सर-ए-वादी-ए-सीना' में छपी है ये तारीख़! प्रोटेस्ट किया था तब भारती ने इसका और लिखा था कि हम ऐसे शायर को हिन्दुस्तान में सराहते हैं। इस बात पर हंगामे की ज़रूरत नहीं थी। ज़ाहिर है कि कि वो पाकिस्तानी शायर थे। जैसे यहाँ के शायरों को ये हक़ हासिल है कि वो अपने मुल्क को हक़ पे समझें, वैसे ही और शायरों—अदीबों को भी तो हक़ है कि वो जैसा देखें, समझे महसूस करें— लिखें अपने नज़रिए से। लेकिन फ़ैज़ की बाबत वो सब सही नहीं था। भारती ने रिएक्ट करने में बहुत जल्दी की। जी हाँ— इसीलिए भारती की बात हिन्दुस्तान के आम लोगों की राय नहीं बन पाई। फ़ैज़ के ख़िलाफ़ वैसी राय क़ायम नहीं की जा सकी। फ़ैज़ पर ये जो सौ साला जश्न पूरी दुनिया में हो रहा है उसमें हिन्दुस्तान किसी से पीछे नहीं है। सहित्य अकादमी और बहुत से इदारे और अंजुमनें बड़े पैमाने पर उन पर प्रोग्राम्स कर रहे हैं। खुद यहाँ अलीगढ़ यूनीवर्सिटी में जनवरी में एक बड़ा जलसा हो रहा है जिसमें हिन्दुस्तान से बाहर के बहुत लोग आने वाले हैं—और फ़ैज़ की बेटी सलीमा भी आ रही हैं उसमें।'

उनकी अभिव्यक्ति की रग-रग में से, रेशे-रेशे में से नव्य अनौखा-सा एक आदर भाव झलक रहा था। आदर का ऐसा एक भाव जो अपने पूर्वजों-वंशजों की श्रेष्ठताओं-ऊँचाइयों को याद करते समय हमें अनायास-अप्रयास श्रद्धा से भर जाता है- गर्वित-आलोकित कर जाता है। मेरे सामने अभी हाल में ही ज्ञानपीठ पुरस्कार से पुरस्कृत हुआ एक शायर था— और फ़ैज़ की शायरी के बारे में उसके अनुभव और उसकी राय से परिचित कराने वाली वो सहज, बेबाक प्रतिक्रियाएँ थीं। तब वह शायद अपनी शायरी की ख़ासियतें बताने-गिनाने की धुन या ज़िद में नहीं था। लग ही नहीं रहा था कि उस शायर को अपने खुद के शायर होने का कोई बोध उन क्षणों में फ़ैज़ की शायरी के मूल्यांकन में जरा सी बाधा पहुँचा रहा है या कोई मुश्किल खड़ी कर रहा है। जैसे तब शहरयार साहब केवल एक सहृदय भर थे, सुबुद्ध एक पाठक या श्रोता भर थे, बहुज्ञ एक बुद्धिजीवी मात्र थे या फिर साहित्य की दुनिया में ख़ूब पैरे-तैरे, डूबे-उतराए एक तटस्थ-ईमानदार समीक्षक हो चले थे। शब्द-शब्द बता रहा था कि मैं बहुत अंदर से आ रहा हूँ। और जो कह रहा हूँ मन से – पूरे मन से कह रहा हूँ। जी किया कि फ़ैज़ की शायरी की बड़ाई-ऊँचाई-गहराई को शहरयार साहब के दिल और आँखों से मापूँ-देखूँ— 'क्या कुछ होता है वह जिसके होते कोई शायर या उसकी शायरी— हाँ, फ़ैज़ और उनकी शायरी भी— बड़ी हो जाती है— बड़ी

मान ली जाती है।'

दो-चार पल भी तो नहीं गुज़रे थे कि सुनाई पड़ा- 'मेरा एक तसव्वुर है कि वो शायर या राइटर अहम और बड़ा है जिसको बार-बार पढ़ने को जी चाहे। हर बार जब आप पढ़ें तो वो बिल्कुल नया मालूम हो और ऐसा लगे कि पहले जब हम इस अदीब के पास आए थे तो हम उसकी बहुत-सी ख़ूबियों, बहुत से पहलुओं को देख नहीं पाए थे- और एक नई खुशी और हैरत लेकर वापस लौटें। ये सिलसिला बराबर चलता रहे और हर विज़िट में हमें यही अनुभव हो। इस ऐतबार से आप फ़ैज़ की शायरी को देखिए। फ़ैज़ की शायरी में मुझे ग़ालिब जैसी बड़ाई नज़र आती है।'

—ग़ालिब जैसी...?

—'जी— ग़ालिब जैसी। यूँ और भी ऐसे बड़े शायर हैं जिनकी तरफ़ हम बार-बार जाते है, लेकिन बाज़ बाहरी चीज़ों की वजह से हमारे अंदर उनके सिलसिले में एक ख़ास ज़ेहन बन जाता है। आमतौर से हम उन्हीं चीज़ों को उनके यहाँ ढूँढ़ने जाते हैं और वही चीज़ें मिलती हैं बार-बार। उनका रौब तो हम पर पड़ता हैं और रेसपेक्ट में हमारे सर झुक जाते हैं— लेकिन खुशी और हैरत नहीं मिलती हमें। इसकी बहुत बड़ी मिसाल उर्दू में इक़बाल हैं— जिनके बड़े होने में कोई शुबह नहीं— लेकिन वो हमें उस तरह खुश और हैरान नहीं करते जिस तरह ग़ालिब और फ़ैज़ हमें करते हैं। आपने पूछा है न— तो फ़ैज़ और ग़ालिब— दोनों की एक ख़ूबी ये भी है कि इनके स्टाइल और रंग पर इनकी इतनी गहरी छाप है कि अगर उनके रंग में कोई लिखने की कोशिश करे तो फ़ौरन पकड़ा जाता है—और दूर से मालूम हो जाता है कि ये फ़ैज़ का या ये ग़ालिब का शेर है। इसको यूँ भी कहा जा सकता है कि उन्होंने अपने स्टाइल को बिल्कुल एक्ज़ास्ट कर दिया है। उससे अब कोई दूसरा कुछ नहीं ले सकता है। उस ज़मीन में जितनी फ़सल पैदा हो सकती थी। उन्होंने उगा ली-काट ली। उनके स्टाइल का जादू इतना चला कि उनके कई कंटेम्परेरीज़- हमउम्र या साथ के जो लोग थे— उन्होंने उनकी तरह की चीज़ें लिखने की कोशिश की। जी—मसलन सरदार जाफ़री।'

कॉलबेल बजी तो निगाह दरवाज़े की और दौड़ी। ओठों ने दरवाज़े के उस तरफ़ खड़े अदृष्ट को सुनाते-सम्बोधित करते हुए कहा— 'खुला है— आ जाइए!' अंदर आए शख़्स को देखा तो दोनों हाथ मैग्ज़ींस थामने को उसकी तरफ़ बढ़ चले। दोनों पत्रिकाएँ उलट-पलटकर जब देखी जा चुकीं तो उनकी दृष्टि ने मेरी ओर को रुख़ किया। ऐसा कुछ कहते- से कि अब और बताओ कि आगे क्या पूछना है तुम्हें।

—फ़ैज़ की प्रसिद्धि के पीछे जितनी जैसी भी हो क्या एक वजह उनकी शायरी में उपस्थित राजनीति के हिज्जे-हिस्से भी हैं?

—'जहाँ तक मक़बूलियत का सवाल है- तो वो ख़ास-ओ-आम में जितने मक़बूल हैं, उसकी वजह ये भी है कि वो जेल गए और मार्क्सिस्ट रहे। उनका जेल जाना या लम्बे अरसे तक जेल में रहना और मार्क्सिस्ट होना उनके लिए बहुत फ़ायदेमंद रहा। और जहाँ तक सियासी एलीमेंट की बात है तो वो उनके यहाँ बहुत रूमानी और इश्क़िया अंदाज़ में आया। कई जगह तो उनका इनक़लाब गोश्त और पोस्त का इंसान या माशूक मालूम होता है।' बोलना रुका तो देखा कि किताब हाथ में आ चुकी है और उलट-पुलट शुरू हो चुकी है– 'मसलन ये शेर देखिए– 'कब ठहरेगा दर्द-ए-दिल कब रात बसर होगी/सुनते थे वो आएँगे, सुनते थे सहर होगी। कब जान लहू होगी, कब अश्क गुहर होगा/किस दिन तेरी शुनवाई, ऐ दीद-ए-तर होगी।' या उनका एक और मुक्तक है... ।' इस जल्दी और चाहत के साथ निकला यह वाक्य कि जैसे कोई शायर अपनी एकदम ताज़ा लिखी रचनाओं में से अधिकाधिक को अपने पास आए अपने किसी साथी-क़रीबी को सुना देना चाह रहा हो– 'आ गई फ़स्ले सुकूं चाक गरीबां वालो। सिल गए होठ कोई जख़्म सिले या न सिले। दोस्तो बज़्म सजाओ कि बहार आई है। खिल गए जख़्म कोई फूल खिले या न खिले। या उनके ये शेर देखिए... ।' मेरी रुचि जानने की दूर तक न कोई इच्छा, न फ़िक्र...' तेरे ग़म को जां की तलाश थी तेरे जांनिसार चले गए। तेरी रह में करते थे सर तलब सरे रह गुजार चले गए। न रहा ज़ुनूने रुख़े वफ़ा ये रसन ये दार करोगे क्या। जिन्हें जुर्मे इश्क़ पे नाज़ था वो गुनाहगार चले गए।'

पता नहीं, अब वो सुनाने के लिए पढ़ रहे हैं या पढ़ने के लिए सुना रहे हैं। पर जो भी चल रहा है, वह बदस्तूर जारी है– 'इन शेरों से साफ़ पता चलता है कि इनक़लाब उनके लिए एक रूमान था।' उँगलियाँ रुकी तो सफ़ात की वह उलट-पुलट थमी। निगाह के उस पन्ने पर टिकते ही आवाज़ में फड़कती-चहकती-सी एक ख़ुशी सुनाई दी– 'अच्छा– आख़िर में उनकी एक नज़्म... ।' मैंने दोबारा ध्यान से देर तक देखा– शह्रयार साहब के हाथों में अपनी कोई डायरी या अपना कोई संकलन नहीं था। वही किताब थी जिसे बीच-बीच में कई बार फ़ैज़ की बताया गया था। तो दूसरे किसी कवि की कविता को सुनाने की शह्रयार साहब की ऐसी यह आतुरी, उत्सुकता, उमंग और छटपटाती-सी चाहत। और जो भी हो पर यह ज़रूर है कि वह नज़्म ऐसी-वैसी कोई साधारण- कमज़ोर नज़्म तो नहीं ही होगी, जिसने शह्रयार साहब को इतनी मज़बूती से अपनी गिरफ़्त में लिया हुआ है... । 'जी -नज़्म यूँ शुरू होती है...

'तुम्ही कहो क्या करना है
जब दुख की नदिया में हमने

जीवन की नाव डाली थी
था कितना कस-बल बाँहों में
लोहू में कितनी लाली थी
यूँ लगता था दो हाथ लगे
और नाव पूरम पार लगी
ऐसा न हुआ हर धारे में
कुछ अनदेखी मझधारें थीं
कुछ मांझी थे अनजान बहुत
कुछ बेपरखी पतवारें थीं
अब जो भी चाहो छान करो
अब जितने चाहो दोस धरो
नदिया तो वही है नाव वही
अब तुम ही कहो क्या करना है
अब कैसे पार उतरना है।'

जब नज़्म को सुनना शुरू किया था तो मन एकदम अनमना-सा था। बस, ऐसा-सा कि शहूरयार साहब के उस मन को रखना था– उनके उस भाव की इज़्ज़त करनी थी। पर यहाँ तक आते-आते लगा कि कविता के सम्मोहन ने मुझे भी अपने घेरे-फंदे में खींच-जकड़ लिया है। शहूरयार साहब से ऐसा कुछ पूछने का भी मन हुआ कि क्या इस नज़्म को इतनी इस दिली चाहत, ख़ुशी और हैरानी के साथ आपसे सुनने का सौभाग्य किसी और को भी मिला है– पर नहीं- इस कारण अगर एक भी शब्द अनुसना रह गया तो मिल रहे इस आंनद में ख़लल भी तो पड़ सकता है न! उस नज़्म से अपने प्रथम परिचय के उन अनमोल क्षणों में मैं ख़ुद को हैरान करती-सी उस ख़ुशी से लेशमात्र भी वंचित नहीं होने देना चाह रहा था। वो थे कि नज़्म में बेजिस्म सर-ओ-पा बहुत गहरे उतरे-रुके-से बोले जा रहे थे–

'जब अपनी छाती में हमने
इस देस के घाव देखे थे
था वैदों पर बिसवास बहुत
और याद बहुत से नुस्ख़े थे
यूँ लगता था कि बस कुछ दिन में
सारी बिपता कट जाएगी
और सब घाव भर जाएँगे

ऐसा न हुआ कि रोग अपने
कुछ इतने ढेर पुराने थे
वैद उनकी टोह को पा न सके
और टोटके सब बेकार गए
अब जो भी चाहो छान करो
अब जितने चाहो दोस धरो
छाती तो वही है घाव वही
अब तुम ही कहो क्या करना है
ये घाव कैसे भरना है।'

कुछ तो हुआ ही था कि मैं कुछ ऐसे वाह-वाह-सा कर उठा था जैसे मुझे शहरयार साहब नहीं खुद फ़ैज़ ही अपनी नज़्म सुना रहे हों। इस ख़याल के आते ही याद आया कि हाँ- बहुत लोग कहते हैं कि शहरयार भी तो फ़ैज़ की तरह ही पढ़ते हैं। शहरयार कई बार बता चुके हैं कि फ़ैज़ अच्छी तरह नहीं पढ़ पाते थे अपनी ग़ज़लें, अपनी नज़्में। तो — इसका मतलब...। मेरी आँखों में से झाँकते चकित-से उस आह्लाद को शहरयार की निगाहों ने शायद भाँप-जान लिया है— 'नहीं- इस तरह की नज़्में उनके पास बहुत कम हैं। उनके डिक्शन पर सजावट— और आराईश का बहुत असर है। इसलिए फ़ारसीआमेज़ ज़बान उनकी नज़्मों में बहुत नज़र आती है। अलबत्ता ग़ज़लें निस्बतन सहज ज़बान में हैं और वो सहल इसलिए भी लगने लगी हैं कि बहुत गाई गई हैं। बार-बार सुनने से कान उससे मानूस हो गए हैं। तो वो बहुत आसान लगने लगी हैं...।'

—यह बिलावजह तो नहीं ही होगा कि इस समय मुझे नज़ीर याद आ रहे हैं। आपको क्या कुछ ऐसा लगता है कि नज़ीर और फ़ैज़...?

—'नहीं फ़ैज़ से नज़ीर की तुलना तो ठीक नहीं है। जहाँ तक नज़ीर का सवाल है, उन्होंने बहुत अवामी ज़बान इस्तेमाल की। इसलिए कि जो उनका कंटेट था— वो भी आम आदमी की प्रॉबलम्स से— ज़िंदगी से लिया गया था। और उर्दू का जो आम स्टाइल था उससे वो बहुत अलग था। इसीलिए बहुत दिनों तक उर्दू वालों ने उन्हें शायरी में वो दर्जा नहीं दिया जो उनको बीसवी सदीं में मिला। ख़ासतौर से तब जब प्रोग्रेसिव मूवमेंट का दौर चला। तब आम आदमी को अदब में जगह मिली तो नज़ीर को भी अदब में जगह मिल गई। अब भी बहुत से लोग उनको बड़े शायरों में शुमार नहीं करते। जी— फ़ैज़ से कंपेरीज़न इसलिए ठीक नहीं कि फ़ैज़ उर्दू की आम ट्रेडीशन से जुड़े हैं। उससे— वो जो आम चलन था— वो जो सोफेस्टीकेटिड लेंगुएज़ होती है, जिसमें तसन्नो-तकल्लुफ़ और सजावट का एलीमेंट ज़्यादा है। यहाँ

यह एक और बात भी हमें ध्यान में रखनी चाहिए कि वो शायर और राइटर जिनकी मादरी ज़बान उर्दू नहीं थी– उनके जो अदबी क्रिएशंस हैं– उनकी ज़बान एक ख़ास तरह की बोलचाल की ज़बान से थोड़ी दूर ही रहती है। जी– जैसे एक्वायर्ड लैंगुएज होती है न! फ़ैज़ की मादरी ज़बान पंजाबी थी। पंजाबी में – ज़्यादा नहीं– मगर उन्होंने शायरी भी की है।'

—ऐसे और भी तो शायर हैं कई?

—'हाँ-राशिद हैं। यासिर काज़मी, इब्ने इंशा-बहुत लोग हैं। कृश्नचंदर, बेदी, मंटो हैं। इनमें किसी की मादरी ज़बान उर्दू नहीं थी। इसलिए यू.पी., बिहार के राइटर्स के मुक़ाबले में इनकी ज़बान थोड़ी अलग होती है। इसका एक फ़ायदा इन लोगों को ये हुआ कि इन लोगों ने उर्दू वाले इलाक़े के अदीबों के मुक़ाबले में ज़्यादा मेहनत की और ज़्यादा पढ़ा। इसलिए इनके यहाँ निस्बतन यू.पी. वालों के डेप्थ ज़्यादा हैं। जी– मजाज़, सरदार जाफरी, जांनिसार अख़्तर आदि के मुक़ाबले में आप यह देख सकते हैं।'

—देशों-भाषाओं की बंदिशों- सीमाओं के परे और पार– फ़ैज़ को यह जो महत्व, मुक़ाम और मान हासिल है– उसे लेकर कैसे और क्या सोचते हैं आप?

—'साफ़ है कि फ़ैज़ बड़े शायर हैं। इसलिए बड़े शायर हैं कि इनका डिक्शन भी अलग है और क्वालिटी व क्वांटिटी– दोनों के ऐतबार से बड़ाई का एलीमेंट फ़ैज़ के यहाँ बहुत ज़्यादा है। क्वालिटी के साथ क्वांटिटी भी इंपोर्टेंट है। और हिन्दुस्तानी-पाकिस्तानी शायरों के मामले पर यह बात बहुत ग़ौरतलब है कि उर्दू अदब के बारे में ग़ौर करते समय हम कभी पाकिस्तानी अदब को पाकिस्तानी नहीं समझते– उसे उर्दू का अदब समझते हैं। वो हमें अपना नहीं समझते, लेकिन हम उन्हें अपना समझते हैं। जिस तरह अंग्रेज़ अमेरिकन अदब को अलग से तसव्वुर नहीं करते– उन्हें वो अंग्रेज़ी राइटर ही समझते हैं– पर अमेरिकन अपने लिट्रेचर को अलग समझते-रखते हैं। पाकिस्तानी जब अपने अदब को पाकिस्तानी पर्सपैक्टिव में देखते हैं तो बहुत बड़ा महसूस करते हैं अपने को। पर अगर वो उसे पूरे अदब के पर्सपेक्टिव में देखें तो सही हैसियत उन्हें मालूम हो– 'बुलंद हो तो खुले तुझपे राज़ पस्ती का–।'

4

सन् दो हज़ार ग्यारह : शहूरयार के साथ कुछ दिन, कुछ बातें-मुलाकातें

अद्भुत और सुखद संयोग ही था यह। सितम्बर 2011 के 'हंस' के अंक में शहूरयार के साथ हुआ मेरा एक लम्बा संवाद छपा था— और उसके तुरन्त बाद 24 सितम्बर, 2011 को उन्हें ज्ञानपीठ पुरस्कार दिए जाने की घोषणा हुई। घोषणा वाले दिन वो अपने बड़े बेटे के पास जद्दा-दुबई- में थे। 'हंस' में प्रकाशित उस बातचीत के बाद जिस बड़ी संख्या में फ़ोन्स मेरे पास आए, वे निःसंदेह हिन्दी में शहूरयार और उनकी शायरी की अहमियत और लोकप्रियता के ही प्रमाण थे। लेकिन ज्ञानपीठ पुरस्कार मिलने की घोषणा के बाद चकित-चमत्कृत करता-सा इतना कुछ तेज़ी से घटता गया कि...।

तब मैं कॉलेज में था। छोटे बेटे पंकज का फ़ोन। प्रफुल्लित-चहकती आवाज़- 'पापा, पापा, शहूरयार साहब को ज्ञानपीठ मिला है...। आपको पता चला क्या?' मन कुछ से कुछ होने लगा। अचानक से जैसे पंख मिल गए थे उसे। कहाँ से कहाँ तक की उड़ान भरता-सा न जाने क्या-क्या सोचने-जीने लगा। टी.वी. चैनल्स पर दिखाए जा रहे समाचारों के बारे में पंकज से विस्तार से जाना-पूछा। देर तक समझ ही नहीं आया कि अब क्या करूँ। कुछ और नहीं सूझा तो शहूरयार साहब का नम्बर मिलाया। जानी-पहचानी टोन— ये क्या जगह है दोस्तो...। दिल की धडकन कुछ तेज़ हो चली थी। पर उधर से आई आवाज़— बेहद गुस्सा करती-सी। झल्लाती, परेशान होती-सी। वो भी किसी महिला की— 'नहीं — ये मुम्बई का नम्बर है... रांग नम्बर...।' नम्बर चेक किया। ठीक था। डरते-सहमते फिर मिलाया। फिर वही आवाज़। अबकी बार और अधिक क्रोध। समझ नहीं आया कि यह कौन है और

ऐसा व्यवहार क्यों है? अब कुछ और कर सकने की स्थिति में नहीं रह गया था मन। मन के उल्लास और चांचल्य ने जैसे जिस्म को भी उसके क़ाबू में नहीं रहने दिया था। कुछ देर बाद शहरयार साहब से बात करने की फिर तेज़-सी एक बेचैनी। अजीब आतुर-सी एक अधीरता। मन नहीं माना-फिर वही नम्बर लगाया। फिर वही टोन- 'ये क्या जगह है दोस्तो...।' अबकी बार एक पुरुष की आवाज़। झल्लाती, फुफकारती-सी... 'नहीं, कितनी बार कहें कि यहाँ कोई नहीं रहता इस नाम का। रांग नम्बर। क्यों पूछ रहे हैं आप? क्या करेगें- मैं बड़ौदरा से बोल रहा हूँ...।' ख़ूब खीझ हुई- कुढ़न हुई। लाख सोचा... समझ नहीं आया कि यह कैसे संभव है। नम्बर उनका, टोन वही, – और एक बार मुम्बई, दूसरी बार बड़ौदरा। बी.एस.एन.एल. के और तमाम तरह के विकट-भीषण अनुभव तो थे, पर ऐसा यह अनुभव पहली बार हुआ। तंग होकर असफलता और आवेश के उसी आवेग में डॉ. महताब हैदर नक़वी को फ़ोन मिलाया। बताया, बातें कीं। ख़ुशी बाँटी, साथ-साथ गर्व किया। फिर प्रो. अबुल कलाम कासमी को फ़ोन लगाया। देर तक एक-दूसरे से हम दोनों अपनी-अपनी ख़ुशी का इजहार करते रहे– गर्वित होते रहे!

और फिर उसके बाद से इस बारे में मेरे पास फ़ोन आने का जो सिलसिला शुरू हुआ– तो दिनों-सप्ताहों तक चला। अनवरत चला। शुरू के दो-तीन दिनों में तो ऐसी-ऐसी हस्तियों के इतने ऐसे फ़ोन आए कि मुझे अपने बारे में बड़ी हसीन-हसीन सी नई क़िस्म की बहुत सारी ग़लतफ़हमियाँ होने लगीं। ख़ूबसूरत– से गुमान में सीना कुछ ज़्यादा ही फूलने लगा। शहरयार साहब उस दिन शहर तो शहर-देश से भी बाहर थे – इसलिए जिन बहुतों का सीधे उन से संपर्क नहीं हो पा रहा था- या जिनके साथ मेरे जैसा ही कुछ घट चुका था और जिनके पास मेरा फ़ोन नम्बर था, उनमें से अनेक ने अपनी ख़ुशी की त्वरित अभिव्यक्ति के लिए मुझसे ही बातें कर लेनी चाहीं। बाद में पता चला कि नक़वी साहब और कासमी साहब के साथ भी ऐसा ही सब कई दिनों तक होता रहा। किसी को शहरयार साहब का नम्बर पूछना था तो किसी को उनके विस्तृत परिचय की अविलम्ब आवश्यकता थी। कोई उनके संग्रहों के नाम जानना चाह रहा था, कोई उनकी कुछ रचनाओं और छोटी-सी एक बातचीत की माँग कर रहा था। प्रिंट और इलेक्ट्रोनिक मीडिया के लोग, शहरयार साहब के अनेक परिचित, मित्र, प्रसंशक मेरे निकट-क़रीबी लोग-सभी को सीधे-सीधे उनसे काफ़ी कुछ कहना था अथवा मेरे माध्यम से अपनी बधाई उन तक पहुँचानी थी। पर उनका फ़ोन था कि मिल ही नहीं रहा था। जैसे तैसे रात में मिला। सिर्फ़ दो-तीन वाक्यों का आदान-प्रदान हुआ। उतने भर से चैन मिल गया– मन प्रसन्न हुआ। अगले कई दिनों तक रात-दिन अलीगढ़ के अदीबों-रचनाकारों की चर्चाओं में, समाचारों में शहरयार ही छाए

रहे। अख़बारों में, चैनल्स पर 'उमराव जान' की ग़ज़लें, उनके चित्र, पुरस्कार से सम्बन्धित समाचार लगातार सुनाए– दिखाए जाते रहे। शहरयार के परिचितों, मित्रों, प्रशंसकों, सम्बन्धियों के उतने उस पूरे समय जैसे पैर ही ज़मीन पर नहीं पड़ रहे थे।

प्रसन्नता के उस प्रवाही आवेग और आवेश के दिनों में तो नहीं– पर हाँ, कुछ दिनों बाद इस ख़याल ने बार-बार आना शुरू किया कि इस पुरस्कार का मिलना शहरयार के शायर की अब तक ज़िंदगी की सबसे बडी घटना है– असाधारण उपलब्धि है। इस बीच उनसे हुई बातों-मुलाक़ातों के बाद यह सब लिखने के क्रम में यह भी लगा कि इस पुरस्कार की घोषणा से पहले और बाद के शहरयार पहले जैसे या एकदम एक और समान तो नहीं ही हैं। उनमें बड़ा-सा एक अंतर धीमे-धीमे और नामालूम ढंग से आया ही आया है। व्यक्ति, सोच या शायरी के स्तर पर भले ही बहुत बड़े या साफ़-साफ़ देखे जा सकने वाले परिवर्तन न हुए हों, पर उनके निज के अंतस्-मन और जिस्म के स्तर पर आहिस्ता-आहिस्ता होते गए बदलावों ने उनकी और उनके इर्द-ग़िर्द की ज़िंदगी में काफ़ी कुछ अंतर ला दिया है। ऐसे इन बदलावों के लाने में अचानक से उनके अस्वस्थ हो जाने ने बहुत अहम और निर्णायक भूमिका निभाई है। यह बहुत दुखद और अजीब-सा एक इत्तेफ़ाक है कि ज्ञानपीठ पुरस्कार मिलने की घोषणा के कुछ दिन बाद से उनके जिस्म में के छिपे-अज्ञात रोगों ने अपना-अपना मुँह चमकाना शुरू कर दिया था।

यह सब अपनी जगह। एक और महत्वपूर्ण-विस्मयकारी बात यह कि उस दिन से पहले यह सब ऐसे करने-लिखने का ख़याल एक बार भी कभी नहीं आया। तीस बरस से भी अधिक के अपने सम्बन्ध और नैकट्य के दौरान अनगिन बार आमने-सामने और फ़ोन पर भी शहरयार साहब से तमाम-तमाम मुद्दों- विषयों पर चर्चाएँ-बहसें होती रही हैं। कुछ बार की बातों ने साक्षात्कारों का रूप और आक़ार भी पाया है। किन्तु इस वर्ष-2011–के पहले दिन उनका फ़ोन आने के बाद यकायक तेज़ी से ऐसा कुछ घटा-कौंधा अंदर-अंदर कि यह सब यूँ किया-लिखा जाना कुछ ज़्यादा ही अनिवार्य-अपरिहार्य लगने लगा। अंदर से जैसे अबोले किसी ने इसरार किया कि उनके साथ की ऐसी इन बातों-मुलाक़ातों में के जाने-सुने को अनलिखा नहीं रहने देना है। और फिर इस वर्ष के पहले दिन से लिखने की जो शुरुआत हुई तो फिर यह सिलसिला सितम्बर के अंत तक जारी रहा। लिखे जाने के पूरे दौर में हर क़दम, हर मोड़ पर यह अहसास भी होता ही रहा कि इस सिलसिले से हिन्दी-उर्दू के उन पाठकों को– जो शहरयार और उन की शायरी से परिचित-अवगत हैं, उन्हें पसंद करते हैं– ज़रूर कुछ न कुछ अब तक का अज्ञात-अनजाना जानने-पढ़ने को मिलेगा।

1.1.11

आज शाम का मिलना पहले से तय था। हमेशा की तरह आने से पहले फ़ोन कर लेने के लिए भी कहा ही गया था। 11.35 पर फ़ोन किया। ग़ज़ल के सुनाई देने के थमते ही ख़ूब ख़ुश-ख़ुश और कुछ ज़्यादा ही दमदार आवाज़ सुनाई दी- 'नहीं, आज नहीं। आज कोई एकेडमिक काम नहीं होगा। आज मुल्क आज़ाद है। आज का यह दिन-! पूरी रात जागकर इस्तक़बाल किया है आज मैंने नए साल का।'

झरने की तरह झर-झर करती आती उनकी उस हँसी के बीच मैंने उत्साहित भाव से जानना चाहा– 'तो क्या कुछ लिखा भी?'

–'हाँ, लिखा भी।' शब्द-शब्द पर ख़ूब-ख़ूब बल। इतमीनान से आहिस्ता-आहिस्ता चबाते-से उनका वह बोलना। बहुत बड़ा और ख़ास कोई काम कर लेने के बाद की-सी प्रसन्नता– 'पर जो लिखा है वो अंदर वाले कमरे में है– इधर नहीं लाया हूँ कुछ।'

–'कुछ लिखा... वाह! तब तो अलग से बधाई!'

–'हाँ, अभी चल रहा है पर सुन लो तुम।'

मैं साँस रोके सुनने को प्रस्तुत। सुनाने का ऐसा उनका यह मन रोज़-रोज़ तो होता नहीं है– 'बेबदन जिस्म से मिलने आए हो तुम...।' ख़ूब ख़ुश-ख़ुश तन्मय होकर तीन-चार पंक्तियाँ कई बार सुनाईं– 'बस... अब फिर।'

चूँकि आज शाम का मिलना टल गया था इसलिए मैंने अपनी एक शंका का समाधान फ़ोन पर ही कर लेना चाहा। शंका कुछ दिन पहले फ़ैज़ के बारे में उनसे हुई बातचीत में कहे गए एक कथन को लेकर थी– 'वो जो फ़ैज़ के उस संग्रह के डेडीकेशन वाली बात आपने कही थी...अभी मैंने देखा है, एक जगह-तो वो बात तो मजाज़ के संग्रह 'आहंग' की है...।'

ध्यान से सुना। तुरंत उत्तर दिया– 'हाँ-हाँ, उन्होंने भी किया है– पर वो इतना मशहूर नहीं जितना कि फ़ैज़ का। फ़ैज़ ने भी डेडीकेट किया है। उनका पहला कलेक्शन 'नक़्शे फ़रियादी' या शायद 'दस्तेसबा'–...। मख़दूम, जज़्बी, जाफरी और मजाज़– इन चार शायरों में से फ़ैज़ ने अपनी किताब के डेडीकेशन में दो को दस्त-ओ-बाज़ू और दो को क़ल्ब-ओ-जिगर लिखा है।'

मैंने कल मिलने के लिए 'हाँ' करा लेने के मंतव्य से कहा– 'अच्छा, ठीक है। मैं कल आकर घर मिलता हूँ।'

हल्की हँसी की आवाज़ के साथ कहा गया– 'हाँ कल की कल देखा जाएगा।'

मैंने उनसे हाँ कहलवा लेने की एक और कोशिश की– 'फ़ैज़ वाली इस बातचीत को मैं आज पूरा किए लेता हूँ। कल आऊँगा तो उसे भी साथ लेता आऊँगा।'

—'अच्छा, ठीक है।'

और तब नए साल के पहले दिन की वह पहली प्यारी-सी शाम ज़मीन पर उतरकर अच्छी-ख़ासी फैल चुकी थी। मैं विभाग से घर जाने को ही था कि उनका फ़ोन फिर आ गया— 'सुनोगे? पूरी हो गई है वो नज़्म।'

—'हाँ, हाँ। क्यों नहीं? ज़रूर सुनूँगा।' मैंने झटपट काग़ज़- पैन सँभाला- 'बेबदन जिस्म से मिलने आया है तू। ..... इससे आगे है— और जीने का पैग़ाम लाया है तू।'

उन्होंने जान लिया है कि मैं सुन भी रहा हूँ और लिख भी रहा हूँ। इसलिए सँभल-सोचकर एक ख़ास लय मैं आहिस्ता-आहिस्ता बोला जा रहा है। पूरी सावधानी और सजगता बरतते हुए -'अब अगली लाइन- अब दूसरी लाइन...। हाँ तो—

बेबदन जिस्म से मिलने आया है तू
और जीने का पैग़ाम लाया है तू
कितना अहसान है
अपनी आवाज़ का यह जो जादू है
इससे निकलने न देना मुझे
क्या अजब क़ैद है
इतना आज़ाद पहले कभी मैं न था
तेरी साँसों के साए में बैठा हूँ मैं
रात की धूप में
दाएँ जानिब मगर चाँद भी है मेरे
चाँद की चाँदनी और सूरज की इस धूप में
क्यों अकेला हूँ मैं
तेरी दूरी की ये कुरबतें हैं मेरे साथ में
होठ छू सकता हूँ?
ऐसा कर सकता हूँ
इससे आगे किसी और दिन जाऊँगा
तू यहीं रुक मैं मिलने यहीं आऊँगा।'

पंक्ति-पंक्ति पर दाद देता सुनता हुआ मैं यहाँ पहुँचकर उनका आभार प्रकट करने के लिए जैसे आकुल हो उठा था- 'जी, नज़्म सचमुच बहुत अच्छी है। मुझे इसलिए भी यह याद रहेगी कि मुझे आपने इसका पहला श्रोता बना दिया है।' अत्यंत संतुष्ट-शिष्ट, धीमी-सी एक हँसी- 'चलो अच्छा है कि तुम्हें अच्छी लगी..।'

12.1.11

दोपहर में फ़ोन आया तो सोचा शायद कल के कार्यक्रम की कोई बात याद आ गई होगी। पर नहीं- सुना तो आवाज़ जैसे वज़नी से दुख से लरजती-घबराती-सी- 'तुम्हें ख़बर लगी कि नहीं? अरे यार- ज़ाहिदा ज़ैदी की डैथ हो गई... ।' यक़ीन नहीं हुआ। हो भी कैसे जाता? किसकी, किसकी कह-कहकर दो-तीन बार नाम ध्यान से सुना। फिर अफ़सोस और हैरत में दबे-गढ़े-से कुछ सवाल करते से कब, कैसे जैसे शब्द यूँ ही मुँह से निकल गए थे– 'कल रात। आनन फानन में ख़त्म हो गया सब! हाँ, भली-चंगी थीं। कल के कार्यक्रम में मेरे बारे में कहने का बहुत मन था उनका। स्टेज़ पर बैठीं रही थी काफ़ी बाद तक। पर अचानक कोई फ़ोन आया और बोलने की बारी आने से पहले ही उठकर चली गईं। और ये देखिए कि सुबह सुना कि... ।' बताने-कहने को कल का काफ़ी कुछ मुझे भी याद आए जा रहा था- 'कमाल है। एकदम चुस्त-दुरुस्त दिख रही थीं कल। एन.आर.एस.सी. क्लब में समय से पहले आ गई थीं। जी-उस दिन के रिज़वान साहब वाले लंच की याद करके ख़ूब ख़ुश हो रही थीं... ।' देर तक हम दोनों उन्हीं की बातें करते रहे थे तब। बाद में तय हुआ कि मैं तीन-पंद्रह तक शहरयार साहब के यहाँ पहुँच जाऊँगा– और फिर वहाँ से हम दोनों चार बजे उनके जनाज़े में शामिल होने साथ-साथ चल देंगे।

तब शहरयार साहब इस अपार्टमेण्ट के अपने पहले वाले फ़्लैट नम्बर एक सौ एक में रह रहे थे। दरवाज़ा खोलते ही उन्होंने डायनिंग टेबिल के साथ लगी एक कुर्सी थामी और अपने सोने वाले कमरे की ओर चले। कुर्सी उनसे अपने हाथ में लेते-लेते मैंने कल कराए चेकअप के बारे में जानना चाहा– 'हाँ, कल मेडीकल कॉलेज गया था। दरअसल यहाँ सीने पर कुछ-कुछ खिंचाव, कुछ-कुछ दर्द-सा लगा। साँस तो फूलती ही है। डॉक्टर से बात हुई तो उन्होंने मेडीकल बुला लिया। वहाँ गया तो कई टैस्ट कराए उन्होंने।' बात जल्दी ही फिर से ज़ाहिदा ज़ैदी पर आ गई- 'हाँ, उन्होंने काफ़ी काम किया है। ड्रामा में– और फ़िक्शन में भी। इनकी बड़ी बहन साजिदा ज़ैदी भी मशहूर अफ़सानानिगार रही हैं। हाँ– मैं सुबह उनके घर गया था। पता है उनकी भांजी जोया क्या बता रही थी? तुम्हें ख़याल है उनके उठकर जाने का? मुझे लगता है कि जब मुझे ही बाद में ख़बर लगी तो औरों ने ही कहाँ ध्यान दिया होगा? तो हाँ- ज़ोया ने बताया कि कल मैंने जनवादी लेखक संघ के उस सम्मान समारोह में यह जो शेर पढा था न- हाँ- 'आसमां अब कुछ भी नहीं तेरे करने के लिए। मैंने सब तैयारियाँ कर ली हैं मरने के लिए... ।' तो उन्हें अख़बार में ख़बर पढ़कर पता लगा कि उनके चले जाने के बाद मैंने ये शेर पढ़ा था। ख़ूब झल्लाईं-ऐतराज़ जताया– 'शहरयार को अभी यह शेर भला क्यों पढना चाहिए? वो कहते हैं कि

उन्होंने सब तैयारियाँ कर ली हैं— पर मैंने तो अभी कोई तैयारी की नहीं है। हाँ— जबकि मैं उम्र में उन से बडी हूँ। क्यों जोया- मुझे तो अभी कई काम करने हैं— अवार्ड्स लेने हैं।' बोलना रोककर न जाने क्या तलाशते-से मेरी आँखों में ग़ौर से देखने की तरह देर तक कुछ देखा है। फिर धीरे-धीरे कहा है— 'मैं तुम्हें बताना चाहता था— पर...। उनकी ख़्वाहिश थी कि तुम उनसे इंटरव्यू करते...।'

क़ब्रिस्तान की ओर आते हुए रास्ते में भी ज़्यादातर बातें उन्हीं के बारे में होती रहीं थीं— 'बहुत बोल्ड और मेहनती रही हैं वो। हाँ, सिग्रेट-शराब पीती थीं। वो भी बचकर-छुपाकर नहीं— मालूम है सबको। उस दिन रिज़वान साहब के यहाँ तो तुमने भी देखा था न। उन्होंने मेरे वहाँ होने की वजह से ही ड्रिंक की ख़्वाहिश ज़ाहिर की थी उस दिन।... हाँ, पता नहीं कि किसने उनसे क्या कहा कि बीच में कुछ दिनों तक वो यह मानने लगी थीं कि मैं अदबी दुनिया में उनका कहीं विरोध करता हूँ... या ऐसा ही कुछ।' याद नहीं कि किस प्रसंग में यूनिवर्सिटी के क़ब्रिस्तान के नाम की यह चर्चा शुरू हुई थी। उसके अजीब-से नाम मिंटो ई ने मुझे आज पहली बार उस तरह चौंकाया था। मिंटो के साथ ई जुड़े होने के बारे में मैंने शहूरयार साहब से जानना चाहा था— 'ए.एम.यू. का यह क़ब्रिस्तान मिंटो ई- मिंटो ई ग्रेवयार्ड- मिंटो के नाम पर है। आज आपने पूछा तो इस ई पर ध्यान गया- नहीं तो पहले कभी इस बारे में सोचा ही नहीं कि इस नाम के साथ ई क्यों और कब जुड़ गया...।' मुझे उम्मीद नहीं थी कि इतने वर्षों से ए.एम.यू. के गोशे-गोशे से जुड़े-परिचित शहूरयार साहब को यह बात मालूम नहीं होगी। उनके इस न जानने से अनाम-सा एक सुख मिला था मुझे। चलो, यूनीवर्सिटी के बारे में कुछ तो ऐसा मुझे मालूम है जिसका मालूम होना अभी-अभी शहूरयार साहब ने अस्वीकार किया है। कुछ ही दिन पहले की तो बात है। कथाकार प्रो. तारिक छतारी से हो रही बातों में मिंटो सर्किल का ज़िक्र आया था। उसी दिन जाना था कि वो भी इस स्कूल के छात्र रहे हैं। बस-उस दिन इस बाबत जो कुछ तारिक छतारी से पूछा-सुना-जाना था, बड़े अधिकार और उत्साह के साथ शहूरयार साहब को बताना शुरू कर दिया— 'बहुत पहले- हाँ, 1966 तक मिंटो सर्किल का नाम ए.एम.यू. हाईस्कूल था। 1966 में यहाँ के चांसलर रहे सैफ़ुद्दीन ताहिर के नाम पर बदल कर यह एस.टी. हाईस्कूल ए.एम.यू. हो गया। लेकिन इतने वर्षों बाद— आज भी आम लोगों में— बोलचाल में इसे मिंटो सर्किल के नाम से ही बोला-जाना जाता है। हालाँकि यह नाम रिकॉर्ड में या स्कूल के सर्टिफ़िकेट में नहीं है, फिर भी पहली प्रसिद्धी के चलते कहीं-कहीं ब्रेकिट में अभी भी मिंटो सर्किल लिख देते हैं। दरअसल इस स्कूल की इमारत का नाम मिंटो के नाम पर था। उसके गेट पर अभी भी मिंटो सर्किल लिखा है। चूँकि इस इमारत के

बीच में सर्किल है इसलिए इसे मिंटो सर्किल कहा जाने लगा।'

लगातार बोलते चले जाने के बीच अचानक से संकोच का झिझका-सा एक भाव मन में आया– इतने धैर्य और मौन के साथ शह्रयार साहब यह सब ऐसे सुने जा रहे हैं जैसे कि उन्हें मिंटो सर्किल स्कूल के बारे में भी कुछ न मालूम हो। और मैं भी तो जोश में यह मानकर बोले ही जा रहा हूँ कि उन्हें स्कूल के नाम के इतिहास के बारे में भी कुछ मालूम नहीं होगा! खुद को सँभाला-रोका। बात को फिर क़ब्रिस्तान के नाम की दिशा में मोड़ने की कोशिश की–'और देखिए कि इस क़ब्रिस्तान का नाम भी काग़ज़ों-दस्तावेज़ों में ए.एम.यू. क़ब्रिस्तान ही था। अब भी जब इसमें दफ़नाने की जगह चाहते हैं तो ए.एम.यू. क़ब्रिस्तान ही लिखते हैं। पर ज़बान में–वैसे प्रयोग में इसे मिंटो ई ग्रेवयार्ड ही कहा जाता है। और हाँ–मिंटो के साथ ई जुड़ने का क़िस्सा भी बड़ा दिलचस्प सा है। इसके अंदर जो सर्किल है, उसके चार हिस्से हैं। उनमें से ए-जमाल हॉस्टल, बी में स्कूल है और के जेड़ हॉस्टल भी, सी-रसूल हॉस्टल और डी में बच्चा स्कूल– हाँ, पाँचवी तक का है वह! तो– बहुत पहले जब इस स्कूल के आसपास इतनी ये इमारतें नहीं थीं–तो बहुत दूर होने के बावजूद यह क़ब्रिस्तान स्कूल के कमरों, उसकी छतों से दिखता था। तब यह था कि नए आने वाले स्टूडेंट्स को जमाल हॉस्टल मिलता था–फिर आगे बी, सी, डी। और जो बच्चे जितनी बार फेल हो जाते थे, उन्हें भी ऐसे ही आगे के हॉस्टल मिलते थे। तो जो स्टूडेंट्स फेल हो-होकर डी तक पहुँच चुके होते थे, उनसे आपसी हँसी-मज़ाक़ में कहा जाता था कि बस-अब यहाँ तो कोई जगह है नहीं–ए.बी.सी.डी. सब पूरी। और डी के बाद ई आता है–और ई को तुम देख ही रहे हो वो वहाँ दिख रहा है। मिंटो ई से उनका मतलब दूर से दिखते इस क़ब्रिस्तान से ही होता था। फिर बाद में तो इसका नाम ही मिंटो ई पड़ गया। कब से पड़ा इस बारे में बता पाना तो आसान नहीं है–पर...।'

क़ब्रिस्तान पहुँचने वालों में हम लोग पहले थे। बातें वहाँ भी ज़ाहिदा ज़ैदी की होती रहीं। थके-थके उदास लग रहे थे उस समय शह्रयार साहब। ज़रा देर घूम-फिर कर हम लोग फिर गाड़ी में आ बैठे। अब भी बातें क़ब्रिस्तान की हो रही थीं, किंतु बोल शह्रयार साहब रहे थे–'जी– इस तरह का साफ़-सुथरा-वैलमेनेज़्ड क़ब्रिस्तान आपको मिलेगा नहीं कहीं और शहर में। ये सब यहाँ पर यूनीवर्सिटी के पेड कर्मचारी हैं। ये ही देखभाल करते हैं इसकी। हाँ– अब यहाँ दफ़नाने के बारे में नियम बहुत सख़्त कर दिए हैं। अब सिर्फ़ यहाँ ए.एम.यू. का एम्प्लॉयी ही दफ़्न हो सकता है। नहीं पहले यह नहीं था। पहले तो रिश्तेदार भी यहीं दफ़्न किए जाते थे।' धीरे-धीरे लोग आकर यहाँ-वहाँ इकट्ठे- खड़े होने लगे। शह्रयार साहब भी उनके बीच जा

खड़े हुए हैं। वहीं सब चर्चाएँ—जो जितना जानता है ज़ाहिदा के जीवन और ख़ानदान के बारे में अधिक से अधिक बता देना चाह रहा है। जिसे जहाँ से जैसे भी कोई ख़बर मिल रही है उसे सबको बताया जा रहा है— 'गुस्ल करा चुके हैं...हाँ, देर तो लगेगी ही—रास्ता लम्बा है न...। कल वहाँ कार्यक्रम में भली-चंगी थीं—और देखिए कि आधा घंटे में सब ख़त्म। एक कै हुई बस-सुना खून भी आया साथ। जोया मेडीकल ले गई—और वहाँ पहुँचने से पहले ही...।' अब किसी ने कल कहे गए शहरयार साहब वाले शेर की चर्चा छेड़ दी है। शहरयार चुप-चाप खड़े सुन रहे हैं। एक बुज़ुर्गवार ने शहरयार साहब के कंधे को थपथपाते-थपथपाते बड़े चिंतित-हितैषी भाव से मिन्नत-सी की है—'नहीं भई शहरयार, ऐसा नहीं कहिए! बिल्कुल नहीं! ये शेर मत कहिए।' उन्हें समझाते सफ़ाई देते-से तुरंत व्याख्या करनी शुरू कर दी है अपने शेर की—'अरे, भई, इसमें मैंने अपनी बात थोड़े ही की है। दुनिया की बात है। अब गॉड को कुछ भी नहीं करना है दुनिया को मारने के लिए। आदमी ने ख़ुद इंतज़ामात कर लिए हैं अपने मरने के। कोई पागल आदमी बैठेगा और बस बटन पर हाथ रखेगा कि पूरी दुनिया ख़त्म। ये जुनून—ये वहशियाना होते अंदाज़ दुनिया के। ये वार्स, ये वैंपस...।'

अब साथ खड़े लोगों ने मौत को लेकर बातें करना शुरू कर दिया है। एक साहब ने कहा है—'यही तो बस नहीं मालूम कि इस पर किसका कंट्रोल है।' एक और सज्जन अब शहरयार साहब से मुख़ातिब हैं— 'आप को क्या लगता है शहरयार साहब?' ज़बरदस्ती खींचकर लाई गई बहुत दुबली-पतली-सी मुस्कान उनके होठों पर घिसटती-सी आती दिखी। दर्दमिली-सी आवाज़ में आहिस्ता-आहिस्ता शेर कहना शुरू— 'लाई हयात आए, ले चली क़ज़ा चले...।'

अधिकांश लोग साठ के बाद वाली उम्र के हैं। खड़े-खड़े थकने लगते हैं तो इधर-उधर हाथ-पैर टिका-मोड़कर सुस्ता लेने की जुगाड़ तलाशने लगते हैं— या फिर क़ब्रिस्तान में टहलते से क़ब्रों पर लिखे नाम पढ़-पढ़कर अपनी पुरानी यादों को साथियों के साथ बाँटने लगते हैं। शहरयार साहब के चेहरे पर दर्द और पूरे जिस्म पर थकान के निशान साफ़-साफ़ दिखने लगे हैं। आज इतनी देर में एक बार भी वो न अपनी वाली हँसी हँसे हैं और न अन्य लोगों के किसी ठहाके का साथ अपने ठहाके से ही वो दे पाए हैं! गेट के पास खड़े मुझे अस्र की नमाज़ के बारे में बताना शुरू किया है। बाहर बने प्लेटफॉर्म से उस स्थान की ओर इशारा करके बता रहे हैं—'हाँ, ये यहाँ नमाज़ होती है—हाँ, नमाज़-ए-जनाज़ा। उस तरफ़ वो इस ग्रेवयार्ड का एक्सटेंशन है। एक, गेट उधर भी है इसका। उधर से ही लाएँगे उन्हें।' कुछ देर की ख़ामोशी और फिर एक अलग क़िस्म की अदब और हैरत मिली आवाज़—'आप

देखिए, इसी को तो जन्नती मौत कहते हैं। न तकलीफ़ उठाई न किसी और को दी।' क़ब्रों के पास लगे बेर के पेड़ों और वहाँ की टहनियों, अगरबत्तियों और फूलों को जिज्ञासुभाव से मुझे देखते देख प्रो. सग़ीर अफ़राहिम बता रहे हैं—'जिनकी ये क़ब्रें हैं— उनके घर-ख़ानदान वाले या दोस्त वग़ैरह जब यहाँ आते हैं तो फूल रख जाते हैं, ये टहनियाँ, अगरबत्तियाँ लगा जाते हैं। आपने देखा क़ब्र के पास ये बेर, ये छायादार पेड़— जैसे नीम-सब ऐंटीसेप्टिक हैं न। डेडबॉडी को भी पहले बेर और कपूर के पानी से गुस्ल कराते हैं, उसके बाद सादा पानी से। नाक और कानों में भी कपूर रख देते हैं। जी—ये बेर के दरख़्त—माना जाता है कि जहाँ फ़रिश्ता भी नहीं जा सकता—वो सीमा-लामेका—जहाँ से शुरू होती है वहाँ बेर के दरख़्त हैं।

महताब हैदर नक़वी बच्चों और बड़ों की क़ब्रों को दिखा-दिखाकर मुझे उनका अंतर समझा रहे हैं। उन अनेक कच्ची-पक्की क़ब्रों के पास से गुज़रते हुए उनके नाम और मृत्यु के दिन तारीख़ पढ़-पढ़कर मुझे सुना रहे हैं। कुछ दूर पर एक और क़ब्र को खोदने में लगे उन दो लोगों को देखकर मैंने पूछा कि इन लोगों को क्या कहते हैं। आपस में पूछा-जाना गया। कोई ख़ास एक शब्द, जिस पर सब सहमत होते किसी को याद ही नहीं आया। सग़ीर साहब ने बताया कि उनके यहाँ तो इनको कबरखुद्दा कहते हैं। फिर क़ब्रिस्तान की देखभाल करने वालों का ज़िक्र शुरू हो गया। लोगों को फिर कोई एक शब्द याद करने में मशक़्क़त करनी पड़ी— 'इमामबाड़े व इबादतगाह की देखभाल करने वालों को मुजाविर कहा जाता है...और...।' अचानक डॉ. सिराज अजमली चलते-चलते रुके— 'मोमिन का वो जो शेर है— 'ख़याले-ख़्वाबे राहत है इलाज इस बदगुमानी का। वो काफ़िर गोर में मोमिन मेरा शाना हिलाता है...। तो हाँ, गोरकन ही निगरां होता है।' मैने फिर से फूलों-अगरबत्तियों की चर्चा शुरू करनी चाही थी। शहरयार साहब चलते-चलते समझाकर पढ़ाने के अंदाज़ में कह रहे हैं— 'अरे भई, सब कुछ यहीं का— हिन्दुस्तानी है। हिन्दुस्तान से बाहर ये सब ऐसे नहीं होता। नमाज़ मस्जिद में नहीं पढ़ी जाती और न ताबूत को यहाँ की तरह ऐसे रखते हैं। क़ब्र पक्की भी नहीं करते। आप शादियों में देखें- ज़्यादातर वही सब। और भी बहुत सी बातें। सब यहीं की तरह है।'

नमाज़ पढ़ना शुरू हो चुका था। बढ़ती थकान और टूटन को थामते-सँभालते शहरयार साहब गेट के ठीक पास दीवार से लगभग सटे खड़े थे— 'हाँ, ये पेशइमाम...। अरे, पीछे वालों को बहुतों को नहीं मालूम होगा कि क्या कैसे पढ़ना है या कब कैसे करना है। औरों को देखकर करते जाते हैं...। और क्या ज़ाहिर है कि ये रोज़ तो पढ़ी होती नहीं है किसी ने कि सब याद रहे...। अरे नहीं भई, जूते पहने भी हो सकते हैं, नहीं भी। हाँ— ये सामने देख रहे हैं न, पैरों के नीचे कर लेते हैं कुछ लोग अपने जूते। नहीं—

जो इसमें शामिल नहीं होते उन्हें अच्छी नज़र से तो नहीं ही देखते ये लोग। हाँ, अब जैसे मैं यहाँ खड़ा हूँ तो ज़ाहिर है कि यह ठीक नहीं लगेगा इन सबको... ।' नमाज़ पढ़ते उन लोगों को देखते रहने के बीच न जाने कहाँ से यह ख़याल आ पहुँचा कि बड़ी और बेहतरीन-सी यह ख़्वाहिश ज़रूर होती होगी आदमी की कि मेरे जनाज़े की नमाज़ 'मेरा वो' भी पढ़े ज़रूर-ज़रूर पढ़े।

नमाज़ के बाद जनाज़ा लेकर ज्यों ही लोग आगे बढ़े– दिखा कि शह्रयार साहब तेज़ी से जनाज़े की ओर लपके। भीड़ पार कर पहले से कन्धा दे रहे व्यक्ति को हाथ के इशारे से जैसे हटाया और फिर ख़ुद का बायाँ कन्धा प्रस्तुत। विस्मित-सा खड़ा रह गया मैं उनके उस कन्धा देने को देखे जा रहा था। दो-चार क़दम नहीं चालीस-पचास क़दम तक वे कन्धा दिये-दिये चलते रहे। ज़रा पहले जिस इंसान को खड़ा तक हो पाना दूभर हो रहा था– वो इस तरह इतनी दूर तक...और इतने इस सम्मान भाव के साथ... ।

दफ़्न किये जाने के समय की एक-एक चीज़ देखने-जानने के इरादे से मैं क़ब्र के पास खुदी पड़ी मिट्टी पर जा खड़ा हुआ। सिराज अजमली और महताब नक़वी अपनी-अपनी तरह से मेरी जिज्ञासायें शान्त करने की कोशिशें कर रहे हैं – 'काफ़ी बदलाव आ रहा है धीरे-धीरे हर चीज़ में। ये तख़्ते, ये चटाई और हाँ, ये ताबूत का बदला हुआ रूप। सब अब आसानी और सुविधा के साथ होने लगा है। दो लोगों ने हाथों में लेकर शव को क़ब्र में उतारा है। बड़े सम्मान भाव से, बहुत सँभाल-सँभाल कर। यहाँ इस बिन्दु पर आकर धर्मों और सम्प्रदायों के जैसे भेद शेष नहीं रहते। मौलवी साहब ने तल्क़ीन की शुरुआत कर दी है। सिराज साहब मुझसे सटे खड़े मुझे समझाये-बताये जा रहे हैं– 'जी- तल्क़ीन वो क्रिया है जब शव को क़ब्र में रखने के बाद मौलवी क़ुरान की आयतें पढ़ता है। जी – उसमें बार-बार व्यक्ति का नाम आता है।' सिराज साहब के उस बताने को मौलवी साहब ने देख लिया है। अब उन्होंने भी दफ़्न किये जाने के बारे में अध्यापक की तरह समझाना शुरू कर दिया है। पास खड़े लोगों से झिझकता-बचता मैं सिराज साहब के साथ मौलवी साहब के पास से ज़रा दूर आ खड़ा हुआ हूँ – 'जी- अब मिट्टी दी जानी है। ये दुआ-ए-मग़फ़िरत-मोक्ष के लिये। मिट्टी देने के वक़्त तीन बार- जी- मिन्हा ख़लक़नाकुम (यानी तुम्हें इसी से बनाया) – व फ़ीहा नोई दो कुम (और तुम्हें इसी में शामिल किया) – व फ़ीहा नुखरे जो कुम तारतन ओखरा (और आख़िरत में इसी से उठाये जाओगे)।...जी, ग़ुस्ल कराना-- कफ़न से ढकना सब उसी तरह। ये कफ़न-हाँ, अब कफ़न लेने उस तरह कोई नहीं आता इसलिए क़ब्र में ही रख दिया। क्या फ़ायदा कोई जानवर फाड़े-चीथे। फिर मिट्टी दी गई। उसके बाद क़ुरान ख़्वानी

की घोषणा हुई। सुनकर हिन्दुओं में शवदाह के तुरन्त बाद की जाने वाली बरकटे की, नहान-धोवन की या उठावनी की घोषणाओं का ध्यान हो आया। सब लोग मिट्टी देकर लौट रहे थे। तभी दिखा कि सामने से शहरयार साहब कुछ ज़्यादा ही तेज़ चाल से चले आ रहे हैं– 'हाँ, प्रेम कुमार, अभी बस, मैं भी मिट्टी दे आऊँ।' ज़रा आगे चले तो दिखा कि प्रो. इरफ़ान हबीब और भी तेज़ चाल से क़ब्र की ओर चले आ रहे हैं।

शहरयार साहब क़ब्रिस्तान के गेट के पास बने टॉयलेट में हैं। नक़वी साहब और सिराज साहब के साथ एक तरफ़ पानी की टंकी के पास खड़ा मैं हाथ-मुँह धोने का इंतज़ार कर रहा हूँ। बातें अब भी उनकी उस अचानक हुई मौत की हो रही हैं। मृत्यु की अटलता और जीवन की क्षणभंगुरता पर हो रही हैं। सिराज साहब को गुस्ल कराये जाने के समय की बात बताते-बताते एक शेर याद आ गया है– 'ये शेर देखिए अहमद मुश्ताक़ का– 'बला कि चमक उसके चेहरे पे थी। ख़बर क्या थी कि वो शख़्स मर जाएगा।' शेर पूरा होते ही जैसे नक़वी साहब को भी एक शेर का ध्यान दिला दिया– 'ये मजीद अमजद का शेर है। किस सादगी से उसने इतनी बड़ी बात कह दी है– 'मैं रोज़ इधर से गुज़रता हूँ कौन देखता है। मैं कल इधर से न गुज़रूँगा कौन देखेगा।'

गाड़ी की ओर बढ़ते-बढ़ते वैसे ही केवल चुप्पी को तोड़ने भर के लिए चर्चा शुरू की है– 'ऐसी इन जगहों पर आते-जाते समय कैसा लगता है आपको?'

न रुके, न कुछ सोचा- 'कुछ भी नहीं लगता। बस यूँ ही– मालूम है कि इसे टाला नहीं जा सकता। यही तो आदमी नहीं जानता कि कब उसे मरना है।'

—ऐसा कुछ जब आप अपने बारे में सोचते हैं तो क्या डर जैसा कुछ...?

—'नहीं- मैं वैलकम करूँगा मौत का। बिल्कुल नहीं डरता। पर ये ज़रूर चाहता हूँ कि किसी को तकलीफ़ दिये बिना यूँ ही हो जाए। हाँ, मुझे या किसी दूसरे को तकलीफ़ न हो। वो ही जिसे कहते हैं न जन्नती मौत...।'

ऐसे उन गम्भीर-ग़मगीन क्षणों में भी मैं अपना हँसना न रोक पाया। ग़नीमत यह हुई कि वो हँसना बेआवाज़ रहा और हँसी ने होठों से बाहर झाँकने की कोशिश नहीं की। क्या चीज़ होते हैं ये भावना, विचार और कल्पना की दुनिया में रहने वाले। उसमें भी शहरयार जैसा शायर। जिसके नाम का अर्थ ही राजकुमार है – शहज़ादा है। मौत भी चाहेंगे तो ऐसी-वैसी नहीं– वो भी जन्नती। फिर अचानक से हुये अपने इस ताज्जुब पर हँसी भी आई और दुःख भी हुआ कि मैं क़ब्रिस्तान में से बाहर आते-आते कैसे ऊल-जुलूल से सवाल शहरयार साहब से पूँछे जा रहा हूँ – 'क्या किसी की मौत पर बहुत रोये भी हैं कभी?'

—'नहीं – मुझे ऐसे रोना नहीं आता। पता है हमारे वालिद साहब की जब डेथ हुई तो सारे रास्ते मैं रो ही नहीं पाया। चिन्ता हुई कि पता नहीं लोग क्या सोचेंगे। हाँ, उनकी मौत एक एक्सीडेंट से हुई— यूँ ही चटपट। क्या लोग थे। कभी बीमार नहीं पड़े। बड़ी डिसीप्लिंड लाइफ़ थी— जी, खाना, रहना सब...। पता है, रात की नमाज़ के बाद दुआ माँगते रहते थे...। हाँ, ख़लीलुर्रहमान आज़मी साहब की डेथ हुई तो रोया...।' यकायक दिखा कि वे गाड़ी के गेट का शीशा नीचे करना चाह रहे हैं। मैंने कर दिया तो झट से गरदन बाहर निकाली। हाथ से बाहर जाते लोगों में से एक युवक की ओर इशारा करते हुए बोले— 'और देखिये, ये जो लड़का जा रहा है न— इसकी बहन की मौत पर बहुत रोया। काफ़ी रोना आया। नहीं ऐसा रिश्ता-विश्ता तो कुछ नहीं था। पड़ोस में रहते थे हम लोग। उसकी अचानक एक एक्सीडेंट में मौत हो गई थी। उसका नाम...?'। सोचे जा रहे हैं— याद नहीं आ रहा महताब हैदर साहब ने याद दिलाया— 'अंजुम'। मगर उनके उस याद करने में थोड़ा संदेह भी शामिल था। शहरयार साहब बोले— 'शायद'।

क़ब्रिस्तान से लौट रहे थे तब हम लोग। गाड़ी में बैठे बातें तब भी ज़ाहिदा ज़ैदी के बहाने मौत की ही चल रही थीं— 'नहीं- इस्लाम मौत को वैलकम करता है। मैं भी मौत को वैलकम करूँगा।' अब मौत के बाद के चलनों-रिवाजों की चर्चा शुरू हो चली थी हम दोनों के बीच— 'नहीं, हम लोगों के यहाँ से लौटने के बाद नहाना-वहाना ऐसे कुछ नहीं— पर दूसरे के घर नहीं जाते यहाँ से लौटकर। औरों पर कोई पाबंदी नहीं। पर हाँ, जिनके मौत होती है, उनके खाना नहीं बनता। पड़ोस या रिश्तेदार के यहाँ से आता है। अरे और क्या— और अन्तर क्या होगा। सब कुछ यहीं का तो है। हिन्दोस्तानी। नहीं भई- बाहर जो लोग जो भी करते हैं— पर यहाँ तो यहीं का सा ही है न बहुत कुछ।'

18.1.11

शाम साढ़े पाँच के बाद अचल ताल के पास से गुज़र रहा था कि मोबाइल बजा। मन्दिर के माइक के शोर में उधर से आती आवाज़ सुनाई नहीं दी। नाम देखा— शहरयार साहब। बताया कि रास्ते में हूँ। थोड़ा आगे बढ़कर करता हूँ। नम्बर मिलाया तो कॉल वेटिंग। ज़रा आगे बढ़ते ही फिर कॉल- 'हाँ भई।' मैंने नमस्कार किया। नमस्कार का उत्तर ख़ुशी मिली आवाज़ में दिया गया।

—जी, मैं यूनिवर्सिटी हो आया था। लौटते समय आने को मन किया – पर टाल गया।

—हाँ, सोचा तो मैंने भी था सुबह कि फ़ोन करूँ।

—अब आपकी तबीयत कैसी है?

— कैसी क्या है। ब्लडप्रेशर गिर गया था एकदम। इसलिए कमज़ोरी है।

— अब तो ठीक है ब्लडप्रेशर?

— हाँ, ठीक है। नपवाया तो नहीं- पर...।

— आपको एक्ज़रशन है...। कल- और परसों वहाँ क़ब्रिस्तान में इतनी देर खड़े रहे.....पैदल भी चले...।

— पर क्या करें- जाना तो पड़ता ही है।

— वो तो ठीक है— पर आपको थोड़ा आराम करना चाहिए इन दिनों। और हाँ, प्राणायाम....।

सुनते ही बड़ी जल्दी-सी मैं कहा गया— 'हाँ, हाँ ठीक है।' ऐसे कि जैसे इस बाबत कुछ भी सुनने-कहने से बचना चाहा था उन्होंने। बात रुके उससे पहले इतना और कह दिया था मैंने— 'जी, अच्छा तो कल मैं आता हूँ...।'

19.1.11

चार बजे फ़ोन किया— नहीं उठा। पाँच-दस पर फिर किया। तब भी ग़ज़ल बजती रही देर तक। तभी क़ाज़ी साहब का फ़ोन आ गया। उनसे बातों के बीच संकेत सुनाई दिया कि कोई और कॉल है। बाद में देखा तो शहरयार साहब की मिसकॉल थी। फ़ोन किया— बताया कि मैंने दो बार फ़ोन किया था। चुप-चुप सब सुना और फिर अत्यन्त धीमी आवाज़ में कहा गया— 'हाँ, तब सो रहा था।'

— वैसे तबीयत तो ठीक है न?

— तबीयत — ब्लडप्रेशर तो तक़रीबन ठीक है— पर और अजीब-अजीब दिक़्क़तें होने लगी हैं...।

— दिक़्क़तें.....?

— यही कि पसलियों में दर्द है। कमज़ोरी बहुत है।

— आपको वैसे भी ठण्ड बहुत लगती है— उस पर इन दिनों की यह भीषण ठण्ड।

— हाँ, ठण्ड तो कुछ ज़्यादा ही है इन दिनों।...नहीं-नहीं निकलूँगा बाहर। हाँ, कल सेमिनार भी है और मुशायरा भी। अरे भई— तीन दिन से नहीं ली। देखता हूँ— आज लेता हूँ थोड़ी सी। हाँ, लगता मुझे भी है कि इन दिक़्क़तों की वजह ठण्ड ही है।

— जैसा भी जो हो, मुझे बताइगा ज़रूर।

— हाँ, हाँ — ज़रूर बताऊँगा...। अच्छा, ठीक है...।

20.1.11

यूनीवर्सिटी से लौटते-लौटते साढ़े तीन बज गये थे। मन नहीं माना तो स्कूटर उनके

घर की ओर मोड़ दिया। आज कुछ बेहतर लग रहे थे। देर तक इधर उधर की बातें होती रहीं। यकायक ध्यान आया कि शहरयार साहब के मोबाइल से इंतिज़ार हुसैन साहब से बात की जाएँ। दो-तीन दिन से कई-कई बार मिलाने पर भी उनका नम्बर नहीं मिल रहा। बहुत बार यह हुआ है कि जब भी मैंने अपने मोबाइल से उनसे बात करनी चाही है तो या तो मेरी आवाज़ उन तक पहुँच ही नहीं पाती- और यदि कभी पहुँच भी जाती है तो कटी-फटी-सी-एकदम अस्पष्ट। मैं इधर से चीख़ता-सा बोले जाता हूँ– पर उधर से बार-बार एक ही शब्द- हैलो...हैलो...हैलो। लेकिन जब भी शहरयार साहब के मोबाइल से बात की है तो नम्बर लग भी फटाफट जाता है– और बात भी आसानी से कह-सुन ली जाती है। 4.45 पर शहरयार साहब ने उनके नम्बर पर फ़ोन लगाया। कुशलता पूँछी-बताई जाती रही कुछ देर। फिर- 'प्रेम कुमार पूछ रहे हैं कि आपने अपने सफ़रनामे का जो हिस्सा उनके पास भेजा है, वह कहीं और तो नहीं छपा पहले।' पूछने के साथ ही मोबाइल मेरी ओर बढ़ा दिया। उधर से इंतिज़ार साहब की आवाज़ सुनाई दे रही थी– 'नहीं भई, वो मेरी सफ़रनामे वाली किताब का ही हिस्सा है। अभी कहीं नहीं छपा।' मैंने अलीगढ़ और डिबाई की यात्रा से सम्बन्धित अंश भेजने का आग्रह किया– 'ठीक है, भेजता हूँ। जल्दी भेजता हूँ। हाँ, हाँ, आपका पता है मेरे पास। वही तो है– जिस पर पहले वाला भेजा था। कॉलेज का पता... ।'

16.3.11

यात्रा पर जाने से पहले तय हुआ था कि अब 12 मार्च को मिलना है। बताया था कि इस बीच कई जगह जाना है – दिल्ली, कलकत्ता, बम्बई और फिर दिल्ली। 11-12 को साहित्य अकादमी फ़ैज़ पर सेमिनार करा रही है। तय यह भी हुआ था कि 12 को वो मुझे फ़ोन करेंगे और तभी इंतिज़ार साहब से भी बातें हो जायेंगी। इंतिज़ार साहब ने वादा किया था कि जब वो सेमिनार में भाग लेने आयेंगे तो सफ़रनामे वाली किताब भी साथ ले आयेंगे। फ़ोन की प्रतीक्षा करते-करते शाम हो गई। नहीं आया तो मैंने किया। घण्टी बजती रही। सोचा व्यस्त होंगे। उम्मीद थी कि सदैव की भाँति अलीगढ़ आते ही तुरन्त फ़ोन करेंगे। पर नहीं आया। 13-14- यहाँ तक कि 15 को भी उनका कोई फ़ोन नहीं आया। कुढ़ता-झुँझलाता रहा। 15 की शाम रुका नहीं गया तो फ़ोन मिलाया। फिर भी न उठा- न बाद में कोई फ़ोन आया। झुँझलाहट और बढ़ी- 'मैं ही क्यूँ करूँ अपनी तरफ़ से।' फिर ख़याल आया कि ऐसा कभी होता तो नहीं है। यात्रा से वापस आते ही सदैव फ़ोन आता रहा है –'हाँ, कहाँ हो? क्या हो रहा है? हाँ, आ गया हूँ आज। ठीक है– देख लेना कल।

आने से पहले फ़ोन कर लेना।' लेकिन जब 15 को भी फ़ोन नहीं आया तो चिन्ता शुरू हुई। तबीयत के बारे में तरह-तरह के ख़याल आने लगे। 16 को ए.एम.यू. जाना पहले से तय था। सुबह ही सोच लिया था कि लौटते समय उनके पास होता आऊँगा- पर- उनके फ़ोन के न आने का मलाल था कि चैन ही नहीं लेने दे रहा था।

उर्दू विभाग में महताब हैदर नक़वी से चर्चा हुई। मालूम हुआ- 'परसों आ गये थे। हाँ, मैने भी कल फ़ोन किया था तो बस कुछ ऐसे ही - उखड़े-उखड़े से बोले थे।'

— कहीं किसी बात पर हम लोगों से नाराज़ तो नहीं हो गये?

— हो सकता है। पर हाँ- उनकी तबीयत भी ठीक नहीं थी।

तबीयत कि बात ने मलाल की ऐंठ एकदम से कम कर दी। नक़वी साहब के चैम्बर से ही फ़ोन मिलाया। फुसफुसाती-सी कम दम आवाज़— 'हाँ, यहीं हूँ। ठीक है— आ जाओ।' लेशमात्र भी चहक नहीं, ख़ुशी नहीं। थके-थके अनुत्साहित-से। विचार आया कि ज़रूर कुछ ऐसा हुआ है जिस पर मूड ऑफ है उनका। हो सकता है पिछले दिनों का कुछ नागवार लग गया हो उन्हें। अन्दर से खंडन करती आवाज़ आई- नहीं, कितने ही मुद्‌दों पर असहमतियाँ हुई हैं, आवेश के तड़क-भड़क वाले क्षण भी ख़ूब आते रहे हैं बातचीतों में — पर आज जैसा उचाट-ठंडापन तो कभी पहले सुनाई नहीं दिया उनकी आवाज़ में।

घण्टी पता नहीं बजी भी थी या नहीं। देर बाद दरवाज़ा खटखटाया तो जाना कि वह तो पहले से खुला ही है। देर तक कोई आवाज़ नहीं आई तो दरवाज़े को थोड़ा और खोला। बोझिल क़दमों से बमुश्किल चलकर आती बड़ी धीमी-सी आवाज़ सुनाई दी — 'खुला है।' अन्दर पहुँचते ही दिखा — खाने की मेज़ के कोने वाली कुर्सी पर शह्‌रयार साहब पता नहीं कहाँ खो गये-से उदास-उदास चुप बैठे हैं। अपने तक आई उस पहली निगाह ने व्यथित कर दिया था अचानक मुझे — एकदम खाली— सूनी सूखी-सूखी-सी। जैसे कोई आँख किसी अपरिचित को उचाट अजनबीयत के साथ देखे। देखे भी क्या — व्यक्ति तक जाये और फिर वहीं थमी-टिकी-सी चिपककर रह जाए।

—'जी— शायद खाना खा रहे हैं आप?' बिना लाइट जलाये, पंखा चलाए सोफ़े पर बैठ गया। उधर से कोई शब्द नहीं। क्यों है ऐसा यह? मेरे पूछने पर कुछ भी कहा क्यों नहीं? न मेरे आने को स्वीकार करने जैसा कोई भाव, न ख़ुशी महसूस करने जैसी कोई भंगिमा। सालती-सी उस चुप्पी को दरगुज़र करने की कोशिश में पता नहीं कैसे यह ख़याल आया— कि शह्‌रयार— इस तरह

ख़ामोश– अकेले उनका यह बैठना। ऐसी नीम रौशनी में चुप-चुप उनका यूँ भोजन करना। न कोई परसने-खिलाने वाला पास है। न ठण्डे-गर्म की चिन्ता करने वाला कोई साथ है। न एक और- बस यह और कह-कहकर ज़िद के साथ खिलाने वाला कोई समीप है। बहुत अन्दर गहरे कुछ चुभा-दुखा। बाहर की दुनिया में इतना ऐसा नाम। ख़ूब चमकता-सा आभा मण्डल। और अपने इस कमरे में अकेले बैठे यह शह्रयार।

कुर्सी के खिसकने की आवाज़ से यह जाना कि अब वो इधर आने ही वाले हैं। पास आगे तो मैं खड़ा हुआ। महीनों से बीमार किसी मरीज़ की-सी चाल। झुकी-झुकी-सी गर्दन। मुरझाया-सा चेहरा। सामने के सोफ़े पर आहिस्ता-आहिस्ता ऐसे बैठे जैसे बड़ी मुश्किल-सी कोई चढ़ाई चढ़ रहे थे वो। बैठ चुके तो दिखा कि आज तो उनका पेट भी पहले से कुछ ज़्यादा ही बाहर निकला दिख रहा है। यह भी पहली बार देखा कि आज वो सोफ़े की पुश्त से पीठ सटाये सीधे-तने से नहीं बैठे हैं—बल्कि दाहिनी कुहनी सोफ़े पर टिकी है और वो उसका सहारा लिए कुछ-कुछ झुके-झुके से बैठे हैं। आँखों में कैसी भी कोई चमक नहीं। बोलने जैसी कोई इच्छा भी नहीं! मेरी ओर देखने से बचने के लिए इधर-उधर घूमती उनकी आँखों की घबराई-सी कुछ कोशिशें!

—क्यों, ठीक तो हैं न आप? ऐसे थके-थके-से...?

बोलना बता रहा है कि वो बोलने से बचना चाह रहे हैं– 'हाँ, वो... तबीयत ठीक नहीं है...।'

—मैंने बारह को– और उसके बाद भी आपको फ़ोन किए...घंटी बजती रही...।

—'हाँ– वो बारह को तो मैंने भी मिलाना चाहा था– पर मिला नहीं। इंतिज़ार साहब से आप की बात करानी थी न...!' जैसे-तैसे बाहर लाया जा रहा था एक-एक शब्द। जैसे ज़बरदस्ती कहने भर को कहा जा रहा हो वो सब!

—'वैसे, महसूस क्या कर रहे हैं इन दिनों आप?

महीनों से निर्जल-निरान्न रह रहे किसी रोगी की-सी आवाज़– 'यही कि थकान है– और अजीब-सी बेदिली है...।'

—'जी, शायद थकान ही है। लम्बी-लम्बी लगातार की इतनी ये यात्राएँ! और अब उम्र का भी तो अंतर है न!' चुप– जैसे कुछ सुना ही न हो– 'अब आप अपनी यात्राओं पर थोड़ा अंकुश लगाइएगा। आराम कीजिए थोड़ा अब।' जैसे वो वहाँ थे ही नहीं! मैंने झुककर उनके और पास आते हुए ज़रा तेज़ आवाज़ में पूछा– 'कोई दवा ली? किसी को दिखाया था क्या?'

—'हाँ, कल दिखाया था डॉक्टर को!'

—'तो............?'

—'तो, क्या—उसकी वजह ही समझ में नहीं आई कोई!'

—'मतलब....?'

—'मतलब यही कि इस बेदिली और थकान का सबब क्या है— वो भी नहीं समझे!'

—'फिर भी- कुछ तो कहा होगा? कुछ तो सलाह दी होगी?'

—'हाँ, यही कि आपको इतना सब मिला है। तमाम, दुनिया की चीज़ें हैं आपके पास। फिर यह मायूसी— यह उदासी...।'

चुप्पी की उम्र बढ़ती ही जा रही थी! सूझ नहीं रहा था कि अब और क्या कहूँ! तभी अचानक हुआ यह कि शहरयार साहब मुझे एक बहुत छोटे, कोमल, भोले, बीमार बच्चे जैसे दिखने लगे। उन्हें देखते रहने के उन क्षणों में मुझे अतीत में अपने बीमार पड़ने के कुछ मौक़े याद आने लगे। चमत्कार की तरह का कुछ घटा और उस सोफ़े पर बैठा-बैठा मैं यकायक जैसे अपनी ही माँ हो गया था। हाँ, अपनी माँ—जो मेरे सिर के ज़रा-सा दुखने भर से विचलित होने लगती हैं। मेरे ज़रा-ज़रा से दुख-दर्द के लिए अनगिन-अनजाने लोगों को ज़िम्मेदार ठहराने लगती हैं। दिन-रात में कई-कई बार मेरी नज़र उतारने का क्रम शुरू कर देती हैं।

मैंने कमरे की उस उदास ख़ामोशी को अपनी हँसी की मंद-सी आवाज़ से दूर भगा देना चाहा था— 'दरअसल इतना सब पाया, पढ़ा, सुना है अपनी तारीफ़ में आपने इन पिछले दिनों में लगातार लम्बे समय तक कि...।' उनकी निगाहें सामने की दीवार के शीर्ष पर जमी-चिपकी हैं देर से— 'और फिर किसी को भला यह पता ही कहाँ होता है कि उसमें कौन किस नज़र से क्या देख रहा है— या किस भाव से क्या कह रहा है? निगाहों के हुजूम में कुछ बुरी नज़रें भी तो शामिल रहती ही होंगी। वो भी तंग तो कर ही सकती हैं न थोड़ा-बहुत! आप यदि घर चलें तो माँ बीमारी की बात सुनकर सबसे पहले आपकी नज़र उतारने में ही लग जाएँगी।'

मेरी हँसी की आवाज़ बढ़ चली थी। उनके चेहरे को ग़ौर से देखा कि शायद हँसी आने के कुछ लक्षण दिखाई देने लगे हों अब। पर— कोई प्रतिक्रिया नहीं। पहले कभी ऐसा कुछ अगर कहा गया होता तो भले ही शहरयार साहब उसे स्वीकार करते या न करते— पर हँसते ज़रूर— ख़ुश भी होते।

—'अच्छा, होम्योपैथी की दवा लाऊँ तो उसे ले लेंगे?'

न ना, न हाँ! विचित्र अटकी-भटकी-सी निगाहें! पूछने के साथ ही पिछले अनेक ऐसे अवसर याद हो आए जब उन्होंने ख़ूब दृढ़ता के साथ कहने के बावजूद स्वास्थ्य

सम्बन्धी कई सुझावों-सलाहों पर क़तई अमल नहीं किया— और उस बाबत पूछने पर महीनों-महीनों फ़ायदे की बात कह-कहकर बहलाते-टहलाते रहे थे। मनाने के से अंदाज़ में थोड़ी-थोड़ी ज़िद की। ज़िद करते समय उनकी अपनी कुछ ख़ास ज़िदों का भी ध्यान था— खुद के स्वास्थ्य को लेकर उनकी लापरवाही, कोताही और काहिली का भी ख़याल था— और आख़िरकार उनसे 'हाँ' कहलवा ही ली। मान गए कि मैं दवा ला दूँगा तो वे समय से उसे खा लेंगे। 'हाँ' सुनकर मन पहले की तरह झट से आश्वस्त नहीं हुआ था। अजीब-सी थी उनकी आज की वो हाँ। अंदर से— मन से कही गई तो क़तई लग ही नहीं रही थी। हो सकता है मेरे अनुरोध या आग्रह के कारण केवल कहने भर को कर दी गई हो!

झुके-झुके-से उनके उस बैठने ने...और मुझे देख सकने तक की ऊँचाई तक बार-बार उठती-फिसलती उनकी दृष्टि ने मुझे अजीब-सी एक सिहरन और फ़िक्र से लबालब कर दिया! कैसा भी कोई मरीज़ हो— डॉक्टर के पास तक अकेले जाने, अपना इलाज कराने-चलाने से बचता-घबराता ही है! अगर क़रीबी कोई अपना तीमारदार न हो तो सभी मरीज़— कोई भी मरीज़ रोग के बारे में कुछ भी कहने-बताने से बचता तो है ही। फिर ये तो शहरयार साहब हैं— ख़ास क़िस्म के तन-मन, संवेदना-सोच शायरी, शोहरत और सम्मान वाले— शायर शहरयार साहब! इस हद का इतना इनका यह अकेलापन न होता तो शायद...। उन्हें उस मुद्रा में बैठे देख देश-विदेश के अनेक अदीबों-दानिशवरों के अलीगढ़ आने के वो हिस्से याद आने लगे जब उनकी सुविधा और ख़ातिरदारी में शहरयार साहब ने कहीं कोई कमी नहीं रहने दी थी।

कुछ कहना चाहने और न कह पाने की उस कशमकश के बीच ज़रा पहले कहे अपने कुछ वाक्यों का ध्यान हो आया। ध्यान के उस हो आने के साथ ही सहमता-चौंकता-सा यह विचार भी आया— कितना विचित्र और हास्यास्पद होता है यह कि किसी के रोग- शौक़ के बारे में ज़रा कुछ भी सुन-जानकर ऐरा-ग़ैरा भी सीख और नसीहतें देने पर उतर आता है। मरीज़ को न जाने कब-कब के कहाँ-कहाँ के परहेज़ और इलाज बताना शुरू कर देता है। किंतु तभी यह भी लगा कि ऐसा ये सब कहने का इससे बेहतर अवसर आगे के दस-पाँच दिन में शायद ही हाथ लगे। यह कहा जाना ज़रूरी है। और फ़िलवक़्त वो सुन भी बिना किसी नानुकर के रहे हैं— 'अब मेहरबानी करके अपनी यात्राओं पर रोक लगा दें आप! कुछ दिन आराम ज़रूरी है। यह थकान है— और कुछ नहीं! कार से जाने में क्या कम थकान होती है! यहाँ से दिल्ली तक की सड़क की जो हालत है उसमें अच्छे-अच्छों के पहलवानी जिस्म भी चीं बोल जाते हैं। हफ़्तों-हफ़्तों टूटते-दुखते हैं।' जितने ध्यान से वह सब सुना गया, उससे लगा कि इसमें

से कुछ पर ही सही—अमल ज़रूर होगा! और देखिए कि अगले ही पल लगा कि जैसे अज्ञात कोई चुपके से वहाँ आकर दौड़ती-सी मेरी उस उम्मीद को टँगड़ी मार गया है।

उनके एकदम पास-ठीक सामने खड़ा था मैं। किताबों-काग़ज़ों से लदी-फदी रही आने वाली उनकी छोटी-सी वो मेज़ भर थी हम दोनों के बीच। वो अब भी सोफ़े पर बैठे मुझे रीती-फीकी-सी निगाह से देखे जा रहे थे। जम-सी गई पत्थर-पत्थर निगाह। बहुत अजीब सा बेगानापन था उसमें। पहचानने की अनमनी-सी कोशिश करती उनकी उस निगाह ने संकेत किया कि उनके होठ कुछ कहने को आकुल-आतुर हैं। फुसफुसाहट जैसी उनकी वह आवाज़ मेरे कानों तक आई—'अठारह को रुड़की जाना है, बाईस को चंडीगढ़... चौबीस को दिल्ली, अट्ठाईस को कलकत्ता और फिर दिल्ली... ।' झुँझलाहट को व्यक्त होने से बरजा! आशंका थी कि कुछ भी ऐसा-वैसा कहा जाना उन्हें पीड़ा पहुँचा सकता है। यह सोचकर अच्छा भी लगा कि शह्रयार साहब स्वास्थ्य को लेकर न चिंतित हैं, न भयभीत! इस हाल में भी यदि उन्हें किसी की फ़िक्र या प्रतीक्षा है तो केवल अपनी यात्रा की— वहाँ होने वाले कार्यक्रमों की! अपने सब कुछ को भूले-भुलाए हुए— सब कुछ से बेफ़िक्र शह्रयार साहब!

अपनी जगह खड़े-खड़े चलने की इजाज़त चाही। गर्दन भर हिली। चश्मे के पार से दिखती उनकी आँखों को देखा तो लगा कि मेरे आने का ही नहीं, जाने के भी वक़्त का आज उनका यह देखना नितांत भिन्न और विचित्र है! न कोई आखर, न आवाज़—फिर भी कानों ने उनकी आँखों को यह कहते हुए सुना कि तुम कुछ और देर यूँ ही खड़े रहो! मालूम था कि आज वो हमेशा की तरह दरवाज़े पर आकर विदा करने की स्थिति में नहीं हैं— पर उनकी आँखें...उनकी वो दृष्टि! क्या उसे भी यह याद नहीं रहा कि उसे अबोले ही अपने ख़ास अंदाज़ में अलविदा कहना है! और तो और—उनके होठ आज यह क्यों भूल गए हैं कि 'शह्रयारीय रवायत और तहज़ीब' के मुताबिक़ घर से जाते व्यक्ति से हाथ मिलाते-मिलाते ख़ुदा हाफ़िज़ भी कहना है!

सीढ़ियाँ उतरकर नीचे आते ही पहले महताब हैदर नक़वी का नम्बर मिलाया। सारा हाल-चाल बताया। बातें रुकते ही लगा जैसे अनाम एक चिंता, अपरिचित एक डर मुझ पर हावी होने की कोशिश में है। क्या था वो सब अभी ज़रा पहले शह्रयार साहब के आसपास—उनके घर में? क्या सिर्फ़ उदासी? क्या सिर्फ़ अकेलापन? क्या सिर्फ़ अवसाद? अगर सिर्फ़ यही इतना भर है तो डर किस बात का? उदासी और अकेलेपन ने तो सदैव शह्रयार साहब की शायरी की आन-बान-शान में इज़ाफ़ा ही किया है! तो फिर क्यों था वैसा वो वीरान-वीरान सा सन्नाटा उनके आस-पास? वो बेहिसी, वो बेदिली-जिसका ज़िक्र शह्रयार साहब ने किया था—क्यों थी-क्या थी? कहीं यह सब आसन्न किसी बड़े संकट की पूर्व सूचना तो नहीं है? अंतरतम में का

कुछ काँपा-थर्राया! ज़ाहिदा ज़ैदी को दफ़्न किए जाने वाला दिन और स्थान याद आया। तो क्या तक़रीबन तब से...या उससे भी कुछ पहले से उदासी और ख़ामोशी के इस अनूठे शायर की ज़िंदगी के दरिया में कुछ और ऐसा-वैसा उबलना-उफनना शुरू तो नहीं कर चुका है? स्कूटर स्टार्ट करते-करते मन-मन दुआ की– हे ईश्वर, हमारे शह्रयार को हर संकट से बचाकर रखना! उन्हें स्वस्थ-प्रसन्न बनाए रखना!

19.3.11

आज ज़ाहिदा ज़ैदी की बड़ी बहन साजिदा ज़ैदी– जो मशहूर अफ़साना निगार रही थीं अपने दौर में– की शोक सभा थी उर्दू विभाग में। वहाँ शह्रयार साहब जिस उदास, उखड़े, अनुपस्थित अंदाज़ में दिखे थे, उसने बहुतों को हैरान-परेशान किया था। नक़वी साहब उन्हें अपने चैंबर में ले गए थे। वहाँ हम दोनों ने उन्हें हँसाने की ख़ूब कोशिशें की थीं। सब सुनते वे कुर्सी पर इस तरह से बैठे रहे थे जैसे कि उन्हें अपनी सुध-बुध ही नहीं थी। न जाने क्या-क्या कर-कहकर सहमे-डरे-से हम दोनों अपना भय भगाने में लगे रहे थे–'अरे हाँ, आज बाल नहीं काढ़े इसलिए उदास लग रहे हैं।' नक़वी साहब ने तुरंत अपनी जेब से मुन्ना-सा एक कंघा निकाला और ठोड़ी थाम कर इस ऐतियात और दुलार से उनके बाल सँवारने लगे जैसे कोई माँ अपने अबोध किसी आँख के तारे के बिखरे-बिगड़े बाल सँवारती है। वो भी चुप बैठे बहुत प्यारे-अच्छे बच्चे होकर बाल सँवरवाते रहे देर तक। हमेशा बन-सँवरकर घर से बाहर क़दम रखने वाले शह्रयार साहब को उस तरह बेज़बान, बेजिस्म हुए-से वहाँ बैठे देखना बहुत चुभा, बेहिसाब खला। ज़रा एकांत मिला तो मैंने कल डा. सुचेन अग्रवाल से मँगवाई होम्योपैथी की दवा दी। कई बार समझाया कि एक और दो नम्बर वाली पुड़िया तब-तब लेनी है। यक़ीन था कि इसे आज रुड़की जाते समय ले जाया नहीं जायेगा। अगर ले जाई गई तो खाने का कोई सवाल नहीं। इस उम्मीद में कि अगर साथ चली गई तो खाई भी जा सकती है– मैंने दो बजे से पहले फ़ोन से याद दिलाने की बात भी कई बार कह दी थी।

उर्दू विभाग के सेमिनार वाले कमरे में शुरू हुई थी साजिदा ज़ैदी की वो शोक सभा। उदासी और दुख की अधिकता ने माहौल को कुछ ज़्यादा ही भारी-भारी-सा कर दिया था। अध्यक्षता कर रहे क़ाज़ी साहब ने सारा ध्यान बार-बार उठ रही अपनी खाँसी को रोकने में लगा दिया। जब नहीं रुकती दिखी तो वे उठकर बाहर चले गए। वक्ता आते– बोलते रहे। शह्रयार साहब न जाने कहाँ क्या देखते-सोचते-से उदास-दुखी-से मंच की उस तरफ़ की कुर्सी पर बैठे थे। श्रोताओं की निगाह उनके चेहरे पर थी। उनके

हाव-भाव की जैसे सामूहिक पड़ताल जारी थी। अंत में डिपार्टमेंट के चेयरमैन ने शह्रयार साहब से बोलने की गुज़ारिश की। एकदम शांत उस वातावरण में श्रोता सुन-समझ ही नहीं पा रहे थे कि आज शह्रयार आख़िर बोल क्या रहे हैं! सबके चेहरे पर हैरानी थी। सब जैसे आँखों-आँखों में बात कर-करके एक-दूसरे से वजह जान लेना चाह रहे थे– इशारों-इशारों में अपनी आतुरता और बेचैनी प्रकट किए जा रहे थे।

फ़ोन दोपहर में दो की जगह तीन बजे करने का ध्यान आया। मालूम था कि जे.एन. मेडीकल कॉलेज के प्रिंसीपल साथ जा रहे हैं। सोचा कि उन्हें बता दूँ तो वो ध्यान से दवा खिलवा देंगे। फ़ोन किया तो चकित रह गया– 'हाँ, देर हो गई अलीगढ़ से चले। ठीक है ले लूँगा। पर डॉक्टर को अलकोहल का तो बता दिया होगा?' अच्छा लगा कि दवा साथ ले जाई गई है और खाने का इरादा भी है– 'आज परहेज़ कर लें तो अच्छा होगा।' फिर याद दिलाया– 'एक नम्बर वाली रात को सोने से पहले। दस-दस मिनट के अंतर से लेनी हैं दोनों पुड़िया।' सुनकर ख़ुशी तो हुई थी–पर विश्वास अब भी नहीं हो पा रहा था कि दवा ले ली जाएगी रात को!

और अगले दिन अचानक दोपहर में मोबाइल बजा– 'हाँ, ये नम्बर दो का क्या करना है?' ख़ुश हुआ मन विस्मित– यानी की दवा ले ली गई है कल रात! कमाल है, याद रहा दवा का लिया जाना! यानी कि अपनी इस स्थिति में ख़ुद भी चिंतित और परेशान हैं। अगर तंग न आ गए होते तो यूँ याद रखना या दवा लेने की परवाह करना– कैसे भी संभव नहीं था। बताया कि अब सात दिन तक कल ली गई दवा का असर देखना है। लाभ होगा तो यही दवा रिपीट होगी। नहीं तो सात दिन बाद दो नम्बर वाली लेनी है। ध्यान से सुना सब–'ठीक है।'

–आज मुशायरा है?

–हाँ!

–कल लौटेंगे?

–हाँ, कल–शाम तक!

–ठीक है, आप ख़ूब मन से, ख़ूब अच्छी तरह पढ़ें मुशायरे में!

24.3.11

कई बार फ़ोन किया पर उठाया नहीं गया। ग्यारह बजे उर्दू विभाग में डॉक्टर नक़वी से मिलना तय था सो सोच लिया कि उनसे जानकारी मिल जाएगी। वहाँ कई लोग बैठे थे इसलिए केवल इतनी बात हो सकी कि कल वो उनसे मिलने गए थे। उनके बताने में चिंता का भाव- था इस कारण बात न हो सकने ने मेरी चिंता और बढ़ा

दी। शाम पाँच बजे नक़वी साहब को फ़ोन किया तो मालूम हुआ—'उनके भतीजे से पता लगा कि शाम वो ग़ाफ़िल-से रहे थे। शायद नशे की वजह से।' फ़ोन पर देर तक हम दोनों ने उनके बारे में चर्चाएँ कीं। कई-कई कारण तलाशे, अनुमान लगाए—कहीं कुछ ऐसा तो नहीं हो गया इस बीच कि उसका ग़म जी रहे हों। किसी को न बता रहे हों। चुप-चुप अकेले-अकेले घुट रहे हों। निजी लेविल पर ज़रूर कुछ ऐसा हुआ है जिसे वो बताना नहीं चाह रहे। वजह तलाशने के क्रम में कहा-बताया गया— 'सुना था रामपुर के मुशायरे में ख़ूब गुस्सा किया था शह्‌रयार साहब ने। वहीं से दिल्ली चले गए थे। शायद वहीं कुछ हुआ है। तभी से उदास हैं। बेटों की बाबत बातें हुईं। अनुमान ही लगते रहे, किसी निष्कर्ष तक नहीं पहुँचा जा सका। मैंने रुड़की जाते समय किए गए फ़ोन के बारे में बताया। उनके फ़ोन आने का भी ज़िक्र किया। विभाग में हुई उस कंडोलेंस में उनके आने-बैठने को लेकर भी देर तक बातें कीं। अनेक तरह की चिंताएँ, आशंकाएँ-जीं। तय हुआ कि कल हम दोनों साथ-साथ शह्‌रयार साहब के यहाँ चलेंगे। वजह सीधे-सीधे उन्हीं से पूछेंगे। वजह जानना हमारा फ़र्ज़ भी है, अधिकार भी!

शाम पाँच बजे के आस-पास मोबाइल बजा। दूसरी तरफ़ नक़वी साहब थे। घबराहट हुई कि पता नहीं क्या कैसा सुनने को मिले। सुना तो चैन मिला—'अरे भई उनके भतीजे परवेज़ से बात हुई वो दिल्ली गए हैं। वहाँ से चंडीगढ़ जाएँगे। फिर यहाँ अट्ठाईस को लौटेंगे।' सुनकर खुद पर हँसी भी आई, तरस भी। पहले से मालूम था उनकी इन तिथियों की यात्राओं का। फिर भी फ़ोन न उठने पर क्या-क्या उल्टा-सीधा सोच लिया। कालिदास ने 'स्नेह' को ठीक ही 'पापशंकी' कहा है। नक़वी साहब बताए जा रहे थे— 'हाँ, परवेज़ ने बताया कि आज उन्होंने बिल्कुल नहीं पी तो तबीयत एकदम ठीक है। प्रोग्रेमिंग में ज़रा भी गड़बड़ नहीं है— यहाँ जाना है, वहाँ जाना है, ये करना है, वो करना है, सब कुछ हमेशा की ही तरह है। जी-सदमे के बारे में परवेज़ से भी जानने की कोशिश की थी— पर उन्होंने कहा कि ऐसी कोई बात नहीं है। आप देखिए कि मगध से गए हैं और वो भी बिना रिज़र्वेशन के। वहीं तुरंत टिकिट बनवाया और चले गए! पहले कभी ऐसा नहीं होता था हमेशा रिज़र्वेशन करा कर ही जाते रहे हैं। हाँ— एक आम मुसलमान की तरह परवेज़ यह ज़रूर सोच रहा था कि जिस हाल में पाँच-छह दिन से चचा क़ुरानशरीफ़ पढ़ रहे हैं, कहीं उस वजह से तो यह सब नहीं है। नशे की हालत में क़ुरानशरीफ़ के पढ़ने से भी तो ऐसा यह हो सकता है न? मैंने उसे समझाया कि यह सब कुछ नहीं है। मैंने कई बार देखा है कि बनियान-तहमद पहने बैठे वो क़ुरानशरीफ़ पढ़ रहे हैं।'

मेरे लिए यह सुनना नई एक जानकारी भी थी और चौंकाने वाली एक सूचना भी—'क्या किसी धार्मिक कारण से?'

—'नहीं, ऐसा कुछ नहीं। बस ऐसे कि खाली हैं तो चलो देखें कि क्या है-क्यों है! पर हाँ, भतीजा ज़रूर सोच रहा था। वो क्या, कोई भी आम आदमी यही सब सोचेगा कि क़ुरानशरीफ़ को ऐसे छूना-पढ़ना नहीं चाहिए!'

बाद में दोनों ने ही माना कि हो सकता है कि धर्म की तरफ़ उनका यह झुकाव मन के किसी दुख को हल्का करने की कोशिश हो! इन दिनों की हमारी बातचीत में यह बात कई बार आई थी कि शहरयार साहब के लिए कुछ दिनों को बच्चों के पास चले जाना चाहिए। वहाँ इनकी सेहत जल्द सुधरेगी— ये ख़ुश भी रहेंगे!

16.4.11

पिछले दो-तीन दिन से उनका ध्यान कुछ ज़्यादा ही आ रहा है। शायद इसलिए कि नक़वी साहब से ही मालूम हुआ था कि सोलह को शहरयार साहब को दुबई जाना है! सोलह-यानी आज! दुबई-यानी बड़े बेटे के पास। बहुत कुछ ठीक तो वे बम्बई वाले बेटे के पास पहुँचकर हो गए होंगे। उनकी तबीयत का ध्यान आते ही डॉक्टर महताब हैदर की याद आई। ताज़ा जानकारी पाने के इरादे से उन्हें फ़ोन मिलाया। प्रसन्न-आश्वस्त भाव से बताया गया—'हाँ भाई, शहरयार साहब की तबीयत अब बेहतर है।'

—'अब हैं कहाँ? क्या दुबई गए?'

—'अरे, तो क्या आपको मालूम नहीं है?'

—'नहीं तो। मैं उस दिन सात वाले कार्यक्रम में नहीं था। मालूम था कि आठ को मुम्बई चले जाएँगे। फिर सोचा कि बच्चों के पास पहुँचकर अब ठीक ही होंगे—इसलिए फ़ोन भी नहीं किया।'

—'अरे नहीं भई! उस दिन के कार्यक्रम में माइक उनके बिल्कुल पास ही ला दिया गया। फिर भी पढ़े क्या— बस फुसफुसाए, बुदबुदाए। घर लेकर गए तो कई लोग देर तक वहाँ इसलिए बैठे रहे कि कहीं ड्रिंक-ब्रिंक न कर लें। रात को भतीजे को उनके पास ही सुलवाया! दिल्ली तक भी एक आदमी साथ गया। वहाँ भी ड्रिंक को लेकर बहुत सावधानी बरती। और आप देखिए कि आठ को मुम्बई पहुँचे हैं— और नौ को दोपहर को आई.सी.यू. में भर्ती। बहत्तर घंटे वहाँ रखा गया। फिर कमरे में भेजा गया! अरे भई— वो क्लॉट था— पैरेलैटिक अटैक था। यहाँ ये डॉक्टर समझ ही नहीं पाये। ये टैस्ट, वो टैस्ट-बस टैस्ट ही कराते रहे। हाँ, मैंने बात की थी। ज़्यादा नहीं की कि पता नहीं कैसे हों। हाँ, दुबई वाला बेटा भी आ गया था— हाँ, अमेरिका

से आया था वहाँ! बिल्कुल—हाँ, भई बहुत मेहरबानी हुई ख़ुदा की। ठीक समय वहाँ पहुँच गये— वरना यहाँ तो डॉक्टर...और हाँ, हम सब भी तो... ।' थोड़ी देर तक भारी सी ख़लिश लिए एक चुप्पी हम दोनों के बीच ऐंठी-अड़ी-सी खड़ी रही थी। फिर दोनों ने पिछले दिनों में अपने-अपने सोचे-कहे पर अफ़सोस जताया था, दुख व्यक्त किया था। फ़ोन बंद होने के बाद भी देर तक बुत बना—सा बैठा रह गया मैं ख़ुद की भर्त्सना किए जा रहा था— अपने सोचे-कहे पर शर्मिंदा हुए जा रहा था। पिछले दिनों के कुछ कथन, दृश्य और दिन बार-बार याद आए जा रहे थे— ज़ादिहा ज़ैदी की मय्यत के साथ चलने वाला दिन, उनकी शोक सभा वाला दिन, उनके बालों को काढ़े-सँवारे जाने वाला दिन, उनके घर से आते समय बहुत किसी छोटे बच्चे की तरह प्यार-दुलार करके आने वाला दृश्य, उन पलों में उनके मुस्कराए जाने वाला दृश्य...और...हाँ, और...उस दिन नज़र उतरवाने की बात शुरू करते ही बताना कि हाँ, नज़र उतर गई...और भाभी ने उतारी थी कल...और...यह बताते समय उनका वो चेहरा-उस पर के वो भाव...और... ।

25.4.11

इन कुछ दिनों में शह्रयार साहब जिस और जितनी तरह से दिमाग़ पर हावी हैं—तीस-बत्तीस साल के उनके साथ के सम्बन्धों में पहले ऐसा कुछ कभी नहीं लगा! ध्यान है कि दिन में कई-कई बार उनकी तरफ़ मुड़ जाता है और कहीं से भी कुछ भी सोचना शुरू कर देता है—और फिर सोचे ही जाता है। अजीब-सा एक लगाव, विचित्र-सा एक अभाव और डराती-सी अनेक चिंताएँ उस सोचने में अपने आप आकर शामिल हो जाती हैं। कई दिन-कई बार कोशिश की उनसे बात करने की। मोबाइल के दोनों नम्बरों को मिलाया। 'ये क्या जगह है दोस्तो...' के बोल सुनाई देते रहे— घंटी बजती रही— पर उठाया नहीं किसी ने! मान लिया कि उनके पुत्र काम पर चले जाते होंगे...वे शायद उठा नहीं पाते होंगे। अगले ही पल ख़याल आया कि बेटे के आने पर उन्हें मिस कॉल्स की सूचना तो मिल ही जाती होगी। और अगर मिस कॉल की सूचना मिल जाती होगी तो यह कैसे संभव है कि वो ख़ुद फ़ोन न मिलाएँ। मिस कॉल किसी की भी हो, उसे देखते ही फ़ोन मिलाना उनकी आदत में है।

अभी तीन दिन पहले की ही तो बात है। नक़वी साहब से मालूम हुआ था कि अब किसी दूसरे अस्पताल में भी दिखाया गया है उन्हें— और अब पहले से बेहतर हैं। बातों-बातों में शह्रयार साहब के बहुत सालों के साथी एक वरिष्ठ अदीब का ज़िक्र आया। वे उन्हें देखने उनके घर गये थे— हाँ, मुम्बई जाने से दो

दिन पहले। देर तक घंटी बजाते रहे, दरवाज़ा खटखटाते रहे—अंदर से न कोई आया, न दरवाज़ा खुला। गुस्से में लौट आए और बिना कुछ जाने अपनी तरफ़ से शहूरयार साहब के साथ के अपने बहुत पुराने सम्बन्ध को हमेशा के लिए ख़त्म कर लिया। सुनाते समय न नक़वी साहब की हँसी रुक रही थी, न वहाँ बैठकर सुन रहे हम चारों लोगों की।

पता है कि दोपहर में दो बजे से चार बजे के बीच उन्हें आराम करने की आदत है। चार बजे के बाद फिर दो-तीन बार फ़ोन मिलाया। तब भी नहीं उठाया गया तो मन ख़राब हुआ। तो क्या अब लौटने के बाद हम लोगों को पहले वाले शहूरयार साहब से अलग कुछ बदले हुए शहूरयार साहब मिलेंगे? शाम को पाँच तीस पर उचाट-से मन से फिर नम्बर मिला दिया। और अबकी बार सात-आठ बार की घंटी के बाद उठ भी गया। मेरी कई बार की हलो, हलो के बाद आवाज़ सुनाई दी। हाँ, उन्हीं की आवाज़ थी—'मैं शहूरयार बोल रहा हूँ।'

—'कैसे हैं आप?'

—'मैं ठीक हूँ। हाँ मैं ठीक हूँ!'

—'हाँ, बम्बई में हूँ।...हाँ घर पर हूँ बेटे के पास। हाँ, मैं ठीक हूँ।'

आवाज़ में दम भी था और पहले वाला अंदाज़ भी। पर फिर भी उनका वह बोलना कुछ-कुछ मशीनी-सा लगा था—'हाँ, मैं ठीक हूँ, हाँ, मैं ठीक हूँ।' लेकिन इतनी इस बातचीत से, उनके यह सब कहने से बहुत चैन मिला, ख़ुशी हुई—'कब आएँगे आप?' मैंने दो-तीन बार दोहराया अपना वाक्य। उधर से कोई उत्तर नहीं। शायद मेरी आवाज़ उन तक पहुँच नहीं रही थी—या वे मेरा कहा समझ नहीं पा रहे थे।

3.5.11

बारह पैंतालीस पर अचानक उनकी याद का आना कुछ ज़्यादा ही ताक़त के साथ शुरू हुआ! दो-चार मिनट खुद को रोका। नहीं रुका गया तो उनके दूसरे वाले नम्बर पर फ़ोन मिला दिया। उन्होंने ही उठाया—'हाँ, प्रेम कुमार...।' आवाज़ पहले से काफ़ी साफ़ और तंदरुस्त थी। आज की आवाज़ में प्रकट होता रहा पुराना वाला वो प्यार भी था। मन-मन ईश्वर के प्रति कृतज्ञता व्यक्त की। लगा कि आँखें कुछ नम-नम सी होने लगी हैं—'हाँ, ठीक हूँ! बच्चे बहुत ख़याल रख रहे हैं।...अभी तो बम्बई में ही हूँ! परसों दुबई जाऊँगा। फिर दस-पंद्रह दिन वहाँ रहूँगा। हाँ, फिर देखो— शायद महीने के आख़िर तक अलीगढ़ लौटूँ। हाँ, ठीक है, नम्बर तो यही रहेगा वहाँ भी। ठीक है— चलो मैं कर दूँगा वहाँ से फ़ोन...।'

18.6.11

3.40 पर मोबाइल बजा। देखा– शह्‌रयार साहब का नम्बर था। चौंका-चहका-सा उछल पड़ा कुर्सी पर बैठा-बैठा। कई दिन से इंतज़ार था। दुबई जाने के बाद आवाज़ ही नहीं सुनी थी उनकी–'जी, कहाँ हैं आप?'

–हाँ, दिल्ली में हूँ। कल बम्बई जाना है।'

'अलीगढ़ का तो वहाँ डॉक्टर को दिखाने के बाद पता लगेगा। हाँ, ठीक हूँ वैसे। और हाँ प्रेम कुमार, हरियाणा से एक साहब का फ़ोन आया था। पंजाबी के हैं। कह रहे थे कि आपका लिया मेरा कोई इंटरव्यू पढ़ा है उन्होंने अभी हाल फ़िलहाल! कौन सा वाला आया है इन दिनों?'

मैंने बताया कि शायद उन्होंने पंजाबी की पत्रिका 'कहानी पंजाब' में जो प्रकाशित हुआ है–वो पढ़ा होगा। फिर कालीकट से आए डॉ. आरसू के फ़ोन की बाबत बताया– 'डॉ. आरसू कह रहे थे कि वहाँ की उर्दू की कोई संस्था आपको अपने यहाँ बुलाकर सम्मानित करना चाहती है। उस अवसर पर मलयालम की कोई पत्रिका आपका इंटरव्यू छापना चाह रही है। डॉ. आरसू ने मेरा लिया आपका इंटरव्यू मँगवाया था ताकि वो मलयालम में उसका अनुवाद कर दें। और हाँ, वो आपसे अपने कार्यक्रम के लिए तारीख़ की बात करने की कह रहे थे।'

–'ठीक है–बम्बई पहुँच कर बताता हूँ!'

मैंने फ़ोन करने के लिए आभारयुक्त प्रसन्नता व्यक्त की– 'मेहरबानी करता-सा लगा है आपका आज का यह फ़ोन। सच में इन दिनों आपकी आवाज़ सुनने को तरस गए हैं हम लोग...।'

1.7.11

कल शाम फ़ोन आया। बताया कि ज्ञानपीठ वाला कार्यक्रम अगस्त में हो रहा है–'तुम्हें मेरे बारे में छह-सात पेज का एक आर्टीकल तैयार करना है। बायोडेटा तुम पर भी होगा ! नहीं हो तो अपना ई मेल एड्रेस भी भेजो।' मैंने शाम को बेटे से ई मेल एड्रेस भिजवा देने की कहकर अलीगढ़ आने के बारे में पूछ लिया। स्वर में झल्लाहट आ मिली–'अरे, अभी कहाँ? अभी एक महीना लगेगा।'

आज सुबह ऊपर के कमरे से आया तो पता चला कि लैंडलाइन वाले फ़ोन पर शह्‌रयार साहब का फ़ोन आया था! बात कर लेने की कह रहे थे। आश्चर्य हुआ–उन पर लैंड लाइन नम्बर...और वो भी मुम्बई में...? फ़ोन किया। क्रोध मिला झल्लाता-सा स्वर सुनाई दिया–'तुमने एड्रेस भेजा नहीं! अब पोस्टल एड्रेस नोट कराओ!' घर का

पता नोट कराया तो पूछा—'क्या कॉलेज के पते पर भेजना ठीक नहीं रहेगा?' मेरा बताया पता दोहराया—'अरे—ये कॉलोनी के नाम से पहले क्या कोई नम्बर-वम्बर नहीं है?'

नहाना शुरू ही किया था कि पंकज फ़ोन लिए दरवाज़े पर—'पापा, शहूरयार साहब का फ़ोन है!' इतनी जल्दी दोबारा फ़ोन आने से चौंका! कारण का अनुमान करते-करते भीगे हाथों से मोबाइल थामा—'हाँ, क्या बोला था-कृष्णााश्रम कॉलोनी...?' बताया कि नहीं—'कृष्णाधाम कॉलोनी!'

और अब कॉलेज में था कि दो-पैंतालीस पर फिर फ़ोन—'हाँ, डी.डी. न्यूज़ पर लाइव प्रोग्राम आ रहा है—देखना उसे।'

तीन-बीस पर फिर फ़ोन—'अरे, नहीं भई, आज नहीं आ रहा, कल आएगा। नौ-तीस पर रात को। उनका कोई कार्यक्रम होता है उसमें दे रहे हैं...।'

एक दिन में इतनी बार फ़ोन! ख़ुशी हुई और शहूरयार साहब की अपनी इन निजी विशिष्टताओं के लिए सम्मान का एक भाव भी जागा। ऐसी सक्रियता, यह पाबंदी, सब कुछ को ठीक और पूरे मन से—अच्छे व्यवस्थित ढंग से संपादित करना, दूसरों को अपनी वजह से कोई परेशानी न होने देना—ऐसा और भी बहुत कुछ है जो शहूरयार को अलग और ख़ास बनाता है।

15.7.11

ग्यारह-बीस पर फ़ोन आया—'हाँ भाई, आर्टीकल मिल गया। बहुत अच्छा है।' दूसरे वाक्य के बहुत मिठास और स्नेह के साथ बोले गए शब्दों को सुनकर गुदगुदाती-सी सिहरन हुई। मैंने अभिवादन किया—'अब इसे आप भिजवा देंगे न? उत्तर मिला—'हाँ'

—'अब मेरी चिंता तो ख़त्म हुई न?'

—'हाँ, अब तुम्हारी डाक-वाक की चिंता ख़त्म!'

8.8.11

कई बार—कई बार क्या अनेक बार होता है यह! लगभग सभी के साथ। कम या ज़्यादा। हमें मालूम होता है— पर हम मानना नहीं चाहते! ज्ञात को भूलने-भुलाने की नाकाम कोशिशें किए जाते हैं। मालूम था—काफ़ी पहले से मालूम था कि शहूरयार साहब को सात अगस्त को अलीगढ़ आना है—पर उतने उन दिनों को मन केवल उतने ही नहीं मान पा रहा था। संख्या के हिसाब से नहीं—इंतज़ार और यातना और जल्द से जल्द देख सकने की अधीर बेताबी के अनुसार वह उन दिनों की गणना किए जा रहा था। जितने भी दिन थे वे, पर लगता यही रहा था कि इंतज़ार का बेहद तवील-सा दौर था वह! ज्यों-ज्यों सात तारीख़ क़रीब आती जा रही थी—हम दोस्तों

के बीच शहरयार-केंद्रित बातों-चर्चाओं में बढ़ोत्तरी होती जा रही थी!

और जब सात तारीख़ आ गई—तो आश्चर्यजनक और मज़ेदार बात यह कि उस पूरे दिन उन्हें फ़ोन करने या दोस्तों से उनके बारे में कुछ भी जानने-पूछने से बचता रहा! शाम भी हो आई। विभाग से चलते समय मन को समझा लिया कि रात को फ़ोन कर लूँगा। नन्हा-सा ही सही-पर अंदर कहीं यह भाव कई बार आया कि पहले उनका फ़ोन आना चाहिए। विभाग से चलकर अचल ताल तक ही आया था कि मोबाइल बजा! स्कूटर रोककर बिना नम्बर देखे सुनना, शुरू—'हाँ भई प्रेमकुमार, हाज़िर हो गये हैं हम अलीगढ़ में!' खनन खनन खन खन कर घुँघरूँ की तरह बजती मिस्री-मिस्री आवाज़। एक वाक्य सुनते ही मन कुछ का कुछ हो गया। सड़क पर खड़े-खड़े ईश्वर के प्रति आभार व्यक्त किया।

आठ की सुबह नक़वी साहब से बात हुई। तय हुआ कि ग्यारह बजे मैं उनके विभाग पहुँच जाऊँगा। वहाँ से साथ-साथ चलेंगे हम दोनों उन्हें देखने! नक़वी साहब के चैंबर में पहुँचा तो वहाँ विभाग के कई और अध्यापक भी बैठे थे। उन्हें जब पता लगा कि शहरयार साहब अलीगढ़ आ गए हैं और हम दोनों उनके यहाँ जा रहे हैं तो वे लोग भी साथ चलने को अधीर-से हो उठे! अक़ील साहब की गाड़ी से चलना तय हुआ। जैसे तैसे हम चार लोग—प्रो. अक़ील अहमद, नक़वी साहब, सिराज अजमली साहब और मैं पीछे की सीट पर बैठे और अक़ील साहब की पत्नी डॉ. नीलम फ़रज़ाना आगे की सीट पर!

शहरयार साहब तब बाहर के कमरे में कुर्सी पर बैठे थे। हम लोगों के पहुँचते ही कुछ लोग कुर्सियाँ खाली करने के लिए उठ खड़े हुए। शहरयार साहब जिस तरह सबके आने पर स्वागत-सा कर रहे थे, जाने वालों को आने के लिए शुक्रिया कह रहे थे, बैठे लोगों से बातें कर रहे थे—वो सब देखकर लग ही नहीं रहा था कि वे अस्वस्थ हैं। हर आने वाले से हाथ मिलाना, कुशल-क्षेम पूछना, घर-परिवार की बातें करना—हँसी-ठहाकों में साथ देने के लिए होठों-होठों में मुस्कराते जाना...। आने वालों का जैसे ताँता ही लग गया था। आने वालों को देख पहले से बैठे लोगों में से कुछ स्वतः ही उठ खड़े होते और चलने की इजाज़त माँगने लगते!

यूँ उस दिन ज़्यादा बातें नहीं हुई थीं—पर हाँ, यह जाना कि अलीगढ़ के जिन कुछ लोगों ने अमिताभ बच्चन द्वारा ज्ञानपीठ पुरस्कार दिलाए जाने को लेकर पिछले दिनों विरोधी बयान दिए थे—उनकी पूरी जानकारी शहरयार साहब को थी। लेकिन यह सब बताने के समय हममें से किसी के भी बयान के प्रति उन्होंने ज़रा भी शिकायत या असहमति का भाव प्रकट नहीं किया था।

13.8.11

हम कुछ लोगों को मालूम था कि वे मेडीकल कॉलेज में दिखाने—थैरेपी लेने जा रहे हैं—पर जिस तरह कल के 'अमर उजाला' में उनकी अस्वस्थता का समाचार छपा उसने बहुत तकलीफ़ पहुँचाई! उन्हें अस्पताल में भर्ती हुआ बताया गया। काफ़ी विस्तार से कुछ इस तरह समाचार दिया गया जैसे किसी के दिवंगत होने के बाद वह सब दिया—लिखा गया हो। समाचार दिए जाने के पीछे की भावना दूषित नहीं थी, पर उसकी प्रस्तुति और भाषा ठीक नहीं थी। बीमारी का बयान भी कुछ इस तरह किया गया कि जो भी परिचित-क़रीबी पढ़े, वो परेशान हो! समाचार पढ़कर मन देर तक ख़राब रहा—लोगों का अब देखने आना शुरू होगा। फ़ोन्स आएँगे। बीमारी की इस हालत में यह एक और नई मुसीबत! अभी तक उनके क़रीबियों की यह कोशिश रही थी कि बीमारी के नाम पर व्यर्थ का शोर-शराबा न हो। आवेश और उत्तेजना के उन तकलीफ़देह क्षणों में स्थानीय संपादक को फ़ोन मिलाया। वो शहर से बाहर थे। उनके दफ़्तर के जिन सज्जन से बात हुई उन्हें बहुत तरह से समझाने के बाद भी यह समझ नहीं आया कि इस समाचार का प्रभाव, परिणाम या संदेश आख़िर कैसे और क्यों ग़लत हो सकता है। अन्ततः शहरयार साहब को फ़ोन मिलाया। अपनी आपत्ति और झुँझलाहट उनसे व्यक्त कर मन हल्का कर लिया!

ज़रा देर को हल्का हुआ मन बाद में और भी अशांत हो उठा। संयोग से कुछ देर बाद नवीन पटेल का फ़ोन आ गया। समाचार के उस तरह दिए जाने से वो भी नाखुश थे। उनकी इच्छा थी कि अगर मुझे आजकल में शहरयार साहब के यहाँ जाना हो तो मैं उन्हें भी साथ ले चलूँ। तय हुआ कि आज ग्यारह-सवा ग्यारह के बीच हम लोग दुबे के पड़ाव वाले ओवर ब्रिज पर मिलते हैं और वहाँ से साथ-साथ चल देंगे। नवीन को आने में देर लगी। रक्षा बंधन वाला दिन। तेज़ चुभने वाली वो धूप। इंतज़ार करने के समय ने थकाया-कष्ट दिया। बारह-दस पर जब हम लोग सफ़ीना अपार्टमेंट के उनके नए लिए घर के दरवाज़े पर पहुँचे तो वो अंदर से बंद था। खटखटाया। शहरयार साहब के बेटे हुमायूँ ने खोला। खोला—पर खोलने और बात करने का अंदाज़ बता रहा था कि उन्हें हमारा वह आना अच्छा नहीं लगा है। उनके चेहरे पर की झुँझलाहट और आँखों में की अनिच्छा को अनदेखा कर हम शहरयार साहब वाले कमरे की ओर बढ़ चले। वहाँ पहले से ही प्रो. अबुल कलाम कासमी, महताब हैदर नक़वी, समाजशास्त्र विभाग से सेवानिवृत्त हुए प्रो. माथुर और दो अन्य अपरिचित लोग बैठे थे। कुछ थके-थके कमज़ोर से दिखे थे शहरयार साहब! मालूम हुआ कि फ़ीज़ियोथैरेपिस्ट अभी-अभी हाथ-पैरों की मालिश करके गया है। मुझे नासिरा शर्मा पर आई अपनी नई किताब दिखानी थी। दिखाई। लेटे-लेटे देर तक उलट-पुलटकर

देखा-पढ़ा। नवीन को अभी पिछले दिनों वाणी प्रकाशन से आया फ़ैज़ का वो संकलन दिखाया जिसे शह्रयार साहब और नक़वी साहब ने सम्पादित किया है। उसमें शुरू में शह्रयार साहब से फ़ैज़ की शायरी के बारे में मेरे द्वारा की गई एक बातचीत भी शामिल है। नवीन ने क़ई बार संकलन के बारे में उनसे बात करनी चाही–बार-बार यही कि यह तो नक़वी से पूछ लो या फिर प्रेमकुमार बता देंगे। नवीन के आग्रह पर दो-चार वाक्य कहे और फिर कह दिया गया कि नक़वी से पूछ लो। सबको सुनाते-से कहा गया-माथुर साहब खाने पर बुलाने के लिए आए हैं–पर मैं जा कैसे सकता हूँ। उर्दू विभाग से दो शोध छात्राएँ उन्हें देखने आई हैं। बहुत स्नेह और विस्तार से तबीयत का हाल बताया जा रहा है। सर सैयद लाइफ़टाइम अचीवमेंट अवार्ड दिए जाने वाले कार्यक्रम के सम्बन्ध में बातें करने के इंतज़ार में दो लोग काफ़ी देर से वहाँ बैठे हैं। अचानक से उनकी ओर मुख़ातिब हुए–'हाँ, आप लोग भी कार्यक्रम के बारे में कासमी और नक़वी से ही तय कर लें।' उन लोगों के उठने के साथ ही हमने भी चलने की इजाज़त चाही। चलते-चलते आदेश की-सी मुद्रा में बताया गया कि उर्दू विभाग का चौदह अगस्त को होने वाला मुशायरा रमज़ान की वजह से ग्यारह बजे रखा है। बाहर आए तो दिखा कि हुमायूँ अब भी सहज नहीं हैं। वो नहीं चाहते कि शह्रयार साहब इन दिनों किसी ऐसे कार्यक्रम में जाएँ जहाँ उन्हें इन्फ़ेक्शन हो सकने की आशंका हो। इसलिए उनका कहना था कि दो-तीन लोग घर पर आकर शह्रयार साहब को यह पुरस्कार प्रदान कर जाएँ!

14.8.11

मुशायरे के लिए फैकल्टी लाउंज पहुँचा तो मालूम हुआ कि समय पर पहुँचने के सख़्त पाबंद शह्रयार साहब बाहर से आए दो और शायरों के साथ उर्दू विभाग के चेयरमैन के कमरे में बैठे हैं। ग्यारह बज चुके थे, किंतु अभी श्रोतोओं की संख्या बहुत कम थी। श्रोताओं की संख्या के बढ़ने का इंतज़ार किया जा रहा था। वाइस चांसलर समय पर आकर श्रोताओं वाले हिस्से में बैठ चुके थे। तक़रीबन पौन घंटे की देरी से कार्यक्रम शुरू हुआ। संचालक महताब हैदर नक़वी, कुलपति प्रो. पी.के. अब्दुल अज़ीज़, विशिष्ट आमंत्रित शायर कृष्ण कुमार 'तूर' तथा प्रो. अतीक़ुल्ला को मंच पर बैठने के लिए बुला चुके थे। श्रोतागण चुप बैठे अत्यंत उत्सुक भाव से अपने अज़ीज़ शायर शह्रयार के आने की प्रतीक्षा कर रहे थे। अब तक लाउंज की अधिकांश सीट्स भर चुकी थीं। और तभी– कमरे भर की आँखें दरवाज़े की ओर को दौड़ पड़ीं। सबने देर तक देखा था वो दृश्य–उर्दू विभाग के चेयरमैन अपने दो अन्य प्रोफ़ेसर साथियों के साथ एक व्हीलचेयर को मंच की तरफ़ ला रहे हैं। व्हील चेयर पर कोई और नहीं–

शहरयार साहब बैठे हैं। व्हील चेयर के पहियों ने ज्यों ही दहलीज़ लाँघी—चीं-ठक्क करती-कराहती सी एक आवाज़ हुई। जैसे बहुत भारी-भयावनी, स्तब्धकारी-सी कोई चीज़ इस दरवाज़े के सीने पर से होकर गुज़री हो। कमरे में की तमाम निगाहों का हुजूम एक झटके में दौड़ता-सा शहरयार साहब के जिस्म से जा चिपका था! कुछ ऐसे जैसे बहुत ताक़तवर किसी चुम्बक की चपेट में आते ही लोहे के कणों के कण उससे जा लिपटते हैं। फैकल्टी लाउंज के दंग-सन्न रह जाने को बताता देर तक का वह भारी सन्नाटा! उतनी उस देर को वहाँ का सब कुछ जमा-सा थमकर रह गया था। और फिर—ख़ूब ज़ोरदार अनगिन वो तालियाँ। देर तक बजाई जाती रहीं वो तालियाँ ही तालियाँ! स्वागत गीत गाती-सी वो तालियाँ, आगमन के लिए सम्मान-आभार व्यक्त करती तालियाँ— और हाँ, उनके शीघ्र स्वस्थ होने के लिए दुआएँ-प्रार्थनाएँ करती-सी तालियाँ!

मंच पर बैठे वो औरों से एकदम अलग दिख रहे थे। बहुत शांत-शांत और ठीक से सजे-सँवरे-से। कार्यक्रम शुरू हुआ। जो भी माइक तक आया—उसने सबसे पहले शहरयार साहब के प्रति अपना सम्मान प्रकट किया। कुलपति अत्यंत विनीत और गद्गद् भाव से शहरयार और उनकी शायरी की प्रशंसा किए जा रहे थे। जैसे ही उन्होंने शहरयार साहब के लिए चिकित्सा की विशेष व्यवस्था कराने की घोषणा की— पूरा लाउंज तालियों से गूँज उठा। कुलपति अंग्रेज़ी में कह रहे थे— 'शहरयार की अद्भुत इन उपलब्धियों के लिए यह विश्वविद्यालय और इसका उर्दू विभाग अपना सम्मान व्यक्त करता है— गौरव और कृतज्ञता का भाव प्रकट करता है। साथ ही उनके शीघ्र स्वस्थ होने की दुआ करता है।'

शहरयार साहब के पढ़ने की बारी आई तो कुलपति ने अपने सामने रखे माइक को स्वयं उठाकर उन तक पहुँचाया। पहुँचाया भी कुछ इस तरह कि उसने उनकी विनम्रता, ख़ुशी और शहरयार साहब के लिए उनके मन में के आदर भाव को साफ़-साफ़ व्यक्त कर दिया था। शहरयार साहब को कुर्सी पर बैठे-बैठे ही पढ़ना था। शुरुआत बहुत धीमी आवाज़ में हुई – 'ये दो ग़ज़लें सुना रहा हूँ'। लाउंज भर में चुप्पी के पाताल को छूती-सी एक ख़ामोशी– 'ये लिखी तो बीमारी से पहले गई थी—पर सुनकर लगता है कि जैसे मुझे मालूम था कि बीमारी वग़ैरह का।' और फिर ग़ज़ल का सुनाना शुरू– 'आसमां कुछ भी नहीं अब तेरे करने के लिए/ मैंने सब तैयारियाँ कर लीं हैं मरने के लिए।' सुनते ही बदन काँपने-सा लगा। सुन्न हुई-सी देह लिए बैठा उस दिन को याद करने लगा जब ज्ञानपीठ पुरस्कार मिलने पर जनवादी लेखक संघ अलीगढ़ ने शहरयार साहब को सम्मानित किया था। उस सम्मान समारोह में शहरयार साहब ने यही ग़ज़ल सुनाई थी। वह सुनना हमेशा के

लिए एक न भूलने वाली घटना बन गया था। वह इसलिए कि ज़ाहिदा ज़ैदी उस कार्यक्रम के ख़त्म होने से पहले घर चली गई थीं। ख़ूब अच्छी-ख़ासी थीं उस दिन। अगली सुबह अख़बार से जाना कि शहरयार साहब ने यह ग़ज़ल पढ़ी थी उनके चले आने के बाद। उन्हें बहुत अटपटा लगा था। उन्होंने अपनी भांजी से भी इसकी चर्चा की थी। उन्हें ऐतराज़ था कि शहरयार को अभी ऐसी ग़ज़ल नहीं कहनी चाहिए थी। और अजीब दुर्योग– कि उसके बाद ही अचानक उनकी मृत्यु हो गई थी।

श्रोता चित्रलिखित-से बैठे मुग्ध भाव से सुन रहे थे। फिर एक और ग़ज़ल। थोड़ी देर बाद उन्होंने घर जाने की इच्छा जताई तो कुछ और सुनाने का आग्रह हुआ– 'हाँ, ये शेर सुना रहा हूँ।' फिर दो और शेर सुनाए। बीच में कुछ याद नहीं आया तो सोचते-से थोड़ी देर अबोले बैठे रहे। इतनी इस देर में दर्जनों आवाज़ें उन्हीं का शेर उन्हें याद दिलाने के लिए उनकी तरफ़ को भाग छूटीं। वो शेर पूरा हुआ तो जैसे भूला-सा कुछ फिर याद किया जा रहा है। समझ नहीं आया तो श्रोताओं से ही पूछ लिया गया– 'अब और क्या?' मंच के ठीक पास बैठे प्रो. अबुल कलाम क़ासमी ने सुझाया तो पूरी एक ग़ज़ल सुना दी। उसके बाद एक और– फिर एक और। श्रोताओं के आग्रह और उनका मानते जाना। चलने की बात कहते-कहते शायरी की जगह अब नस्र शुरू हो गई– 'यह बदतमीज़ी कर रहा हूँ मैं बीच में जाने की। इसलिए कि मेरी सेहत एलाउ नहीं कर रही। बेटे ने जैसे-तैसे आने दिया है। मुझे आना था–इसलिए कि– एक तो चेयरमैन प्रो. जाहिद साहब का हुक्म। दूसरा– यहाँ इस विभाग से, इस मुशायरे से मेरा जो लगाव और रिश्ता रहा है– तो मुझे आना ही था। दरअसल थैरेपी चल रही है। ऐसे में मनाही है किसी पब्लिक प्लेस पर जाने की। इन्फ़ेक्शन का डर रहता है न। सो बेटा नहीं चाहता था कि मैं आऊँ। पर आया हूँ और अब जाना पड़ रहा है।'

शब्द थे कि बरस पड़ने को आकुल बदली की तरह लाउंज में भटकते-घूमते-से फैले-छाए जा रहे थे। शहरयार तब जो कुछ कह रहे थे– अपने अन्तरतम से कह रहे थे–और वह सब कह रहे थे जो उनके स्वभाव व संस्कारों में शामिल रहा है–उनके आचरण और सृजन में व्यक्त होता रहा है। अपने बेटे के बारे में उनका कहा सुनकर तुष्ट-सी एक प्रसन्नता का भाव मेरे मन में जागा। कल घर पर उनके बेटे की देखी कुछ मुद्राएँ और सुनी कुछ बातें याद हो आईं। पर कल के देखे-सुने में आज इस समय के सोचने ने काफ़ी बड़ा और बहुत अहम एक अंतर ला दिया था! अब से ज़रा पहले तक हुमायूँ का कल का जो किया-कहा अनुचित और अटपटा लगता रहा था– वह अब ज़रूरी-सा एक अनुशासन, प्रशंसा-योग्य कर्त्तव्यनिष्ठता और पितृभक्ति लगने लगा था!

15.8.11

सात को मुम्बई से यहाँ आने के बाद दो-तीन दिन तक सिर्फ़ निकट सम्बन्धियों को ही उनकी वापसी और बीमारी के बारे में पता था। आने के बाद शुरू के दो-एक दिन थके-थके कमज़ोर-से दिखे थे। मेडीकल कॉलेज में दिखाने-इलाज कराने जाना क्या हुआ अख़बारों ने कुछ ज़्यादा ही प्रमुखता से ख़बरें छापना शुरू कर दिया। कुछ की ख़बरों ने ऐसा कुछ संदेश फैला दिया कि उनकी स्थिति बहुत ख़राब है। और जो हुआ सो हुआ- पर उस ख़बर के बाद मिलने-देखने के लिए आने वालों का कई दिनो तक ताँता लगा रहा। देश-विदेश से परिचितों-मित्रों के फ़ोन आने का अटूट एक सिलसिला शुरू हो गया। सुबह-शाम दर्जनों-दर्जनों लोग उनके पास आ-जा रहे थे। उनका आना- बातें करना उन्हें थका भी रहा था— और अलग क़िस्म की एक ख़ुशी भी जिला रहा था। यहाँ आने के बाद हर अगले दिन वो कुछ न कुछ अधिक चुस्त-दुरुस्त दिखने लगे थे। ऐसे ही दिनों में से एक दिन मैंने उन्हें उनका बहुत पहले किया एक वादा याद दिलाया— 'आपने कहा था कि आप अपने कुछ अत्यंत अंतरंग और आदरणीय व्यक्तियों के बारे में कुछ बातें मुझे बताएँगे! आपने बताया था कि आप उन पर ख़ुद लिखना-चाह रहे थे काफ़ी दिनों से। अवसर नहीं मिल पाया या कहें कि शुरुआत ही नहीं कर पाए! तो अब— कुछ दिन बाद जब ये भीड़-भाड़ कुछ कम होने लगे.........तो क्या आप?' लगा कि उन्हें यह याद दिलाया जाना अच्छा लगा है। दिन भर में से थोड़ी निश्चिंतता और एकांत वाले समय की तलाश हुई। वे सुबह जल्दी किसी समय बुलाना चाहते थे— पर सुबह जल्दी आ पाना मेरे लिए आसान नहीं था। और अब इन दिनों तो कॉलेज भी खुल गया था— सो तय हुआ कि दो-एक दिन शाम पाँच बजे आकर देखा जाए पहले!

पहली बार गया तो फ़ीज़ियोथैरेपिस्ट एक्सरसाइज़ करा रहा था। वे पलंग पर लेटे थे। मैं उनके पलंग के इतने क़रीब जा बैठा कि बातें साफ़-साफ़ सुन-समझ सकूँ— 'प्रेमकुमार हमारी ज़िंदगी में जो कुछ भी हुआ उसका कोई लॉजीकल एक्सप्लेनेशन हमारे पास नहीं है। हम पढ़ने-लिखने वाले नहीं थे। हमने इंटरमीडिएट में ऐसे विषय लिए जो मुश्किल न हों— जिनमें मेहनत कम करनी पड़े। उर्दू, सिविक्स और हिस्ट्री। उर्दू इसलिए कि मेहनत नहीं करनी पड़ेगी। उर्दू जज़्बी साहब और मसूद हुसैन साहब— हाँ, जो बाद में जामिया के वी. सी. रहे— पढ़ाते थे।' तभी बैंत का सहारा लिए-लिए झुककर चलते-से एक बुज़ुर्ग ने कमरे में प्रवेश किया। बहुत आहिस्ता से कहा गया— 'कि किरमानी साहब आए हैं— अब आगे की बातें राज़ की बातें हैं— सो...।'

कुर्ते-पाजामे में सामने कुर्सी पर बैठे उन आगंतुक को ध्यान से देखा तो याद आया कि उनसे मुनीबुर्रहमान साहब के यहाँ एक बार मुलाक़ात हो चुकी है। मुनीब

साहब ने बताया था की किरमानी साहब ए.एम.यू. में पर्शियन डिपार्टमेंट में चेयरमैन रहे हैं पहले! किरमानी साहब ने पहचाना तो नहीं पर जब उन्हें उस दिन का ध्यान दिलाया गया तो उन्हें उस मुलाक़ात की स्मृति ज़रूर हो आई। सलाम-दुआ के बाद किरमानी साहब ने शहूरयार साहब से तबीयत के बारे में जानना चाहा ही था कि सिरहाने रखा मोबाइल बज उठा— 'हाँ, हाँ बोलिए बेदार साहब...।' जो भी फ़ोन सुन रहा होगा उसे लगेगा ही नहीं कि इनकी तबीयत-फबीयत भी कुछ ख़राब-फ़राब रही होगी—'मेरे हाल ठीक भी हैं, नहीं भी हैं।' नर्म-नर्म खिली-खिली-सी हँसी हँसे जा रहे हैं— 'हाँ, हाँ आइए- तशरीफ़ लाइए। हाँ, उसी बिल्डिंग में हूँ—पच्चीस नम्बर में। नीचे है वो। इलाज चल रहा है। हाँ, बाद में बताऊँगा। छोटा बेटा यहाँ पहुँचा के चला गया है। बड़ा है अब यहाँ— वो भी सुबह को चला जाएगा। एक हफ़्ते बाद फिर वापस आएगा।' लेटे-लेटे हाथों-कंधों की एक्सरसाइज़ कराई जा रही है। बातें थमीं तो बताया गया है— 'कैनेडा से बेदार बख़्त का था! तीस को अलीगढ़ आ रहे हैं।' किरमानी साहब को मेरा परिचय देने के बीच अचानक से रुके— 'अरे हाँ, प्रेमकुमार कभी किरमानी साहब से बात करो! क़ाज़ी साहब के बारे में जितना ये बता सकते हैं और कोई नहीं।' घुटनों की एक्सरसाइज़ करा चुकने के बाद अब बैठकर किरमानी साहब के साथ बातें शुरू हो गई हैं— 'हाँ, पता नहीं था— दरअसल यह एक्सरसाइज़ शाम को रोज़ होनी है।...हाँ, हाँ क्यों नहीं! इससे मॉरल स्ट्रेंग्थ महसूस कर रहा हूँ मैं।'

—'बाद में पता लगा कि आप कल डिपार्टमेंट के मुशायरे में गए थे। सुना तो अच्छा नहीं लगा था— पर अब लग रहा है कि आपका वो मूवमेंट ग़लत नहीं था। हाँ, कुछ लोग कह रहे थे कि इस हाल में वहाँ क्यों आए आप!'

—'मैं ख़ुद अगर किसी और को ऐसे हाल में आता देखता— वो चाहे कोई भी होता- तो मैं भी क्रिटीकल होता!'

थैरेपिस्ट ने पैर की मालिश रोककर उन्हें खड़ा होने के लिए इशारा किया है। वॉकर उन्हें थमाकर थैरेपिस्ट उनके साथ-साथ चल रहा है। शहूरयार साहब को वॉकर के सहारे चलते देखना-उफ़, अजीब-सा वेदनादायी एक अनुभव था वह! फुसफुसाती हँसी मिली शेर के पढ़े जाने जैसी एक आवाज़ सुनाई दी। बहुत ध्यान देकर सुनना चाहा, पर समझ नहीं आया। किरमानी साहब ने दोहराया है— 'हाँ, ग़ालिब का शेर है—तेरे वादे पे जिये हम तो ये जान झूठ जाना/ कि ख़ुशी से मर न जाते अगर ऐतबार होता।' बाहर के कमरे तक के दो चक्कर लगाकर पलंग पर आ बैठे हैं। किरमानी साहब से मुख़ातिब हैं। इतने इस चलकर आने से थकान में कुछ नफ़ी हुई है, मुस्कान और चमक में इज़ाफ़ा हुआ है। अतीत की बातों में इतने ऐसे खोते जा रहे हैं कि

मेरा वहाँ होना भी जैसे उन्हें याद नहीं रहा है। किरमानी साहब ने जज़्बी साहब का ज्यों ही ज़िक्र छेड़ा, शहरयार साहब को झट से आज से बहुत दूर के अतीत में बसी अपनी स्मृतियों की बस्ती में चल पड़ने की याद हो आई— 'जब जदीदियत शुरू हुई तो जज़्बी साहब उसके ख़िलाफ़ थे। उन्होंने कहना शुरू किया कि अब मैग्ज़ींस का स्टैंडर्ड गिर गया है। उनके बारे में मशहूर था कि वो नई मैग्जींस खोलते भी नहीं थे। पता नहीं कैसा क्या पढ़ना पड़े। आख़िरी ज़माने में वो रेडियो सुनने लगे थे—सो जो शायरी गांई जाती थी, उसे पसंद करने लगे थे। जावेद अख़्तर की वो ग़ज़ल है न...हाँ, तुमको देखा तो ये ख़याल आया। ज़िंदगी धूप तुम घना साया— उसे पसंद करने लगे थे। हमने उनसे सीखा भी काफ़ी है। कलाम का इस्लाह भी लिया है। वो यहाँ सिर्फ़ हमें मानते थे— जी— जितना जो मानते थे!'

आवाज़ में आदर भी है, आभार भी। मोबाइल बजा तो देवेन्द्र को पुकारा गया। मोबाइल हाथ में आते ही संवादरत—'हाँ, वालैकुम अस्सलाम!...ख़ैरियत से हैं तभी तो बात कर रहे हैं आपसे!...हाँ भई, पहले 'अमर उजाला' में छपी फिर ई. टी. वी. में...! पुरानी बात हो गई। हाँ, ठीक हूँ। मैं समझ रहा था— आप शायद आज तीन बजे आएँगे। कल यही बात तो हुई थी। मैंने मना किया था कि उस वक़्त फ़ीज़ियोथैरेपिस्ट आता है।' अब आवाज़ कुछ-कुछ डाँटने जैसी हो चली है— 'तो आप अख़बार भी नहीं पढ़ते हैं— न्यूज़ भी नहीं देखते-सुनते हैं। इधर-उधर से बस—...। जी, मैं अब ऊपर से इसलिए नीचे उतर आया हूँ कि बहुत से लोग मेरे ऊपर होने से ख़ौफ़ खाते थे। हाँ, किसी ने दे दिया है किराए पर। मस्जिद के आसपास है— पच्चीस नम्बर!' हमारी हँसी सुनकर उनकी मुस्कान भी हँसने लगी है अब— 'टेलीफ़ोन ऐसी चीज़ बनाई है कि कहाँ रहते हैं, कहाँ हैं— सब मालूम हो जाता है। नहीं— अभी नहीं जा रहा कहीं—पर जाना है।' बातें रुकीं तो झल्लाते-से हम लोगों को बता रहे हैं— 'मैं समझ रहा था कमाल साहब— हाँ, कमाल अहमद रिज़वी हैं— पर निकले दूसरे साहब!'

देवेन्द्र ने एक युवक के साथ कमरे में प्रवेश किया है। युवक ने कहा है— 'इंशाअल्लाह- अब ठीक हो जाएगी। ख़राब नहीं होगी।' स्वर यकायक तल्ख़ हो चला है— 'तुम बेवजह अल्लाह मियाँ को बीच में ला रहे हो!' युवक के जाते ही खीझ भरे-से बताने लगे – 'कई दिनों से पानी की मशीन ख़राब है। ठीक नहीं हो पा रही है। कई बार आ चुके हैं। आज आए हैं तो अल्लाह को बीच में ला रहे हैं।' उस प्रसंग से ध्यान हटाने के लिए मैंने कुर्रतुल ऐन हैदर से जुड़ी अपनी एक याद विशेष की चर्चा शुरू की है। उनका नाम आते ही जैसे दोनों लोग जज़्बाती हो चले-से अपना-अपना कुछ बताने को उतावले हो उठे हैं। सुनाना दोनों ही शुरू कर चुके थे— पर शहरयार को कहते देख किरमानी साहब ने चट से ख़ुद को एक अच्छे श्रोता में

बदल लिया है—'वो इन बातों को इसलिए नॉनसीरियस तरीक़े से करती थीं कि कोई उनसे इस पर गुफ़्तगू न करे। सही बात है कि आप रिलीज़न को मानते हैं या नहीं ये आपका मसला है। हाँ, वो नमाज़ पढ़ती थीं। एक बार मैं गया। मुझसे खाना, खाने की कहकर बोलीं कि मैं अल्लामियाँ से हलो, हलो कर आऊँ।' किरमानी साहब को जैसे शह्रयार साहब के बोलने के थमने का ही इंतज़ार था— 'उन्हें जब ज्ञानपीठ मिला तो पी.टी.आई. वाले तारिक हसन उनके पास गए। कुर्रतुल ऐन ने पूछा कि तुमने मेरा क्या कुछ पढ़ा है! उन्होंने ज़ाहिर कर दिया कि नहीं पढ़ा। बस— कह दिया कि जाइए— फिर आप मेरा इंटरव्यू क्या लेंगे!'

किरमानी साहब का कहना रुक चुकने के काफ़ी देर बाद तक न जाने क्या ध्यान-विचार करते-से शह्रयार साहब ख़ामोश बैठे रहे। फिर मंद आवाज़ में शब्द-शब्द पर वज़न डालते से कहना शुरू किया— 'मेरा ख़याल है कि कुछ लोगों ने अलीगढ़ के बारे में जो कुछ भी ऐसा-वैसा उन्हें बता दिया था, उसी के आधार पर बिना जाने उन्होंने यहाँ के बारे में राय बना ली थी! जब उन्हें ए. एम. यू. में विज़िटिंग प्रोफ़ेसरशिप ऑफर हुई तो कहा कि आप आइए। बताने लगीं कि अलीगढ़ साज़िशों का शहर है। मैंने कहा कि जो भी है आइए, देखिए तो।' पतली-लम्बी-सी एक लड़की ने हँसी के साथ कमरे में प्रवेश किया है— 'अरे शबाना- भुनी हुई मूँग की दाल बनानी है। दाल ज़रा बढ़िया बनाना। रोटी? बताया नहीं इन लोगों ने? इन्हीं से पूछो!' लड़की के जाते ही तुरंत किरमानी साहब से मुख़ातिब— 'वो जो फंक्शन ख़लीलुर्रहमान आज़मी साहब के यहाँ था— उसका ध्यान है आपको? मैंने वहाँ कुर्रतुल ऐन हैदर से— तब...हाँ, उन दिनों जैसी कि चर्चाएँ थीं— शादी की बाबत पूछ लिया था। ज़िक्र करते ही एकदम नाराज़— 'आप कौन हैं यह पूछने वाले? आपकी, क्या हैसियत।' मैंने भी कह दिया कि बहुत हुआ। अब बस!' फिर फ़ोन आया है किसी का— 'हाँ, यहाँ तो बारिश हो रही है। हाँ, जहाँ अल्लाह के बंदे रहते हैं— 'वहाँ बारिश होती है। नहीं—ये लोग नहीं करते अमेरिका वाले। हाँ... हूँ... ठीक नहीं होते तो कैसे बातें करते तुमसे। अल्लाह तो जानता ही हैं। कोई बुरा नहीं।' उनकी इन बातों को सुनते-सुनते मैं इस संयोग के बारे में सोच रहा था कि शह्रयार साहब का बताना कहाँ से शुरू होकर कहाँ किस दिशा की ओर मुड़ चला! किरमानी साहब न आए होते तो शायद कुर्रतुल ऐन और उस समय के बारे में शह्रयार साहब के मन में का काफ़ी कुछ अनकहा-अनजाना ही रह गया होता। और हाँ-उस तरह, उस लहजे में उन्हें बातें करते देख मैं सोच यह भी रहा था कि इतने इन दिनों में शह्रयार साहब को मैंने एक बार भी किसी से मरीज़ की तरह बातें करते नहीं देखा हैं। जब-जब यहाँ आया हूँ- पास बैठे लोगों से उन्हें हमेशा साहित्य, शायरी या

अलीगढ़ के साहित्यिक अतीत की ही बातें करते पाया है। उन बातों को करते देख हमेशा यही महसूस हुआ हैं कि अदीबों की संगति और अदबी बातचीतें ही जैसे शह्रयार साहब के लिए स्वास्थ्यवर्धक, रोगनिरोधी दवाओं जैसा काम कर रही हैं। किरमानी साहब चलने को उठ खड़े हुए हैं– 'उर्दू डिपार्टमेंट वाले उस मुशायरे का ख़याल नहीं रहा, नहीं तो मैं पहुँचता।' तुरंत से विनम्र हो गए हैं शह्रयार साहब- 'ग़लती हो गई मुझसे कि मैंने फ़ोन नहीं किया। नहीं तो मैं साथ ले चलता।' किरमानी साहब के चल पड़े क़दम रुके– 'पता नहीं क्या इत्तिफ़ाक़ है कि तुम्हारा जब फ़ंक्शन होता है, तबीयत कुछ न कुछ ऐसी हो जाती है कि...! पहुँचता तो शायद कुछ ताक़त आ जाती।'

किरमानी साहब के जाते ही वो सीधी करवट लेट गए थे। मुझे जो जैसा लगा वो अपनी जगह, पर यह अहसास उन्हें भी था कि हम लोगों की बातें ढंग से नहीं हो सकीं। शायद यही वजह थी कि उन्होंने थकने या आराम करने की चिंता किए बिना मुझसे अभी और बैंठे रहने का आग्रह किया था। आँख बंद किए पता नहीं सुस्ताया जा रहा है अथवा ऐसा कुछ सोचा जा रहा है जिसे मुझसे कहा जाना है। पास की मस्जिद से मुअज़्ज़िन की अज़ान की आवाज़ सुनाई दी। अज़ान की उस आवाज़ ने ज़रा देर पहले शह्रयार साहब द्वारा फ़ोन पर और हम लोगों से हुई बातचीत के बीच मैं भी- अनेक बार अल्लाह शब्द का प्रयोग किए जाने का ध्यान दिला दिया। पहले तो घंटों-घंटों के साथ में कभी इतनी बार ऐसे अल्लाह को याद नहीं किया गया। तो क्या बीमार हो जाने से इसका भी कोई सम्बन्ध है। उनकी आँखों ने अपनी पलकें खोलकर ज्यों ही सुस्ता चुकने का संकेत किया, मैंने उनके और पास आते-आते पूछा–'क्या अब मस्जिद के इतने पास आकर रहने और अज़ान की ऐसी इस आवाज़ को सुनकर पहले से कोई अंतर आया देखते हैं आप अपने आप में?' लेटे-लेटे पैरों को सीधाकर फैला लिया गया है– 'इससे अंतर क्या पड़ता है! क़रीब आने से तो कुछ नहीं। पर मैं अज़ान की रेस्पेक्ट तो हमेशा करता था।...जी, हमारे यहाँ क़ायदा है कि लेटे हैं तो अज़ान के समय बैठ जाते हैं। मैं भी फ़िज़ीकली फ़िट महसूस करता हूँ तो बैठ जाता हूँ।'

– क्या बीमारी के इन दिनों में अल्लाह का याद आना भी बढ़ गया है कुछ?

– 'मैं अल्लाह को कभी भूलता ही नहीं तो याद करने की बात कहाँ? मेरे सारे अचीवमेंट्स जो भी हैं– मैं समझता हूँ कि कोई एक ताक़त है जो मुझे ये सब देती है। मैंने कभी गॉड के ख़िलाफ़ नहीं लिखा। मैं मानता हूँ कि एक ताक़त है जिसने पूरी दुनिया को इतने आर्डरली किया है। मैं मार्क्सिज़्म और अल्लाह मियाँ के बीच एक ताल्लुक़ हमेशा महसूस करता हूँ। पक्का मार्क्सिस्ट हूँ– और

पक्का मज़हबी आदमी!'

—रमज़ान के इस पाक महीने में क्या कभी रोज़ा रखने का भी ख़याल आया है इन दिनों? रोज़े पहले भी तो रखे होंगे आपने?

—'हाँ, रखे हैं। बहुत छोटा था तब मैं। स्कूल डेज़ में रखे। मस्जिद में नमाज़ पढ़ी है। और अब भी मैं क़ुरानशरीफ़ पढ़ता हूँ। नमाज़ पढ़ता हूँ। जी— आमतौर से सुबह को पढ़ लेता हूँ। रोज़े-अब तो बहुत ज़माने से नहीं रखे!'

— क्या इन दिनों आपने अपने लिए दुआ की?

— 'हाँ, की। मैंने भी दुआ की। मैं हमेशा चाहता हूँ कि किसी ऐसी ऑड सिचुएशन में न फँसूँ।'

दिन की रौशनी अब रात के अँधेरे के एकदम पास तक आ पहुँची थी। ख़याल तो मुझे उनकी थकान का भी था— पर उससे कहीं ज़्यादा चिंता घर पहुँचने में हो रही देरी को लेकर हो रही थी। मैंने मन बना लिया था कि अब आगे और कुछ कल। चल पड़ने को लगभग तैयार अब मैं आगंतुक कक्ष में बैठा था। सीधी हथेली में मोबाइल दबाए शहरयार साहब पैर फैलाए मेरे सामने की कुर्सी पर बैठे थे। उत्साह भरे-से, ताज़गी लिए-पाए-से! चलने की इजाज़त माँगने का मैं मौका ढूँढ़ रहा था। उनकी मुद्राएँ-चेष्टाएँ सब कह रही थीं कि अभी-बिल्कुल अभी वो काफ़ी कुछ और कहना चाह रहे हैं। लगभग आदेश देती-सी आवाज़ सुनाई दी—'अभी आगे लिखो!' आश्चर्यजनक और मज़ेदार बात यह कि पहले शुरू हुई बातों में आए इतने लम्बे अंतराल के बाद भी उन्होंने नहीं पूछा कि बात कहाँ चल रही थी। आहिस्ता-आहिस्ता ठीक वहाँ से शुरू जहाँ से किरमानी साहब के आने से बातचीत की दिशा मुड़ गयी थी— "हाँ तो— ये लोग रेगूलर क्लास लेते थे— हफ़्ते में एक बार। हम कोई बहुत अच्छे तालिबेइल्म नहीं थे। आज़मी का जो हुलिया था, जो शख़्सियत थी— वो इम्प्रेसिव नहीं थे। बहुत ही नर्म, नाज़ुक किस्म के। रौब नहीं था उनकी शख़्सियत में। और नर्म मिज़ाज भी थे। हम उन तालिबेइल्म में से थे जो थोड़ा डाँट-डपट वाले टीचर को टीचर समझ पाते थे। उनकी क्लास को हम बहुत लाइटली लेते थे। इस पर उनका रिएक्शन भी कोई ख़िलाफ़ नहीं होता था हाज़िरी या और चीज़ों में वो बड़े नर्म थे। एकाध बार उन्होने टैस्ट लिया तो हमें काफ़ी नम्बर दिये। इस तरह हम उनकी तरफ़ खिंचने लगे। वो भी हमें पेट्रोनाइज़ करने लगे। और जब हालात ऐसे हुए कि हमें घर छोड़ना पड़ा तो हमने अपने हालात का ज़िक्र उनसे किया। उन्होंने बग़ैर कुछ सोचे हुए हमें सहारा देने का ऑफर दिया— और इस तरह हम उनके साथ रहने लगे। यह 1955 की बात है। उनके साथ रहने से पहले मै उनकी ज़िंदगी में शामिल हो गया था। हस्तक्षेप भी करने लगा था। वे एक साहब के साथ पेंइगगेस्ट

के तौर पर रहते थे।"

सुनता-लिखता मैं उनके बोलने के बीच-बीच में दिखते– झलकते चाव, लगाव और प्रवाह के बारे में सोचे जा रहा हूँ। बोलने के उनके उस बहाव में बिना कोई बाधा डाले संतुष्ट उस ख़ुशी को व्यक्त कर रहे उनके चेहरे- उनकी आँखों को ख़ूब ग़ौर से कई-कई बार देखा– "हमने उन्हें अमीर निशां में एक मकान किराए पर दिलवाया और घर की सारी ज़रूरतें उसमें मुहय्या थीं। जब हम मकान में शिफ़्ट हुए तो हम ख़लील साहब के इतने क़रीब आ चुके थे कि उन्होंने उस घर का नाम 'कुँवर लॉज' ही रख दिया था।" उनकी आँखें चमकते- से एक गौरव-भाव से दीप्त हो उठी थीं। होती भी क्यों नहीं? जब दुखों की यादें भी आदमी को तृप्ति और ख़ुशी देती हैं तो जी लिये गये सुखों की स्मृति का स्वाद और प्रभाव भी अलग और ख़ास तो होगा ही– 'काग़ज़ी पैरहन'– उनका पहला काव्य संग्रह उसी ज़माने में छप रहा था। उसमें तीन-चार भजन भी शामिल हैं– जो उन्होने मेरे नाम डेडीकेट किये। जी- हाँ- एक भजन की पंक्ति है– 'जमुना तट है, ताजमहल है, उनके नाम की सुमिरन है, तुमने कुवँर जी ये पूजा का रस्ता नया निकाला है।' हाँ – अमीर निशां के कुवँर लॉज से ही एक पंद्रह रोज़ा अख़बार भी उन्होंने निकाला– जिसमें असिस्टैंट एडीटर की हैसियत से मेरा नाम था। जी– अख़बार का नाम था 'चौपाल'। ये अख़बार उस ज़माने के ज़्यादातर लिखने वालों को भेजा गया।' पैर के घुटने को सीधे हाथ की उँगलियाँ सहलाए जा रही हैं। बाईं कुहनी सोफ़े की कुर्सी के बाएँ हाथ पर लेटी-सी है। जैसे सोच-सोच कर याद लाया जा रहा है अब कुछ– 'इसके सराहने वालों में इब्ने इंशा, नासिर काज़मी जैसे लोग भी थे। शाहिद मेंहदी आई.ए.एस. उसमें लिखने वालों में थे। आज़मी साहब के साथ रहने की वजह से मेरे बारे में लोगों की राय कुछ अजीब सी हो गई। जी हाँ– इसलिये कि मेरी दिलचस्पी और उम्र में तथा उनकी दिलचस्पी और उम्र में बहुत बड़ा फ़र्क़ था। ख़लील साहब बहुत बहादुर आदमी थे इसलिये उनको लोगों की टिप्पणियों की कोई परवाह नहीं थी। मैं इण्टरमीडिएट में था। वो लेक्चरर थे– लेकिन मैं उन्हें साइकिल पर बैठा के सभी जगह पर ले जाता था जो उस ज़माने के ऐतबार से बहुत अदबी इज़्ज़तदार लोगों के ठिकाने माने जाते थे।'

उनके बेटे ने आकर चाय की पूछा है। फिर बड़ी विनम्रता के साथ अनुमति लेने के अंदाज़ में कहा है– 'थोड़ी देर को उस कमरे तक वॉक कर लें।' उन्हें चलाने को ले जाते- ले जाते चाय बनाने का आदेश दिया है देवेन्द्र को। फिर तेज़ी से मेरी ओर गर्दन घुमाई है– 'कैसी लेंगे आप चाय?' एक साथ पिता की सारी चीज़ों का ध्यान रखना, आगंतुकों का ध्यान रखना- जितनी जो कड़ाई-सी दिखती रही है व्यवहार में वह निःसंदेह ज़रूरी भी है– और अपने पिता के प्रति लगाव की सूचक

भी। थोड़ा घूमकर शहरयार साहब कुर्सी पर आ बैठे हैं। चाय आने के इंतज़ार के समय में मैने हुमायूँ शहरयार के मन में के शहरयार की ओर झाँक लेना चाहा था- 'आप हिन्दी पढ़ लेते हैं?'

— 'जी, जी पढ़ लेते है। मैं हिन्दी पढ़ लेता हूँ— उर्दू उतनी अच्छी नहीं है।' सुनकर चौंका मैं हुमायूँ के चेहरे की ओर ताके जा रहा था— इतने बड़े उर्दू शायर का बेटा। दुबई में रहने वाला एक मुसलमान। और वो कह रहा है कि उर्दू इतनी अच्छी नहीं है। मैने तब साहित्य में हुमायूँ की रुचि जाननी चाही थी। त्वरित, बहुत साफ़-सा उत्तर था— 'वो ही बातें— अब जैसे इनके फ़ादर पुलिस में थे— पर इनका कोई लिंक नहीं। ऐसे ही मेरा है। आपको पता हैं न इनके फ़ादर की पुलिस वाली बातें। आदमी उसे ही अच्छा कर सकता है जिसके लिये उसे नेचुरली— हाँ, मन से करने की इच्छा करे। नहीं— मुझे बिल्कुल शौक़ नहीं है, लिट्रेचर वग़ैरह का। हाँ, छोटे भाई को शौक़ है पढ़ने का- वो पढ़ता है।'

टॉयलेट से लौटे हैं। देवेन्द्र ने आकर तुरंत घुटनों पर स्प्रे किया है। कोई फ़ोन है। लगभग वहीं बातें— अख़बार में बीमारी के समाचार के छपने की बात... 'ठीक हूँ। नहीं— अस्पताल में भर्ती नहीं हुआ था। अख़बार वाले तो कुछ भी छाप देते हैं।' मेरा ध्यान उस मेज़ पर बहुत क़रीने से लाकर रखी गई प्लेट्स और मगों की ओर गया है। चमकती-सी एक और साफ़ प्लेट में तीन चम्मचें, कटा नीबू, चाय के पैक्स...। सच में आज यह घर, घर-सा लग रहा है। ऐसा यह इनके पहले फ़्लैट मैं तो एक बार भी नहीं दिखा। अब हुमायूँ के यहाँ होने-रहने ने इस घर को एक रूप- ख़ूबसूरती और समृद्ध-सी एक व्यवस्था दी हुई है। हिचकते- से हुमायूँ ने पूछा है— 'मैने आपको बातों के बीच में रोका है... मैं चाय लेकर उधर चला जाता हूँ।' साथ चाय पीने का इसरार हुआ तो तुरंत रुक भी गए। ख़ूब खिला, चमकता-सा चेहरा। बालविहीन सिर। पर्याप्त चुस्ती-फ़ुर्ती और अलग-सा एक आत्मविश्वास। चाय बनाना शुरू करने से पहले मुझसे पूछा है— 'आप मिल्क लेंगे या नीबू?... स्ट्रांग या मीडियम? शहरयार साहब ने अपनी चाय के बारे मे कुछ कहा है। चम्मच चलाता हाथ जहाँ का तहाँ रुका और तिरछी-सी एक नज़र से शहरयार साहब की ओर देखना शुरू— 'आप मुझे ख़ुद इंस्ट्रक्शंस दे रहे हैं... मैं कहता हूँ तो...।' तेज़ आवाज़ वाली लम्बी एक हँसी। शहरयार साहब ने हँसी का साथ देना चाहा, पर उतनी तेज़ न हँस पाने के कारण मुस्करा कर ही रह गए। शहरयार साहब ने कुछ कहना शुरू ही किया है कि हुमायूँ गाती-सी अपनी उज्ज्वल हँसी के साथ प्रस्तुत हैं— 'अच्छा तो आप मुझे डाँट रहे हैं... मैं डॉक्टर को...।'

चाय बना चुके तो चौंकते- से मेरी ओर ध्यान से देखा- 'अरे मैं जो बोल रहा

हूँ— उसे क्या आप लिख रहे हैं!' शह्रयार साहब ने सिर्फ़ एक वाक्य भर कहा है— और हम दोनों के बीच की जितनी जो दूरी थी, वो क्षणभर में ख़त्म हो गई। माहौल एकदम आत्मीय और बहुत हल्का-फुल्का हो गया— 'अच्छा तो लिखिए— जो आदमी बचपन से सब डिसीज़न खुद ले... स्वतंत्र टाइप रहा हो— तो अब उसके बाद चार महीने से ये ख़ुद डिसीज़न नहीं ले पा रहे हैं— इसलिये अजीब टसल है। कंट्रोल की जो आदत होती है— साठ साल ख़ुद कंट्रोल किया, अब छूट रहा है तो टसल है। वैसे काफ़ी एडजेस्ट कर लिया है।' साठ साल बताने के साथ ही शायद कुछ संदेह हुआ है इसलिए शह्रयार साहब से पूछा गया है— 'आपने पंद्रह साल की उम्र में छोड़ा था न घर?' अभी तक चुप-चुप बैठे देख-सुन रहे शह्रयार साहब ने न सोचने-याद करने की देर लगाई, न कहने से पहले शायद-वायद सा कुछ जोड़ा-'उन्नीस साल का था तब।' हुमायूँ के उस बोलने में उछाह तो था ही, मनोवैज्ञानिक-सा एक विश्लेषण और परिपक्व-सी एक समझ भी थी— 'तो अब जो है— वो एक नया एक्सपीरियंस है। उसमें कई बार परेशान भी हो जाते हैं। जी- जैसे अब खाना अपनी मर्ज़ी का नहीं बनवा रहे- बनवा क्या नहीं रहे, बनवा नहीं पा रहे। लोगों को ज़्यादा आने नहीं दिया जा रहा है—...लेकिन खुद इस मामले में इंट्रेस्टेड भी नहीं हैं। पर हाँ- हम पर डालते-रखते हैं इन बातों को... ।' आवाज़ का सुनाई देना रुका तो मैंने निगाह ऊपर उठाई। देखा कि पिता-पुत्र दोनों बड़ी अजीब शिकायत करती, ज़वाब देती-सी निगाहों से एक-दूसरे को देखे जा रहे हैं। शह्रयार की आँखें और उनका चेहरा जता रहा था कि उन्हें अपने बेटे का शिकायत करते-से यह सब कहना अच्छा लग रहा है— अत्यंत अंतरंग और आत्मीय-सी एक आश्वस्ति से आपूरित किए जा रहा है। पर शिकायती लहज़े में कहे गए का उत्तर आरोप लगाते-से अंदाज़ में दिया जाना ज़रूरी लगा था उन्हें- 'ये ज़बरदस्ती नहीं है? ये नहीं कह रहे कि को-ऑपरेट कितना कर रहे हैं?' आरोप में से काफ़ी कुछ को तो उनके बेटे की हँसी में की तेज़ी ही अपने साथ उड़ा ले गई थी— और बाक़ी बचे की साफ़-सफ़ाई-सी करते हुमायूँ कह रहे थे— 'हाँ, को-ऑपरेट भी- पर कंफ़िलिक्ट है।' कहने के बाद हुमायूँ ने बड़ी प्यारी- नुकीली मुस्कान के साथ बारी-बारी से हम दोनों की ओर देखा। और फिर निगाहों में शैतानी-सी व बोलने में चुभता डगमग करता- सा एक अंदाज़ लाते हुए कहा गया— 'देखिए ज्यों-ज्यों इनकी तबीयत ठीक होगी— ये और भी ख़तरनाक होंगे।' हुमायूँ की उन्मुक्त-सी उस हँसी ने कमरे को उसके आसमान तक गुंजा दिया था। मैं था कि रोकना चाहकर भी अपने उन ठहाकों को रोक नहीं पा रहा था। और शह्रयार साहब थे कि भोले-नादान-से एक बच्चे की तरह सब कुछ को सुनते हम दोनों की ओर स्नेहपगी अपनी दृष्टि से चुप-चुप देखे जा रहे थे।

उत्फुल्ल, भावभरे-से हुमायूँ अत्यंत विशिष्ट-से एक प्रवाह में थे– 'जी, ख़तरनाक। फिर उसी तरह का डाँटना, फैलना, बिफरना, झिड़कना, डपटना...। बिल्कुल-अलीगढ़ वापस लाने के पीछे बड़ी वजह यही थी कि ये यहाँ इंडिपैंडेंट फ़ील करेंगे- और जल्दी इम्प्रूव करेंगे।'

पिता-पुत्र को एक दूसरे की 'इंडिपैंडेंस', सुविधा-सुधार की चिंता करते देखने-सुनने के बीच अचानक सुना कि शायरी से दूर रहने वाला एक पुत्र अपने शायर पिता की शायरी में आ चले ठहराव व गतिरोध को लेकर चिंतित हो रहा है– 'जी- पता नहीं यह घटना इनकी शायरी पर क्या इंपेक्ट करेगी? – पर कोशिश है कि लिखें। पिछले छह महीने से लिख नहीं रहे कुछ।' चाय पीते-पीते मैने हुमायूँ से पूछा है– 'आप तो कह रहे थे कि अब मेरे शह्रयार साहब के साथ होने पर कुछ भी बोलने से बचेंगे– पर आज तो आपने इतना ये सब...?' आगे से सावधान रहने की कहते-कहते हुमायूँ हँसे जा रहे हैं। शह्रयार साहब की आँखों में चमक है, देह में ख़ूब फ़ुर्ती और उनकी प्रत्येक अभिव्यक्ति में संतुष्ट-सी एक प्रसन्नता। जानता था कि शह्रयार साहब अभी और बात करना चाहते हैं– फिर भी मैने बारिश, रात और रास्ते की दूरी का ज़िक्र करते-करते घर जाने की इजाज़त चाही। उन्हें आराम की ज़रूरत बताते-बताते चलने के लिये उठ ही खड़ा हुआ था तब। शह्रयार साहब को तो मेरा चल देना रुचना ही नहीं था– पर ताज्जुब यह था कि आने-जाने वालों को लेकर अतिरिक्त सावधान, अनुशासित और संकल्पबद्ध हुमायूँ का स्वर भी एकदम बदला-बदला और बहुत अनुकूल हो चला था– 'आप चाहें तो अभी बैठ लें कुछ देर। और कल के लिए ऐसा करें कि पाँच बजे आ जाएँ। चार-तीस पर थैरेपिस्ट आएगा– तो आप आधा घंटा उसके रहते भी बात करते रह सकेंगे।' हैरान हुआ था मैं, प्रसन्न भी। खड़े- खड़े मैंने हुमायूँ से कहा– 'आपको पता है कि हम दोनों एक ही गाँव के हैं?' चौंकते, ख़ुश होते से कहा गया– 'अच्छा तो आप चौंढेरे से हैं।' बहुत अच्छा लगा कि हुमायूँ को पता है कि उनके पिता का सम्बन्ध चौंढेरे से है। दुबई में रहते हुए भी वह चौंढेरे को इस रूप में जानता है– याद रखे हुए है। पर लगा कि चौंढरे को लेकर हुमायूँ की जानकारी शायद ठीक और पूरी नहीं है। चौंढेरे से शह्रयार साहब के सम्बन्ध की सही जानकारी देने के इरादे से मैने हुमायूँ को बताया– 'हाँ– चौंढेरे में इनकी ननसाल है– वैसे रहने वाले तो ये चौंढेरे के पास के गाँव 'बिरौरा' के हैं।' हम तीनों ही तब अद्‌भुत किस्म की एक क़रीबी और ख़ुशी जिए जा रहे थे। मैं चलने को ही था कि देवेन्द्र ने आकर उनकी कमर मलना शुरू कर दिया। वे ऊपर हाथ किए-किए कमर मलवाने में व्यस्त हो चले थे। मेरा ध्यान उनकी आँखों की तरफ़ गया। वहाँ चश्मा नहीं था। इन दिनों अक्सर बिना

चश्मा लगाए ही लेटे-बैठे दिखे हैं मुझे। पहले ऐसा यह होना बहुत नामुमकिन था कि शह्रयार साहब आपके सामने हों और उन्होंने चश्मा न लगाया हुआ हो।

16.8.11

पाँच बजने ही वाले थे। वे गहरे नीले रंग की शर्ट पहने निश्चिंत-सी मुद्रा में पीठ के बल पलंग पर लेटे थे। देवेन्द्र पैर दबा रहा था। पहुँचा तो लगा कि जैसे मेरा इंतज़ार किया जा रहा था। इधर-उधर की कोई बात किये बिना जिस जल्दी से और जहाँ से बोलना शुरू किया, लगा कि जैसे तय था कि बताए जा चुके से आगे अब इस तरह शुरू करना है– 'ख़लील साहब की पूरी देखभाल का ज़िम्मा मैंने अपने सिर ले लिया। किराए पर लिए नये घर के सारे इन्तज़ामात हाथ में ले लिए। उनके साथ रहने लगा। उनके यहाँ जितने आने-जाने, रहने वाले थे उन सबकी देखभाल का काम मेरा था।' इसका मतलब– शह्रयार साहब के आतिथ्य सत्कार के शौक़, उत्साह और नैपुण्य का स्रोत और प्रशिक्षण केन्द्र ख़लील साहब और उनका 'कुँवरविला' रहा है। कहीं बाहर से कोई भी आए पूरे अपनत्व के साथ उसके स्वागत-सत्कार में जुट जाते हैं शह्रयार साहब। आगे के वाक्य पर ध्यान दिया तो जाना कि अब वो अदब और अदीबों से जुड़ने के अपने शुरुआती दौर को याद करना चाह रहे हैं– 'उनके यहाँ जो लोग आते थे, वे वहीं होते थे जिनका अदब से लगाव होता था। धीरे-धीरे मैं उन्हें पहचानने लगा और अदब की जिन बहुत सी बातों से पहले वाक़िफ़ न था, वाक़िफ़ होने लगा। उससे पहले मुझे नहीं मालूम था कि कंटेपरेरी अदब क्या है? क्या कंसेप्ट्स अदब में चल रहे हैं? अदब को कैसे परखा जाता है– धीरे-धीरे मुझे सुध-बुध होने लगी। बहुत से मुक़ामी और बाहर के लोगों से मेरा परिचय हो गया और वे मुझे ख़लील साहब के दोस्त की हैसियत से जानने लगे।' पैर दबवाते-दबवाते मेरी ओर को करवट ली है। परखती-जाँचती-सी एक ख़ास निगाह से कुछ देर मेरी ओर देखा है। देवेन्द्र से कहा गया– 'अब नीचे वाला दबाओ।' फिर कहे- न कहे जाने के बीच किसी बिंदु पर खड़े होते-से कहा गया– 'ये बात मैने अब तक किसी को नहीं बताई...।' कहते-कहते रुके हैं जैसे सोचा जा रहा है कि बताऊँ या न बताऊँ। और फिर लम्बी एक साँस छोड़ते हुए कहा गया– 'वो यह कि ख़लील साहब ने यह साबित करने के लिये कि उनके साथ जो आदमी रहता है, उसको अदब और शायरी से कुछ दिलचस्पी है– मेरे नाम से एक-दो ग़ज़लें लिख दीं। प्राइवेट महफ़िलों में जिन्हें मैं कभी-कभी सुना भी देता था– बल्कि वे मेरे नाम से कुछ मैग्ज़ींस में छपीं भी...।' भोले और ईमानदार उनके इस स्वीकार पर रीझता हुआ- सा मैं उस शुरुआत के आज तक के विकास के बारे में न जाने

क्या-क्या सोचे जा रहा था तब– 'नहीं– याद नहीं– हाँ, छपी हुई है। हाँ, जज़्बी साहब, ख़लील साहब और उन लोगों के साथ जिनके साथ निजी महफ़िलें होती थीं- मैं शरीक रहता था...।' एकदम से ब्रेक-सा लग गया था बोलने पर। बताने की जगह अब रुक जाना चाहते हुए से पूछा है– 'बस! अब और क्या बताऊँ?'

आज थैरेपिस्ट नहीं आया है। देवेन्द्र से हाथ-पैरों का दबवाया जाना जारी है। उनका बायाँ हाथ माथे को दबाता-सा इधर से उधर आ-जा रहा है। ख़लील साहब के व्यक्तित्व के बारे में मैं ज़रा-ज़रा से दो सवाल उनसे किये हैं– 'ख़लील साहब जो थे वो दूसरे बहुत से लोगों से बहुत अलग थे। वो सिर से पाँव तक राइटर थे। उनको और किसी चीज़ से कोई ख़ास दिलचस्पी नहीं थी। किसी की भी कोई अच्छी चीज़ पढ़ते या सुनते तो उसकी बहुत तारीफ़ करते और दूसरों को भी उस ओर ध्यान दिलाते थे। अगर मुझसे पूछा जाए तो उस ज़माने के अलीगढ़ के अदबी वातावरण का दूसरा नाम ख़लीलुरहमान आज़मी था।' ढेर- ढेर आदर, राशि-राशि गौरव आ मिला है अब उनके बताने के अंदाज़ में। मैं भी गद्‌गद् भाव से अलीगढ़ के साहित्यिक वातावरण के उस हिस्से और उस शख़्सियत के बारे में उत्कर्ण होकर सुने जा रहा हूँ– जिससे मैं अनभिज्ञ हूँ, जो मेरा अनदेखा रहा है– 'और ये भी कि ये सूरत उनके मरने तक रही। उर्दू का कोई भी लिखने वाला अलीगढ़ आता, वो सबसे पहले आज़मी साहब से मिलता। उनकी इस इंपोर्टेंस से काफ़ी सीनियर लोग कुछ जैलेसी महसूस करते थे। वो सिर्फ़ शायर नहीं थे, बल्कि क्रिटिक भी थे। अपनी स्टूडेंट लाइफ़ में एक्टीविस्ट भी थे और यहाँ प्रगतिशील संगठन में सक्रिय थे। अलीगढ़ में पी.डब्ल्यू.ए. के सेक्रेटरी थे वे। और जब पी.डब्ल्यू.ए. बैन हुई तो वो गिरफ़्तार किये गए। गिरफ़्तारी के वक़्त उन्होंने नारा लगाया– पी.डब्ल्यू.ए. ज़िंदाबाद। बी.ए. का इम्तहान उन्होंने जेल से ज़मानत पर आकर दिया। मशहूर है कि जब वो जेल से आए तो बाज़ लोगों ने उनसे कहा कि रूपोश हो जाँए। तो उन्होंने कहा कि जिसने ज़मानत ली है, ये उसके साथ ज़्यादती होगी। इस पर कुछ लोगों ने ये र्यूमर फैला दिया कि उन्होंने सरकार से माफ़ी माँग ली है। ज़ाहिर है कि इस बात पर उनको बहुत दुख हुआ– गुस्सा आया। नतीजे में अलीगढ़ के तरक़्क़ीपसंदो से उनके ताल्लुक़ ख़राब हो गए। वैसे वो आख़िर दिन तक प्रोग्रेसिव प्वांइट ऑफ व्यू के हामी रहे और उनके क्रिटीसिज़्म में हमेशा इस बात को प्राथमिकता दी जाती रही। ख़ुद उनका जो पीएच.डी. का थीसिस था– हाँ यही– उर्दू में तरक़्क़ी पसंद अदबी तहरीर– वो एक ऐसी किताब समझी जाती है जो इस टॉपिक पर बहुत ही बेलेंस्ड और क्रिटीकल थीसिस है।'

सिरहाने रखा मोबाइल बजा तो देवेन्द्र ने लपककर उसे उठाया और शहरयार

साहब के हाथ में थमा दिया– 'हैलो, हाँ– गाड़ी तो है... ।' स्वर झल्लाया-सा हो चला है– 'यार ये सब ज़बानी याद कहाँ है। मैं कोई ड्राइवर थोड़े ही हूँ। ड्राइवर पर रहती है वो... ।' देवेन्द्र ने बातचीत से अंदाज़ा लगा लिया है। इंतज़ार करता-सा वो उनके बिल्कुल क़रीब आ खड़ा हुआ है– 'अच्छा ड्राइवर से बात करिये। देखो भई, सर्विस का टाइम हो गया है गाड़ी का।' फ़ोन हाथ में लिये-लिये देवेन्द्र दूसरे कमरे में चला गया है। लेटे- लेटे ही अपने सीधे पैर को मोड़कर उन्होने बाएँ पैर के घुटने पर ला टिकाया है। मेरी ओर ऐसे देखा है जैसे पूछ रहे हों कि बताओ अब क्या याद करूँ। मैने आज़मी साहब के रचना-कर्म के बारे में जानना चाहा है– 'उनके दो कलेक्शन- 'काग़ज़ी पैरहन' और 'नया अहदनामा' – उस ज़माने की शायरी के बड़े अच्छे नमूने हैं। उनके मरने के बाद उनका शायरी का एक सलेक्शन– 'ज़िंदगी-ए-ज़िंदगी' के नाम से छपा। मैने उनकी शायरी का एक सलेक्शन 'आसमाँ-ए-आसमाँ' के नाम से तैयार किया जो बाद में छपा। नई शायरी के सिलसिले में जिन नामों को उर्दू में बहुत अहमियत हासिल है– ख़लीलुर्रहमान आज़मी का नाम उनमें अहम है।' मै ज़रा-ज़रा देर में उनके शागिर्द, शायर, अध्यापक, समीक्षक, दोस्त में बदलते जाने वाले उस कौशल की प्रशंसा में कुछ कहना चाहता था कि तभी मोबाइल फिर बज उठा– 'हलो, हाँ– बोलिए... । मैं शहरयार बोल रहा हूँ।' कम ही होता है ऐसा कि शहरयार फ़ोन सुनते में इतने अपरिचित-औपचारिक-से होकर कुछ बोलें– 'जी, स्वास्थ्य पहले से बेहतर है... । जी, ये जो कुछ भी हो रहा है प्लान के साथ हो रहा है... हाँ, जो आप चाह रहे हैं, वो हो रहा है... ।' गुस्सा सुनाई भी दे रहा है, और दिखाई भी– 'गवर्नमेंट के पास कुछ नहीं है, आपके पास भी नहीं है... । मीडिया इतना बैंकरप्ट हो गया है कि इतनी कमी है उसके पास कि सारे दिन एक ही ख़बर– अन्ना इमेज़... । आप गिरफ़्तारी चाहते थे हो गई ।... उन्होंने करेप्शन को मिटाने की जो तरकीब निकाली है, उससे कुछ होगा नहीं। उसमें जो शामिल हैं वो भी बस यूँ ही... ।'

स्वर और श्वाँस ने बता दिया था कि थोड़ा आवेश और उत्तेजना जी ली है उन्होंने इतनी इस देर में। मालूम हो गया था कि किसी अख़बार या चैनल से किसी ने प्रतिक्रिया चाही होगी भ्रष्टाचार के नाम पर चलाए जा रहे आन्दोलन के बारे में। मैं नहीं चाहता था कि यह चर्चा आगे चले। उनके एकदम पास बैठे-बैठे मैंने तब उनसे ख़लील साहब के कुछ शेर सुनाने का अनुरोध किया था। शायद इसलिए भी कि देखूँ शहरयार साहब की पसंद और स्मृति में ख़लील साहब की कौन सी कैसी शायरी अभी तक सँभली-बची रखी है। याद करने भर की भी तो देर नहीं लगी थी सुनाना शुरू करने में– 'देवनागरी में आया उनका वो सलेक्शन– हाँ, जो वाणी वालों ने छापा है– 'ज़ंजीर आँसुओं की' नाम से- वो तो तुमने देखा है न?' मेरी हाँ या

ना सुनने का इंतज़ार किए बिना कहना जारी था- 'बहुत मशहूर शेर है उनका– 'यूँ तो मरने के लिए ज़हर सभी पीते हैं। ज़िंदगी तेरे लिए ज़हर पिया है मैंने...।' कुछ तो था ही कि शेर के पूरा होते-होते मेरे होठों ने चुप-चुप गुनगुनाना शुरू कर दिया था– 'आसमां कुछ भी नहीं अब तेरे करने के लिए...।' लेकिन इस बात पर मैं चकित था कि इस समय इस शेर के याद आने ने मुझे और बार की तरह ज़रा भी डराया-हिलाया नहीं था। बल्कि यह सोचने के लिये प्रेरित किया कि आज़मी साहब का इतना अधिक और गहरा साथ व प्रभाव मेरे सामने लेटे- बातचीत करते इस शायर ने जिया है– तो लाज़िम है कि उसके कवि और काव्यत्व को भी वहाँ से अनेक स्तरों पर शक्ति और दिशा मिली होगी- मिलती रही होगी। आनन्द मग्न-से अगला शेर सुना रहे हैं– 'हमने ख़ुद अपने आप ज़माने की सैर की/ हमने क़बूल की न किसी रहनुमा की शर्त/ और हाँ, ये- 'मैं अपने घर को बुलन्दी पर चढ़कर क्या देखूँ/ उरूज़-ए-फ़न मेरी दहलीज़ पर उतार मुझे।' और– वो भी बहुत अच्छा है– 'जो दिल कहेगा तो पत्थर के पाँव चूमूंगा। ज़माना लाख करे आके संगसार मुझे।'

और तभी अचानक से वह अनपेक्षित, अप्रीतिकर-सा आ घटा था पल भर में। शायद उनके बोलने के धीमेपन के कारण अथवा सुनाए जा रहे शेरों में से झलकती सोच व दृष्टि का शहरयार की शायरी और उनके बेटे के उनके बारे में कह गए कुछ वाक्यों से मिलान करने में लग जाने की वजह से– हुआ यह कि मेरा ध्यान कुछ हटा-बँटा-सा हो गया था। तो तब वो जो शेर सुना रहे थे, उसके दो-तीन शब्द मैं ठीक से सुन-समझ नहीं पाया था। उन्हें सुनाने से रोकते-से मैंने उन शब्दों के बारे में दो-तीन बार उन से पूछ लिया था। यकायक दिखाई दिया कि उनके चेहरे पर तचाती-सी तमतमाहट और आवाज़ में कुछ ज़्यादा ही गुस्सा आ उपस्थित हुआ है– 'अरे, तुम लोग...।' इतना गुस्सा कि वाक्य भी पूरा नहीं कर पाए। क्या यह गुस्सा उस मीडिया वाले से हुई बातों के बाद का बचा- बढ़ चुका कोई गुस्सा है या फिर...। जो भी था– पर उनके इस तरह के गुस्से से मेरा साबक़ा पहली बार पड़ रहा था। बहुत गुस्सैल उस्ताद जैसे अंदाज़ में डपटते-से हुक़्म हुआ– 'नेक्स्ट टाइम तुम मेरे पाँच शेर याद करके आओगे। ठीक है– पहले मैं शेर सुनूँगा।' मुझे अच्छा नहीं लगा था। मेरा स्वाद बिगड़ चुका था– पर मैने नटखट बच्चे की तरह तुरंत कहा– 'बस पाँच? दस-बीस कहें तो अभी सुना दूँ।' चेहरे पर का तनाव-खिंचाव ढीला होता दिखाई दिया। जैसे अचानक कुछ देर को बिगड़ा मौसम फिर से सुखद-सुहावना होता दिखने लगे। जैसे अभी-अभी खुलकर बिखर चली कोई चीज़ फिर से जुड़कर पूर्ववत हो चली थी– 'वो शेर यूँ है– 'तेरी सदा का है सदियों से इंतज़ार मुझे/ मेरे लहू के समन्दर ज़रा पुकार मुझे।'

देवेन्द्र से पानी लाने को कहा गया है। उनकी उँगलियाँ सीने के दाईं ओर चहल क़दमी- सी किए जा रही हैं। मुन्ने-से उस पल में नन्हा-सा एक कंघा उनकी शर्ट की जेब में से मुँह चमकाता-सा दिखा। याद आया कि कंघा तो पहले भी वो हमेशा अपने साथ रखते रहे हैं। पर अब? यहाँ घर में? लेटे हुए भी? और हाँ, बालों के इतने कम रह जाने पर भी? तो क्या वंशों-परिवारों की तरह गुरुओं के 'गुण-सूत्र' भी पीढ़ी-दर-पीढ़ी स्थानांतरित होते चलते हैं? इस सवाल के साथ ही ज़ाहिदा ज़ैदी की शोक सभा वाला वो दिन याद हो आया। उसके तुरंत बाद महताब हैदर नक़वी और उनके चैम्बर की स्मृति हो आई। और फिर तुरंत-नक़वी साहब का उस दिन उस नन्हे-से कंघे को अपनी जेब से निकालना और उससे शहूरयार साहब के बाल-सँवारने-काढ़ने का ध्यान हो आया। यदि शहूरयार साहब की कंघा साथ रखने की आदत उनके शार्गिद रहे महताब हैदर नक़वी की जीवन-शैली का एक हिस्सा हुई है– तो क्या शहूरयार साहब ने अपने किसी उस्ताद या फिर आज़मी साहब से ही इसे लिया है? देवेन्द्र ने लेटे-लेटे ही बोतल से पानी पिलाया है। दो-चार घूँट पीने के बाद बोले– 'गिलास में दो ज़रा पानी।' उठकर बैठे हैं। पानी पिया है। ये ख़याल भी जैसे बिल्कुल आवारा- से होते हैं। कहीं से कभी भी कोई भी ख़याल अनचाहे, अनपूछे यकायक आ टपकता है। पानी पीने के बाद अपेक्षाकृत अधिक शांत और सहज हुए- से देखकर ही शायद यह ख़याल आया था। ख़याल भी यह कि उस मीडियाकर्मी के साथ की बातों से शुरू हुए उनके गुस्से का ताप और दाहकता मुझ तक आकर जितना अधिक बढ़-धधक उठी थी– पानी पीने के बाद जैसे अब क़रीब-क़रीब ख़त्म-सी हो चली है। बैठे-बैठे बहुत धीमे स्वर में पूछा गया है– 'अब और क्या बताऊँ?'

इस तरह अपनी तरफ़ से याद करना और फिर बताना उन्हें पहले दिन से ही बोझीला और थकाऊ-सा लग रहा है। कई बार कह चुके हैं कि तुम सवाल तय कर लो तो मैं कहूँ। मैं बार-बार टाले जा रहा हूँ। इसलिये कि सम्बन्धित समय और व्यक्तियों के बारे में मैं उनकी स्मृतियों के कोष में से उन्हीं की पसंद और प्रयास के माध्यम से अधिकाधिक जान-पा सकूँ। उनसे कहलवाना शुरू करने के लिये मैने आज़मी साहब के अध्यापक के बारे में ध्यान करने को कहा- 'वो क्लास कभी बग़ैर तैयारी के नहीं लेते थे। पढ़ाने का अंदाज़ बिल्कुल इनफ़ॉर्मल और स्टूडेंटस के लिए कम्युनिकेटिव होता था। जो कहते थे वह दूसरों की समझ में आता था। अदब के सिलसिले में बहुत ईमानदार थे। उनको इसकी बहुत कम परवाह रहती थी कि लोग उनकी सच बात को उनके ख़िलाफ़ इस्तेमाल करेंगे। पता नहीं उनके अंदर क्या बात थी कि अगर उनको यह अहसास हो जाता था कि किसी शख़्स से उन्हें फ़ायदा होने वाला है तो वो जानबूझकर उससे दूर रहने की कोशिश करते थे। जी– उनकी शादी

सन् 1957 में हुई। वो अपनी घर की ज़िंदगी ज़्यादा से ज़्यादा बेहतर बनाने की कोशिश करते थे। उनके तीन लड़के व एक लड़की हुई। अपने बच्चों से बहुत प्यार करते थे। बहुत सी शायरी उन्होंने अपने बच्चों के लिये की। बड़े बेटे के पैदा होने पर उन्होंने जो नज़्म लिखी, वो उर्दू की बहुत अच्छी नज़्म कही जाती है।'

अचानक से बोलने को विराम लगा। मेरी ओर मुख़ातिब हुए– 'हाँ, कल मेडीकल कॉलेज जाना है। कल का मत रखिए। और हाँ, वो जागरण वाला बता रहा था कि फ़ैज़ की किताब– 'आज के ग़म के नाम'– का वो उस दिन वाला छाप दिया है उसने।' मोबाइल मुझे थमाकर महताब हैदर नक़वी को फ़ोन मिलाने को कहा है। उनसे जागरण वाला समाचार देखने की इच्छा प्रकट की है। मालूम हुआ कि उनके यहाँ से कल ही रद्दी वाला सारे पेपर ले गया। देवेन्द्र इस बीच की बातों को सुनकर पड़ोस के किसी घर से अख़बार ले आया है। लेटकर चश्मा लगाए-लगाए देखा- पढ़ा पूरा समाचार। इस तरह चश्मा लगाकर उन्हें पढ़ते देखना अच्छा लगा। अख़बार एक तरफ़ रखकर मोबाइल फिर मेरी ओर बढ़ाया है– 'हाँ, वो जो डायरेक्टर हैं न- हाँ, कालिया, उनका नम्बर मिलाओ। आर कालिया लिखा होगा।... मिल गया तो बात शुरू– 'हाँ, ठीक हूँ। उन्हें तो नहीं मिला है ख़त अभी। कब मिला है...? अरे कौन से उसी दिन? कोई तारीख़ तो होगी?' स्वर झट से तल्ख़- तुर्श हो गया है।' कुछ तो है कि वो आज कुछ कम खुश हैं। झुँझलाए-झुँझलाए से हैं। हुमायूँ की बात ठीक मानें तो ठीक हो रहे है अब– 'अच्छा, अच्छा। ठीक है। अरे भई, वो क्या करेंगे अठारह सितम्बर को। अमिताभ भी होंगे, वो भी? तो दोनों क्या करेंगे अलग-अलग? ऐसा पहली बार होगा न? अच्छी बात है...।' उधर से ऐसा कुछ कहा गया है कि हँसी आ गई है– 'हाँ, ठीक है, अच्छा, चलिए...।'

बातें बंद हुई तो कुछ इस तरह मुझे देखा कि जैसे मैं फ़ोन की बातचीत के बारे में विस्तार से सब जानना-सुनना चाहूँगा। मेरी तरफ़ से कोई इच्छा और उत्सुकता न दिखी तो अपनी तरफ़ से ही अठारह सितम्बर, 2011 को होने वाले ज्ञानपीठ पुरस्कार वाले आयोजन के बारे में बताया जाने लगा। तभी हुमायूँ ने कमरे में प्रवेश किया। आँखों-आँखों में हालचाल जाना-पूछा। वापस जाने से पहले हुमायूँ ने सैनिक के जयहिन्द करने के अन्दाज़ में मुझसे आदाब किया और प्यारी-सी एक मुस्कान दी। बेटे के जाते ही फिर वही सवाल– 'अब और क्या?' उत्तर में पूछे गए मेरे सवाल को सुनकर चेहरे पर अज्ञात किसी वेदना की झीनी-सी एक परछाईं दिखाई दी। मेरी तरफ़ करवट ली और धीमी आवाज़ में कहना प्रारम्भ किया– 'उनका आख़िरी ज़माना बीमारी की वजह से– और कुछ डिपार्टमेंट की पॉलिटिक्स की वजह से अच्छा नहीं गुज़रा।' अज़ान शुरू हुई तो मैं इस आवाज़ की उन पर होने वाली प्रतिक्रिया को

देखने के लिए रुका। मगर वो तो ऐसे लेटे हैं कि अज़ान की उतनी तेज़ आवाज़ को जैसे सुन ही न रहे हों– 'एकेडमिक दुनिया में उनके प्रोफ़ेसर न होने पर काफ़ी प्रोटेस्ट हुआ– जिसके नतीजे में उन्हें मृत्यु के बाद प्रोफ़ेसर बनाया यूनीवर्सिटी ने। लिट्रेरी– एकेडमिक जगत में वो बिल्कुल एक नई चीज़ थी। उनके पहले या उनके बाद आज तक ये सम्मान किसी और को नहीं मिला।' अप्रत्याशित ढंग से जज़्बाती और श्रद्धावनत हुए– से बोले– 'मैं तो जो कुछ भी हूँ, यह उन्हीं की सुहबत का नतीजा है। मेरी ज़िंदगी का शायद ही कोई पल ऐसा होता है कि जब वो याद न आते हों।'

उनके इस भाव, अंदाज़ और वाक्य ने मेरी कई दिन से दबी- सोई पड़ी एक इच्छा को जैसे उकसा- जगा दिया– 'अच्छा, बहुत-बहुत ज़्यादा याद कौन आया आपको इन दिनों?' उम्मीद थी कि शायद- हाँ, शायद मेरा वांछित वाक्य मुझे सुनने को मिलेगा। पर अजीब लापरवाह और सूफ़ियाने-से अंदाज़ में कहा गया- 'पता नहीं क्या-क्या याद आता है इन दिनों... न जाने कौन-कौन याद आता है। नहीं- उसका कोई लॉजीकल एक्सप्लेनेशन नहीं है। नहीं- वो कुछ नहीं...।'

बेटे ने अब उन्हें बाहर के कमरे में लाने के लिये देवेन्द्र को उनके पास भेज दिया था। उनके वहाँ से चल देने से पहले अनसोचे, अनविचारे यूँ ही मेरे मुँह से निकल गया था– 'अपने इस बीमार होने पर कैसा महसूस कर रहे हैं आप?' पलभर का भी समय तो नहीं लिया सोचने के लिए। तत्काल किसी संत की-सी मुद्रा और भाषा में कहा गया- 'बीमार होने पर ऐसा महसूस हो रहा है आजकल– जैसे मैं कुछ था ही नहीं... हूँ ही नहीं। ज्ञानपीठ अवार्ड के फंक्शन के लिये कुछ लिखने की सोचता हूँ तो कुछ समझ नहीं आता। न शायरी लिखी जा रही है, न कुछ हो रहा है।'

–इतना गैप पहले भी कभी आया क्या?

–'नहीं...। वैसे मैंने कभी इसका ध्यान नहीं रखा।'

जी किया कि पूछूँ कि आख़िर ध्यान रखा कब किसका है– ख़ुद का, स्वास्थ्य का, घर का...? पर इस शाम में, उदासी- से भरे- भरे- से इस कमरे के ऐसे इस एकांत में... मायूसी, अँधेरों और अकेलेपन के अत्यंत प्रवीण इस रचनाकार को कोई बात चुभन, चोट या दर्द न दे जाये- मैं बिना कुछ और पूछे वहाँ से चला आया।

20.8.11

उन्हें एक्सरसाइज़ कराई जा रही थी। कमरे में बजती उस मीठी धुन को सुनता मैं

उनके एक्सरसाइज़ करने को ग़ौर से देख रहा था। थैरेपिस्ट के हर आदेश-निर्देश का बिना टाले- देर किए आज्ञापालन। अधिकाधिक एकाग्रता, तन्मयता। हर क्रिया में एक लय, एक अनुशासन। छोटे किसी बच्चे की तरह– अच्छे बच्चे की तरह चुपचुप सारी बातें मानते जाना– 'अब इस हाथ को यूँ उठाइए, यहाँ तक लाइए, यूँ घुमाइए। इस पैर को यूँ मोड़िए, धीरे-धीरे सीधा कीजिए।' आज्ञापालन में सहयोग करने की भरपूर कोशिश। ये क्या– अलमारी में, सोफ़े पर, आसपास– आज फिर काग़ज़ों-किताबों का बढ़ता जा रहा यह ढेर। तो क्या पुत्र के जाते ही दो दिन में अव्यवस्था और बेतरतीबी का अपना पुराना ढर्रा फिर शुरू? थैरेपिस्ट उन्हें टहलाने के लिये बाहर लेकर जा रहा है। एक तरफ़ थैरेपिस्ट दूसरी तरफ़ केरली नौजवान नासिर। दोनों उन्हें बिना पकड़े साथ-साथ चल रहे हैं। हाल-फिलहाल चलना शुरू करने वाले बच्चे जैसी उनकी चाल। हिचकते-सँभलते-से एक-एक क़दम आगे बढ़ाना। शह्रयार साहब को इस चाल से चलते देखना कष्टकारी-सा भी और विस्मयकारी-सा भी। थैरेपिस्ट ने पूछा है– 'पैर उठाने में कोई तनाव या दर्द तो नहीं हो रहा?' मुझे मालूम था कि किसी दर्द या तनाव के होने को सीधे-सीधे वो स्वीकार ही नहीं करेंगे। गर्दन हिला कर मना कर दिया। बाहर से आती थैरेपिस्ट की आवाज़ सुनाई दे रही है– 'चिंता नहीं करें– गिरेंगे नहीं। हाँ, यहाँ रुकिए। देखिए– जिस तरह इस पैर को आप सीधे आगे रखते है, वैसे ही इस बाएँ को भी रखिए।' टहलकर लौटे हैं तो पलंग पर आकर बैठ गए हैं। थैरेपिस्ट ने जानना चाहा है– 'थक गए क्या?' 'हूँ' की ऐसी एक आवाज़ जो हाँ भी हो सकती थी, ना भी। सुबह भी बाहर का एक चक्कर लगाने की सलाह देकर थैरेपिस्ट चला गया है।

मैं चाहता था कि वो कुछ देर आराम कर लें। पर सुनाई दिया– 'हाँ, तो आज?' कुछ इस तरह कि यह सवाल भी है और बिना समय गँवाए बातचीत शुरू करने का आदेश भी। ठीक ही तो है– जो आराम उन्हें अपने अतीत की यात्रा करने में मिल सकता है, वह भला बिस्तर पर अकेले-अकेले लेट-सोकर तो नहीं ही मिल सकता। मैंने कहा– 'आज इरफ़ान हबीब साहब– अपने पढ़ने के दिनों के इरफ़ान साहब से जुड़ी अपनी स्मृतियों को जुटाइए-सँजोइए।' नाम सुनते ही निगाह सामने की दीवार के मध्य में जा टिकी। मन-मन हँसी जा रही उनकी हँसी ने रिस-छलक कर चेहरे और होठों तक आ पहुँचना चाहा। मंद मुस्कराती आवाज़ सुनाई दी- 'इंटरमीडिएट में जो टीचर्स हमें पढ़ाते थे, उनमें अपनी चाल-ढाल, पहनावे, पढ़ाने के तरीक़े में इरफ़ान हबीब सबसे अलग थे। उनकी कई बातें अब भी याद आती हैं। मसलन– इस बात पर किसी को यक़ीन नहीं आएगा कि वो तब सिर्फ़ शेरवानी पहनते थे और सैंडिल पहना करते थे। बड़े लम्बे-लम्बे क़दम रखते थे। दस मिनट का रास्ता पाँच

मिनट में तय करते थे।' रोकते-थामते भी मेरी हँसी होठों से बाहर आकर वाचाल हो उठी थी। इरफ़ान साहब के इस रूप-वेश की तस्वीर आँखों में बनते ही ठहाका लगाकर हँसने का मन हुआ। कोई और करे न करे, ख़ुद मुझे यक़ीन कर पाने में देर लगे जा रही थी कि आज का सुविख्यात प्रगतिशील यह इतिहासकार अपने युवाकाल में ऐसा-सा भी कुछ रहा होगा। शहरयार साहब के अंतस का उल्लास और उजास उनके होठों-कपोलों पर साफ़-साफ़ झलक रहा था– 'घंटा बजा और वो क्लास में दाख़िल। और जब तक दूसरा घंटा नहीं बज जाता था, वे लेक्चर देते रहते थे। पढ़ाने में दिलचस्पी पैदा करने की कोशिश वो नहीं करते थे। बल्कि अब तो ऐसा लगता है कि वो जान-बूझकर अपने लेक्चर को ग़ैरदिलचस्प बनाने की कोशिश करते थे। वो हमें इंडियन हिस्ट्री पढ़ाते थे। वे लेक्चर में अक्सर फ़रिश्ता और बर्नी का हवाला देते थे। हाँ– उसी ज़माने में उनकी शादी हुई। क्लास के लड़कों ने यह सोचकर उन्हें मुबारक़बाद दी कि वो खुश होंगे, लेकिन वो ख़फ़ा हो गए। इतने ख़फ़ा कि क्लास छोड़कर चले गए। और आइंदा क्लास न लेने का ऐलान कर दिया। पूरी क्लास उनके पास गई– और उनसे माफ़ी माँगी। उनसे कहा कि हमारा मक्सद आपके साथ किसी तरह की गुस्ताख़ी करने का नहीं था। वो किसी तरह नर्म पड़ गए और फिर से क्लास लेना शुरू कर दिया।'

अब पलंग पर लेटे पलकें बंद किए विहँसते-से जैसे कुछ सोचा-याद किया जा रहा है। शायद कुछ और चित्र बनाने के लिए रंगो-ब्रशों का चयन किया जा रहा है। सीधी ओर को करवट ली गई है। आहिस्ता-आहिस्ता पलकों के दरवाज़े खुले हैं– 'आज भी शायद लोग यही जानते हैं कि उनके चेहरे पर हँसी जैसी चीज़ बहुत कम देखी गई है। अब तो वो हँस भी लेते हैं। आज के इरफ़ान हबीब और 1954 के इरफ़ान हबीब में ज़मीन आसमान का अंतर है। अब वो शेरवानी बिल्कुल नहीं पहनते और कभी-कभी ठहाके लगाके भी हँसते हैं। हाँ- कम से कम चाल में कोई बहुत ज़्यादा तब्दीली नहीं आई है। वो अब भी बहुत तेज़ चलते हैं। सुना है– क्लास में उसी तरह जाते हैं। पूरा घंटा लोगों को इल्म देते हैं। उनके लिए मशहूर है कि वो नम्बर या हाज़िरी देने में– या कमरे में इन्विज़ीलेशन करने में- न पहले रियासत करते थे, न अब रियासत करते हैं। शरारती लड़कों के इम्तहान में जब इरफ़ान साहब की ड्यूटी होती है– तो उनकी हालत देखने के क़ाबिल होती है। उनके कमरे में अगर कोई किसी तरह से भी अनफेयर मीन का इस्तेमाल करते हुए पकड़ा गया तो माफ़ी का कोई सवाल ही नहीं। वो लड़कों को हाज़िरी या नम्बर देकर या और किसी तरह की रियायत देकर ख़ुश करने के बिल्कुल क़ायल नहीं है। हैरत की बात है कि जब हम तालिबेइल्म थे तो आमतौर से वे टीचर अच्छे लगते थे जो नम्बर और हाज़िरी

के सिलसिले में बहुत पाबंद नहीं होते थे- लेकिन आज हमें वे टीचर ही याद आते हैं जो अपने फ़र्ज़ को ईमानदारी से पूरा करते थे। इरफ़ान साहब हमें अक्सर याद आते हैं– और उनके नाम के आते ही सर इज़्ज़त के जज़्बे में झुक जाता है।'

देर तक कोई आवाज़ नहीं। ऐसा यह सब सुनना– हाँ, एक अध्यापक– अत्यंत लोकप्रिय व सम्मानित अध्यापक रहे शह्रयार से यह सब सुनना मुझे कुछ ज़्यादा ही अच्छा लग रहा था। शायद इसलिए और भी कि मैं भी एक अध्यापक हूँ। मेरा भी अनुभव यही रहा है कि मूल्यों-संस्कारों के प्रति समर्पित– आस्थावान अध्यापकों को मान और महत्व देने में आज के दौर का छात्र भी न कोताही बरतता है, न संकोच करता है। अपने अध्यापक के लिए व्यक्त होती शह्रयार की इन भावनाओं के बीच यह ख़याल भी कई बार आया कि शह्रयार को आज जितना या आज जैसा बनाने में उस समय और दौर के कुछ लोगों की बड़ी अहम भूमिका रही है। समय की पाबंदी, अध्यापन को लेकर ख़ास एक उत्साह और निज की यह शैली– और भी बहुत कुछ कम या ज़्यादा, प्रत्यक्ष या परोक्ष इरफ़ान हबीब से भी ग्रहण तो किया ही गया होगा।

21.8.11

नीले बारीक चेक की शर्ट। ख़ूब सफ़ेद पाजामा। बंद आँखों से छत की ओर देखते-से। एकदम शांत-प्रफुल्लित लेटे हैं शह्रयार साहब। कमरे में एफ.एम. रेडियो के गीतों की मंद-मंदिम ध्वनि झरने-सी लगातार झरे जा रही है। सीधे हाथ के अँगूठे के बाद की दो उँगलियाँ चिपकी, सटी-सी सीने के बीचोबीच अनवरत नीचे-उपर आ-जा रही हैं। पहले से तय था फिर भी पूछा है– 'आज क्या?' बताते ही अविलम्ब शुरू- 'सुरूर साहब मेरे उस्ताद ही नहीं, मोहसिन भी थे। मुझसे पहले डिपार्टमेंट की सोसायटी के सेक्रेटरी रह चुके थे। उनके ज़माने में काफ़ी लिट्रेरी एक्टीविटीज़ हुई थीं। जब मैं एम.ए. प्रीवियस में आया और सेक्रेटरी के लिए मेरा नाम पेश हुआ तो डिपार्टमेंट के एक सीनियर टीचर ने यह कहकर मेरी मुख़ालफ़त की कि राही के बाद मेरा नाम मुनासिब नहीं है। सुरूर साहब ने इस बात को रद्द कर दिया और मुझे सेक्रेटरी बना दिया। उनके भतीजे इक़बाल– जो अब दुनिया में नहीं हैं– यह बताया करते थे कि घर में खाने की मेज़ पर अक्सर मेरा नाम और राही का मुक़ाबला आता– सुरूर साहब हमेशा मेरी तारीफ़ करते। वे कहा करते कि शह्रयार ज़्यादा सीरियस है और उसमें डेप्थ है। वैसे भी डिपार्टमेंट में ज़्यादातर लोग मेरा और राही का अक्सर मुक़ाबला करते। राही भी मुझे अपना मुक़ाबिल समझते– लेकिन हमेशा मुहब्बत से पेश आते। उसी ज़माने में उन्होने 'लय' में मुझ पर एक मज़मून लिखा और यह भविष्यवाणी की कि इस नौजवान का फ़्यूचर ब्राइट है। सुरूर साहब उन लोगों में

थे जो लोगों के बारे में सिर्फ़ अपनी राय को अहमियत देते थे। जहाँ तक मुझे इल्म है, उन्होंने कभी किसी की सिफ़ारिश पर किसी को कहीं मुलाज़मत में नहीं रखा। जी— मैं उस की एक मिसाल हूँ। मेरा एम.ए. का रिज़ल्ट नहीं निकला था। वो अंजुमन उर्दू के सेक्रेटरी थे। ख़लील साहब ने मेरी सिफ़ारिश की कि मुझको लिट्रेरी असिस्टेंट की खाली जगह पर रख लिया जाये। उन्होंने मुझे बुलाया- और थोड़े गुस्से में कहा- 'आपने ख़लील साहब से सिफ़ारिश क्यों कराई? आपको ये बात मुझसे ख़ुद कहना चाहिए थी।' उसके बाद मैंने किसी चीज़ के लिए यदि उनसे कोई बात की भी तो वो ख़ुद ही की— और आमतौर पर मेरी बात उन्होंने मान ली।'

देवेन्द्र उबला हुआ एक अण्डा प्लेट में रखकर लाया है। प्लेट हाथ में थामे-थामे उसने शहरयार साहब के बैठने में मदद की है। प्लेट हाथ में लेते ही मुझसे पूछा है— 'अंडा लेंगे आप?' मैंने ज्यों ही मना किया, तुरंत फिर प्रश्न- 'लेंगे नहीं या खाते ही नहीं हैं?' अबकी बार मेरी ना को सुनकर मुस्कराए। चेहरे पर एक ऐसा भाव जैसे मेरा मज़ाक़ उड़ाया जा रहा हो— 'पता नहीं, अदब में कैसे आ गए आप? जब आप....।' अब मैंने सुरूर साहब के व्यक्ति व परिवार के बारे में चंद सवाल उनसे किये हैं। बैठे-बैठे अंडा खाते-खाते ध्यान से सुने हैं सवाल। झिलमिल करती-सी एक चमक आँखों में दिखी है— 'उनकी ज़ाती ज़िंदगी को जितना मैं जानता हूँ, शायद कोई और शार्गिद उतना जानने का दावा नहीं कर सकता। मैंने तीन साल अंजुमन तरक़्क़ी-ए-उर्दू लिट्रेरी असिस्टेंट की हैसियत से उनके साथ काम किया। अख़बार के काम के अलावा मेरी ज़िम्मेदारी ये भी थी कि मैं उनकी ज़ाती ख़तोकिताबत का जवाब तैयार किया करता था। मैं उनके मिज़ाज और अदबी रवैयों को भी समझ गया था। बहुत से अदबी प्रोग्रामों के पैग़ाम, बहुत सी किताबों के बारे में उनकी राय, मेरी ही लिखी हुई होती थी। वो उन पर अपना क़लम ज़रूर चलाते थे। एक-दो लफ़्ज़ इधर-उधर करते और वो उनकी राय हो जाती थी। जी— यह उनके स्टाइल का कमाल था। वो अंजुमन के वीकली अख़बार 'हमारी ज़बानें' के सम्पादक थे। कोई छोटी-सी भी ग़लती उनसे बच नहीं पाती थी। उनका हैंडराइटिंग पढ़ना काफ़ी कठिन था। हिन्दोस्तान में एक-दो आदमी ही उसको पढ़ने में माहिर थे। जी- उनमें एक मैं भी था। उन्होंने एक-दो ग़ज़ल की किताब भी लिखी थीं। पहले मैं उनका शागिर्द था- फिर धीरे-धीरे उनके घर का सदस्य बन गया। उनके बड़े बेटे मेरे क्लासफैलो भी थे- और ख़लील साहब के बाद मेरे ख़ास दोस्त भी। मैंने अपनी पहली किताब ख़लीलुर्रहमान आज़मी के नाम डेडीकेट की है— और दूसरी किताब सिद्दीक़ अहमद सिद्दीक़ी- जी, आले अहमद 'सुरूर' साहब के बेटे के नाम। ये दोस्ती और मुहब्बत आज भी उसी तरह है। इसलिए उनकी बहन मुझे भाई कहती हैं और उनके बच्चे

मुझे मामू कहते हैं।'

देर से चुप पड़ा मोबाइल आज पहली बार बजा- 'वालैकुम...।' हँसी का आना शुरू हुआ है– 'आराम है। ख़ुशी तो एक ही- मैं ठीक हूँ। अलीगढ़ आ गया हूँ। हाँ- ऐसा हो सकता है कि आप शाम को करें फ़ोन मुझे? हाँ- पाँच बजे के बाद।' सुना तो अजीब लगा मुझे। ऐसे तो नहीं कहते कभी किसी के फ़ोन आने पर। शायद सोचने-कहने में किसी व्यवधान के आने की आंशका जी गए हों इस बीच- 'देखिए- बहुत ख़ास आदमी हैं। देर तक बातें होतीं... कह दिया कि...।' कह तो दिया पर पछतावा हो रहा था जैसे अब। इस तरह रोका या टोका तो किसी बहुत आम या ख़ास को ही जा सकता है न। रुककर सोचने के उन क्षणों में गर्वीले-से किसी भाव की चमक दिखाई दी है आँखों में- 'मैंने किसी की शान में कभी शेर नहीं लिखे- लेकिन सुरूर साहब की शान में क़सीदा लिखा है।' संतोष जिए जाने जैसी लम्बी साँस की एक आवाज़ सुनाई दी है– 'सुरूर' साहब मुझ पर बहुत भरोसा और ऐतबार करते थे– और बहुत से मुआमलात में मशवरा लिया करते थे। मैंने भी उनको कभी ग़लत या प्रिजुडिस से भरा मशवरा नहीं दिया– बल्कि बहुत से लोगों के बारे में उनकी राय को बेहतर करने की कोशिश की। मेरे मिज़ाज में लोगों में ताल्लुक़ात बेहतर कराना हमेशा से शामिल रहा है। मैने सुरूर साहब और उनके मुख़ालिफ़ीन के साथ भी ये काम किया। अदब के मुख़्तलिफ़ लोगों के बारे में उनकी राय को हमेशा अच्छा करने की कोशिश की। आज भी वो मुझे बहुत ही क्रूशियल मौकों पर याद आते हैं।'

पानी लाने के लिए देवेन्द्र को आवाज़ लगाई गई है। पानी पिलाकर नासिर के लौटते ही मैंने सुरूर साहब के अदब और अध्यापन के बारे में कुछ और याद करने-बताने का अनुरोध किया है– 'अदब के सिलसिले में वो ख़ासे ईमानदार और ऑब्जेक्टिव थे। मुझे उन्होंने बहैसियत शायर शुरू से आख़िर तक पैट्रोनाइज़ किया। मेरी जो अदबी हैसियत है उसमें उनके पैट्रोनाइज़ किए जाने का बड़ा हाथ है। बहैसियत एक टीचर- वो बहुत ही मिसाली टीचर थे। वो हमेशा तैयारी के साथ पढ़ाते थे। पढ़ाने में उनकी यह ख़ूबी थी– बल्कि अलीगढ़ के तमाम पढ़ाने वालों की यह ख़ूबी होती थी कि वो अपने स्टूडेंट्स को राय ज़ाहिर करने को प्रोत्साहित करते थे और अदब में किसी वाद, किसी स्कूल, किसी पीरिएड के लिये कोई प्रिजुडिस पैदा नहीं करते थे। इसलिए अलीगढ़ स्कूल ऑफ क्रिटीसिज़्म पिछले पचास साल से अदब में सबसे ऑथेंटिक समझा जाता है। जिसे अलीगढ़ ने रिकॉग्नाइज़ कर लिया, वो ऑथेंटिक समझा जाने लगा। सुरूर साहब अलीगढ़ के बहुत ही बड़े रिप्रज़ेंटेटिव थे। वो एक बहुत अच्छे क्रिटिक और प्रोज़राइटर थे। वो अच्छी शायरी

भी करते थे। उन्होंने अपनी शायरी को अहमियत नहीं दी वरना उसकी भी क़द्र होती।'

गर्दन घुमाकर तकिए को देखा। उसे सीधा लिटाया और बाईं कुहनी बिस्तर पर टिकाते-टिकाते आहिस्ता-आहिस्ता लेट गए। करवट मेरी ओर ली और थकी-धीमी-सी आवाज़ में कहा- 'हाँ, अब और क्या?' देह थकी-सी दिख रही थी– पर आँखें बता रही थीं कि अपने अतीत से जुड़े इन हिस्सों पर बातें करना थकते जाने के बावजूद उन्हें अच्छा लग रहा है। मैंने मुईन अहसन जज़्बी साहब का ज़िक्र किया। चार-छह पलों के लिए पलकें पलकों से जा लिपटीं। और अब बेबस खींची जाती-सी धीरे-धीरे से अलग हुई। आँखें खुलीं तो उनके लबों से रिसने-बहने की तरह कुछ शब्दों का बाहर आना शुरू हुआ। इस बीच पलकों ने आँखों में के तारों के सामने परदे की तरह गिर-उठकर जैसे इच्छित समय और व्यक्ति का चित्र बनाने में शहूरयार साहब की मदद कर दी है– 'जज़्बी साहब उर्दू के अहम शायर थे। इंटरमीडिएट में हमारे उस्ताद थे। उनकी शख़्सियत बहुत दिलचस्प थी। पढ़ाने में वो कोई ख़ास दिलचस्पी नहीं लेते थे। अगर स्टूडेंटस उनसे पढ़ाने से छुट्टी माँगते थे तो वो दे देते थे। बतौर शायर वो बहुत प्रिजुडिस आदमी थे। वो अपने साथ के शायरों को भी अच्छा शायर नहीं समझते थे। नौजवानों को तो वो ख़ातिर में ही नहीं लाते थे। जब हम जैसे लोगों की चीज़ें अच्छी मैग्ज़ींस में छपने लगीं तो अक्सर उनको कहते सुना गया कि अब मैग्ज़ींस का स्टैंडर्ड गिर गया है। बहुत बाद में अपनी चीज़ों को उन्हें सुनाने की हमारी हिम्मत हुई। वो शायरी के बारे में बहुत ही रिजिड उसूल रखते थे। गाने बनाने का यह तसव्वुर उनके दिमाग़ में बैठा हुआ था कि शायरी आसमानी चीज़ है– और शायर बोर्न पोइट होता है। शायर के लिए पढ़ना या कोई तैयारी करना उनकी नज़र में ग़ैर ज़रूरी था। उनके ख़याल में पढ़ने या तैयारी करने जैसा काम वो करते हैं जिनको ख़ुदा की तरफ़ से शायरी करने के लिए बनाया ही नहीं गया। हाँ- हाँ- वो- मसलन- राशिद, अख़्तरुल ईमान, मीराजी, सरदार, जाफ़री- और इस तरह के कई शायरों को वो शायर ही नहीं मानते थे।'

दरवाज़े की ओर देखते-देखते यकायक शहूरयार साहब ने आइए, आइए कहते हुए जल्द से जल्द उठकर बैठ जाने की कोशिश की। देखा तो एक बुज़ुर्गवार बेंत के सहारे झुके-झुके से चलकर आते कमरे में प्रविष्ट हो रहे थे। वायल का सफ़ेद कुर्ता-पाजामा। दरम्याना क़द। भारी-सी देह। हाथ थामे साथ आए नासिर ने उन्हें कुर्सी पर बिठाना चाहा है। कुछ क़दम पैदल चलकर आने ने उनकी साँस फुला दी है। हाथ मिलाने को आगे बढ़ी उनकी हथेली को शहूरयार साहब ने अपनी हथेलियों में दबा लिया है। उनके कुर्सी पर बैठते ही मुझसे उनका परिचय कराया जा रहा है–

'लाजवाब शायर। हमारे सीनियर पोइट। अमीन अशरफ़ साहब।' ज्ञानपीठ पुरस्कार प्राप्त शायर किसी दूसरे को इतना नम्र होकर कह रहा है— लाजवाब शायर। इतना मुखर आवेश भरा-सा यह आदर भाव बहुत कम लोगों के लिए व्यक्त करते दिखाई देते हैं शह्रयार साहब। उनके द्वारा मुनीबुर्रहमान साहब के लिए सम्मान व्यक्त किए जाने से सम्बन्धित कुछ दृश्यों और अंदाज़ों का ध्यान हो आया— 'ख़लील साहब अगर क़ायल थे तो इनके... अलीगढ़ से बाहर कोई शायर जाना जाता था तो अमीन साहब जाने जाते थे...।' मुनीब साहब के अलावा किसी और शायर का इन शब्दों के साथ तो कभी परिचय नहीं कराया शह्रयार साहब ने मुझसे। पर हाँ— जिसके आज़मी साहब क़ायल थे, उसके क़ायल शह्रयार तो होंगे ही होंगे- 'ये प्रेम कुमार हैं...। पता नहीं क्यों हम पर इतने मेहरबान हैं कि...।' अनेक ऐसे शब्द-वाक्य जिन्हें सुनता-सुनता मैं संकोच से भरता गया था। मैं विषय बदलवाने की फ़िराक़ में था कि तभी अमीन साहब ने बड़ी स्नेहभरी निगाहों से शह्रयार साहब को निहारते-निहारते कहा- 'देखने में सब ठीक है। वो ग़ालिब का शेर है न— 'तवाक़िफ़ कुछ नज़र आते हैं कुछ...। कोई चेंज मुझे नज़र नहीं आता।' अमीन साहब के ऐसा इस कहने ने मुझे ख़ुशी दी। शह्रयार साहब के चेहरे पर भी कांति और ओज जैसा काफ़ी कुछ दिखाई दिया। देवेन्द्र को पानी लाने के लिए कहा गया। नासिर साहब के सम्बोधन से नासिर को बुलाकर उनसे रेडियो की आवाज़ कम कराई गई। शह्रयार साहब में दिख रहे उन प्रसन्नतासूचक परिवर्तनों को देखकर मैंने मान लिया था कि अब आज और आगे बातें नहीं हो पाएँगीं। नासिर के जाते ही अमीन साहब से पूछा गया है— 'चाय पीना चाहेंगे? उनके इनकार को ऐसे सुना जैसे पहले से मालूम था कि मना ही होनी है। बताने- कहने की आतुरी में अमीन साहब के आने की ख़ुशी शामिल है— 'हाँ, मेरी मिज़ाजपुर्सी को आए हैं। देखिए— ए.एम.यू. में इंग्लिश में रीडर थे। दिलचस्प यह है कि रिटायरमेंट के बाद पीएच.डी. की। और हाँ, आप इनसे बात कीजिए। जज़्बी, साहब और क़ाज़ी साहब के बारे में जितना ये बता सकते हैं, दूसरा कोई नहीं।' इन नामों के सुनने का असर हो या कुछ और— पर हाँ, अमीन साहब भी तत्क्षण अपने दूरस्थ अतीत में जा पहुँचे थे और उनकी आवाज़ यकायक कोमल से कोमलतर होती जा रही थी। सिकुड़कर छोटी हुई उनकी पानीदार आँखों में अनमोल कुछ पा लेने जैसी एक चमक आ उपस्थित हुई थी— 'क्या बात थी तब अलीगढ़ की। वो अलीगढ़— एक ज़माना था। ऐसे-ऐसे लोग थे तब...और अब- ऐसे ऐसे रह गए हैं!' अमीन साहब लगभग इंटरव्यू देने जैसे अंदाज़ में मुझसे मुख़ातिब हैं अब— 'प्रेमकुमार साहब, तब क्या तो दिन थे— और क्या तो हम थे। सबको नाराज़ करते फिरते थे हम। न ज़बान पर कंट्रोल, न बात पर। सुबह से शाम तक

इतना पैदल चलते थे कि अब ख़ुद भी यक़ीन नहीं आता। क्या तो मेमोरी थी तब हमारी। ख़लील साहब ने ग़ज़ल सुनाई...एक बार में याद। सरदार जाफ़री ने सुनाई-सुनने के साथ ही याद।'

अभी तक चुप-चुप सुनते शह्रयार साहब भी अब जैसे स्वयं को रोक नहीं पा रहे हैं— 'प्रेमकुमार, जब अमीन साहब शेर कहते थे, तब हम कहते ही नहीं थे। हाँ-हाँ भाई, उस ज़माने में हम शायर नहीं थे।' अकुंठ-सा वह भोलापन। सम्मान देने की यह भावना, ऐसी यह ईमानदारी और इस तरह का यह तरीक़ा। अब अपने वर्तमान और अतीत के ख़ासे लम्बे-खुले हिस्से को जैसे दोनों ने मैदान बना लिया है। यादों की गैंदों को उछालते-लपकते जैसे वे दोनों कोई खेल-सा खेले जा रहे थे तब— 'अमीन साहब के तीन मजमुए शाया हो चुके हैं प्रेमकुमार। तब आप ग़ज़लें लिखते थे। हम लोगों को सुनाने के लिए कैंटीन ले जाते थे। ख़ूब खिलाते थे हमें वहाँ कैंटीन में।' अमीन साहब को ख़लील साहब याद आ रहे हैं— 'क्या लोग थे वो। कैसे ग़ज़लें सँभालते थे— उन्हें शाया होने को भेजते थे। और दूसरी तरफ़ हमारे जज़्बी साहब थे। ग़ज़ल सुनाना शुरू किया कि बस नाराज़— 'तुम? तुम? तुम और ग़ज़ल?' मुझे उनका वीक प्वाइंट मालूम था। मैंने तुरंत सेक्स की बात शुरू कर दी। तुरंत बोले- हाँ, ज़हीन आदमी हो तुम।' अब जज़्बी साहब के शेरों की तारीफ़ कर रहे हैं दोनों लोग। तारीफ़ किए जाने के बीच उनके संग्रह का ज़िक्र आ गया है— 'हाँ, उसका नाम भी अच्छा है— 'सुख़ने मुख़्तसर।' शह्रयार- आपको तो पता है— ये नाम जज़्बी साहब को मैंने सुझाया था। उन्होंने इसका ज़िक्र कहीं नहीं किया।' उन दोनों के बीच की बातों की उस आवाजाही को अनजाना-नया-सा कुछ जान लेने की साध मन में पाले-पाले मैं चुप-चुप सुने जा रहा था। चार-छह बालिश्त बराबर की उस चुप्पी के बाद दिखा कि अपनी कुर्सी पर बैठे अमीन साहब शनैः शनैः जैसे एक बच्चे जितनी उम्र में बदलने लगे। अपनी चार-छह तोले की ख़्वाहिश में दो-तीन रत्ती गुज़ारिश और चार-छह माशे मलाल लिए-लिए उनके कुछ वाक्य सुनाई दिए— 'आपके साथ केवल मेरी दो तस्वीरें हैं। एक वो जो ए.एम.यू. की मैग्ज़ीन में छपी थी— और दूसरी वो जिसमें आप और मैं साथ-साथ घास पर बैठे हैं। मेरी ख़्वाहिश है कि एक इस ऐज़ की भी हो। कोई एक तस्वीर खींच दे बस आपके साथ। हाँ, रिज़वान के यहाँ बहुत उम्दा-उम्दा तस्वीरें है तुम्हारी।' अनेक बार अनेक समारोहों में कितने ही लोगों को शह्रयार साहब की तस्वीरें खींचने या उनके साथ अपना फ़ोटो खिंचाने के लिए प्रार्थनाएँ करते देखा है— पर आज की यह गुज़ारिश- यह ख़्वाहिश कई मायनों में मुझे सबसे अलग और ख़ास लगी।

दोनों पुराने दिनों की अपनी-अपनी यादों को खोज-खँगाल लाने में जुटे हैं—

'जज़्बी साहब का ये था कि वो नए लोगों को डिसकरेज़ करते थे।' अमीन साहब ने जैसे अपनी मुहर लगाकर सत्यापित कर दिया है इसे- 'हाँ, सही बात है।' किसी पत्रिका का नाम लेकर शहरयार साहब ने पूछा है– 'शाहिद मेंहदी का वो... आपने पढ़ा था तब? –हाँ, हाँ, वो लिखते थे– पर अब तो तक़रीर करते हैं।'

–'अभी थोड़ी देर पहले उन का फ़ोन आया था। कल भी आया था। उस ज़माने को वो भी बहुत याद करते हैं। आपको अमीन बाबा कहते हैं– जी, वो भी और उनकी बीवी भी।'

चेहरा खिल उठा है। होठ मुस्काए जा रहे हैं। अच्छा, अच्छा कहने के बीच गर्दन खुशी में दो-तीन बार हिली है– 'अच्छा, अब आए तो कहना कि अमीन बाबा आप लोगों को याद करते हैं।'

ललकते-रीझभरे-से अंदाज़ में शहरयार साहब ने कहा है– 'वो ज़माना अगर लिखा जाए तो बड़ा दिलचस्प होगा।' मन था कि कुछ कहूँ पर दिखा कि अमीन साहब ने मेरे चेहरे पर निगाह टिकाते-से मुझे देखा है– 'अरे भई, तब सबका एक ख़ास स्टैंडर्ड था। उर्दू का आज भी अच्छा है– पर और कई डिपार्टमेंट्स में तो... ।' मुझे काग़ज़ पर कुछ लिखते देखकर– या फिर तब जो भी विचार आया हो उनके मन में- अपना वाक्य अधूरा छोड़कर आदेश-सा देते हुए कहा गया– 'अच्छा हमारा एक शेर लिख लीजिए- मैं तो परवरदए ग़म- हाँ, परवरदए ग़म यानी दुखों में पला हुआ–तो– 'मैं तो परवरदए ग़म था मगर ऐ मौजेबला/तुझ पे क्या गुज़री, मेरे सर से गुज़र जाने तक।' ऐसे दोहरा-तिहरा कर ख़ूब रम-डूब कर सुना रहे हैं जैसे किसी गोष्ठी में कह रहे हों अपना शेर। ख़ूब उत्फुल्ल, अत्यंत गद्‌गद् – 'एक और लिख लें –'राह पर आज भी, काफ़िर है न मोमिन वरना/रास्ता एक है काबे से सनमखाने तक।'

श्रेष्ठ एक श्रोता की तरह सुने हैं शहरयार साहब ने दोनों शेर। तारीफ़ करते-करते अचानक मेरी ओर देखा- 'मैं आपको बाई कार भिजवा दूँगा। अगर ये राज़ी हो जाएँ इंटरव्यू को तो। अगर इंटरव्यू इन्होंने दे दिया तो बहुत दिलचस्प होगा।' शहरयार साहब के यह कहने का तुरंत प्रभाव यह दिखा कि अब अमीन साहब अपेक्षाकृत अधिक मुक्त भाव से कहने-बताने की मुद्रा में आ चले थे– 'घूमने का इतना चस्का था कि...एक बार क्या हुआ कि जज़्बी साहब ने एक साहब से मेरे बारे में पूछा कि वह कहाँ है। तो उन्होंने उत्तर दिया कि रेलवे रोड। ज़रा देर बाद दूसरे से पूछा तो बताया गया कि रसलगंज और फ़ौरन बाद आए तीसरे आदमी से पूछा तो पता लगा कि वो तो मैरिस रोड पर जा रहे थे।' कुछ देर गर्दन झुकाए पता नहीं क्या सोचते-से ख़ामोश बैठे रहे। गर्दन उठी तो दिखा कि पलकें भी अभी-अभी खुली हैं। कुछ देर प्रशंसा भरी नज़रों से शहरयार साहब की ओर टकटकी-सी लगाकर

देखते रहे— और फिर— 'प्रेमकुमार साहब, आप कब से जानते है इन्हें?' मुझे मालूम था कि उन्हें मेरा उत्तर नहीं चाहिए था— 'ये बहुत दुबले-पतले लड़के थे। ख़ूबसूरत थे। इन्होंने शायरी हमारे बाद में की है। इनसे मेरी पहली मुलाक़ात हबीब खाँ के होटल में — जी, मैरिस रोड के चौराहे पर था तब वह— लगभग पचपन-छप्पन में हुई।' पलक झपकने भर की देरी में समय की इतनी दूरी पार करके आने के बावजूद चेहरा एकदम तरोताज़ा- सा दिख रहा था उनका। उनके शब्द-शब्द में, देखने-बोलने में तबकी अपनी इस याद को बचा-सँभालके वैसी की वैसी रखे रहने का गर्व साफ़-साफ़ झलक रहा था— 'चेकवाला बुशशर्ट था...।' इस बीच जितनी बार घर आया हूँ शहूरयार साहब को अक्सर किसी न किसी रंग के चेक की ही शर्ट पहने देखा है। तो क्या चेक की यह पसंद बहुत पहले से— यानी जीवन के प्रारंभिक हिस्से से ही है— '... और पैंट इन का था गेरुए रंग का...।' मुस्कराते हुए चुप बैठे सुने जा रहे हैं शहूरयार साहब। उनके कपोलों पर गुलाबी-गुलाबी-सा कुछ दिपदिपाने लगा है यकायक। अमीन साहब अपने आसपास से बेख़बर किसी चित्रकार की तरह अपनी यादों में बसी तस्वीर को रेखाकृति की भाँति शब्दांकित किए जा रहे थे- 'साइकिल पर थे तब। आँखें बड़ी ख़ूबसूरत थीं इनकी। बहुत चार्मिंग थे।' अलग रंग-ढंग और आवाज़ वाली शहूरयार साहब की हँसी गूँज उठी है कमरे भर में- 'इसमें इसका भी ख़याल रखिए कि अमीन साहब सब लाइनों पर चलने वाले रहे हैं...।' हँसे जा रहे हैं लगातार एक ऐसी हँसी जो पिछले इन कुछ दिनों में देखी-सुनी हँसियों से नितांत भिन्न थी। अमीन साहब ने जैसे वो सबन देखा, न सुना — 'पहले ये ग़ज़ल पढ़ते थे तो शरमा-शरमा के पढ़ते थे। एक ख़ास बात और है— जी, इनकी पोयट्री के बारे में। ये जो लोग ग़ज़ल-नज़्म लिखते हैं — आप देखिए बहुत जल्दी फीके पड़ जाते हैं। इनकी ख़ास बात है सिंपिलीसिटी ऑफ़ एक्सप्रेशन-उर्दूपन है इसलिए फीके नहीं पड़ते।' एक वरिष्ठ कवि को अपने बाद के कवि की इतने गद्गद् भाव से तारीफ़ किए जाते देख मुझे अच्छा लगा। और भी अच्छा यह सोचकर लगा कि आज की हमारी इस मुलाक़ात में अमीन साहब अचानक आ उपस्थित हुए— और उनका यह आना मिज़ाजपुर्सी के अलावा और भी कई तरह से कई तरह के दायित्व निभाता रहा था इस अच्छे-ख़ासे लम्बे समय में।

चलने की इजाज़त चाहते अमीन साहब उठ खड़े हुए हैं। बाहर के कमरे से उनका ड्राइवर आकर उनके ठीक पास खड़ा हो गया है। शहूरयार साहब से हाथ मिलाने को आगे बढ़ते-बढ़ते उन्होंने अब फिर शहूरयार साहब को निगाह टिकाकर देखा है— 'नहीं, कुछ नहीं है आपको। बिल्कुल ठीक-ठाक हैं आप। जल्दी ठीक हो जाओगे।' जो भी सोचकर अमीन साहब ने यह कहा हो— पर मुझे मिज़ाजपुर्सी का

उनका यह ढंग बहुतों से भिन्न और सुकून देता-सा लगा था। न बीमारी का रोना-धोना, न चिंता और सहानुभूति का अनावश्यक प्रदर्शन। दुआएँ देती-सी निगाहें, हिम्मत बँधाते-से शब्द। एक-दूसरे के हाथ की हथेली को दोनों ही दबाते-दबाते हिलाए जा रहे हैं– 'मैं फिर आँऊगा।' – 'नहीं, मैं आँऊगा।' – 'ठीक है, ठीक है, अब आप ही आएँगें। जल्दी आएँगे' – कहते अमीन साहब बाहर की ओर चल दिए थे।

अमीन साहब के जाने के बाद न जाने क्या विचारते-से शहूरयार साहब देर तक मौन बैठे रहे। एक नज़र भर मुझे देखा और लेट गए। ज़रा देर बाद मेरी तरफ़ को करवट ली और फिर वो उसी पुराने समय में जा पहुँचे थे। हाँ, इस बार वहाँ वो अकेले थे और अब उन्हें केवल जज़्बी साहब से जुड़ी अपनी यादों को ही याद करना था– 'एक ज़माने में उनसे हमारे ताल्लुक़ात कुछ कड़ुवे हो गए थे। सबब– यही साहब थे। जी– अमीन साहब। हुआ यूँ कि अलीगढ़ में हम लोगों ने एक मूवमेंट-सा चलाया था कि अस्ल शायरी तो नज़्म में होती है। तो डिपार्टमेंट की तरफ़ से छोटा-सा एक मुशायरा हुआ। जी– नज़्म का मुशायरा। उसमें अनीस हनफ़ी, बलराज कोमल बाहर से बुलाए गये। अलीगढ़ से मुनीबुर्रहमान, ख़लीलुर्रहमान आज़मी, जज़्बी साहब, शहूरयार- और कई शायर थे। वो ज़माना शायद रमज़ान का था- इसीलिए मुशायरा सुरूर साहब के घर हुआ। सेक्रेटरी ऐसे तालिबेइल्म थे जिनका उर्दू पर अधिकार न था। उस मुशायरे की रिपोर्ट ख़लील साहब ने लिखी। उसमें उन्होंने ये लिखा कि जज़्बी साहब के पास कोई नज़्म नहीं थी इसलिए सुरूर साहब ने उनसे कहा कि आप ग़ज़ल सुनाइए। अमीन अशरफ़ मैग्ज़ीन के एडीएटर थे। उन्होंने यह इत्तिला जज़्बी साहब को दी कि रिपोर्ट में यह लिखा है– और कुछ इस तरह से दी कि जज़्बी साहब को लगा कि इसमें उनकी इनसल्ट हुई है। जज़्बी साहब सुरूर साहब के पास पहुँचे और उनसे शिकायत की कि ये रिपोर्ट इस शक्ल नहीं छपनी चाहिए। सुरूर साहब ने यह बात ख़लील साहब से कही। ख़लील साहब भी काफ़ी गुस्से वाले आदमी थे। उन्होंने सुरूर साहब से कहा कि अगर रिपोर्ट छपेगी तो इसी शक्ल में वरना नहीं छपेगी। और इस तरह ख़लील साहब और जज़्बी साहब में बदगुमानी पैदा हो गई।'

फ़ोन बजने की आवाज़ के साथ ही बोलना जहाँ के तहाँ थम गया। बोलना रुकते ही मुझे तुलसी के एक पद का ध्यान हो आया– 'जाके प्रिय न राम-वैदेही...।' इस पद के याद आने से मुझे जज़्बी साहब से ताल्लुक़ात में कड़वापन आ जाने का बहुत कुछ अनुमान हो गया था। ख़लील साहब जिसके प्रिय नहीं, वो शहूरयार का प्रिय कैसे हो या बन रह सकता है– 'हलो। सलामुअलैकुम। हाँ, कहाँ हो भई?... क्या कर रहे

हो? सुना वहाँ पर तुम किसी यूनीवर्सिटी में हो गए हो?... हाँ, ठीक है। पहले से बेहतर।.... मैं दुबई गया था तो एक दिन मिलने जाने वाला था– पर जा नहीं पाया। हाँ, बहुत से लोग हैं। कभी छोटा तो कभी बड़ा बच्चा आता है।' फ़ोन बंद किया ही था कि फिर बज उठा। करवट बदलकर पीठ के बल लेट गए हैं– 'हाँ, हलो। ठीक हूँ।' हँसने की कोशिश में खाँसी आ गई है– 'हाँ, अख़बार में ये सब छपवाता ही इसलिए हूँ कि मेरे ख़ैरख़्वाहों को मालूम हो जाए।' अब फिर मेरी ओर को करवट ली है। लगा कि अब वो कुछ-कुछ थकने-से लगे हैं। इतने पहले के समय की ऐसी-ऐसी बातों का ध्यान करते– उन्हें सुनाते आख़िर देर भी तो काफ़ी हो गई हैं। अब आवाज़ में भी मंदी आई है और बोलने की रफ़्तार भी धीमी हुई है– 'ज़ाहिर है, उस वाक़ये का असर मुझ पर भी पड़ा। उसी ज़माने में जज़्बी साहब और सुरूर साहब के सम्बन्ध भी ख़राब हो गए। काफ़ी दिनों तक ख़राब रहे।' गहरे बेधती-सी निगाह से मेरी ओर देखा है। पल-दो पल के बाद ही मुस्कराहट के साथ कहा गया है– 'इस सब में आपके दोस्त क़ाज़ी साहब का बहुत हाथ रहता था।' 'आपके दोस्त क़ाज़ी साहब' को बहुत रुककर- अक्षर-अक्षर पर कुछ ज़्यादा ही जोर देकर कहा गया है। पक्की उम्मीद के साथ इंतज़ार किया कि इस पर मैं ज़रूर कुछ न कुछ कहूँगा ही। अप्रभावित देखा तो अतंतः खुद से बोलना शुरू किया– 'उसके बाद यह हुआ कि हमारे सम्बन्ध जज़्बी साहब से ठीक हो गए। जी– वो इसलिए कि हमने वो सब नहीं किया जो लोग अक्सर करते हैं ऐसे हालात में। हम इज़्ज़त करते रहे, मुलाक़ात करते रहे। उन्होंने भी बाद में रियलाइज़ किया। अलीगढ़ में अगर वो किसी का लिहाज़ करते थे तो मेरा। फ़ोन करके बुलवाते थे। शायर भी अच्छा समझते थे वैसे भी हमको मानते थे। जितने शेर उनके हमें याद हैं, शायद ही किसी और को हों। हमें भी बहुत...।'

उन सज्जन के कमरे में आते ही वाक्य अधूरा ही छूट गया। कुर्सी पर बैठते-बैठते उन सज्जन ने सवाल किया– 'अब कैसे हैं आप? अभ्यस्त- से अंदाज़ में कहा गया– 'ठीक हूँ।' उत्तर में के ठंडेपन ने ही शायद उनसे पुछवा लिया था– 'आपने पहचाना?' सवाल और पूछने का अंदाज़ मुझे खटका था, पर जिस तरह पल की देर लगाए बिना शह्रयार साहब ने उत्तर दिया, उसने प्रमाणित किया कि शह्रयार को सिर्फ़ कविताएँ या घटनाएँ ही सही-सही याद नहीं रही आतीं– बल्कि चेहरों- सम्बन्धों को भी वो भलीभाँति याद रखते हैं– 'हाँ, आप उनके बेटे हैं– तकी साहब के। यहाँ दूर हूँ– लेटा हूँ फिर भी पहचान लिया न आपको।' सकुचाए से बैठे उन सज्जन ने बताया– 'मैं मेडीकल गया था– आप डिसचार्ज हो गए थे।' डिसचार्ज की बात ने मुझे फिर से अख़बार में छपी उस दिन वाली ख़बर की याद

दिला दी थी। पल भर को झुँझलाहट-सी हुई, पर जब शहरयार साहब के कहने में भी झुँझलाने का भाव दिखा तो मैने खुद को तुंरत नियंत्रित किया– 'अरे भई, भर्ती ही नहीं हुआ तो डिसचार्ज क्या? उस ट्रीटमेंट को लेने के लिये वहीं रहना होता है– पर अख़बार में जो छपा... ।'

इस बार का मोबाइल का बजना मुझे इसलिए अच्छा लगा कि उन सज्जन की बातों का ढंग मुझे रुच नहीं रहा था। मोबाइल मैंने उन्हें उठाकर दिया। मोबाइल हाथ में लेते ही पहले नम्बर देखा। नम्बर पर नज़र पड़ते ही ज़रा पहले तक की तमाम थकान-वकान व झुँझलाहट एकदम से न जाने कहाँ रफ़ूचक्कर हो गई। होठों पर अलग रंग-ढंग की हँसी उभरकर तिरने-पैरने सी लगी– 'हलो, बेटे! प्रेमकुमार साहब आए हुए हैं– उनसे बातचीत कर रहा हूँ....हाँ, कान में कुछ खुजली सी हो रही थी– हाँ, डॉक्टर के घर पर ही दिखाने गए थे... हमारे जानने वाले है वो.... ।' बातें रुकीं तो मोबाइल मेरी ओर बढ़ाया– 'हाँ, बड़े बेटे का था।' मोबाइल अभी मेरी उँगलियों ने पकड़ा ही था कि फिर बज उठा। इतने इन दिनों में मैं जितनी भी देर शहरयार साहब के पास रहा हूँ– मोबाइल है कि थोड़ी-थोड़ी देर बाद- कभी-कभी तो तुरंत बाद बजने लगता है। फ़ोन्स की संख्या और बातचीतों को सुनकर अनेक बार मन यह सोचकर हर्षित-गर्वित होता रहा है कि शहरयार को चाहने, उनकी चिंता करने वाले लोग कितने-कितने, कैसे-कैसे हैं और कहाँ-कहाँ तक फैले-बसे हैं। और भी आश्चर्य और गौरव इस बात पर होता है कि दर्जनों बार की बातचीतों में एक बार भी शहरयार ने किसी बीमार की तरह अपनी बीमारी के बारे में किसी से बातचीत नहीं की– बीमारों वाले अंदाज़ में अपना हाल-चाल नहीं दिया। हमेशा यही कि हाँ, मैं ठीक हूँ– बेहतर हूँ। हँसना-हँसाना भी, शेरो-शायरी भी।

मैंने मोबाइल फिर उन तक पहुँचा दिया है। नम्बर देखते ही चेहरे पर बहुत साफ़ से आसमान से आती चाँदनी की-सी एक रौनक दिखाई दी है– 'जी, ठीक ही पढ़ा आपने!...हम इसलिए छपवाते हैं कि सबको मालूम हो जाए। नहीं-नहीं, मसरूफ़-वसरूफ़ बिल्कुल नहीं... । तुम्हारा फ़ोन आता है तो मुझे खुशी होती है... । हाँ, हाँ मैने कहा कि अपनी तरफ़ से दे रही हो या मियाँ भी शामिल है उसमें... ।' स्वर और मूड दोनों में अच्छा-सा एक बदलाव आता जा रहा है लगातार। पता नहीं क्या सोचते-से छत की ओर देखे जा रहे हैं अब। ऐसे जैसे कि मोबाइल बंद हो जाने के बाद भी शब्दहीन- बहुत कुछ वो सुन भी रहे हों और कहे भी जा रहे हों। हथेलियों के बीच दबा मोबाइल फिर बज उठा तो चौंकते-से सँभले हैं जैसे लेटे-लेटे। कमाल है– इतनी-इतनी जल्दी इसका आज यूँ बजना। तो क्या इसके इस बार इतनी जल्दी बज जाने का शहरयार साहब को पूर्वानुमान था? क्या इस बजने की उन्हें प्रतीक्षा

थी– इसलिए इस बार मोबाइल उन्होने मेरी ओर नहीं बढ़ाया था? नम्बर देखते ही विस्मित-सी एक ख़ुशी दिखी, उनके चेहरे पर। सँभलते-से पैर फैलाकर लेट गए- 'अरे फरीदूँ...!' क्या यह केवल संयोग है या टैलीपैथी जैसा कुछ और। ज़रा पहले बड़े बेटे का फ़ोन और अब इतनी जल्दी छोटे साहब फ़ोन पर हाज़िर हैं। चेहरा ऐसा-ऐसा-सा कुछ- जैसे गुलाबी ठंड के दिनों की कोई सुबह सूरज़ की कुनकुनी किरणों के छू देने भर से ग़मक़-दमक उठे– 'हाँ, हलो बेटे! और क्या हो रहा है... बढ़िया-बढ़िया बातें हो रही हैं। हाँ– प्रेमकुमार आए हुए हैं...।' मैंने जब जितनी बार देखा है– शहरयार साहब बेटों या बेटी को याद कर रहे हों, उनसे फ़ोन पर बात कर रहे हों– या फिर उनके साथ-पास हों– उनकी भाषा, उनके भाव, उनकी मुख- मुद्राएँ एकदम से कुछ से कुछ हो जाती हैं। वो तन, मन, भावना से पलभर में न जाने क्या से क्या हो जाते हैं। लेकिन अब यह क्या? आज तो यह– एक और तरह के एकदम नये-भिन्न परिवर्तन के आने को देख-सुन रहा हूँ मैं। भावुकता की ऐसी यह बाढ़! स्नेह और आह्लाद का ऐसा यह उफान! तेज़-तेज़ गिरती-उठती पलकें। नम हो चली-सी आँखें। कपोलों के शीर्ष पर सिहरता-काँपता-सा यह स्पंदन– 'थैंक्यू-थैंक्यू! यार तुम बहुत याद आती हो। कैसे?...हाँ, बेटे... आइ एम सॉरी...। मैं तुम्हारे प्यार को तरसता हूँ। कैसे कहूँ बेटा।' आवाज़ में के कंपन को सँभाल पाने में कुछ ज़्यादा ही मुश्किल आ रही है। इस ढंग से इस रूप में पहले कभी किसी से बातें करते हुए नहीं देखा है मैंने शहरयार साहब को – 'हाँ बेटे, यह आवाज़– रेडियो चल रहा है। हाँ, नाश्ता हो गया बेटा।...ज़ाहिर है फिर तुम्हारी दुआएँ...।... दुआ क्या तुमने तो वैसे भी इतनी ख़िदमत की है...।'

देर तक जब शहरयार साहब की और कोई आवाज़ मेरे पास तक नहीं आई तो वजह जानने के इरादे से मेरी दृष्टि सहमी-सिमटी-सी उनकी ओर चली– 'मोबाइल हथेलियों में दबा था। हथेली सीने पर टिकी थी। अपनी ही भावुकता की सरिता में गले-गले तक डूबे से शहरयार तब शायद आगे कुछ कह पाने की ताक़त जुटा रहे थे– या फिर अपने उतने उस भावुक होने के सच को अपने उस उतने प्रिय के सामने उजागर हो जाने से बचा रहे थे। यूँ समझ मैं भी गया था, पर जरा देर बार उन्होंने शानदार-सी एक शान के साथ मुझे बताया था– 'बहू थी आरिफ़ा।' उस दिन शहरयार साहब के पास से चले आने के बाद देर तक मैं यह सोचता रहा था कि इन दोनों में से कौन अधिक भाग्यशाली है। क्या शहरयार साहब जिन्हें ऐसी यह पुत्रवधु मिली– या फिर उनकी पुत्रवधु जिसे ऐसा यह इंसान, ऐसा यह शायर श्वसुर के रूप में नसीब हुआ। जब कुछ भी तय कर पाना मुश्किल हो गया तो मान लिया कि सच तो यह है कि दोनों ही भाग्यशाली हैं।

22.8.11

कमरे में प्रवेश के साथ ही कानों को शाप बन गया-सा शोर और देह को तचाता-सा वह ताप त्वरित गति से सामान्य होने की ओर बढ़ चला था। ज़रा पहले तक की सड़क पर की सारी चैंचैं, मैंमैं, चिल्लपौं, हाय-फाँय पलक झपकते ही नदारद हो चुकी थी। राहत देते-से उस सुख को अधिकाधिक महसूस करना शुरू कर चुकी थी देह। अत्यंत अनुशासित, मंद, मधुर स्वर में रेडियो ग़ज़ल गा रहा था– 'इस अंजुमन में आपको आना है बार-बार/दीवारो-दर को ग़ौर से पहचान लीजिए।' ए.सी. की तमाम उस शीतलता को लाँघ-पारकर ग़ज़ल की गूँज ख़ुशबू की तरह कमरे भर में फैलती-भरती जा रही थी। शहरयार साहब आज भकाभक सफ़ेद शर्ट और पाजामा पहने पालथी मारे अपने बेड पर बैठे थे। अकेले– ग़ज़ल सुनते-से। शायद मेरे आने का इंतज़ार-सा करते। आदाब के उत्तर के साथ ही सवाल– 'हाँ, आज किस पर बात करनी है?' काग़ज़-पैन निकालते-सँभालते मैंने कहा– 'जिसके बारे में आप कहना चाहें। जिनके बारे में ज़्यादा-सा कुछ अच्छा आपको याद आ रहा हो। और हाँ– अभी तो आपके वो अध्यापक- जिन्होंने आपको प्राइमरी स्कूल में पढ़ाया था. ..।' वाक्य के बीच ही स्वीकृति में हिलती गर्दन दिख गई– और उनकी हाँ, हाँ भी सुनाई दे गई। लम्बी-सी एक जमुहाई ली। तो क्या आज की रात ढंग से सोना नहीं मिला? अपनी उँगलियों को ऐड़ियाँ सहलाने में लगा दिया है। मुझे तैयार पाते ही बिना समय गँवाए बताना शुरू– 'पुराने ज़माने में यह एक आम तसव्वुर था कि टीचर को बच्चे को पढ़ाते वक़्त हर तरह की आज़ादी होनी चाहिए। जो पेरेंट्स टीचर से प्राइवेट ट्यूशन कराते थे, उनको ये आज़ादी देते थे कि तुम पढ़ाने के बीच में बच्चों के साथ हर तरह का सुलूक कर सकते हो। हम बिल्कुल दख़ल नहीं देंगे। 1945 में जब मैं अपने बड़े भाई साहब अमीन मुहम्मद खाँ के पास बेनीगंज पहुँचा तो प्राइवेट स्कूल में दर्जा चार में दाख़िल हुआ। पंडित परमेश्वर दीन स्कूल के हेड मास्टर थे और उन्होंने मुझे प्राइवेट ट्यूशन भी पढ़ाना शुरू किया।'

नासिर छिले-कटे सेब के कुछ टुकड़े एक प्लेट में लाकर उनके सामने रख गए हैं। सेब की प्लेट उठाकर उन्होंने मेरे आगे की है। इनकार के बावजूद इसरार कर रहे हैं– 'अच्छा, एक पीस ले लो।' सेब का पीस चबाते गर्दन झुकाए न जाने क्या सोच रहे हैं। अभी-अभी आई बच्ची जैसी वह मुस्कान होठों पर फैलकर अब हँसी बन गई है। इतमीनान से रहस्यमय अंदाज़ में हँसे जा रहे हैं चुपचुप – 'पंडित परमेश्वर दीन बहुत जल्लाद किस्म के आदमी थे। छोटी-छोटी बात पर सज़ा देते थे। वो प्याज बहुत खाते थे। स्कूल में भी उनकी मेज़ पर प्याज रखी रहती थी। उसे बीच में से छीलते और खाते थे। हिस्ट्री और ज्योग्राफ़ी के लैसन वो रटे हुए सुनते थे–

और जहाँ ज़रा गलती होती कि लोहे की गुनिया पीटने में इस्तेमाल करते थे। मैं अर्थमैटिक और एलजेब्रा में बहुत तेज़ था। वो मुझे इस ख़ूबी पर शाबाशी भी देते थे। एक और चीज़ जो उन्हें मेरी पंसद थी, वो मेरे दौड़ने की ख़ूबी। मैं सौ मीटर दौड़ में हमेशा सबसे आगे रहता था। मुझे यह बात आज तक नहीं भूली कि एक बार भाई साहब के दौरे पर चले जाने की वजह से मैं स्कूल नहीं गया...।' अब खाना-बोलना एकदम से रुक गया है। शान से इठलाती-सी चलकर मेरे पास तक आई उस निगाह की प्रसन्नता छिपाए छिप नहीं रही थी– 'उन्होंने चार लड़के भेजे और मुझे डंडा डोली करके स्कूल बुलवा लिया।' सुनकर मैं भी खुलकर हँसा। मेरी आँखों में शहरयार साहब को लड़कों द्वारा स्कूल लाए जाने का वह दृश्य कई-कई रूपों में बार-बार बनने-उभरने लगा। हँसी रुकी तो आवाज़ बदली और अंदाज़ में संजीदगी आ शामिल हुई– 'उस ज़माने में ख़तेकशीद भी एक सब्जेक्ट हुआ करता था। जी- उसमें कचहरी में इस्तेमाल होने वाली बातें सिखाई- समझाई जातीं थी। पंडित जी ख़ासतौर से वो सब्जेक्ट दिलचस्पी से पढ़ाते थे- और मुझे भी उसमें ख़ास दिलचस्पी थी। जी- कचहरी में नौकरी के लिए उपयोगी माना जाता था। हाँ– उसका पढ़ना मुश्किल माना जाता था। यही कि मुअम्मे-से जो होते हैं न– हाँ, यहाँ नुक़्ता, वहाँ कुछ- इसलिए पढ़ पाना मुश्किल होता था। मेरी उसमें ख़ास रुचि देखकर पंडित जी भी बहुत ख़ुश होते थे। उनकी ख़ुशी और ख़फ़्ग़ी में बहुत ज़्यादा अंतर नहीं होता था। ज़रा भी ग़लती हुई तो उनका हाथ या बिना निब का होल्डर अपना काम शुरू कर देता था। वो ऐसे टीचर थे जिसे देखकर स्टूडेंट ऐसे डरता था जैसे कसाई से जानवर। वो इसको– बल्कि उस ज़माने के ज़्यादातर टीचर, एक ख़ूबी समझते थे। टीचर और स्टूडेंट में इसी रिलेशनशिप को बहुत से लोग आज भी बहुत अहमियत देते हैं। टीचर को देखा कि उसके रौब के मारे इधर-उधर हो गए स्टूडेंट्स। इसीलिए यूनीवर्सिटी या कॉलेजों में जो टीचर प्रोक्टोरियल कामों के लिए चुने जाते हैं, उनमें इस ख़ूबी का होना ज़रूरी माना जाता है।'

देवेन्द्र जूस का गिलास हाथ में लिए-लिए अंदर आया है। खाने की बाबत पूछा है– 'पूछ लो परवेज़ से कि क्या बनना है। आलू और क्या... कीमा वो बना नहीं सकती।' देवेन्द्र के जाते ही मोबाइल मेरी ओर बढ़ाया है– 'क़ाज़ी साहब का नम्बर मिलाओ।' नम्बर मिलाकर मैंने मोबाइल उन्हें दे दिया है– 'मैं नीचे आ गया हूँ अब। हाँ, उसी अपार्टमेंट में– पच्चीस नम्बर मकान है। नहीं-नहीं, जब जी चाहे। मैंने तो आपको बताया है बस।' बातें बंद हुई तो गर्दन घुमाकर तकिए की स्थिति देखी। बाईं करवट लेटे-लेटे सीधे हाथ की उँगलियों को माथे पर घुमाते-घुमाते जैसे आगे कुछ कहने की तैयारी की जा रही है। और तभी फिर फ़ोन– 'सलामुअलैकुम।' बोलने

में ख़ुशी के साथ-साथ छेड़ना चाहती-सी एक शरारत भी– 'आए थे हुज़ूर वो... हमेशा से मेहरबाँ... आप कभी-कभी। मैं ठीक हूँ। अल्लाह का शुक्र है। जी– वो इनाम मिल गया। नहीं– मैं उस कार्यक्रम में नहीं बैठा था।... डॉक्टर्स ने मना किया। हाँ– वी.सी. और नवाब छतारी के बेट– दोनों इनाम देने घर पर आए थे। हाँ– न्यूयार्क वालों का है। एक ख़ातून हैं। बाएँ हाथ की उँगलियाँ निरंतर कम होते जा रहे बालों वाले सिर को सहलाती-सी खुजा रही हैं और बीच-बीच में आकर आँखों को भी जैसे टटोलती-सी मल-मल जा रही हैं– 'डॉ. शाहिद सिद्दीक़ी हैं– रेडियोथैरेपी के प्रोफ़ेसर-चेयरमैन हैं। क्वालीफ़ाइड आदमी हैं...। नहीं...नहीं...हर्ट-वर्ट की कुछ प्रॉब्लम नहीं है...। हाँ-हाँ, बस उसी का चल रहा है।' धीमे-धीमे खाँसा है दो-तीन बार। बातों में उस तरह उनका रमना, अपने ही अंदाज़ में बात किए जाना...। इस समय जो भी इन्हें देखेगा-सुनेगा, वह मानेगा ही नहीं कि शहरयार पिछले इन दिनों में ऐसे इतने अस्वस्थ रहे हैं। ख़ुद पर हँसी आई– और किसी की क्या-तुम अपनी ही बात देखो। इस बीच इतनी बार इनके पास आए हो, मिले हो, देर-देर तक बैठे हो। ख़ूब बातें की हैं– पर क्या एक बार भी एक पल को शहरयार साहब को बीमार मानकर उनसे कोई बात की है– 'नहीं भई– वो एक साहब दुबई से आए हैं। मेरा भतीजा परवेज़ देखता है– नहीं, उस तरह की कोई प्रॉब्लम नहीं है। बिल्कुल... क्यों नहीं। उसका बायोडेटा भिजवा दीजिए। हाँ, छोटा बेटा हंगामा डॉट कॉम में है। वो यही सब काम करता है...।' हाँ, हाँ, अच्छा, ठीक है कहते-कहते कहना अचानक से कुछ-कुछ छेड़ना चाहता-सा मज़ाकिया-मज़ाकिया होने लगा– 'कुछ लोग ऐसे भी हैं जो खाने के लिए कुछ और या सूप बनाकर भेज देते हैं। हाँ, हाँ, इंशाअल्लाह– बता दूँगा। अच्छी बात है।' लगा कि बातें यहाँ पर रुक जानी हैं अब। और खाने के बारे में जो कुछ मैं पूछना चाहता था, वो अब पूछा जा सकता है। पर नहीं– अगले ही पल उनका स्वर कुछ-कुछ तेज़ और चरपरा-सा होता सुनाई दिया– 'अरे भई, दवा वही जो डॉक्टर बता रहा है, खा रहे हैं। हाँ– और क्या– ठीक की कह रहा होगा! बस नींद– और भूख उस तरह नहीं लग रही...। आजकल तो फ़ीज़ियोथैरेपी चल रही है। जी– बाक़ायदा आदमी आता है। चलने में– आप बताइए कि अगर किसी का हाथ टूट जाए तो आदमी क्या करे।... नहीं भई– अब पैर में चलने की सकत कम हो गई हैं।' यहाँ तक आते-आते यूँ चरपराहट तक़रीबन ख़त्म हो चली थी– किंतु चलने की सकत कम हो जाने के इस स्वीकार को सुनकर बहुत गहरे कहीं कुछ ज़्यादा ही चुभा-कसका। अच्छा हुआ कि जल्द ही शहरयार साहब अपनापन जताती-सी छेड़छाड़ के मूड में आ गए– 'और हाँ– आपकी दोस्त कैसी हैं?... अरे हाँ, भाई आप तो फ़रिश्ते है न...। अच्छा ख़ुदा हाफ़िज़।'

मोबाइल उन्होंने सिरहाने की तरफ़ रखा ही था कि देर से रोका हुआ मेरा सवाल बोल उठा– 'फ़ोन पर किस तरह के खाने के भेजे जाने की बात बता रहे थे?' उनको हँसते देखने की उस कोशिश के बीच दिखा कि इस समय उनका चेहरा खिली धूप की-सी चमक से दीपित-दीपित, एकदम उजला, निर्विकार और निर्भार हो चला है– 'कम मिर्च, कम मसाला, कम घी प्रेस्क्राइब्ड किया है न... तो मछली और मुर्ग़ बनाकर दे देते हैं लोग... सो खा लेता हूँ।' इतने लम्बे इस अंतराल के बाद अब पंडित परमेश्वर दीन का नाम फिर से स्मरण किया। मुश्किल हुई और देर भी लगी यह याद करने में कि उनसे सम्बन्धित बातें कहाँ किस मोड़ पर आकर रुकी थीं। मैं बातों के सिलसिले को आगे बढ़ा सकने के लिए बेहतर सवाल की तलाश में था कि तभी तीन लोग आदाब सर, आदाब सर कहते कमरे में दाख़िल हुए। तय था कि अब कम से कम आधा-पौना घंटे से पहले बातों के लिए सही-सा वातावरण तो नहीं ही मिलना है। याद करने की थोड़ा पहले की कोशिश में चूँकि पंडित जी की सख़्ती ही बार-बार याद आ रही थी– शायद इसीलिए वहाँ से चल देने से पहले इतना और पूछ लिया था मैंने- 'कोई ऐसी याद जब पंडित जी ने आपको बहुत सराहा हो– या प्यार किया हो?' यूँ एकाग्रता तो उनकी भी भंग हुई ही थी– फिर भी यत्नपूर्वक याद करते-से, बताने की अच्छी-ख़ासी चाहत लिए वो बता रहे थे- 'दर्जा चार में मैं अव्वल दर्जे में पास हुआ था– और पंडित जी ने मुझे टेस्टीमोनियल दिया था। वो काफ़ी दिन तक मेरे पास था। उसमें उन्होंने मेरे पढ़ने और साथ-साथ खेलने में बराबर की दिलचस्पी को बहुत सराहा था। मुझे वो अक्सर याद आता है... ।'

23.8.11

मेरी आँखों ने पहले कमरे में के उस अँधेरे को देखा– और फिर उसमें आलिंगनबद्ध-सी लिपटी-गुँथी उस रौशनी को। अँधियारा-सा उजाला, उजाला-सा अँधेरा। फिर दिखा कि शहरयार साहब अपने पलंग पर बाईं करवट सोये-से लेटे हैं। लाइनदार नीली शर्ट। सफ़ेद पाजामा। हल्के-से खाँसा। आवाज़ उन तक नहीं पहुँची। यानी सच में सोए हैं। घूम-खेलकर थके किसी प्यारे-से बच्चे की तरह। गहरी- अच्छी- निश्चिंत नींद। जी किया कि कुछ देर चुप-चुप खड़े-खड़े यूँ ही उनका सोना देखता रहूँ। पल-पल में कभी यहाँ, कभी वहाँ सिहर-सिहर हिल-हिल जाती देह। भवों, पलकों, होठों, कपोलों पर की क्षण-क्षण की वह थिरकन-मचलन। पुलकित उन अधरों का साँस के आवागमन के साथ होता वह संकोच, वह विस्तार। अनाम किसी राग में निबद्ध मंद-मंथर-सी साँस की वह आवाज़। उनके उस सोने को अत्यंत तन्मय-एकाग्र भाव से देखे जाने के अत्यल्प-से उस काल-खंड में मेरे 'मैं' ने मुझसे पूछा– क्या

कहना चाहोगे अपने सामने सोती हुई इस हस्ती को? सोता हुआ ये शख़्स– ये जिस्म कुँवर है, अख़लाक़ है, शहूरयार है, शायर है, दोस्त, पिता...या...या? आख़िर कौन है– क्या है? कब-कब क्या-क्या है? क्या सोती हुई देह का आत्म अपनी समस्त सृष्टि-अभिव्यक्ति को, अपने सारे संसार और कार्य-व्यापार को ब्रहम की तरह ही स्वयं में लीन-विलीन कर लेने की कला में पारंगत होता है? नींद से बाहर आते ही क्या उसमें लीन-विलीन आकृतियाँ, वृत्तियाँ-प्रवृत्तियाँ– सब अलग-अलग नामों– आकारों में सक्रिय-प्रकट-गोचर हो उठती हैं? रस का गिलास हाथ में थामे-थामे, उँगलियों से शहूरयार साहब के अँगूठे को छूकर 'साहब, साहब' कह-कहकर देवेन्द्र को उन्हें जगाते देखा-सुना। लगा कि उनके जागने से पहले तगड़े-से एक झटके के साथ जैसे मैं भी किसी गहरी नींद में से बाहर आया हूँ... जैसे बिल्कुल अभी मेरी भी तंद्रा टूटी थी। शहूरयार साहब अँगड़ाई-सी लेते-लेते उठकर बैठ गए। रस का गिलास हाथ में लिया। इधर-उधर गर्दन घुमाई। मुझ पर निगाह डाली– 'अच्छा, आप आ गए।' रस पिया। पानी मँगाया। घूँट-दो घूँट पिया और फिर लेट गए। आँखें बंद किए गर्दन को खुजाते-से कुछ देर कुछ याद करते-से अबोले लेटे रहे। आहिस्ता-आहिस्ता पलकें उठीं। निगाह ने मेरी ओर देखा। आज नहीं पूछा गया कि आज क्या। सीधे से आदेश। ख़ुद के तैयार होते-होते मुझे तैयार हो जाने का निर्देश– 'आज ऐसा करते हैं कि वहीद अख़्तर की बात करते हैं...।'

मुझे भला क्या आपत्ति हो सकती थी। वैसे भी जब शहूरयार साहब ने कुछ लोगों के बारे में मुझे कुछ बताने की इच्छा ज़ाहिर की थी– तब उनके द्वारा लिए नामों में से तीन लोगों के अलावा बाक़ी के बारे में जितना जो मैं जानता था वो ना के ही बराबर था। सुरूर साहब, जज़्बी साहब व इरफ़ान साहब को मैंने निकट से देखा भी था, उनके बारे में काफ़ी कुछ जाना-सुना-पढ़ा भी था। ख़लील साहब, वहीद अख़्तर जावेद कमाल या पंडित परमेश्वरदीन के बारे में मुझे बहुत कम मालूम था। इसीलिए उनके बारे में, शहूरयार साहब की ज़िंदगी में उनकी भूमिका के बारे में जानने को मैं भी उत्सुक-जिज्ञासु था। मुझे तत्पर देख शहूरयार साहब ने कहना शुरू किया– 'वहीद अख़्तर फिलॉसॉफी डिपार्टमेंट के सद्र रहे– और फैकल्टी ऑफ आर्ट्स के डीन भी रहे। उसमानिया यूनीवर्सिटी हैदराबाद से एम.ए. किया। एकेडेमिकली बहुत ब्राइट। थ्रूआउट फर्स्टक्लास। सेल्फमेड आदमी थे। अच्छे शायर थे- क्रिटिक भी थे। शुरू में हमारे ताल्लुक़ात उनसे अच्छे नहीं थे, लेकिन फिर बहुत अच्छे ताल्लुक़ात हो गए। जनरल एज्यूकेशन में एक जगह आई थी। प्रो. ख़ुर्शीदुल इस्लाम चेयरमैन थे। मेरा उनसे बहुत अच्छा तालमेल था। जगह खाली हुई तो मैंने किसी तरह उन्हें इस बात पर राज़ी कर लिया कि वहीद अख़्तर को लेक्चरर बना

लिया जाए। इसी महीने मैंने प्रो. अब्दुल अलीम से भी उनकी सिफ़ारिश की। पी. डब्ल्यू.ए. का मेम्बर होने व अदबी कार्यक्रमों में हिस्सा लेने की वजह से मुझमें इतनी हिम्मत हुई कि मैंने अलीम साहब से यह कहा कि वहीद अख़्तर को लेक्चरर बना दीजिए। और उन्होंने मेरे सामने ही डॉ. आबिद हुसेन को– जो उस कमैटी के एक एक्सपर्ट थे, टेलीफ़ोन किया। और ख़ुदा का करना ऐसा हुआ कि वहीद अख़्तर साहब का अप्वाइंटमेंट हो गया। वहीद अख़्तर साहब ने हमेशा इसे याद रखा। वैसे वो बहुत ही बददिमाग़ आदमी थे और किसी को ख़ातिर में नहीं लाते थे। शायद मैं एक ऐसा आदमी था जो उनसे हर तरह की बात कर लेता था– और वो मेरी जा और बेजा हर बात सुन लेते थे– और मान भी लेते थे। अलीगढ़ में कुछ लोगों ने कोशिश की कि वहीद अख़्तर साहब को ख़लील साहब का मुक़ाबिल बनाया जाए। लेकिन ये कोशिश नाकाम हुई और ख़लील साहब व वहीद अख़्तर ने जो लिखा या तक़रीरें कीं उसमें ख़लील साहब की बेपनाह तारीफ़ थी। वो जो कुछ उनके साथ हुआ उसकी एक दिन कड़े लफ़्ज़ों में उन्होंने निंदा की। एज़ चेयरमैन और डीन मैंने उनसे कई ऐसे काम करवाए जो शायद कोई और नहीं करवा सकता था। मैंने बहुत सी बातों पर उनसे सख़्त विरोध भी प्रकट किया जिसका उन्होंने कभी बुरा नहीं माना। आख़िरी वक़्त तक मेरे बहुत ही कॉर्डियल रिलेशन रहे। अलीगढ़ और अलीगढ़ के बाहर लोग इस बात पर हैरान होते थे कि वहीद अख़्तर जैसे आदमी से मेरे इतने अच्छे सम्बन्ध कैसे हैं– बस...।'

यकायक कह दिए गए इस 'बस' ने मुझे शहरयार के व्यक्ति और व्यवहार पर कई तरह से सोचने के लिए प्रेरित किया था। इस तरह से कही गई इस बस ने जता दिया कि वहीद अख़्तर के साथ उनका जितना जो लगाव-जुड़ाव था, उसका भी मूल कारण ख़लील साहब ही रहे। ख़लील साहब के क़रीब लाने के लिए ही वहीद अख़्तर साहब के लिए सब कुछ किया गया– उनका बहुत कुछ सहा गया। आज ये जो कहा है, वह शायद एक कृतज्ञता ज्ञापन है– आभार प्रदर्शन है। तटस्थ-सी मुद्रा में जितना जैसा उनके लिए कहा जाना उन्हें उचित लगा कह दिया– और फिर 'बस'। पिछले कई और वाक़यों को याद करते-करते आज फिर इस बात की पुष्टि हुई कि शहरयार साहब सम्बन्ध साधने-निभाने की कला में निःसंदेह निपुण-प्रवीण हैं। यहाँ तक कि दो विपरीत ध्रुवांतों पर रहने-जीने वाले व्यक्तियों के साथ भी उनके सम्बन्ध आत्मीय और अटूट बने रहते हैं।

इस बीच रेडियो चलवा लिया गया है। कटे हुए सेब के कुछ टुकड़े भी ले लिए गए हैं। अब बैठे-बैठे सवालिया-सी एक निगाह से मेरी ओर देखा गया है। सिर्फ़ देखा गया है– आज यह नहीं पूछा जा रहा कि किसके बारे में बात करनी है। मुझे

प्रस्तुत पा कहना शुरू– 'जावेद कमाल का असली नाम वाजिद खाँ था। रामपुर के रहने वाले थे। ख़लील साहब के ख़ास दोस्त थे।' तुलसी का फिर ध्यान हो आया– 'जाके प्रिय न राम-वैदेही... ।' जावेद कमाल ख़लील साहब के ख़ास नहीं, ऐसे-वैसे ही दोस्त भी होते तो शहरयार साहब की क़रीबी के हक़दार तो उन्हें होना ही होना था- 'वो अच्छे शायर थे। यूनीवर्सिटी कैंटीन का ठेका उन्हीं के पास था। जज़्बी साहब, राही साहब, नूरी शाह, बल्देव मिर्ज़ा- और कई और लोग रोज़ शाम को कैंटीन में जमा होते और देर रात तक वहाँ बैठते और अदब, सियासत व यूनीवर्सिटी के बारे में तरह-तरह की बातें करते।' सुनने के उस बीच मेरी आँखों के सामने कैंटीन की वो जगह घूम गई थी– कानों में हिन्दी-उर्दू के कई बुज़ुर्ग, साहित्यकारों द्वारा उन दिनों को याद कर– करके कही गई अनेक इतिहास बन चली-सी बातें गूँजने लगी थीं- 'मेरे यादगार दिन वहीं पर गुज़रे और मेरे पहले कलेक्शन में जो चीज़ें शामिल हैं, उसकी ज़्यादातार चीज़ें उसी ज़माने की यादगार हैं। जावेद कमाल नई चीज़ें लिखते और अक्सर हम लोगों को सुनाते। जज़्बी साहब को छोड़कर उस हलक़े में जितने भी शायर थे सभी अपनी नई चीज़ें सुनाते। राही साहब की बहुत सी मशहूर चीज़ें उसी ज़माने में लिखी गईं और उन्होंने वहीं सुनाईं। सन 1965 में नवाब अलीयावर जंग को पीटने का जो हादसा हुआ- वो भी उसी ज़माने में हुआ– और जिसका असर रोज़ की उन बैठकों पर भी पड़ा। जावेद कमाल ख़लील साहब के बहुत अज़ीज़ थे। वो ख़लील साहब को हमेशा मौलाना कहते थे। और उन्हीं की निगरानी में वो पीएच. डी. कर रहे थे। ख़लील साहब के मर जाने पर उन्होंने एक नज़्म लिखी थी– जिसका ख़याल ये था कि तुम मुझे यहाँ क्यों छोड़ गए, मुझे भी साथ लेते जाते। और इत्तिफ़ाक़ है कि चन्द दिनों के बाद उनकी भी डेथ हो गई। उनका कलैक्शन बल्देव मिर्ज़ा ने उनके मरने के बाद पब्लिश किया। मुज़फ़्फ़र अली ने अलीगढ़ के शायरों का एक कैसेट तैयार किया था– उसमें जावेद कमाल की दो ग़ज़लें शामिल थीं। हमारे ज़माने के लोग उनको बहुत पंसद करते थे। जी– मसलन असग़र वज़ाहत, कुँवरपाल सिंह, मुज़फ़्फ़र अली। इन सबके उनसे बड़े अच्छे ताल्लुक़ात थे। वो अगर बराबर शायरी करते रहते तो काफ़ी अहम शायर होते। जब लाइब्रेरी से कैंटीन हटाई गई तो अलीम साहब ने उनको- जी, अब जो कैंटीन है– वो कैंटीन दी थी। और उनके मरने के बाद उनके लड़के को यूनिवर्सिटी डिपार्टमेंट में नौकरी भी दे दी थी। जी– उनका वो लड़का अपंग है– व्हील चेयर पर आता-जाता है।'

पता नहीं कैसे क्यों हो जाता है ऐसे यह ऐसा। 'व्हीलचेयर' शब्द जैसे ही कानों में सुना आँखें दूसरी तरफ़ रखी शहरयार साहब की व्हीलचेयर की तरफ़ भाग चलीं। दिमाग़ में वो कुछ तस्वीरें घूमने लगीं जिन्हें एक अख़बार ने छापा था। हाँ, शहरयार

साहब को व्हीलचेयर पर बैठकर अस्पताल से बाहर आता दिखाया गया था। फैकल्टी लांउज में उस दिन हुए मुशायरे में शहूरयार साहब का व्हीलचेयर पर बैठकर आना याद हो आया। यह बताना-कहना याद हो आया कि व्हीलचेयर पैंतीस हज़ार में ख़रीदनी पड़ी...। संभव था कि ऐसा और बहुत कुछ भी याद आता चला जाता, पर तभी मोबाइल बजा। आज के पूरे लम्बे इस समय में पहली बार– 'सलामुअलैकुम। नहीं। अभी तो नहीं आया। ठीक है आता होगा।' बात भी इतनी संक्षिप्त। मोबाइल रखकर लेट लिए हैं अब। इस बार भी कोई सवाल नहीं। सीधे-सीधे हुक़्म दिए जाने जैसा अंदाज– 'अब राही साहब।' राही साहब के बारे में पहले भी कई बार काफ़ी कुछ पूछ-सुन चुका हूँ उनसे– इसलिए अलग-सा नया कुछ सुनने-मिलने की उम्मीद मुझे कम से भी बहुत कम लग रही थी। लेकिन वहाँ मेरे चाहने न चाहने का कोई प्रश्न ही नहीं था। उन्हें जो कहना था सो कहना ही था। और वो शुरू भी कर चुके थे- 'राही साहब ने इंटरमीडिएट व बी.ए. मेरे साथ किया और एम.ए. में वो मुझसे एक साल आगे थे। नहीं-नहीं– इसलिए कि मैंने पहले एम.ए. साइकोलॉजी में एक साल पढ़ा-पास किया और बाद में उर्दू में एम.ए. किया। अलीगढ़ में एक तरह से यह एक इश्यू हो गया था तब कि या तो राही लेक्चरर होंगे या शहूरयार। और जब एक जगह खाली हुई तो हम दोनों में से किसी का अप्वाइंटमेंट नहीं हुआ। तो राही साहब बहुत ख़फ़ा थे। मुझसे उन्होंने कहा था कि अगर मेरा नहीं हुआ था तो तुम्हारा होना चाहिए था। उनके इस रिएक्शन के बहुत से अलग-अलग वर्ज़न मशहूर हुए। उसकी वजह से चेयरमैन सुरूर साहब– जो मुझे पंसद भी करते थे और सराहते भी थे- ख़फा हो गए।' देर तक जब मौन ही सुनाई देता रहा तो निगाह उठाकर उनकी ओर देखा। नींद लेती-सी आँखें। सिर पर चहलक़दमी करती-सी उँगलियाँ। जैसे ख़ास किन्ही शब्दों की तलाश है। बोलना शुरू भी हुआ, पर आवाज़ में से ख़ास-सी एक उदासी और हल्की-सी एक व्यथा की अनुगूँजें भी साफ़-साफ़ सुनाई दे रही थीं– 'मेरे कुछ दिन तब बड़े दुख में गुज़रे। राही साहब चलत-फिरत वाले आदमी थे। 'संगम' संस्था के तहत कार्यक्रम करते रहते थे। हम ऐसा कुछ करते नहीं थे। उन्होंने जाकर तैयब जी से शिकायत की और मशहूर यह कर दिया कि इसके लिए उन्हें मैंने उकसाया है। वे शिकायत कर आए कि अप्वाइंटमेंट गलत हुआ। इस पर सुरूर साहब नाराज़ हो गए। ए.एम.यू. में यह तभी से शुरू हुआ कि जगह खाली होने पर लोकल सिलैक्शन कमैटी होती है। नहीं– पहले तो यह था कि चेयरमैन लिखकर भेज देता था– और अप्वाइंटमेंट हो जाता था। उसके बाद एक जगह खाली हुई और राही साहब का अप्वाइंटमेंट हुआ। उस अप्वाइंटमेंट के बाद मैंने एक शेर कहा था उस अप्वाइंटमेंट पर– 'वो मैं नहीं अदू सही, ख़ुशी ये है कि। दहर में कोई

तो सुर्ख़रू हुआ कोई तो सर बलंद है।' और उसी ज़माने में राही साहब ने भी 'लय' नामी रिसाले में मेरे ऊपर एक लेख लिखा– जिसमें भविष्यवाणी की थी कि ये शायर बहुत आगे तक जाएगा। बहरहाल हालात ऐसे हुए कि राही साहब यहाँ से चले गए। मैं उनके ज़माने में ही लैक्चरर हो गया था। मेरे ताल्लुक़ात उनसे हमेशा अच्छे रहे।' मेरे होठों ने फुसफुसाना चाहा – 'वो तो रहने ही थे'– 'मैं जब भी बम्बई गया उन्होंने हमेशा मेरी दावत की।' होठों ने चुपके से बोला– 'वो तो उन्हें करनी ही थी'– 'उनकी बेटी मरियम से, उनके दामाद से, उनकी पत्नी से अब भी बातें हो जाती है। अच्छे ताल्लुक़ात हैं।' कहना चाहा– क्यों नहीं होगें... आख़िर शहूरयार को केवल शब्दों को साधना-सजाना-निभाना ही नहीं आता, वो सम्बन्धों को भी बनाते-चलाते-निभाते रहने में माहिर हैं– पर कहना टाल गया था तब।

देवेन्द्र, देवेन्द्र की आवाज़ लगाते जल्दी से उठकर बैठ गए हैं। पैर नीचे लटकाए-लटकाए आँखें आतुर-व्यग्र-सी हुई पलंग के नीचे फ़र्श पर जैसे कुछ ढूँढ रही हैं। नासिर ने तेज़ी से आकर चप्पलों को पैरों के पास ला दिया है। लगभग झुँझलाते-से कहा गया है– 'अरे भई, पेशाब जाना है।' जाने की कुछ ज़्यादा ही जल्दी है। उनके चेहरे पर की थकान देखकर मैंने तय कर लिया है कि आज बस इतना ही। लौटे हैं तो चेहरे पर राहत का-सा एक भाव दिखने लगा है। उनके लौटकर आने तक मुझे पिछले दिनों कई वरिष्ठ साहित्यकारों द्वारा फ़ोन पर कही कुछ बातें, कुछ आपत्तियाँ याद आती रही थीं। उनमें से अधिकांश ने अमिताभ बच्चन द्वारा ज्ञानपीठ पुरस्कार दिलाये जाने पर अपना विरोध प्रकट किया था– आक्रोश व्यक्त किया था। उन सबसे हालाँकि मैंने सफ़ाई देने के अंदाज़ में काफ़ी कुछ कहने के साथ यह भी बता दिया था कि हम लोग अपनी तरह से इस सम्बन्ध में अपनी असहमति व्यक्त कर चुके हैं। और यह भी कि यह उनके अपने सोचने पर निर्भर करता है। सब कुछ-कह-बता चुकने के बाद भी मन किया कि इस बारे में सीधे-सीधे उनसे ही क्यों न पूछा जाए। उनके बहुत पास बैठे-बैठे मैंने पहले फ़ोंस की बाबत विस्तार से बताया। फिर पूछा कि अमिताभ बच्चन से यह पुरस्कार लेना उन्हें क्यों अनुचित नहीं लग रहा है। शायद इस बारे में इस तरह इस समय यूँ पूछे जाने की उन्हें क़तई उम्मीद नहीं थी। ख़ुद को सँभालते-से ठीक से बैठे और फिर बोले- 'मैं इसको कोई बुरी चीज़ नहीं समझता। ज्ञानपीठ के डायरेक्टर ने पूछा था उनका नाम लेकर कि अगर ये हों तो कैसा रहे। मैंने कहा ठीक है। वो बहुत बड़े एक्टर हैं। बहुत बड़े शायर के बेटे हैं। उनसे सम्मान लेने में मुझे किसी तरह की आपत्ति नहीं है। बल्कि इसे मैं अपना सौभाग्य समझता हूँ। सियासत के ज़रिए बडे ओहदों पर पहुँचने वालों के मुक़ाबले अमिताभ बच्चन ज़्यादा अहम हैं– जिन्होंने इस दुनिया में जो नाम

कमाया है, वो उनकी अपनी कोशिशों का नतीजा है... ।' वो कह रहे थे। मैं सुन भी रहा था– पर अनसुना करता-सा। इसमें से काफ़ी कुछ मुझे रुच नहीं रहा था।

अब वे फिर लेट चुके हैं। इस पूछने– कहने का ही शायद यह असर था कि कमरे में अचानक कुछ भारी-भारी-सा हो चला था। शहरयार साहब अब कुछ अधिक ख़ामोश, थके, उदास-उदास से दिखने लगे थे। भावना के सिन्धु का न जाने वो कैसा उफ़ान था, कौन सा ज्वार था कि चलने की इजाज़त माँगते-माँगते मेरे दाएँ हाथ की उँगलियों में उनकी कलाई को छू लेने की ललकभरी तीव्र-सी एक इच्छा जगी। इस इच्छा के जगने के साथ ही इस साल के पहले दिन फ़ोन पर उनसे सुनी उनकी नज़्म की ये कुछ पंक्तियाँ होठों पर मचलती-गुनगुन करती-सी जैसे विनम्र किसी अनुरोध में बदल गईं- 'कितना अहसान है– अपनी आवाज़ का ये जो जादू है– इससे निकलने न देना मुझे।' वो चौंके। होठों के अन्दर से बड़ी स्वस्थ उजली-सी एक मुस्कान ने उछलकर बाहर देखा। मैं उनकी नज़्म उन्हें सुनाते हुए एक-एक शब्द को मन में उतारता-सा सुनता भी जा रहा था– 'होठ छू सकता हूँ? ऐसा कर सकता हूँ... ।' चहकती-सी एक चमक जैसे नर्तन कर उठी थी उनके चेहरे के तमाम हिस्सों पर। करवट बदल कर मेरी ओर देखते-देखते प्रमुदित-उत्कंठित भाव से कहा गया– 'अरे, ये नज़्म। ये नज़्म तो अब मेरे पास भी नहीं है।' वो लगातार कुछ इस तरह मेरी ओर देखे जा रहे थे जैसे कि अभी कुछ और कहना था मुझसे उन्हें। तभी मुझे साजिद रशीद पर की गई कल की शोक सभा का ध्यान हो आया। क्या पता शहरयार साहब को अभी सूचना मिल भी पाई है या नहीं – 'साजिद रशीद के बारे में क्या कुछ मालूम हुआ आपको?' नहीं लगा कि उन्होंने कुछ सुना भी था– 'पिछले महीने की ही तो बात है। उन्होंने आपको फ़ोन किया था मेरा लिया नैयर राही वाला इंटरव्यू मँगवाने के लिए। 'नयावरक़ का' का राही पर विशेषांक निकालने वाले थे न वो... ।' सामने देखा तो चौंका। मैं भावाविष्ट-सा बोले जा रहा हूँ– पर लग ही नहीं रहा कि मेरा कहा कुछ भी उन तक पहुँच पा रहा है। जो भी हो घटना की सूचना तो देनी है उन्हें। शब्द तलाशते-तलाशते महसूस हुआ कि अंदर कहीं से भय की बहुत-सी लहरें उमड़-घुमड़कर बाहर आने को व्याकुल हैं– 'अच्छे-ख़ासे थे। इतने कर्मठ, बहादुर– और देखिए कि यूँ अचानक- ख़त्म हो गए... ।' उनके होठों पर न कोई हरकत थी, न आँखों में कैसी भी हलचल। आँखें एकदम शुष्क, निस्तेज़-सी। भावहीन-सा चेहरा। नहीं मालूम उतना गहरा डराता-सा सन्नाटा कहाँ से आकर इकट्ठा हो गया था उस कमरे में। पूरी खुली मेरी ओर देखती उनकी आँखें। न जाने क्या ढूँढ़ती-तलाशती-सी विचित्र डरावनी-सी उनकी वह दृष्टि। उनकी हथेली मेरी कलाई पर आ टिकी है। उँगलियाँ फैलकर कलाई पर लिपट-सी गई हैं। पता नहीं क्या कुछ था वो जिसने

मुझे डर और घबराइट से भर दिया था। लेटे-लेटे ही थोड़ा मेरी ओर को खिसके हैं शहूरयार साहब– 'हाँ, हम भी ख़त्म हो जाएँगे– मर जाएँगे... ।' काँपती-सी थरथरा देने वाली उनकी वो आवाज़। एकदम सीधे सपाट ढंग से अचानक कहा गया उनका यह वाक्य। उम्मीद नहीं थी– सोचा भी नहीं जा सकता था कि बिना अहसास कराए सब कुछ सुनने के बाद ऐसा कुछ कहेंगे शहूरयार साहब! सकपकाया-सा मैं जड़वत बैठा रहा था काफ़ी देर। कुछ और नहीं सूझा तो उँगलियों ने बढ़कर उनकी कलाई को थाम लिया- 'नहीं-नहीं ये क्यों कह रहे आप! आपको तो अभी न जाने कितनों को बनाए-जिलाए रखना है। अभी तो... ।' होठों पर कुछ अलग तरह की एक कमसिन-सी मुस्कान आई। जैसे शब्दों की मदद लिए बिना उसने जता दिया था कि शहूरयार साहब ने मेरा कहा सुन लिया है– और यह भी कि वो समझ नहीं पा रहे हैं कि आख़िर तुम उन्हें क्या कहना-बताना या सिखाना चाह रहे हो।

ख़ामोशी के अचानक उग आए उस विशालकाय पर्वत ने जैसे हम दोनों को एक दूसरे से बहुत दूर-अनुपलब्ध-सा कर दिया था। बीच में आ अड़े उस अंतराल - उस अवरोध को हटाने-खिसकाने का कोई उपाय तलाश रहा था मैं। और अचानक से आकर जैसे किसी ने मेरे कान में यह मंत्र-सा फूँका– 'कई दिन से जो पूछना चाह रहे हो... डर-हिचक की वजह से पूछ भी नहीं पा रहे हो...आज इस समय वो... ।' सोचा-विचारा। हिम्मत जुटाई। इरादा मज़बूत किया और फिर अधरों को यह पूछ लेने के लिए मनाया-तैयार किया– 'जी– अपनी इस बीमारी के दौर में अधिक बार– सबसे ज़्यादा कौन याद आया आपको?' सोचा था कि माँ-बाप में से किसी एक का ज़िक्र करेंगे या फिर संभव है कि पत्नी के बारे में कुछ कहें– पर शहूरयार अगर औरों के चाहे, सोचे के आधार पर ही सब करते-जीते गए होते तो निश्चय ही आज वाले शहूरयार तो वो नहीं होते। मुझे मालूम है कि उन्होंने समझ लिया होगा कि मैं क्या सुनना चाहता हूँ- फिर भी तटस्थ भाव से नितांत सपाट अंदाज़ में कहा गया– 'ज़्यादा-व्यादा क्या? कभी कोई, कभी कोई... ।' वाक़िफ़ हूँ कि ऐसे इन विषयों पर कुछ भी कहने से शहूरयार साहब हमेशा बचते रहे हैं। उनकी भरसक यह कोशिश होती है कि निजी रिश्तों-सम्बन्धों पर कुछ भी कहना यथासंभव टाला जाए। और फिर मैं तो उनके उस सम्बन्ध पर कुछ कहलवाना चाह रहा हूँ– जिसने...जिस पर...जिस कारण... । वह पहली बार में मनवांछित न कहलवा पाने से पैदा हुई झुँझलाहट थी– या फिर चुनौती-सी लगने लगी यह आशंका कि अगर इस प्रश्न पर आज कुछ न कहलवा पाया तो फिर पता नहीं... । और तभी अचानक ऐसा यह हुआ। कौन जानता है कि बहुत बार बहुत कुछ अकल्पनीय-सा कैसे घट जाता है अचानक किसी की भी ज़िंदगी में। हाँ, तो पलक झपकने भर की भी देर नहीं लगी

और यह हुआ कि मैने सीधे से उनसे पूछ लिया– 'इस बीच मैडम से कुछ बात हुई क्या?' सुनकर ऐसे चौंके जैसे उन्हें उम्मीद नहीं थी कि मैं ऐसे यूँ सीधे-सीधे पूछ लेने की हिम्मत जुटा लूँगा। अविश्वास भरी निगाहों से कुछ देर मेरी ओर ऐसे देखा जैसे कुछ जान-टटोला लेना चाहा था उन्होंने। कहने से पहले ख़ूब चौकन्ने और पूरी तरह सावधान-से दिखे थे वो। किसी के भी सामने अपने दुख या दर्द को ज़रा भी दिखने-उघड़ने न देने के प्रति अत्यंत सजग-संवेदनशील रहे हैं शह्रयार साहब। शायद इसीलिए बहादुरी को ढंग से ओढ़-लपेट लेने की कई कोशिशें की हैं उन्होंने इस बीच– 'मेरा बेटा कह रहा था कि वो पूछती हैं अब्बा कि आप बात करेंगे...। मैंने कह दिया...मैं नहीं...।'

इतना भर कहने के बीच उनका यह रुकना-अटकना। ये फूलने लगी-सी साँस। जो कुछ इतना साफ़-साफ़, उभरा देख रहा हूँ, वह केवल भ्रम तो नहीं ही हो सकता। आज कुछ ज़्यादा ही अलग-सी उदासी और बेदिली दिख रही है शह्रयार साहब के चेहरे पर। बीमारी के पिछले तमाम दिनों में एक बार भी कभी चेहरा इतना सुस्त, थका और ज़र्द-ज़र्द-सा नहीं लगा। फिर आज की इस मुद्रा- इस भंगिमा का कारण...? क्या अभी-अभी पूछा सवाल! उसके साथ याद आए पल-विचार-ख़याल? जो शह्रयार उदासी-मायूसी अकेलेपन को अपनी नज़्मों-ग़ज़लों में रच-गढ़कर वाहवाही, शाबाशी पाता रहा है... इतने ये तमाम-तमाम सम्मान-पुरस्कार पाता रहा है... बेचैनी, छटपटाहट और पीड़ा को अपनी शायरी की शोभा, शान और सम्पदा मानता रहा है– वो ऐसे इस सवाल पर इतना ऐसा क्यों होने लगा है? क्या उसकी शायरी में की ख़ामोशी, मायूसी व तनहाई का कोई रिश्ता-नाता इस सवाल अथवा इसके जवाब से भी है? क्या उसकी संवेदनाओं, अनुभूतियों की अभिव्यक्तियों का कोई सोता उसकी ज़िंदगी के उस 'भू-भाग' की किसी दरार या चटखन से भी फूटता-निकलता रिसता रहा है? कितना अच्छा होता कि इन ऐसे तथ्यों- सत्यों, दंशो- दर्दों को ठीक-ठीक तौल-माप सकने के लिए कोई तुला, कोई पैमाना अब तक अस्तित्व में आ गया होता। पर– नहीं है तो नहीं है। अनगिन चीज़ें हैं ज़िंदगी में ऐसी कि जिनके जानने-समझने के समय हमारा कोई तर्क-तथ्य हमारी मदद नहीं करता।

न जाने किधर-कहाँ से घूमते-भटकते वो कौन हवा आई थी तब उस कमरे में। सारा आसपास खिन्न, व्यग्र और वज़नी-वज़नी-सा हो चला था कुछ देर के लिए। बोलना शुरू करते ही लगा कि किसी बुज़ुर्ग और अत्यंत बुद्धिमान की-सी सजगता और संज़ीदगी आ मिली है मेरी आवाज़ में– 'हो सकता है कि वो अब...?' पता नहीं मेरे कहे जाने का उन्हें पता चला भी या नहीं– पर इतने इन शब्दों के तुरंत बाद सुन पड़ा – 'छोटे बेटे ने भी कहा कि उनसे बात कर लें। मैंने कहा कि अब

क्या बात करें।' बोलने में अब कहीं अटकने, रुकने या हिचकने जैसी कोई स्थिति नहीं है। जैसे कि जो बाड़ थी वो लाँघी जा चुकी है इतने इस बीच में। बोलने के उस सहज-से प्रवाह में एक लय भी, एक अनुशासन भी– 'मुझे बहुत बिटर एक्सपीरियंस हुआ था तब। मैं उस शॉक को आज तक नहीं भूल पाया। वो सब मैं एक्सपेक्ट नहीं करता था– जिस तरह से अलग हुआ–

'जैसे बुझने के बाद जलना गवारा नहीं किया।'
हमने कोई काम दोबारा नहीं किया।'

और फिर जैसे देर तक वहाँ न कोई ध्वनि थी, न वर्ण, न वाक्, न अहसास, न प्रज्ञा, न विचार। हमारे आसपास का सब कुछ जम-थम-सा गया था। एक-दूसरे की से तो क्या, अपनी-अपनी उपस्थिति से भी बेख़बर-उदासीन हम दोनों जैसे मूक-निस्पंद-से किसी बुत में बदल गए थे। पर हाँ, ऐसे उस हाल में भी ख़ूबसूरत-सा यह अहसास साथ था– कि अब भी समय है जो अपनी धुन और चाल से अनथक, अनवरत चलता चला जा रहा है– सब कुछ से निश्चिंत-अप्रभावित। शह्रयार को अपने साथ-साथ, पास-पास लिए-लिए।

5

अपनी यादों के साथ-पास शहरयार : एक चित्रकथा

मेडीकल रोड स्थित सफ़ीना कम्प्लेक्स! प्रवेश द्वार के बिल्कुल पास से बाईं ओर को पहली मंज़िल की ओर जाती सीढ़ियाँ। सीढ़ियों के ख़त्म होते ही बाईं तरफ़ फ़्लेट नम्बर एक सौ एक का दरवाज़ा! बाहर न कोई नेम प्लेट, न कोई अन्य पहचान! दरवाज़ा अगर अंदर-बाहर से बंद नहीं है तो कॉलबेल का स्विच दबाते ही स्वागत-सा करती एक आवाज़ आएगी—'खुला है, आ जाइए!' यदि अंदर से बंद है तो बहुत जल्दी ही दरवाज़ा खुलेगा और मोहक मुस्कान के साथ मीठी-सी आवाज़ में आगंतुक को हाथ के इशारे से ससम्मान अंदर आने का निमंत्रण मिलेगा। जी हाँ, आपके आने पर ख़ुशी का इजहार करते इस व्यक्ति का नाम शहरयार है... और जहाँ आप प्रविष्ट हो रहे हैं यह उनका निवास। जी, शहरयार... जी घर नहीं—निवास! क्यों शहरयार? क्यों निवास? इसकी वजह भी ख़ास। इसकी कहानी भी विशिष्ट! आप अंदर तशरीफ़ लाइए, मिलिए, बैठिए— फिर काफ़ी कुछ आप ख़ुद ही जान लेंगे!

उनके जन्म से लेकर आज तक उनके प्रमाणपत्रों, उपाधियों व अन्य प्रपत्रों में अच्छा बड़ा-सा एक नाम— कुँवर अख़लाक़ मोहम्मद खाँ— ही अंकित होता रहा है। शुरू की ग़ज़लों में तख़ल्लुस भी कुँवर किया था। बाद में जब बहुत से लोगों ने इसे लम्बा ओर अनपोइटिक कहा तो ख़लीलुर्रहमान आज़मी साहब ने शहरयार कर दिया। आज़मी उनके उस्ताद भी, अभिभावक और शुभेच्छु मित्र भी! कुँवर के मायने भी प्रिंस और शहरयार के मायने भी प्रिंस! यह नाम चल भी पड़ा और बाद में यही असली भी हो गया!

हर बार की तरह इस बार भी वही— हम दोनों बैठने-बिठाने की जगह तलाश-बना रहे हैं। यहाँ-वहाँ से यह उठाना-वह खिसकाना। कमरे में सोफ़ा भी है, कुर्सियाँ भी। और बहुत कुछ है— कमरे के आकार की तुलना में कहीं अधिक! सोफ़ा,

टी.वी.। छोटे-बड़े दर्जनों फ़ोटो– इधर-उधर मेज़ों पर, दीवारों पर। नए मिले पुरस्कारों या उपाधियों को लगाने की जब दीवारों पर जगह नहीं बचती तो पुरानों को वहाँ से हटा दिया जाता है। देश-विदेश के, कई भाषाओं व संस्थाओं के दर्जनों प्रशस्ति पत्र, प्रतीकचिह्न, पुरस्कार, उपाधियाँ। उनके रखते-लगाते जाने का आलम यह कि कमरे में कई जगह उनमें से बहुतों ने मिल-जुलकर जैसे एक मीनार खड़ी कर दी है– जैसे प्रशस्तियों का कोई स्तम्भ-सा निर्मित कर दिया है। (चित्र 1)

बिंदास से अंदाज़ में इधर-उधर बेतरतीब बिखरी-सी रखी किताबें, पत्रिकाएँ! उन्हीं के बीच अपने-अपने लिए जगह बनाकर वो भी बैठे—मै भी! हमेशा की तरह—यहाँ वो छपा है, वहाँ वो भेजना है। देखो, यह किताब आई है, ये पत्रिकाएँ हैं। इसमें ये, उसमें वो! उस डेट में वहाँ जाना है, उसमें वहाँ और तब...। इस बीच आज के मेरे आने का उद्देश्यं ध्यान हो आया है–'हाँ, तुम कुछ फ़ोटोज़ चाहते थे न! वो साहित्य अकादमी वाली फ़िल्म और मौलाना आज़ाद यूनीवर्सिटी हैदराबाद वाली डॉक्यूमेंट्री दिखाता हूँ तुम्हें। उनमें से जो पसंद आए, बनवा लेना!

रिमोट हाथ में लिए-लिए टी.वी. के पास फ़र्श पर बिछे कालीन पर बैठना चाहा है। बहुत धीमे-धीमे बैठने के बीच कराहते से कहा गया है– 'बैठा भी नहीं जाता अब!' पूछा-'क्यों? पैरों में दर्द है क्या?' जैसे इरशाद-इरशाद सुनकर कोई शायर बड़ी शान से ऊँची आवाज़ में अपना कोई शेर पढ़ रहा हो—'नहीं यार, पैर-वैर नहीं! ये सब पेट और वज़न के बढ़ने से है।' कोई और होता तो कुछ और कहता-सुनता-पर मैं समझ ही नहीं पाया कि यह सुनकर मैं हसूँ या चिंता व्यक्त करूँ! एक ख़ास क्रम में पिछला इतना-ऐसा कुछ याद आना शुरू हो गया कि मुझे हँसी भी आई और चिढ़न भी हुई—पिछले साल ही तो सिगरेट-व्हिस्की छोड़ने से स्वास्थ्य में हुए सुधार की—धुँआधार घोषणाएँ की गई थीं। उसके कुछ दिनों बाद पीठ के दर्द और साँस फूलने की शिकायतें शुरू हो गई थीं। टहलने-योग करने के इरादे! योग करने के तरीक़े जानना, अगले दिन से करने के वायदे। फिर आलस के चलते टहलने न जा पाने की पीड़ा। अंततः तय हुआ कि मैं उन्हें फ़ोन करके रोज़ सुबह पाँच बजे जगा दिया करूँगा! फ़ोन पाकर उधर से बिस्तर छोड़ने के अंदाज़ में कहा जाता– थैंक्यू! बीस-पच्चीस दिन बाद जब सेहत में हुए सुधार की बाबत जानने के लिए घर गया तो बड़े निरपेक्ष-मासूम-से अंदाज़ में कहा गया—'फ़ायदा? कैसे होता? जा ही कहाँ पाया?' मेरे चेहरे पर के कुढ़न-चिढ़न के भावों को भाँप लिया था उन्होंने– 'मैं सेहत को बेहतर बनाने की कोशिश की बजाय, जो चीजें सेहत को ख़राब करती हैं, उनसे बचता हूँ। डॉक्टर की ज़्यादातर बातें मान लेता हूँ। काफ़ी दिनों तक मानता रहता

हूँ– लेकिन कभी भूल जाता हूँ तो मनमानी करने लगता हूँ। ज़ाहिर है नतीजा बुरा निकलता है तो थोड़ा पछताता हूँ और नए सिरे से डॉक्टर के कहे पर अमल शुरू करता हूँ।

मेरे सोचने से मुक्त-बेफ़िक्र वे डॉक्यूमेंट्री को देखने-दिखाने में व्यस्त हैं।(चित्र 2) कमेंट्री जारी है–'हाँ, देखो-यह फ़िराक़ साहब के साथ, ये साहिर साहब के साथ है। बहुत लोगों के साथ थीं–पर इत्तिफ़ाक़ से ये सुरक्षित हैं। अरे नहीं, तक़रीबन तीस साल से भी पहले की बात है– 'ख़ैरोख़बर' में– जिसके संपादक तारिक हसन थे–कॉलम लिखता था। चंदा-वंदा और सामग्री इकट्ठा करने के सिलसिले में इलाहाबाद गए थे। वहीं साहिर और फ़िराक़ साहब से मुलाक़ात हुई। वहाँ मुशायरा भी था। उसमें दिलीप कुमार ने प्रिसाइड किया था। तब खींची थी किसी ने। 'ख़ैरोख़बर' में छपनी थी। तब इधर-उधर हो गई कहीं। बाद में वो सिलसिला भी बंद हो गया। मेरे पास अभी तक महफ़ूज़ है।...ये देखिए, ये जाफ़री है, ये ख़लील साहब हैं...! थीं तो बहुत लोगों के साथ पर वो सब...।' मलाल-सा किए जाने के उन क्षणों में अचानक हुआ यह कि बिजली चली गई। बिजली के जाने पर दुख जताते-जताते उठने की कोशिश की– 'चलो, इनवर्टर से देखते हैं।' स्विच की ओर बढ़ा हाथ ठिठका-वापस हुआ। कुछ सोचने जैसी मुद्रा में कहा गया– 'थोड़ी देर इंतज़ार कर लेते हैं। दरअसल मैं और किसी चीज़ में कंजूसी नहीं बरतता-मगर इनवर्टर से बिजली का खर्च करने के मामले में बहुत क़िफ़ायत बरतता हूँ।'

बाद में जाना कि उस सी.डी. से फ़ोटो नहीं बन पाएँगे। तय हुआ कि उनके पास रखे फ़ोटोज़ में से कुछ छाँट लिए जाएँगे। उस दिन पहुँचा तो जैकिट-स्वैटर के साथ गले में मफ़लर लटकाए कुछ थके-थके-से दिखे। पूछा तो कहने लगे– 'वैसे भी मुझे ठंड ज़्यादा लगती है। पर आज तो ब्लडप्रेशर भी बढ़ा हुआ है। ज़रा पहले ही तो डॉक्टर के पास से लौटा हूँ।' सामने सोफ़े पर बैठ गए हैं। अगल-बगल विविध आकार-प्रकार के लिफ़ाफ़ों और छोटी-बड़ी एलबमों में बहुत सारे फ़ोटोज़ रखे हैं। सेहत की बात करते-करते यकायक किचिन की तरफ़ को चले–'चलिए, आज आपको अपने हाथ की चाय पिलाते हैं।' सुनकर चौंका। जानता हूँ कि घर में नौकर हो या न हो–शहरयार साहब अपने यहाँ आये हर व्यक्ति का सत्कार फ्रिज़ में रखी मिठाइयों, फलों, ड्राईफ्रूट्स, कोल्ड ड्रिंक्स या रेडीमेड कॉफ़ी आदि से अक्सर ज़रूर करते हैं। ख़ुद लाकर कुछ न कुछ आगंतुक के सामने पेश करते ही करते हैं। पर इस तरह चाय बनाने के लिए चल देना–कभी-कभी होने वाली बहुत ख़ास-सी बात है।

चहकता-चौंकता-सा मैं भी उनके साथ हो लिया था। दो-चार क़दम ही चले थे कि डॉयनिंग टेबिल ने बीच में ही रोक लिया। हमेशा की तरह आज भी उसकी

(चित्र 1)

(चित्र 2)

(चित्र 3)

(चित्र 4)

(चित्र 5)

(चित्र 6)

(चित्र 7)

(चित्र 8)

(चित्र 9)

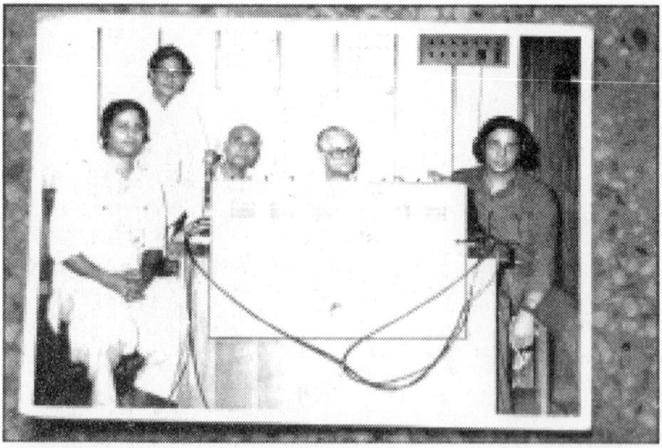

(चित्र 10)

(चित्र 11)

(चित्र 12)

दुनिया एकदम अलग और विचित्र नज़र आई। मेज़ की जो गत थी सो तो थी ही कुर्सियों तक पर भी दुनिया भर का सामान! जैसे वो मेज़ शहूरयार साहब के खाने की मेज़ होने के साथ उनकी ड्रेसिंग टेबिल भी थी, दवा-घर, अल्मारी और स्टोर भी। (चित्र 3) पूछा– 'क्या कहलायेगी ये जगह?' सुनकर अचकचाए, ठिठके से रुके। ऐसे हँसे जैसे कहना चाहा था कि भला यह भी कोई पूछने की बात है। भोले-से भाव से बोले–'और क्या कहेंगे खाने की मेज़ है। मेज़ ही कहेंगे इसे। हाँ, यूँ कहो कि आधी खाने की, आधी दवाओं की. ..।' 'और ये सब– ये खुशबुएँ, यह शेव का सामान, आफ़्टर शेव, स्प्रे, ये हेयर ड्रायर, ये ड्राईफ्रूट्स के डिब्बे, ये पानी की बोतलें...।' हँसते हुए किचिन की तरफ़ बढ़ते हुए कहा गया–'अरे भई, यह सब कम जगह की वजह से है। पहले मकान इतना बड़ा था कि वहाँ बिखरने की जगह ही नहीं थी। उतनी जगह यहाँ नहीं है–अब सिमटने की मजबूरी है...।' उस दौरान मुझे दुबई से उनकी बेटी के फ़ोन के आने वाला दिन याद हो आया। उस दिन वो यहीं सोफ़े पर बैठे-बैठे गोश्त की किसी ख़ास प्रिप्रेशन का फ़ार्मूला बेटी को समझाए जा रहे थे। उन्हें उस दिन की याद दिलाई तो चहक-से उठे। गैस जलाते हुए आनंदित-आत्मविभोर-सी आवाज़ में बताया गया–'हाँ, फ़ोन करके वहाँ से बेटी भी पूछती है– बेटे भी! तीनों बच्चे पकाते हैं। मुझे ही देखकर बड़ा बेटा मदद करने लगा है खाना बनाने में। जी, छोटा भी। हर काम कर लेते हैं वे। कपड़े भी धो लेते हैं। बिल्कुल–मैं उनके साथ के उन दिनों में नाली भी साफ़ करता था। झाडू लगाना वग़ैरह–ये सब मैंने किया है। इसमें मुझे कुछ ऐसा-वैसा कभी नहीं लगा।' बहुत बार देखा है कि बच्चों का ज़िक्र आते ही शहूरयार झट से गहरी खुशी और तृप्ति से भरे-पूरे एक ज़िम्मेदार पिता हो जाते हैं–'आपको बताऊँ, मेरे बच्चों ने कभी पेशाब बिस्तर में नहीं किया। सोने से पहले हर दिन मैं उन्हें कराता था। दवा खाने से कभी उन्होंने मना नहीं किया। मालूम था कि पापा खिलाएँगे। स्कूल जाने में कभी नहीं रोए!'

चाय बनाने के समय की उनकी वह उत्साहित-सी एकाग्र तन्मयता! आकर्षक, आश्चर्यजनक, मुग्धकारी। (चित्र 4) मन हुआ कि उनकी पाक-कला में प्राप्त प्रवीणता और विशेषज्ञता के बारे में कुछ जाना जाए। तनिक भी ना-नुकर नहीं, कोई देरी, दुराव-दिखाव, संकोच भी नहीं– 'बहुत अच्छा? स्टू बहुत अच्छा बनाता हूँ– कम्पलीट! जी-ग़ोश्त का होता है। कीमा, आलू गोश्त और दुप्याजा। प्याज ज़्यादा होती है इसमें-डबल प्याज! कलेजी भी–सब दालें और गोश्त। तारीफ़? किसका नाम बताऊँ! जिसको भी खिलाया उसने तारीफ़ की। नहीं, रोटी नहीं बना पाता बस। हाँ, दाल बना लेता हूँ। मसाला पीस लेता हूँ!' शब्दों ने जैसे खुद से अपने अंदाज, स्वर, लय, गति-सब कुछ में परिवर्तन कर लिया है–'मेरे खाने में आज तक कभी कोई चीज़ ज़्यादा-कम नहीं हुई। बीच में जैसे कुछ लोग चख-वख कर देख लेते हैं, वैसे मैं नहीं देखता। हाथ में

कुछ ऐसा है कि सही ही होता है।' उनकी आवाज़ सुनाई नहीं दी तो सामने देखा! पता नहीं क्या देख लेने की चाहत में उनकी आँखें दीवार के मध्य में टँगे चित्रों की ऊँचाई तक उठीं और दो-चार पलों के बाद अपनी पलकों को मूँद लिया—'जी, जैसे कविता में—मेरे यहाँ कविता में जो प्रपोर्शन होता है, उससे वो मालूम होती है कि एफ़र्टलैस है। पर ये नहीं कि उसमें मेहनत नहीं करनी पड़ती। करनी पड़ती है। मेरे यहाँ बेसिक चीज़ है प्रपोर्शन ! कपड़े भी पहनूँगा तो पता नहीं चलेगा कि सजने की कोशिश की है। सजता हूँ, पर पता नहीं चलता कि सज रहा हूँ।'

ठहाके की सरहद को छू लेने के लिए मचलती मुन्नी-सी उनकी हँसी की आवाज़ सुनाई दी। निगाह उठाई तो दिखा कि शहरयार साहब की आँखें सामने की दीवार पर टँगे फ़ोटो पर चिपकी-सी थमीं रह गईं हैं। बोलने में सुख भी दिख रहा है, ताज्जुब भी और मुझे देखने के लिए आमंत्रित करने जैसा भाव भी—'हाँ, तब मेडीकल कॉलोनी में रहते थे। यही तक़रीबन 1993 में। दोनों बेटों के बाल थे तब-पूरे! इस वक़्त गंजे हो गए हैं। जी-हुमायूँ शहरयार भी, फरीदूँ शहरयार भी!' हँसी है कि रुक ही नहीं रही है—'छोटे बेटे को कहीं मिल गई तो उसने लाकर फ्रेम करा दी।' (चित्र 5) न जाने क्या हुआ कि अचानक हँसी चुप हो गई और बोलना भी थम गया! कहीं और जा पहुँचे-से पता नहीं वो क्या सोचे जा रहे थे—'तब की—बच्चों की जो तस्वीरें हैं, अच्छी हालत में नहीं हैं। ख़राब सी हैं। दरअसल हमारी बीवी ने डेस्ट्राय कर दी थीं सब!'

सोफ़े पर बैठे हम दोनों के बीच चिट्टे-से चिने ख़ूब सारे फ़ोटोज़। अपने इतिहास की उस नायाब, जादुई-सी इमारत के कोने-कोने को जैसे शहरयार ख़ुद भी जी भर देख लेना चाह रहे थे और मुझे भी दिखला देने को उत्सुक-आतुर थे— 'जी-ये नवासी है—अर्शिया— और यह पोता-साहिर शहरयार। हाँ दुबई के घर में— मस्ती के मूड में! (चित्र 6) शब्द-शब्द वात्सल्य रस में पगा-सा! जैसे बहुत कीमती-सा कुछ खोज लिया था उन हाथों ने! (चित्र 7) चहकती-सी आवाज़! चाँदनी में अभी-अभी डुबकी लगाकर लौटा चमकता-दमकता-सा चेहरा— 'ये देखिए—इसमें ये यश चौपड़ा, ये हरिप्रसाद चौरसिया और ये शहरयार। जी हाँ, 'फ़ासले' की रिकॉर्डिंग के समय का है।' (चित्र 8) ग़ौर से देखने पर भी मुस्कराते खड़े लोगों में से शहरयार साहब को पहचानने में वक़्त लगा था। पहचान लेने के बाद भी उनकी उस सबसे अलग, अधिक और खुली-खिली-सी हँसी तथा छरहरी काया को मैं चकित भाव से देर तक देखता रहा था— 'हाँ भई, तब आज जैसा नहीं था। बहुत पतला था। हाँ— शराब ने मोटा कर दिया बाद में। और हाँ, यह फ़ोटो नहीं देखा आपने। इसमें भी एकदम पतला ही दिख रहा हूँ न। जी- ये तबका है जब मेरा पहला कलेक्शन 'इस्मेआज़म' छपा था। हाँ, 64-65 का! उतने उन फ़ोटोज़ की बेक़द्री-बेतरतीबी पर जब मैंने अपनी चिंता व्यक्त की तो मंद-मुस्काती-सी एक हँसी वहाँ गूँजी। निगाहों

ने उठ-रुककर मेरे चेहरे को देखा— 'समेटेगा कहाँ तक कोई हमको/ हम इतनी दूर तक बिखरे हुए हैं।'

अलग क़िस्म के हुलास-उत्साह के साथ लगभग उछल पड़ने जैसी मुद्रा— 'इसे देखिए— हाँ, यह मिल गया।' जिस तरह वह ख़स्ताहाल, पीला-सा पड़ चला फ़ोटो उन्होंने मेरी ओर बढ़ाया था, मैंने मान लिया था कि उसका कोई न कोई सम्बन्ध 'उमराव जान' से ज़रूर होगा।

बहुत बार देखा है कि 'उमराव जान' का ज़िक्र आते ही शहरयार साहब कुछ से कुछ होने लगते हैं। आँखों में यौवन की दहलीज़ की ओर बढ़ती किसी किशोरी की-सी ख़ूब-ख़ूब चमक! थोड़ा-सा संकोच और अल्प-सा गर्व भी। कपोलों पर दमकती-सी लालिमा— 'यह 'उमराव जान' की पहली पार्टी-डिक्लेरेयेशन पार्टी के वक़्त का है। ये रेखा, ये जावेद सिद्दीक़ी, ये नसरुद्दीन शाह, ये अमज़द खान, ये मुज़फ़्फ़र अली, ये शहरयार और ये...। (चित्र 9) अब उनके हाथ में एक अन्य पीत-विवर्ण-सा ब्लैक एंड व्हाइट फ़ोटो था। चेहरे पर, खुशी जैसे पर्त-दर-पर्त बढ़ती-चढ़ती चली जा रही थी—'ये 'उमराव जान' की एक रिकॉर्डिंग का है। हाँ,— 'ज़िंदगी जब भी तेरी बज़्म में लाती है हमें। ये ज़मीं चाँद से बेहतर नज़र आती है हमें! जी-ये तलत अज़ीज़, ये, ये शहयार, ये ख़ैयाम, ये रिकॉर्डिस्ट—इनका नाम ध्यान नहीं आ रहा, ये मुज़फ़्फ़र अली! (चित्र 10)

बचपन की बात चली तो मलाल मिली-सी आवाज़ सुनाई दी— 'बचपन की— 'हाँ, एक ग्रुप में बैठा हूँ मैं! उसमें बडे भाई साहब हैं। बस वही तस्वीरें हैं बचपन की। मेरी बहुत तस्वीरें ज़ाया हो गईं।' पता नहीं कौन सा फ़ोटो आ गया है हाथों में कि देर तक उसे चुप-चुप अकेले-अकेले देखे जा रहे हैं। मुझे देखते देखा तो वेदना मिश्रित आवाज़ में कहा गया— 'बहुत याद आते हैं कमलेश्वर!' फ़ोटो मेरी ओर बढ़ाया— 'इसमें ये कमलेश्वर हैं। 'हासिले सैरे जहाँ' के विमोचन के मौक़े का है। जी— जामिया मिलिया में हुआ था। ये वहाँ वी.सी. थे— शाहिद मेंहदी साहब!' (चित्र 11) वो गाइड की तरह फ़ोटो को दिखाते हुए उसके बारे में तफ़सील से बहुत कुछ बताए जा रहे थे, कमेंट्रेटर की तरह भाव भरे-से कमेंट्री किए जा रहे थे। मैंने फ़ोटोज़ की संख्या और महत्व पर आश्चर्य जताया तो एकदम सपाट, ठंडे-से अंदाज में कहा गया— 'फ़ोटो खिंचाने का शौक़ तो बहुत रहा है। फ़ोटोज़ भी कम नहीं हैं। पर इन्हें कहाँ सँभालूँ—कैसे सँभालूँ?'

अपनी निजता में किसी के प्रवेश या हस्तक्षेप को स्वीकार न करने वाले इस शख़्स की संवेदना की दुनिया में क्या आज कोई ख़ास उथल-पुथल हुई है या परिवर्तन आ गया है? शायद-हाँ। तभी तो वह इन पलों में अपनी यादों के सफ़र के इस सिलसिले को रुकने-थमने नहीं देना चाह रहा है।

दाहिने हाथ की उँगलियाँ निचले होठ को सहलाए जा रही हैं। शायद मुश्किल-सा

कुछ कहने के लिए मनाया-उकसाया जा रहा है। आँखों ने चट से अपने पट बंद कर लिए हैं। जैसे अंदर-अंदर अपने किसी बहुमूल्य गोपनीय को देखना चाह रही हों। न जाने क्या ऐसा याद आ गया था कि कुछ ज़्यादा ही तेज़ी-सी में उठ खड़े हुए। टी.वी. के पास वाली मेज़ तक गए। कुछ देर तक कुछ तलाशा और फिर दोनों हाथों में एक-एक फ़ोटो थामे विजयी-से उत्साह के साथ तेज़ कदमों से मेरे पास तक आए– 'अरे देखिए– ये फ़ोटो भी है। बहुत पहले का है। शायद अस्सी–या और पहले का। यह बच्चों के साथ है। मैं तब हाली रोड पर रहता था। इसे देखकर सोच रहा हूँ कि कितने घर बदले?' घर? उनके ओठों से अभी-अभी बाहर आए 'घर' शब्द को सुनकर यकायक चुभती-दर्द देती-सी सिहरनें-मचलनें बदन भर में उत्पात-सा मचाने लगीं। घर होने की भी कुछ न कुछ शर्तें तो होती ही हैं न? किसी भी निवास को– रहने भर की हर किसी जगह को तो घर नहीं कहा जा सकता न? मेरी तरफ़ को झुक आए–से वो फ़ोटो मुझे दिखाना चाह रहे हैं–'ये बच्चों के साथ है। ये पत्नी बैठी हैं। ये सबसे छोटा वाला मेरी गोद में। बेटी– सायमाँ माँ की गोद में–और दोनों के बीच में बड़ा वाला बेटा। जी– सर सैयद हाउस के सामने– पेड़ के नीचे बैठे हैं। हमारे ज़्यादातर फ़ोटो सिद्दीक़ अहमद ही ने खींचे हैं। ये वाला भी! हाँ, वही-मेरे दोस्त आले अहमद सुरूर साहब के बेटे। अपना दूसरा कलेक्शन 'सातवाँ दर' उन्हीं को डेडीकेट किया है।'(चित्र 12)

बीवी बच्चों के साथ इस तरह हुए सिद्दीक़ साहब के ज़िक्र ने पहले का बहुत कुछ सुना-जाना ध्यान दिला दिया–'वैसे तो मेरे बहुत दोस्त हैं–पर अलीगढ़ में एक ये और एक विजय कुमार बजाज! मेरी सोच पर इनका असर है। नहीं–शादी नहीं हुई इनकी! हम दोनों ने बहुत पहले तय कर रखा था कि शादी नहीं करनी। हाँ-मेरी हुई–पर–शादी मैंने नहीं की...

मुझसे की गई! उदासी, अकेलेपन, पीड़ा और उम्मीद के इस शायर की इसके बाद की उस लम्बी, वज़नी-सी ख़ामोशी ने मेरे उस याद करते जाने पर विराम लगा दिया। उनके बैठने की उस मुद्रा ने 'सीने में जलन, आँखों में तूफ़ान सा क्यों है' का ध्यान दिला दिया। वे अपने में गुम कहीं खोए-खोए से न जाने कहाँ क्या देखे, सोचे, तलाशे जा रहे थे। उस कमरे में न कुछ चल-बज रहा था, न कोई कुछ बोल रहा था–फिर भी मेरे कानों ने, न मालूम कैसे सुना था–'किसी को ज़मीं तो किसी को आसमाँ नहीं मिलता।' तभी उनके होठों पर नन्हीं-नादान-सी एक हँसी ने घुटनों-घुटनों चलने की कोशिश की थी। उसकी आवाज़ कुछ-कुछ भारी-भारी और कमदम-सी थी–'आपके उस 'हंस' वाले इंटरव्यू के दौरान ही ये पॉजीटिव पहलू निकला! जी हाँ–जो पहले ज़ेहन में नहीं आया कभी! हाँ, मैं शुक्र गुज़ार हूँ अपनी बीवी का कि मैं तीन इतने अच्छे बच्चों का बाप बन सका!'

6

शहरयार : एक संक्षिप्त परिचय

नाम	:	कुँवर अख़लाक़ मोहम्मद ख़ान
जन्म तिथि	:	16 जून, 1936
जन्म स्थान	:	आँवला, जिला-बरेली, उत्तर प्रदेश
वर्तमान पता	:	25, सफ़ीना कम्प्लेक्स, मेडीकल रोड, अलीगढ़, उ.प्र.
शिक्षा एवं व्यवसाय	:	➢ एम॰ए॰, पीएच॰डी॰ ➢ अलीगढ़ मुस्लिम विश्वविद्यालय के उर्दू विभाग में नियुक्ति के बाद प्रोफ़ेसर और विभागाध्यक्ष हुए तथा 1996 में सेवानिवृत्त हुए। हिन्दी-उर्दू की अनेक प्रतिष्ठित संस्थाओं-अकादमियों की विभिन्न समितियों-सभाओं से सम्बद्ध।
उर्दू में प्रकाशित काव्य-संग्रह	:	➢ इस्मे आज़म—1965 ➢ सातवाँ दर—1970 ➢ हिज्र के मौसम—1978 ➢ ख़्वाब का दर बंद है—1985 ➢ नींद की किरचें—1995 ➢ मेरे हिस्से की ज़मीं—1999 ➢ हासिल-ऐ-सैरे-जहाँ—अद्यतन संकलित काव्य संकलन—2001 ➢ धुंध की रौशनी-संकलन—2003

- शाम होने वाली है–2004
- कुल्लियात-ए-शहरयार–2007 में पाकिस्तान से प्रकाशित।

हिन्दी में प्रकाशित काव्य-संग्रहः

- मेरे हिस्से की ज़मीन–1998
- सैरे जहाँ–2001
- मिलता रहूँगा ख़्वाब में–2004
- कहीं कुछ कम है–2004
- शाम होने वाली है–2005

अंग्रेज़ी में अनूदित काव्य-संग्रहः

- The Gateway of Dreams is closed –1990
- Through the closed Doorway–2004
- Selected poetry of Shahryar–2010

उर्दू में प्रकाशित अन्य पुस्तकें :

- एन॰एम॰ राशिद-शख़्सियत और फ़न (मुग़नी तबस्सुम) के साथ)–1981
- दुनिया की बेहतरीन कहानियाँ-अनुवाद–1981
- मज़ामीन-ए-ख़लीलुर्रहमान आज़मी-वोल्यूम-1 –2004
- मजामीन-ए-ख़लीलुर्रहमान आज़मी-वोल्यूम-2 –2005

सम्मान-पुरस्कार :

- उत्तर प्रदेश उर्दू अकादमी सम्मान-'सातवाँ दर' पर– 1971
- साहित्य अकादमी सम्मान – ख़्वाब का दर बंद है– 1987
- उत्तर प्रदेश उर्दू अकादमी-समस्त साहित्यिक योगदान के लिए – 1994
- साहित्य मंच सम्मान-जालंधर – 1996
- अदबी संगम सम्मान – न्यूयार्क – 2000
- उत्तर प्रदेश फ़िल्म क्रिटिक सम्मान– 2001
- दिल्ली उर्दू अकादमी बहादुरशाह ज़फ़र सम्मान– 2003

- फ़िराक़ सम्मान – 2004
- शर्फ़ुद्दीन याह्या सम्मान – बिहार– 2004
- ग़ालिब इंस्टीट्यूट सम्मान – 2005
- गंगाधर राष्ट्रीय काव्य सम्मान – 2009
- हैदराबाद विश्वविद्यालय द्वारा डी.लिट्. की मानद उपाधि प्रदत्त – 2010
- ज्ञानपीठ पुरस्कार – 2008 – घोषित-2010 में।

शह्रयार और उनके रचना कर्म पर प्रकाशित पुस्तकें :

- उर्दू के प्रसिद्ध शायर शह्रयार (हिन्दी) सम्पादक – कमलेश्वर
- ख़्वाब से ख़्वाब तक – सम्पादित फ़िल्म – ओबैद सिद्दीक़ी
- शह्रयार-शेर-ओ-हिक्मत पर विशेष खंड – सम्पादन-2003 मुग़नी तबस्सुम
- शह्रयार-शेर-ओ-हिक्मत पर विशेष खंड-सम्पादन-2006 – मुग़नी तबस्सुम
- शह्रयार – चहारसू – सम्पादन-एस-ज़हीर जाफ़री-रावलपिंडी-पाकिस्तान-2007
- शह्रयार के जीवन और कृतित्व पर एक सम्पादित पुस्तक – सम्पादक-सरवुल हुदा – 2010

7

शह्रयार : चयनित रचनाएँ

इस्मे आज़म

ख़लीलुर्रहमान आज़मी के नाम

'आलम में तुझ-से लाख सही तू मगर कहाँ'

आदर्श

कैसी है ये रस्म बताओ, क्या है ये आदर्श
मान की ख़ातिर जान गँवाई, दिल की ख़ातिर प्रीत
रात की ख़ातिर सुब्ह बनाई, हार की ख़ातिर जीत
चाँद की ख़ातिर शहर, बनाए दश्त[1] की ख़ातिर क़हर
आँख की ख़ातिर अश्क, बनाए जाम की ख़ातिर ज़हर
जिस्म की ख़ातिर फ़र्श बनाया, रूह की ख़ातिर अर्श[2]
गर्द की ख़ातिर राह बनाई, राह की ख़ातिर ख़ार[3]
बूझो तो पागल का सपना, समझो तो संसार

क़ब्रिस्तान

ज़मीं का वो हिस्सा
जहाँ है अज़ल[4] से अबद[5] ही का पहरा
तिलिस्मी चिराग़ों में लिपटी हुई ऊदो-अंबर की खुशबू
जहाँ ख़ैमाज़न[6] है
ज़मानों की, सदियों की, लम्हों की
ग़मख़्वारियाँ[7] जिसने की हैं
जहाँ सारी तहज़ीबें शरमाई-सी
सर-बरहना[8] खड़ी हैं
जहाँ हम-से ख़िलवत-गज़ीदा[9] गुनहगार बंदों की
इक अंजुमन[10] है
ज़मीं का वो हिस्सा हक़ीक़त है अर्ज़ो-समा[11] की
ख़ुदी की, ख़ुदा की!

1.रेगिस्तान; 2.आकाश; 3.काँटे; 4.सृष्टि का आरंभ; 5.सृष्टि का अंत; 6.ख़ैमा डाले हुए; 7.हमदर्दियाँ; 8.नंगे-सर; 9.एकांतवासी; 10.महफिल; 11.पृथ्वी-आकाश

तज़ाद[1]

किसी एक चेहरे का हँसता हुआ अक्स
तेरी गली में
किसी एक लम्हे से ये कह रहा था
कि बीते हुए वक़्त की रहगुज़र पर
मुझे ढूँढने तुम न आना कभी अब
इसी एक चेहरे इसी एक लम्हे को
बीते हुए वक़्त की रहगुज़र पर
गले मिलते फिर आज देखा है मैंने
मगर ये यकीं है
कि तेरी गली में
किसी और चेहरे का हँसता हुआ अक्स
यूँही
किसी और लम्हे से ये कहता होगा
कि बीते हुए वक़्त की रहगुज़र पर
मुझे ढूँढने तुम न आना कभी अब

नींद का सैलाब[2]

ये मकाँ
ये ख़्वाहिशों और आरज़ूओं के मकाँ
दिल के इस उजड़े नगर में
आज फिर जिनको सुलगती धूप में तामीर[3] है हमने किया
रात के होने तलक ढह जाएँगे
नींद के सैलाब में बह जाएँगे

---

1. अंतर्विरोध; 2.बाढ़; 3.निर्माण

सहारा

सदा दी
इन आँखों ने, इन होटों ने
और इस धड़कते हुए दिल ने मेरे
सदा दी
उदासी के सेहरा[1] से, तनहाई के दश्त[2] से
नाउम्मीदी की चट्टानों से, बेहिसी[3] के पहाड़ों से
अकसर सदा दी है
कभी बीते लम्हों को, बिछड़े हुए साथियों को
कभी नींद की सब्ज़ परियों को, ख़्वाबों की मासूम परछाइयों को
कभी नींद के हंगामों को, रात की ख़ामुशी को
कभी तीरगी[4] को
कभी रौशनी को
सदा दी
कि उसके सिवा कोई चारा नहीं था
उन आँखों का, होंटों का
और उस धड़कते हुए दिल का
कोई सहारा नहीं था!!

एक-दो जाम

एक-दो जाम और आज की शाम
देखो वो सामने खड़ी है रात
ऐ असीराने-गर्दिशे-अय्याम[5]

रात के बाद सुब्ह आएगी
सुब्ह के बाद दोपहर और शाम
और फिर रात
इक भयानक रात
एक-दो जाम और आज की शाम

1.-2.रेगिस्तान; 3.संवेदनहीनता; 4.अँधेरा; 5.समय चक्र के क़ैदियों

वक़्त के सेहरा में

धूप में तनहाई की जिस्मों को झुलसाते रहो
दूरियों की सख़्त चट्टानों से टकराते रहो
और दिलों में ख़्वाहिशों की आग भड़काते रहो
वक़्त के सेहरा में यूँही ठोकरें खाते रहो

ग़ज़लें

(1)

ज़िक्र किसी का फिर निकला, फिर छाई उदासी महफ़िल पर
आज की रात कड़ी गुज़रेगी शायद फिर अह्ले-दिल पर

मेरी मोहब्बत के अंजाम की फ़िक्र तुम्हें इतनी क्यों है
जो कुछ भी बीतेगी यारो बीतेगी मेरे दिल पर

चाहे जितना तेज़ चलो मुझसे तुम मेरे हमसफ़रो
पहुँच न पाओगे तुम लेकिन मुझसे पहले मंज़िल पर

फुरसत वक़्त न दे तो हम भी लिक्खेंगे इसकी रूदाद[1]
कैसे तूफ़ानों से निकले, पहुँचे कैसे साहिल[2] पर

1.कहानी; 2.किनारा

(2)

जब भी मिलती है मुझे अजनबी लगती क्यों है
ज़िंदगी रोज़ नए रंग बदलती क्यों है

धूप के क़ह्र का डर है तो दयारे-शब[1] से
सर-बरहना[2] कोई परछाई निकलती क्यों है

मुझको अपना ना कहा इसका गिला तुझसे नहीं
इसका शिकवा है कि बेगाना समझती क्यों है

तुझसे मिलकर भी न तनहाई मिटेगी मेरी
दिल में रह-रहके यही बात खटकती क्यों है

मुझसे क्या पूछ रहे हो मिरी वहशत का सबब
बू-ए-आवारा[3] से पूछो कि भटकती क्यों है

1.रात की बस्ती; 2.नंगे सर; 3.भटकती हुई गंध

(3)

दिल को शहीदे-रंजो-अलम[1] हो जाने दो
इस धरती को और भी नम हो जाने दो

लुत्फ़ो-करम[2] की बारिश भी हो जाएगी
ख़त्म ये मौसमे-जौरो-सितम[3] हो जाने दो

चंद दिनों तक और युँही ख़ामोश रहो
सन्नाटों के शोर को कम हो जाने दो

राहे-तमन्ना को अँगड़ाई लेने दो
रौशन इक-इक नक़्शे-क़दम[4] हो जाने दो

अह्ले-जहाँ को बातों में उलझाए रहो
अह्ले -जुनूँ को ताज़ादम हो जाने दो

एक ही साथ बढ़ेंगे मंज़िल की जानिब[5]
बिछड़े हुए यारों को बहम[6] हो जाने दो

फिर लिख लेना दुनिया भर के अफ़साने
पहले क़िस्म-ए-शौक़[7] रक़म हो जाने[8] दो

1.दुखों से शहीद; 2.कृपा; 3.अत्याचार का मौसम; 4.पदचिह्न; 5.तरफ़; 6.एक जगह जमा; 7.प्रेम की कथा; 8.लिखी जाने

सातवाँ दर

सिद्दीक़ अहमद 'सिद्दीक़ी' के नाम

नज़्में

बेसबात तग़य्युर[1]

लकीरें, दायरे, धब्बे, नुक़ूशे-पा[2]
मिरी आँखों के दरवाज़ों से
मेरे जिस्म के अंदर उतर जाते हैं
ख़ून बनकर रगों में रक़्स[3] करते हैं
कभी दो पल, कभी इक शब, कभी कुछ दिन
और उसके बाद आँसू बनके
आँखों के ही दरवाज़ों से
मेरे जिस्म से बाहर निकलते हैं
ज़मीं पर गिरते-गिरते, देखते ही देखते
बन जाते हैं फिर से
लकीरें, दायरे, धब्बे, नुक़ूशे-पा

उफ़्ताद[4]

देखते-देखते चुप हो गए सब
वो कभी जो नींद की शबनम में नहाकर
किसी नादीदा[5] हसीं शक्ल के दीदार की लज़्ज़त[6] के भजन गाते थे
वो भी जो आँखों के ताक़ों में चिरागाँ करके
चीख़ते थे, कभी रोते थे, कभी हँसते थे
वो भी जो ज़ख़्मों के फूलों में लदे
आसमानों की तरफ़ हाथ उठाए हुए करते थे दुआ
कैसी उफ़्ताद पड़ी आख़िरे-शब
देखते-देखते चुप हो गए सब

1.नश्वर परिवर्तन; 2.पदचिह्न; 3.नृत्य; 4.मुसीबत; 5.अनदेखी; 6.आनंद

एक बूँद ख़ून की

फ़िज़ा[1] में आहटों के रंग उड़ रहे हैं जा-ब-जा[2]
हवा हरेक दरख़्त को जगा रही है नींद से
निगाह दूरियों का सेहूर[3] तोड़ने पे है ब-ज़िद
लबों से उस्तवार[4] हो रहा है रिश्त-ए-सदा[5]
रंगे-गुलू[6] में चुभ रही है एक बूँद ख़ून की

नई कहानी

ये कहानी सुनी न होगी कभी
ये फ़साना पढ़ा न होगा कभी

सुब्ह की आरज़ू में सारी रात
सुर्ख़, नीले, हरे, सियाह पतंग
शमा के गिर्द रक़्स[6] करते रहे
और सलामत रहे सभी के सर
और सलामत रहे सभी के पर
और सजल और सुबुक[7], सफ़ेद्द-सफ़ेद्द
मोम के मक़बरे रहे ख़ाली
और इस बेमिसाल मंज़र को
सिर्फ़ दो आँखें देखने वाली

1.वातावरण; 2.जगह-जगह; 3.जादू; 4.मज़बूत; 5.आवाज़ का रिश्ता; 6.नृत्य; 7.हल्के

ग़ज़लें

1

वहशत मेरी कितनी रास आई[1] मुझको
इक आलम की सैर करा लाई मुझको

मैं जीने से बाज़ न आऊँगा यारो
दीवाना समझो या सौदाई[2] मुझको

शोहरत के इस सेहर[3] से जल्द निजात मिले
ढूँढ़ रही है कब से रुसवाई[4] मुझको

बज़्मे-नाज़ से ख़ाली हाथ उठूँ कैसे
मिल जाए थोड़ी-सी तनहाई मुझको

तेरा बदल कह सकतीं जिसको ये आँखें
ख़्वाबों ने वो शक्ल न दिखलाई मुझको

1.भा गई; 2.पागल; 3.जादू; 4.बदनामी

2

किस-किस तरह से मुझको न रुसवा किया गया
ग़ैरों का नाम मेरे लहू से लिखा गया

निकला था मैं सदा-ए-जरस[1] की तलाश में
धोके से इस सुकूत के सेहरा में आ गया

क्यों आज उसका ज़िक्र मुझे ख़ुश न कर सका
क्यों आज उसका नाम मिरा दिल दुखा गया

मैं जिस्म के हिसार[2] में महसूर[3] हूँ अभी
वो रूह की हदों से भी आगे चला गया

इस हादिसे को सुनके करेगा यक़ीं कोई
सूरज को एक झोंका हवा का बुझा गया

1.घंटी की आवाज; 2.घेरा, दीवार; 3. घिरा हुआ

3

जहाँ पे तेरी कमी भी न हो सके महसूस,
तलाश ही रही आँखों को ऐसे मंज़र[1] की

हमें तो खुद नहीं मालूम, क्या किसी को बतलाएँ
कि तुझसे मिलने की ख़्वाहिश न क्यों बिछड़कर की

कहाँ पे दफ़्न वो परछाइयाँ करें यारो
जो ताब ला न सकीं रौशनी के ख़ंजर की

हरेक गुल को है इश्क़े-समूम[2] का सौदा[3]
हरेक शाख़ यहाँ मोतक़िद[4] है सरसर[5] की

मगर ये ज़ौके-परस्तिश[6] कि अब भी तिश्ना[7] है
जबीं को चूम चुके एक-एक पत्थर की

जिधर अँधेरा है, तनहाई है, उदासी है
सफ़र की हमने वहीं सिम्त क्यों मुक़र्रर की

1.दृश्य; 2.गर्म हवा से प्रेम; 3.पागलपन; 4.आस्थावान; 5.तेज़ हवा; 6.पूजा की लगन; 7.प्यासा

4

कब हुआ दुनिया में ऐसा हादसा
मोतक़िद[1] है बादे-सरसर[2] की सबा[3]

धुंध की ज़द में है ख़्वाबों का उफ़क़
देखिए, दिखलाएँ आँखें और क्या

ढल गई क्यों आरिज़ों[4] की चाँदनी
खुल गई कब गर्म साँसों की घटा

साइतों के पेचो-ख़म[5] के बाद भी
क़ुर्ब[6] का अंजाम दूरी ही रहा

खो गए सारे मुसाफ़िर याद के
हो गया वीरान दिल का रास्ता

बुझ गया आख़िर चिराग़े-आरज़ू
वार कारी था हवा के हाथ का

1.भक्त; 2.तेज़ हवा; 3.ठंडी हलकी हवा; 4.गालों; 5.उलझाव; 6.निकटता

5

आँखों से ख़ूँ छलकता रहा, दिल दुखा रहा
और इसपे भी किसी से न मुझको गिला रहा

या इश्क़ था उदासि-ओ-तनहाई से मुझे
या वक़्त एक मोड़ पे सदियों रुका रहा

क्या रात शहरे-दर्द में आई न थी हवा
क्यों चाँद तीरगी के भँवर में फँसा रहा

सब हमसफ़र शहीद हुए राहे-शौक़ में
परछाइयों के वार से इक मैं बचा रहा

दिल के वरक़ पे लिखा था जो कुछ सो मिट गया
लेकिन जबीं[1] पे जो भी लिखा था, लिखा रहा

1.माया

6

बुनियादे-जहाँ[1] में कजी[2] क्यों है
हर शै में किसी की कमी क्यों है

क्यों चेहर-ए-ख़ार[3] शिगुफ़्ता[4] है
और शाख़े-गुलाब झुकी क्यों है

वो वस्ल का दिन क्यों छोटा था
ये हिज्र की रात बड़ी क्यों है

जिस बात से दिल में हलचल है
वो बात लबों पे रुकी क्यों है

मत देख कि कौन है परवाना
ये सोच कि शमा जली क्यों है

न थे ख़्वाब तो आँसू ही होते
मिरा कास-ए-चश्म[5] तही[6] क्यों है

1.दुनिया की नींव; 2.टेढ़ापन; 3.काँटे का चेहरा; 4.खिला हुआ; 5.आँख रूपी पात्र; 6.खाली

7

माना कि धूप सख़्त है, मैं सर-बरहना[1] हूँ
बेहिश शजर[2] के साये में कैसे पनाह लूँ

बे-नश्श-ए-उमीद[3] तो हर लम्हा है अज़ाब[4]
ज़िद कर रही है ज़ीस्त[5] कि मैं और भी जियूँ

चलता हूँ रेगज़ारे-तमन्ना[6] में बे-सुराब[7]
इस सादगी पे अपनी न रोऊँ तो क्या हँसूँ

सन्नाटे सफ़-ब-सफ़[8] बढ़े आते हैं मेरी सिम्त
ऐ दिल की धड़कनो ! कहो, किस तरह से बचूँ

सारे चिराग़ बुझ गए, सब नक़्श मिट गए
फिर भी सफ़र हयात[9] का जारी है, क्या करूँ

कुछ दूर पर बगुलों की अफ़वाज[10] हैं खड़ी
कोई भी शहर में नहीं, किसको ख़बर ये दूँ

1.नंगे सर; 2.संवेदनहीन पेड़; 3.आशा के नशे के बिना; 4.यंत्रणा; 5.जीवन; 6.इच्छा का रेगिस्तान; 7. मरीचिका से रहित; 8.क़तार-दर-क़तार; 9.जीवन; 10.फ़ौजें

8

ये इक शजर कि जिसपे न काँटा न फूल है
साये में उसके बैठके रोना फ़िज़ूल है

रातों से रौशनी की तलब, हाय सादगी!
ख़्वाबों में उसकी दीद[1] की ख़ू[2], कैसी भूल है

है उनके दम-क़दम ही से कुछ आबरु-ए-ज़ीस्त[3]
दामन में जिनके दश्ते-तमन्ना[4] की धूल है

सूरज का क़ह्र सिर्फ़ बरहना[5] सरों पे है
पूछो हविसपरस्त[6] से वो क्यों मलूल[7] है

आओ हवा के हाथ की तलवार चूम लें
अब बुज़दिलों की फ़ौज से लड़ना फ़िज़ूल है

9

ख़ाइफ़[8] कितनी तनहाई के अज़ाब से थी
मेरी ज़ीस्त को निस्बत जब तक ख़्वाब से थी

बुझ ही गया वो दिल का दाग़ भी आख़िरकार
रौशनी हिज्र की शब में जिस मेहताब से थी

उसको क़ुर्ब[9] से देख लिया तो कुछ न रहा
सारी कोशिश उस हुस्न में एक नक़ाब से थी

दरिया देख के प्यास को अपनी भूल गए
तिश्नालबी वाबस्ता जिनकी सुराब से थी

1.दर्शन; 2.आदत; 3.जीवन की प्रतिष्ठा; 4.इच्छा का रेगिस्तान; 5.नंगे; 6.लोलुप; 7.उदास; 8.भयभीत; 9. निकटता

हर्फ़े ताज़ा

नज्मा शहरयार के नाम

नज़्में–गीत

अफ़सोस हासिल का

हवा ने मुट्ठियों को भींचकर खोला तो क्या निकला
सदाओं का समंदर
रात के फैले हुए सेहरा में ठाठें मारता
सारे नुकूशे-पा मिटाता
हर शजर की पत्तियों को नोचता
सिम्तों के आईने को चकनाचूर करता
हाँपती परछाइयों के शह्र की जानिब
बड़ी तेज़ी से बढ़ता जा रहा है

हम्दे-ज़ीस्त[1]

जब नींद के पुजारी
जब ख़्वाब के भिकारी
सेहरा के शब के सारे
कोनों को छान मारें
और थक-थका के जब हों
मसरूफ़े-आहो-ज़ारी[2]
और नामुरादियों का
नश्शा हो उन पे तारी[3]
तो सुब्ह के शजर की
शाख़ों को गुदगुदाती
बेनाम साइतों की
आमद[4] के गीत गाती
आ जाना उस तरफ़ को
और बख़्श देना कोई
मोती मिरे सिदफ़[5] को

1.जीवन की वंदना; 2.विलापमग्न; 3.छाया हुआ; 4.आगमन; 5.सीप

तलाशे-हक़[1]

हाथ किसी चिराग़ की
लौ की तरफ़ बढ़े हुए
होंट किसी गुलाब को
चूमने को खिले हुए
आँख ख़िला के आख़िरी
नुक़्ते को ढूँढती हुई
टूटी हुई सलीब के
साये में ख़ूँ से तर-बतर
रेल की पटरियों पे इक
लाश है फिर पड़ी हुई

अपनी याद में

मैं अपने घाव गिन रहा हूँ
दूर तितलियों के रेशमी परों के नीले-पीले रंग उड़ रहे हैं हर तरफ़
फ़रिश्ते जैसे आसमान से उतर रहे हैं सफ़-ब-सफ़[2]
मैं अपने घाव गिन रहा हूँ
आँसुओं की ओस में नहा के भूले-बिसरे ख़्वाब आ गए
ख़ून का दबाव और कम हुआ
नहीफ़[3] जिस्म पर किसी के नाख़ुनों के आड़े-तिरछे नक़्श
जगमगा उठे
लबों पे लुकनतों[4] की बर्फ़ जम गई
तवील[5] हिचकियों का एक सिलसिला
फ़िज़ा में है
लहू की बू हवा में है

1.ईश्वर की खोज; 2.क़तार बाँधकर; 3.कमज़ोर; 4.ज़बान की लड़खड़ाहटों; 5.लंबी

तज़किया[1]

नर्मो-नाज़ुक रेशमी मलबूस[2] की शिकनों के पीछे
खुरदुरे जज़्बात मद्धम पड़ गए हैं
रंग, ख़ुशबू, लम्स[3] के गुंजान[4] जंगल में
दरिंदों की लड़ाई ख़त्म पर है
तितलियों के बोझ से फूलों की शाख़ें झुक गई हैं
नींद के नेज़ों से छलनी जिस्म
थककर सो गए हैं

परस्तिश की पशेमानी[5]

आइनों में देवताओं के अधूरे अक्स
तकते-तकते थक जाएँगी आँखें
आसमाने-बेउफ़क़ पर
चाँद-सूरज की रक़ाबत[6] से
तुम्हारे रोज़ो-शब का सिलसिला बरहम[7] न होगा
आँसुओं से भीगे जिस्मों में
लहू की आतिशे-बेदूद[8] यूँ ठंडी!!
हमारी बात मानो
पत्थरों की पसलियों से बेतराशे बुत बना लो
और परस्तिश की पशेमानी से पेशानी[9] सजा लो

1.सिदूका; 2.वस्त्र; 3.स्पर्श; 4.घने; 5.शरमिंदगी; 6.दुश्मनी; 7.अस्तव्यस्त; 8.धुएँ से रहित आग; 9.माथा

एक ख़ुशख़बरी

हँसो कि सुर्ख़ो-गर्म ख़ून फिर सफ़ेद हो गया
हँसो कि नुक़्त-ए-उमीद फिर ख़िला के दायरे में आज क़ैद हो गया
लहू की आतिशे-बेदूद यूँ ठंडी न होगी
हँसो कि दश्ते-आरजू[1] में थक-थका के सब बगुले सो गए
हँसो कि शह्र ज़िंदगी का बेफ़सील[2] हो गया
हँसो कि साय-ए-सलीब[3] फिर तवील[4] हो गया

एक अजीब ख़ौफ़

नफ़रतों के आईने
चूर होने से पहले
तुमको अपने चेहरों के
मस्ख़[5] होने का इरफ़ान[6]
हो गया तो क्या होगा!

1.इच्छा का रेगिस्तान; 2.दीवार से रहित; 3.सलीब का साया; 4.लंबा; 5.विकृत; 6.बोध

जुदाई का गीत

तुम मेरे कितने पास हो
मैं तुमसे कितना दूर हूँ

ये उलझा गोला ऊन का
ये नीली शीशी इत्र की
ये टूटी सूई मेज़ पर
बुकशेल्फ़ बेतरतीब-सा
तस्वीर वो दीवार पर
आँगन में साँसों के दिए
कमरों में खुशबू के भँवर
तुम मेरे कितने पास हो
मैं तुमसे कितना दूर हूँ

ज़ुल्फ़ें पशेमाँ[1] दोश[2] पर
हाथों में वो कुछ फूल-से
आँखों में मेरे जिस्म का
नन्हा अधूरा अक्स है
लब हिल रहे हैं वो उधर
तुम मेरे कितने पास हो
मैं तुमसे कितना दूर हूँ

रौशन हैं देखो दूर तक
जुगनू फ़िज़ा[3] में जा-ब-जा[4]
फिर आज जलने के लिए
निकले पतिंगों के परे
कहने को फिर कुछ कान में
शाख़े-तमन्ना झुक गई
गर्दिश ज़मीं की रुक गई
तुम मेरे कितने पास हो
मैं तुमसे कितना दूर हूँ

फिर धूप की यलग़ार[5] में
देखो बरहना-सर[6] हूँ मैं
फिर नींद रूठी आँख से
फिर ख़्वाब टूटे हैं मिरे
फिर आँसुओं से तर हूँ मैं
तुम मेरे कितने पास हो
मैं तुमसे कितना दूर हूँ

ऐ मेहरबाँ, ऐ हमसफ़र
बेरहम हैं शामो-सेहर
उन साइतों की दौड़ में
अंजाम क्या इसके सिवा
तुम और मेरे पास हो
मैं और तुमसे दूर हूँ

1.लज्जित; 2.कंधा; 3.वातावरण; 4.जगह-जगह; 5.हमला; 6.नंगे सर

ग़ज़लें

(1)

दिल में रखता है न पलकों पे बिठाता है मुझे
फिर भी उस शख़्स में क्या-क्या नज़र आता है मुझे

सारी आवाज़ों को सन्नाटे निगल जाएँगे
कब से रह-रह के यही ख़ौफ़ सताता है मुझे

ये अलग बात है कि दिन में मुझे रखता है निढाल
रात की ज़द से तो सूरज ही बचाता है मुझे

इक नए क़हर के इमकान[1] से बोझल है फ़िज़ा[2]
आसमाँ धुंध में लिपटा नज़र आता है मुझे

तज़्किरा[3] इतना हुआ रूह की आलूदगी[4] का
जिस्मे-सद-पाक[5] भी आईना दिखाता है मुझे

1.संभावना; 2.वातावरण; 3.चर्चा; 4.प्रदूषण; 5.सैकड़ों तरह से पवित्र शरीर

(2)

सभी को ग़म है समंदर के खुश्क होने का
कि खेल ख़त्म हुआ किश्तियाँ डुबोने का

बरहना-जिस्म[1] बगूलों का क़त्ल होता रहा
ख़याल भी नहीं आया किसी को रोने का

सिला[2] कोई नहीं परछाइयों की पूजा का
मआल[3] कुछ नहीं ख़्वाबों की फ़स्ल बोने का

बिछड़ के तुझसे ये गुमान[4] होता है
कि मेरी आँखें हैं पत्थर की, जिस्म सोने का

हुजूम देखता हूँ जब तो काँप उठता हूँ
अगरचे ख़ौफ़ नहीं अब किसी के खोने का

गए थे लोग तो दीवारे-क़हक़हा[5] की तरफ़
मगर ये शोर मुसलसल[6] है कैसा रोने का

मिरे वजूद पे नफ़रत की गर्द जमती रही
मिला न वक़्त इसे आँसुओं से धोने का

1.नंगे बदन; 2.पुरस्कार; 3.नतीजा; 4.भ्रम; 5.क़हक़हों की दीवार(एक पौराणिक कथा की ओर संकेत है); 6.लगातार

हिज्र के मौसम

नज्मा शहरयार के नाम

आँखों में तेरी देख रहा हूँ मैं अपनी शक्ल
ये कोई वाहमा, ये कोई ख़्वाब तो नहीं

ग़ज़लें

1

हवा तू कहाँ है, ज़माने हुए
समंदर के पानी को ठहरे हुए

लहू सबका-सब आँख में आ गया
हरे फूल से जिस्म पीले हुए

जुनूँ का हर इक नक़्श मिटकर रहा
हविस के सभी ख़्वाब पूरे हुए

मनाज़िर[1] बहुत दूर और पास हैं
मगर आइने सारे धुँधले हुए

जहाँ जाइए रेत का सिलसिला
जिधर देखिए शह्र उजड़े हुए

बड़ा शोर था जब समाअत[2] गई
बहुत भीड़ थी जब अकेले हुए

हँसो आसमाँ बे-उफ़क़[3] हो गया
अँधेरे घने और गहरे हुए

सुनो अपनी ही बाज़गश्तें[4] सुनो
करो याद अफ़साने भूले हुए

चलो जंगलों की तरफ़ फिर चलो
बुलाते हैं फिर लोग बिछड़े हुए

1.दृश्य(बहुवचन में); 2.श्रवणशक्ति; 3.क्षितिज से रहित; 4.प्रतिध्वनियाँ

2

शबे-ग़म क्या करें कैसे गुज़ारें
किसे आवाज़ दें किसको पुकारें

सरे-बामे-तमन्ना[1] कुछ नहीं है
किसे आँखों से इस दिल में उतारें

वही मुबहम[2]-सी सरगोशी[3] हवा की
वही अफ़सुर्दा[4] शमओं की क़तारें

वही धुँधले-से नन्हे-नन्हे साये
वही सूनी, सिसकती, रहगुज़ारें

कहाँ तक याद ग़मख़्वारी[5] करेगी
कहाँ तक ज़ुल्फ़े-तनहाई सँवारें

मगर इसके सिवा चारा ही क्या है
ख़िला में इक नया चेहरा उभारें

उठो नींदों से आँखों को जलाएँ
चलो ख़्वाबों की परियों को पुकारें

3

खुले जो आँख कभी, दीदनी[6] ये मंज़र हैं
समंदरों के किनारों पे रेत के घर हैं

1.इच्छाओं की छत पर; 2.अस्पष्ट; 3.फुसफुसाहट; 4.उदास; 5.दुख बँटाना, हमदर्दी; 6.देखने योग्य

न कोई खिड़की, न दरवाज़ा वापसी के लिए
मकाने-ख़्वाब में जाने के सैकड़ों दर हैं

गुलाब टहनी से टूटा, ज़मीन पर न गिरा
करिश्मे तेज़ हवा के समझ से बाहर हैं

कोई बड़ा है न छोटा, सुराब[1] सबका है
सभी हैं प्यास के मारे, सभी बराबर हैं

हुसैने-इब्ने-अली[2] कर्बला को जाते हैं
मगर ये लोग अभी तक घरों के अंदर हैं

4

फिर फ़िज़ूँ[3] हो दिल की वहशत, सरगरानी[4] कम न हो
आँख के गहरे समंदर तेरा पानी कम न हो

एक ज़र्रे में सिमट आए जहाने-आबो-गुल[5]
दश्ते-तनहाई[6] की लेकिन बेकरानी[7] कम न हो

या कभी हमको ख़याले-चश्म-ए-हैवाँ[8] न आए
या सुराबों के सफ़र की शादमानी[9] कम न हो

बढ़ रहा है फिर रगों में बर्फ़ जम जाने का ख़ौफ़
जागते जीते लहू तेरी रवानी[10] कम न हो

1.मरीचिका; 2.अली के पुत्र इमाम हुसैन; 3.बढ़ जाए; 4.मुसीबत; 5.पार्थिव जगत; 6.अकेलेपन का रेगिस्तान; 7.असीमता; 8.पशुओं की आँखों का विचार; 9.प्रसन्नता; 10.प्रवाह

5

ऐसे हिज्र के मौसम कब-कब आते हैं
तेरे अलावा याद हमें सब आते हैं

जागती आखों से भी देखो दुनिया को
ख़्वाबों का क्या है वो हर शब आते हैं

जज़्ब करे क्यों रेत हमारे अश्कों को
तेरा दामन तर करने अब आते हैं

अब तो सफ़र की ताब नहीं बाक़ी वरना
हमको बुलावे दश्त से जब-तब आते हैं

काग़ज़ की किश्ती में दरिया पार किया
देखो हमको क्या-क्या करतब आते हैं

नज़्में

फिर सफ़र बेसिम्त बेमंज़िल हुआ

बर्फ़ बेमौसम गिरी
चट्टान से मैदान तक
बे-दरख़्तों की ज़मीं
बे-ऊन भेड़ों के लिए
ज़िंदा रहना और मरना दोनों मुश्किल हो गए

आँख बे-मंजर ख़िला[1] को
तकते-तकते थक गई
वक़्त की रफ़्तार को
बतलानेवाली सूइयाँ
हिंदसों[2] की बेसिला[3], बेकार गर्दिश करते-करते रुक गईं
आड़े-तिरछे, ऊँचे-नीचे रास्ते
बर्फ़ की मोटी तहों में छिप गए
फिर सफ़र बेसिम्त, बेमंज़िल हुआ

बर्फ़ के उजले बदन की
मुख़नी[4] नीली रगों में
कौन सूरज बनके दौड़े
किस तरह ये बर्फ़ पिघले
आग बे-शोला हुई
फिर सफ़र बेसिम्त, बेमंज़िल हुआ
बे-ऊन भेड़ों के लिए
ज़िंदा रहना और मरना दोनों मुश्किल हो गए

1.दृश्यहीन शून्य; 2.अंकों; 3.परिणामरहित; 4.टेढ़ी

नया अमृत

दवाओं की अलमारियों से सजी इक दुकाँ में
मरीज़ों के अंबोह[1] में मुज़्महिल[2]-सा

इक इनसाँ खड़ा है
जो इक नीली कुबड़ी-सी शीशी के सीने पे लिक्खे हुए
एक इक हर्फ़ को ग़ौर से पढ़ रहा है
मगर उस पे तो 'ज़हर' लिक्खा हुआ है
इस इनसाँ को क्या मर्ज़ है !
ये कैसी दवा है !

परछाइयाँ

रात के बेकिनार सेहरा[3] में
अपनी तनहाइयों से लड़ती हुई
ज़ख़्मी रूहों की, प्यासे जिस्मों की
सारी परछाइयाँ शहीद हुईं
ये ख़बर ताज़ा रोज़नामे की
किस वरक़ पर छपी थी याद नहीं

नींद का जादू

अँधेरा, रौशनी फिर धुंध
आँखों के दरीचों[4] पर
बहुत-सी दस्तकों का शोर
पलकों पर
निंदासी ओस की फ़रियाद
बोझल-सी फ़िज़ा, सन्नाटा
और फिर नींद का जादू

1.भीड़; 2.निढाल; 3.अनंत रेगिस्तान; 4.छोटे दरवाज़े या खिड़कियाँ

ख़्वाब का दर बंद है

विजय कुमार बजाज के और पहले इश्क़ के नाम

ग़ज़लें

1

तिरे सिवा भी कोई मुझे याद आनेवाला था
मैं वर्ना यूँ हिज्र[1] से कब घबरानेवाला था

जान-बूझकर, सोच-समझकर मैंने भुला दिया
हर वो क़िस्सा जो दिल को बहलानेवाला था

मुझको नदामत[2] बस इस पर है लोग बहुत ख़ुश हैं
उस लम्हे को खोकर जो पछतानेवाला था

ये तो ख़ैर हुई दरिया ने रुख़ तब्दील किया
मेरा शहर भी उसकी ज़द[3] में आनेवाला था

इक इक करके सब रस्ते कितने सुनसान हुए
याद आया मैं लंबे सफ़र पर जानेवाला था

1.वियोग; 2.शरमिंदगी; 3.चपेट

2

जुदा हुए वो लोग कि जिनको साथ में आना था
इक ऐसा भी मोड़ हमारी रात में आना था

तुझसे बिछड़ जाने का ग़म कुछ ख़ास नहीं हमको
इक न इक दिन खोट हमारी ज़ात[1] में आना था

आँखों को ये कहते सुनते रहते हैं हरदम
सूखे को आना था और बरसात में आना था

इक लंबी सुनसान सड़क पर तनहा फिरते हैं
वो आहट थी, हमको न उसकी बात में आना था

ऐ यादो, तुम ऐसे क्यों इस वक़्त यहाँ आईं
किसी मुनासिब वक़्त, नए हालात में आना था

3

शाम की दहलीज़ तक आई हवा
और फिर आगे न चल पाई हवा

आँख इस मंज़र को कैसे भूल पाए
फूल मुरझाए तो मुरझाई हवा

ख़ुश्क पत्तों के सिवा कुछ भी न था
शाख़ से उतरी तो पछताई हवा

रेत फैली और फैली दूर-दूर
आसमाँ से क्या ख़बर लाई हवा

आइने बेअक्स हैं, मुद्दत हुई
देखके यह आँख भर लाइ हवा

1.स्वत्व; व्यक्तित्व

4

लम्सो-लज़्ज़त[1] के असर में आ गए
देख ! फिर दीवारो-दर में आ गए

दूर की चीज़ें ख़िला[2] में खो गईं
पास के मंज़र नज़र में आ गए

जिस्म को गंदुम-महक[3] ने छू लिया
फूल फिर दिल के शजर[4] में आ गए

आ रही है नंगे पाँवों चाँदनी
बह्रे-इस्तक़बाल[5] घर में आ गए

ख़ौफ़ से हमको रिहाई मिल गई
हम भी इक दस्ते-हुनर में[6] आ गए

1.स्पर्श और आनंद; 2.शून्य; 3.गेंहूँ की महक;4.पेड़; 5.स्वागत के लिए; 6.कलाकार के हाथ में

5

देख दरिया को कि तुग़ियानी[1] में है
तू भी मेरे साथ अब पानी में है

नूर[2] ये उस आख़िरी बोसे का है
चाँद-सा क्या तेरी पेशानी[3] में है

मैं भी जल्दी में हूँ, कैसे बात हो
तू भी लगता है परीशानी में है

मुद्दई[4] सूरज का सारा शह्र है
रात ये किसकी निग़हबानी[5] में है

सारे मंज़र एक से लगने लगे
कौन शामिल मेरी हैरानी में है

1.चढ़ाव; 2.प्रकाश; 3.माथा; 4.दुश्मन; 5.देखरेख

6

सैयद हामिद साहब की नज़्र

हवा का ज़ोर ही काफ़ी बहाना होता है
अगर चिराग़ किसी को जलाना होता है

ज़बानी दावे बहुत लोग करते रहते हैं
जुनूँ के काम को करके दिखाना होता है

हमारे शहर में ये कौन अजनबी आया
कि रोज़ ख़्वाब-सफ़र पे रवाना होता है

कि तू भी याद नहीं आता, ये तो होना था
गए दिनों को सभी को भुलाना होता है

इसी उम्मीद पे हम आज तक भटकते हैं
हरेक शख़्स का कोई ठिकाना होता है

हमें इक और भरी बज़्म याद आती है
किसी की बज़्म में जब मुस्कुराना होता है

7

ख़मोश रहना है ऐ अह्ले-दर्द यूँ कब तक
रगे-गुलू[1] में चुभेगी ये मौजे-ख़ूँ[2] कब तक

बहुत दिनों से गुज़रगाहे-ख़्वाब[3] सूनी है
सराये-शाम यहाँ और मैं रुकूँ कब तक

लबों के पास से होकर मुझे गुज़रने दे
मैं अपने जिस्म की सरगोशियाँ[4] सुनूँ कब तक

किसी ने खोल दिए बादबान यादों के
तुझे पुकारूँ कहाँ तक, सदाएँ दूँ कब तक

हरेक शख़्स पे तेरा गुमान[5] होता है
ये देखना है कि रहता है ये जुनूँ कब तक

8

आईना बनके उसे ख़ुद में उतरता देखो
हर बुने-मू[6] से बलाओं को गुज़रता देखो

ताकि सरसब्ज़ हों फिर खेतियाँ आवाज़ों की
नग़्म-ए-जाँ[7] को ख़िलाओं में बिखरता देखो

रेत बेफ़ैज़[8] थी, बेमेह्र[9] मगर रेत न थी
रेत के ग़म में बगूलों को बिफरता देखो

ताबे-नज़्ज़ारा[10] है आँखों में तो आँखें खोलो
शह्र इक ख़्वाबों का, ख़्वाबों में उभरता देखो

1.गले की रग; 2.ख़ून की लह्र; 3.सपनों की धरती; 4.फुसफुसाहटें; 5.भ्रम; 6.रोआँ; 7.प्राण-गीत; 8-9. अकृपालु; 10.देखने की शक्ति

9

कहीं लकीरों, कहीं दायरों में बटने लगी
ज़मीने-ख़्वाब हरेक आन कुछ सिमटने लगी

तिलिस्म टूटने वाला ही था कि हमने सुना
हवा-ए-शह्‌रे-वफ़ा[1] एक नाम रटने लगी

हवस की आँख से जब जिस्म ने बग़ावत की
तो फिर वो रूह का इक-इक वरक़ पलटने लगी

पहुँच ही जाएँगे अब सूरजों की दुनिया तक
चटान रात की अपनी जगह से हटने लगी

सुना था हम किसी सैलाब की अमानत हैं
ये क्या हुआ कि नदी आँसुओं की घटने लगी

1.प्रेम-नगर की हवा

10

वहशते-दिल थी कहाँ कम कि बढ़ाने आए
किसलिए याद हमें बीते ज़माने आए

दश्त[1] ख़ाली हुए, ज़ंजीर हुए[2] दीवाने
थी ख़ता इतनी कि क्यों ख़ाक उड़ाने आए

क्या अजब रस्म है, दस्तूर भी क्या ख़ूब है ये
आग भड़काए कोई, कोई बुझाने आए

वक़्त की बात है ये भी कि मकाँ ख़्वाबों का
जिसने तामीर किया हो वही ढाने आए

कोई आसान नहीं तर्के-तअल्लुक़[3] करना
बज़्मे-अग़ियार[4] में यारों को भुलाने आए

नक़्श[5] कुछ अब भी सरे-जाद-ए-दिल[6] बाक़ी हैं
तेज़ आँधी से कहो इनको मिटाने आए

1.रेगिस्तान; 2.बँध गए; 3.संबंध-विच्छेद; 4.दुश्मनों की महफ़िल; 5.चिह्न; 6.दिल की राह पर

11

शाम तक जब कोई घर आता न था
चैन दिल को रात भर आता न था

बंद रखते अपनी आँखें हम सभी
चाँद जब तक बाम[1] पर आता न था

दूर तक चलते थे सेहराओं[2] में हम
देर तक कोई शजर[3] आता न था

इक उफ़क़[4] पर जाके रुक जाती निगाह
और फिर कुछ भी नज़र आता न था

दश्ते-तनहाई का वो लंबा सफ़र
याद कोई हमसफ़र आता न था

सिर्फ़ अफ़सुर्दा-दिली[5] को क्या कहें
हमको जीने का हुनर आता न था

1.छत; 2.रेगिस्तान; 3.पेड़; 4.क्षितिज; 5.उदासी

12

सब कहेंगे न देखा था तमाशा ऐसा
रंग बदलेगी किसी रोज़ ये दुनिया ऐसा

इक किरन नूर[1] की माँगी थी, सज़ा उसकी है
जो नज़र आता है हर सिम्त अँधेरा ऐसा

जी ये चाहे कि कहीं साय-ए-दीवार मिले
इस सफ़र में तो कोई मोड़ न आया ऐसा

ऐसी बारिश तो कई बार हुई थी पहले
क्या ग़ज़बनाक हुआ था कभी दरिया ऐसा

जिसकी तामीर तसव्वुर[2] में भी नामुमकिन है
दिल ने नक़्शा ही बना रक्खा है घर का ऐसा

1.प्रकाश; 2.कल्पना

13

मोम के जिस्मों वाली इस मख़लूक़[1] को रुसवा[2] मत करना
मिशअले-जाँ[3] को रौशन करना लेकिन इतना मत करना

हक़गोई[4] और वह भी इतनी, जीना दूभर हो जाए
जैसा कुछ हम करते रहे हैं वैसा तुम सब मत करना

पिछले सफ़र में जो कुछ बीता, बीत गया यारो लेकिन
अगला सफ़र जब भी तुम करना देखो तनहा मत करना

भूक से रिश्ता टूट गया तो हम बेहिस[5] हो जाएँगे
अब के जब भी क़हृत[6] पड़े तो फ़स्लें पैदा मत करना

ऐ यादो जीने दो हमको, बस इतना एहसान करो
धूप के दश्त में जब हम निकलें, हम पे साया मत करना

1.प्राणी; 2.बदनाम, लज्जित; 3.प्राण की मशाल; 4.सत्यवादिता; 5.संवेदनहीन; 6.अकाल

14

इश्क़ कहिए कि हवस, इसकी बदौलत कुछ है
राख के ढेर में चिंगारी की सूरत कुछ है

उम्र भर मैं कभी सेराब नहीं हो सकता
चश्मे-जानाँ[1] में है कुछ, मेरी ज़रूरत कुछ है

मेरी तनहाई से जलती है, मिरी दुश्मन है
पूछे दुनिया से कोई मुझसे अदावत कुछ है

तेज़ आँधी में अँधेरों के सितम सहते रहे
रात को फिर भी चिराग़ों से शिकायत कुछ है

मेरी बरबादी में कुछ हाथ नहीं है तेरा
मुझको भी कहने की ऐ दोस्त इजाज़त कुछ है

ज़िंदगी से अभी रिश्ता नहीं टूटा मेरा
कल का अहवाल[2] था कुछ, आज की हालत कुछ है

आज की रात मैं घूमूँगा खुली सड़कों पर
आज की रात मुझे ख़्वाबों से फ़ुरसत कुछ है

1.प्रियतम की आँख; 2.हाल

15

रातें लोगो सुनो बेकराँ[1] हो गईं
मिशअलें[2] जितनी थीं सब धुआँ हो गईं

कितने दिलकश बुलावे थे सेहराओं के
दूर कुछ और भी बस्तियाँ हो गईं

हम सफ़र की सऊबत[3] से बेहाल थे
उस पे हमराह परछाइयाँ हो गईं

धूप मामूल[4] से कुछ सिवा[5] तेज़ थी
तेरी पलक मगर सायबाँ हो गईं

सख़्त बंज़र ज़मीनों का एहसान है
नद्दियाँ आँसुओं की रवाँ हो गईं

इश्क़े-सादिक़[6] की इतनी-सी रूदाद है
कुरबतें[7] जब बढ़ीं दूरियाँ हो गईं

1.असीमित; 2.मशालें; 3.कष्ट; 4.रोज़; 5.अधिक; 6.सच्चा प्रेम; 7.नज़दीकियाँ

16

जीने के इलज़ाम सब हमने अपने सर लिए
झोली जब ख़ाली हुई कंकर-पत्थर भर लिए

तनहा-तनहा ख़्वाब की वादी में फिरते रहे
अनदेखी दुनियाओं के बाशिंदों का डर लिए

ख़ुशबू की आवाज़ का जादू आख़िर चल गया
सबने आँखें खोल लीं, दरवाज़े वा कर लिए[1]

उजड़े शहरों की तरफ़ अब कोई जाता नहीं
सबने अपने वास्ते सेहरा पैदा कर लिए

चक्खा हमने प्यार के हर मौसम का ज़ायका
वस्ल[1] आया तो जी उठे, हिज्र आया तो मर लिए

1.खोल लिए

17

हवा-ए-कू-ए-जानाँ[1] सिर्फ़ इतना काम कर जाना
सुराही दिल की जब ख़ाली हो, उसको ख़ूँ से भर जाना

महक ने ख़ोश-ए-गंदुम[2] की दीवाना किया तुमको
ये सच है, फिर भी तुम अपनी हदों से मत गुज़र जाना

तुम्हारी मुट्ठियों में रेत है वो भी सुराबों[3] की
तुम अब तक किसलिए ज़िंदा हो, क्यों चाहा न मर जाना

जहाँ अश्कों की बढ़ती अजनबी परछाइयाँ देखो
वहीं इन किश्तियों से ख़्वाब की तुम सब उतर जाना

बहुत याद आए जब-जब क़हर सूरज का हुआ नाज़िल
वही अशजार[4] जिनको हमने बे-बर्गो-समर[5] जाना

नज़्में

आख़िरी रात

सुनो ! आख़िरी रात उतरेगी आज आसमाँ से
सुनो ! इन ज़मीनों पे फ़स्लें उगाने की सब कोशिशें
रायगाँ[6] हो गई हैं
पहाड़ों को अपनी जगह से सरकते हुए देखते हो
घने और गहरे अँधेरों में परछाइयाँ दफ़्न करके
अलावो[7] जलाने की तैयारियों में कहाँ मुनमहक[8] हो
दरख़्तों से गिरते हुए ख़ुश्क पत्तों की आवाज़
भूके दरिंदों को जंगल की जानिब[9] बुलाने लगी है
बदन की सुरंगों में बारूद भर लो
बदी के दिनों की हरेक बात फिर याद आने लगी है

1.प्रियतम की गली की हवा; 2.गेहूँ की बाली; 3.मरीचिकाओं; 4.पेड़; 5.फलों और पत्तों से रहित; 6.व्यर्थ; 7.अलाव; 8. तन्मय; 9.तरफ़

रात के समंदर के उस तरफ़

धुंध और धुआँ कितना
मेह्‌रबान हैं हम पर
पाँव हैं ज़मीनों पर
आसमान है सर पर
ख़्वाहिशों की कड़ियों को
आज जोड़ लें हम भी
इन बदी-दरख़्तों से
फूल तोड़ लें हम भी
नींद- किश्तियाँ लेकर
ख़्वाब-बादबाँ खोलें
रात के समंदर के
उस तरफ़ चले जाएँ

सफ़र की शाम

कहानियों की डोर किसने काट दी
बुझे अलाव, ख़ुश्क ज़र्द पत्तियों का क़ाफ़िला उदास है
सरों पे आसमान
नीचे नर्म सब्ज़ घास है
नींद का ग़ुबार दूर-पास है
हवा के सर्द हाथ में चिराग़ है
चिराग़ जिसकी लौ के मुत्तसिल[1] धुँआ
धुआँ जो बीती रात है
धुआँ जो आती रात है
धुआँ जो आँख से दिलों में दूर तक उतर गया
धुआँ जो रौशनी का जख़्म, नूर का असास[2] है
कहानियों की डोर किसने काट दी
लगी जो आँख रात थी
खुली जो आँख रात है
बुझे अलाव, ख़ुश्क ज़र्द पत्तियों का क़ाफ़िला उदास है
नींद का गुबार दूर-पास है

1.संलग्न, साथ लगा; 2.पूँजी

सदाओं का सफ़र

नारियल तोड़ो
समंदर किश्तियों के मुंतज़िर[1] हैं
साहिलों[2] की रेत भर लो मुट्ठियों में
आँसुओं को जज़्ब करने का वसीला[3]
एक दिन ये रेत होगी
गुंबदों में गूँजनेवाली सदाओं[4] के सफ़र की
आख़िरी मंज़िल हवा के मक़बरे हैं
मक़बरे जो बन चुके हैं
नारियल तोड़ो, पढ़ो इश्लोक
जीने की सऊबत[5] ख़त्म कर दो

कहानियों से वास्ता

ज़मीन का तवाफ़[6] करके लौटती हवा
इसी दरख़्त पर रुकी थी, याद है
यही दरख़्त जिसके आस-पास
ख़ुश्क पत्तियों का ढेर है
सियाह[7] और सर्द रात में जलाई जाएँगी ये पत्तियाँ
अलाव की ग़िज़ा[8] बनाई जाएँगी ये पत्तियाँ
हमारी बीती ज़िंदगी में कोई हादिसा न था
हमारे साथ हम ही हम थे, कोई दूसरा न था
इसीलिए कहानियों से हमको वास्ता न था
इसीलिए तमाम उम्र हमको जागना पड़ा

1.प्रतीक्षारत; 2.किनारों; 3.साधन; 4.आवाज़ों; 5.मुसीबत; 6.परिक्रमा; 7.काली; 8.ख़ुराक

बाकी आधी दास्ताँ

आओ बूढ़े बरगदों के साये में
अपने हुक़्क़े और अलाव फिर जलाएँ
बाक़ी आधी दास्ताँ छेड़ेंगे हम
वो अकेला जंगलों, दरियाओं से होता हुआ
बारिशों में, आँधियों से, भीगता, लड़ता हुआ
उस जगह पहुँचा जहाँ इक क़िलअ[1] था
जिसमें खिड़की थी न दरवाज़ा कोई
एक सौ गज़ गहरी दस गज़ चौड़ी खाई
क़िलअ के अतराफ़[2]
हरेक गज़ के बाद
संगो-आहन[3] के करीहुल-शक्ल बुत[4]
जिनकी आँखें आदमीयों की तरह सब देखती थीं
इतने में इक चीख़ ने तोड़ा सुकूते-बेकराँ[5]
"इस तरफ़ वो सातवाँ बुत, सातवाँ बुत, सातवाँ बुत"
वो उधर दौड़ा तो इक और चीख़ ने उससे कहा,
"इस तरफ़ वो ग्यारहवाँ बुत, ग्यारहवाँ बुत, ग्यारहवाँ बुत"
वो ज़रा पलटा तो इक और चीख़ ने उससे कहा,
"इस तरफ़ वो बीसवाँ बुत, बीसवाँ बुत, बीसवाँ बुत"
वो ज़रा सँभला तो इक और चीख़ ने उससे कहा,
"इस तरफ़ वो तीसवाँ बुत, तीसवाँ बुत, तीसवाँ बुत"
थक गया वो, रुक गया वो, सो गया वो
ऐसे ही बूढ़े तनावर बरगदों के साये में
एक पेशानी[6] थी उसकी और इतने सारे बुत

1.किला; 2.इर्द-गिर्द; 3.पत्थर और लोहा; 4.भयानक शक्लवाली मूर्तियाँ; 5.अंतहीन चुप्पी; 6.माथा

हम पीछे आते हैं

सड़कों पर आवारागर्दी ख़त्म करो
इन गलियों में घर हैं
घर हैं सब ख़ाली
दस्तक देने पर लेकिन खुल जाते हैं
तुम आगे जाओ
हम पीछे आते हैं

मुज़्द-ए-इनक़लाब[1]

हवा बनके जो क़ैद हैं बोतलों के बदन में
वो सब देव[2] हैं
ख़ौफ़ और नफ़रतों के
वो सब देव इक रोज़ आज़ाद होंगे
वो सब देव जिस रोज़ आज़ाद होंगे
तो इस शह्र का एक-इक फ़र्द[3] ख़ुद से पशेमान[4] होगा
तिलिस्मे-हवस टूट जाने पर हैरान होगा
निगाहें कभी आसमानों की जानिब[5] उठेंगी
कभी हाथ कोई इशारा करेंगे
कभी होंट कुछ बोलने का इरादा करेंगे
मगर कुछ न होगा
फ़क़त[6] जंग होगी
हरेक सिम्त[7] से बारिशे-संग[8] होगी

1.क्रांति का शुभसंदेश; 2.दानव; 3.व्यक्ति; 4.शरमिंदा; 5.तरफ़; 6.सिर्फ़; 7.तरफ़; 8.पत्थरों की बारिश

क़हत के आसार

फिर घने जंगल नई पगडंडियों से बस रहे हैं
ज़र्द पत्तों के अलाव फिर दरिंदों को
सुरंगों का पता बतला रहे हैं
क़हत[1] के आसार बढ़ते जा रहे हैं
बूढ़े बरगद आँख खोले सो रहे हैं
नाफ़[2] के नीचे लहू-सैलाब बढ़ता जा रहा है
एक उँगली की अँगूठी दूसरी उँगली में पहुँची
तेज़पाती ज़ायक़ों की जुस्तजू[3] में राल टपकाती ज़बानें
मुँह से बाहर आ गई हैं
हम खुदा के क़हर से घबरा रहे हैं
हम बदी के रास्ते पर जा रहे हैं

उसके हिस्से की ज़मीं

वो यहाँ तक रौशनी के साथ था
उसकी मुट्ठी में कई सूरज, बहुत-से चाँद थे
उसके क़दमों की सदा[4] से रास्ते आबाद थे
उसकी आँखों में अधूरे ख़्वाब थे
उसके होटों पर ख़ुदा का नाम था
मंज़िले-सूदो-ज़ियाँ[5] आई न थी
धूप उसके दरमियाँ आई न थी
और उसके बाद ये देखा गया
पहले वो, फिर रौशनी ओझल हुई
उसके हिस्से की ज़मीं जल-थल हुई
वो यहीं तक रौशनी के साथ था

1.अकाल; 2.नाभि; 3.तलाश; 4.आवाज़; 5.लाभ-हानि की अवस्था

तनहाई

अँधेरी रात के इस रहगुज़र पर
हमारे साथ कोई और भी था
उफ़क़ की सिम्त[1] वो भी तक रहा था
उसे भी कुछ दिखाई दे रहा था
उसे भी कुछ सुनाई दे रहा था
मगर ये रात ढलने पर हुआ क्या
हमारे साथ अब कोई नहीं है

अपने से पहला मकालमा[2]

हवा की करवटों ने आसमान पर
लकीरें फिर बनाई हैं
उन्हें गिनो
कि तुम बहुत उदास हो
उदास किसलिए हो तुम
ये बात तुममें कोई जानता नहीं
तुम्हारे कान अपने दिल की बाज़गश्त[3] भी कभी न सुन सके

तुम्हारे जिस्म बेलहू हैं
रेत इनमें दौड़ती है
रेत बेसुराब[4] है
तुम्हारी क़िस्मतों में बस अज़ाब[5] है
इसीलिए तुम्हारे हाथों ने ज़मीन को कभी छुआ नहीं
हवा की करवटों ने आसमान पर
लकीरें फिर बनाई हैं, उन्हें गिनो

1.क्षितिज़ की ओर; 2.संवाद; 3.प्रतिध्वनि; 4.मरीचिका से रहित; 5.मुसीबत

अपने से दूसरा मकालमा

सफ़र की सऊबत[1] से बेहाल हो तुम
शिकस्तों के किसी जश्न की याद आई
खुली आँख से धुंध को देखने
रेत से मुट्ठियाँ भरते रहने का ये सिलसिला
ख़त्म हो जाएगा, ऐसा लगता है, लेकिन नहीं वह्म है ये तुम्हारा
ज़मीं रेंगने के लिए ही बनाई गई है
मुझे और तुम्हें इससे इनकार क्यों हो
तो फिर आओ कुछ देर को बंद आँखें करें और कोई ख़्वाब देखें
सुराबों[2] के अतराफ़[3] की इन ज़मीनों पे फिर सब्ज़ काई को देखें

इतनी रौशनी

न जाने क्या हुआ दीवारो-दर को
मैं किन आँखों से देखूँ अपने घर को
कहीं भी धुंध, तारीकी[4] नहीं है
हरेक कमरे में इतनी रौशनी है
कि कुछ भी देखना मुमकिन नहीं है

1.कष्ट; 2.मरीचिकाओं; 3.इर्दगिर्द; 4.अँधेरा

नींद की किरचें

विजय कुमार बजाज और फ़रीदूँ शहरयार
के नाम

ग़ज़लें

1

शह्रे-जुनूँ[1] में कल तलक जो भी था सब बदल गया
मरने की ख़ू[2] नहीं रही, जीने का ढब बदल गया

पल में हवा मिटा गई सारे नुक़ूश नूर[3] के
देखा ज़रा-सी देर में मंज़रे-शब[4] बदल गया

मेरी पुरानी अर्ज़ पर ग़ौर किया न जाएगा
यूँ है कि उसकी बज़्म में तर्ज़े-तलब[5] बदल गया

साइते-ख़ूब[6] वस्ल की आनी थी, आ नहीं सकी
वो भी तो वो नहीं रहा, मैं भी तो अब बदल गया

दूरी की दास्तान में ये भी कहीं पे दर्ज हो
तिश्ना-लबी[7] तो है वही, चश्म-ए-लब[8] बदल गया

मेरे सिवा हर एक से दुनिया ये पूछती रही
मुझ सा जो एक शख़्स था, पत्थर में कब बदल गया

1.उन्माद का नगर; 2.आदत; 3.प्रकाश; 4.रात का दृश्य; 5.याचना का ढंग; 6.शुभ घड़ी; 7.प्यास; 8.होंट रूपी सोता

2

अक्स[1] को क़ैद कि परछाईं को ज़ंजीर करें
साइते-हिज्र[2] तुझे कैसे जहाँगीर[3] करें

पाँव के नीचे कोई शै[4] है ज़मीं की सूरत[5]
चंद दिन और इसी वह्म की तशहीर[6] करें

शह्रे-उम्मीद हक़ीक़त में नहीं बन सकता
तो चलो उसको तसब्बुर[7] में ही तामीर करें

अब तो ले-दे के यही काम है इन आँखों का
जिनको देखा नहीं उन ख़्वाबों की ताबीर[8] करें

हम में जुरअत की कमी कल की तरह आज भी है
तिश्नगी[9], किसके लबों पर तुझे तहरीर करें

उम्र का बाक़ी सफ़र करना है इस शर्त के साथ
धूप देखें तो उसे साये से ताबीर करें

1.प्रतिबिंब, 2.वियोग की घड़ी, 3.विश्वव्यापी, 4.वस्तु, 5.तरह, 6.प्रचारित, 7.कल्पना, 8.व्याख्या, 9.प्यास

3

बाइसे-वहशते-जुनूँ कहते हैं सब कुछ और है
वजहे-सुकून तू सही, ग़म का सबब कुछ और है

हमने ख़ुद अपनी रात को इतना तवील[1] कर लिया
वर्ना हमारे दौर में जीने का ढब कुछ और है

पलकों पे रोकते रहो, कारी[2] हैं वार ख़्वाब के
काफ़ी तो ढल चुकी है ये, थोड़ी सी शब कुछ और है

पानी की एक बूँद से प्यास की इब्तदा[3] करो
चश्मे पे जब रसाई[4] हो, कहना तलब कुछ और है

दीद[5] से लम्स[6] तक हमें क्या-क्या न तजरबे हुए
दिखने में कुछ और था वो, छूने पे अब कुछ और है

4

तेरी साँसें मुझ तक आते बादल हो जाएँ
मेरे जिस्म के सारे इलाक़े जल-थल हो जाएँ

होंट-नदी सैलाब[7] का मुझपे दरवाज़ा खोले
हमको मयस्सर ऐसे भी पल दो पल हो जाएँ

दुश्मन धुंध है कब से मेरी आँखों के दरपै[8]
हिज्र की लंबी काली रातें काजल हो जाएँ

उम्र का लंबा हिस्सा करके दानाई[9] के नाम
हम भी अब यह सोच रहे हैं पागल हो जाएँ

1.लंबा, 2.घातक, 3.आरंभ, 4.पहुँच, 5.दृष्टि, 6.स्पर्श; 7.बाढ़, 8.ठीक सामने, तत्पर; 9.बुद्धिमानी

5

जाँ फिर से लरज[1] उट्ठी, दिल दर्द से भर आया
इक ऐसा नया मंज़र[2] आँखों को नज़र आया

हर गाम पे रस्ते में थीं धूप की दीवारें
मुझ जैसा बरहना-सर[3] उनसे भी गुज़र आया

दरिया तिरी मौजों[4] की अँगड़ाइयाँ गिनता हूँ
प्यासा हूँ, मुक़द्दर में यह एक हुनर आया

बेदार दरीचों[5] पर दस्तक-सी सुनाई दी
जब-जब कभी भूले से मैं लौट के घर आया

पहले तुझे देखा था परछाईं की सूरत में
फिर जिस्म तिरा मेरी रग-रग में उतर आया

6

सियाह रात नहीं लेती है नाम ढलने का
यही तो वक़्त है सूरज तिरे निकलने का

यहाँ से गुज़रे हैं, गुज़रेंगे हम-से अह्ले-वफ़ा
ये रास्ता नहीं परछाइयों के चलने का

कहीं न सबको समंदर बहा के ले जाए
ये खेल ख़त्म करो किश्तियाँ बदलने का

बिगड़ गया जो ये नक़्शा हविस के हाथों से
तो फिर किसी के सँभाले नहीं सँभलने का

ज़मीं ने कर लिया क्या तीरगी[6] से समझौता
ख़याल छोड़ चुके क्या चिराग़ जलने का

1.काँप, 2.दृश्य, 3.नंगे सर, 4.लहरों, 5.खिड़कियों, छोटे दरवाज़ों 6.अंधकार

7

हिज्र की लंबी रात का ख़ौफ़ निकल जाए
आँखों पर फिर नींद का जादू चल जाए

बड़ी भयानक साअत आनेवाली है
आओ जतन कर देखें, शायद टल जाए

रौशन तो कर देना लौ सरगोशी[1] की
जब मेरी आवाज़ का साया ढल जाए

मैं फिर काग़ज़ की कश्ती पर आता हूँ
दरिया से कहला दो ज़रा सँभल जाए

या मैं सोचूँ कुछ भी न उसके बारे में
या ऐसा हो दुनिया और बदल जाए

जितनी प्यास है उससे ज़ियादा पानी हो
मुमकिन है ऐ काश ये ख़तरा टल जाए

8

सुना यही है पज़ीराइ-ए-हुनर[2] होगी
शुमारे-ज़ख़्म[3] पे आमादा वो नज़र होगी

नसीबे-इश्क़ में लिक्खी है वस्ल[4] की साअत
यक़ीन रक्खो शबे-हिज्र मुख़्तसर[5] होगी

कुसूर इसमें समंदर का था न प्यास का था
हमारी आँख की मरकूज़[6] रेत पर होगी

दिले-अज़ीज़ बहुत वुसअतों[7] से ख़ौफ़ न खा
ज़मीन और सिकुड़ जाएगी तो घर होगी

1.फुसफुसाहट, 2.गुणों का सम्मान, 3.घावों की गिनती, 4.मिलन, 5.छोटी, 6.केंद्रित, 7.व्यापकताओं

9

ज़ोम[1] अच्छा नहीं इतना यारो
पढ़ो दीवारों पे लिक्खा यारो

आग के खेल में जल जाना है
तजरबा है यही अपना यारो

रूठ जाए तो नहीं मनती है
बड़ी बेरह्म है दुनिया यारो

ग़म में दुबले हैं तुम्हारे जो लोग
उनके साये से भी बचना यारो

कितनी मुश्किल से बसा है यह शह्र
क्या कभी तुमने ये सोचा यारो

मुझपे और मुझ-से बहुत लोगों पे
कितना एहसान है उसका यारो

10

दिल रिझा है तुझपे ऐसा, बदगुमाँ[2] होगा नहीं
तू नहीं आया तो समझा तू यहाँ होगा नहीं

जब भी कोई डूबता है लोग कहते हैं यही
नाव कैसे डूबती यूँ, बादबाँ[3] होगा नहीं

सोच तुझको हुस्न की दौलत मिली है किसलिए
देख मुझसे दूर रहकर बेकराँ[4] होगा नहीं

1.घमंड, 2.बुरा मानने वाला, 3.पतवार, 4.असीमित

रात अपने पर न खोले तो झुलस जाए ज़मीं
इससे क्या मतलब है मेरा, ये बयाँ होगा नहीं

सब मुझी से मुत्तफ़िक़[1] हैं और उनकी राय है
शहूर अबके भी जलेगा, हाँ धुवाँ होगा नहीं

11

अहूदे-गुल[2] के सभी आसार हवा ले जाती
ज़र्द पत्तों को बहुत दूर उड़ा ले जाती

मेरी मुट्ठी ने रिहा कर दिया सेहराओं[3] को
वरना आवाज़े-जरस[4] साथ में क्या ले जाती

साहिले-ख़्वाब[5] पे मैं कब से खड़ा हूँ तनहा
मौजे-दरिया-ए-हविस[6] मुझको बहा ले जाती

फ़स्ल ज़ख़्मों की पकी होती न काटी जाती
अश्क आँखों के अगर काली घटा ले जाती

हम जुदा हो गए आग़ाज़े-सफ़र[7] से पहले
जाने किस सिम्त हमें राहे-वफ़ा ले जाती

12

बताऊँ किस तरह अहबाब[8] को आँखें जो ऐसी हैं
कि कल पलकों से टूटी नींद की किर्चें समेटी हैं

1.सहमत, 2.वसंत ऋतु, 3.रेगिस्तानों, 4.घंटी की आवाज़ 5.सपनों का किनारा, 6.लोलुपता की नदी की लहर, 7.यात्रा का आरंभ, 8.स्वजनों

सफ़र मैंने समंदर का किया काग़ज़ की कश्ती में
तमाशाई निगाहें इसलिए बेज़ार इतनी हैं

ख़ुदा मेरे अता[1] कर मुझको गोयाई[2] कि कह पाऊँ
ज़मीं पर रात-दिन जो बातें होती मैंने देखी हैं

तू अपने फ़ैसले से वक़्त अब आगाह कर मुझको
घड़ी की सूइयाँ कब से इस इक नुक़्ते पे ठहरी हैं

जतन तेरा कि पहुँचाया है मुझको मौत के मुँह तक
मिरी आँखें कि इसको ज़ीस्त[3] का ज़ीना[4] समझती हैं

13

ये जगह अह्ले-जूनूँ अब नहीं रहनेवाली
फ़ुरसते-इश्क़ मयस्सर कहाँ पहले वाली

कोई दरिया हो कहीं जो मुझे सेराब करे[5]
एक हसरत है जो पूरी नहीं होने वाली

वक़्त कोशिश करे, मैं चाहूँ, मगर याद तिरी
धुँधली हो सकती है, दिल से नहीं मिटनेवाली

अब मिरे ख़्वाबों की बारी है, यही लगता है
नींद तो छिन चुकी कब की मिरे हिस्से वाली

इन दिनों मैं भी हूँ कुछ कारे-जहाँ में[6] मसरूफ़
बात तुझमें भी नहीं रह गई पहले वाली

1.प्रदान, 2.वाणी, 3.जीवन, 4.सीढ़ी, 5.प्यास बुझाए, 6.दुनियावी कामों में

14

सफ़र का नश्शा चढ़ा है तो क्यों उतर जाए
मज़ा तो जब है कोई लौट के न घर जाए

बस एक लम्हे की मुहलत दे प्यासी आँखों को
मिरे बदन की सुराही में आग भर जाए

हविस की कश्ती के सब बादबान खोल दिए
कि तू सुकून से दरिया के पार उतर जाए

उठा रही हैं बहुत सर ये रात की चीखें
मिरे सुकूत की तलवार काम कर जाए

इस एक नुक़्त-ए-रौशन[1] से आगे क्या होगा
यहीं पे क़ाफ़िला ये ज़ीस्त[2] का ठहर जाए

15

यहाँ न रुक कि यहाँ मैं उजाड़ सेहरा[3] हूँ
बदन की कश्ती उधर ला जिधर मै दरिया हूँ

मैं फँस गया हूँ कहीं रेत के भँवर में क्या
तिरी मदद का जो मोहताज आज इतना हूँ

मुझे बताता है गर्मी की दोपहर क्या है
बबूल-साये में ता-देर[4] मैं भी ठहरा हूँ

ये रास्ता भी घने जंगलों से गुज़रेगा
मैं इस सफ़र में इसी वास्ते अकेला हूँ

हरेक रंग में देखा है मैंने रातों को
कि ख़्वाब ख़ौफ़-सबब[5] बेशुमार जागा हूँ

1.प्रकाश का बिंदु, 2.जीवन, 3.रेगिस्तान, 4.देर-तक, 5.भयानक

16

जहाँ में होने को ऐ दोस्त यूँ तो सब होगा
तिरे लबों पे मिरे लब हों ऐसा कब होगा

इसी उम्मीद पे कब से धड़क रहा है दिल
तिरे हुज़ूर[1] किसी रोज़ ये तलब होगा

मकाँ तो होंगे, मकीनों[2] से सब मगर ख़ाली
यहाँ भी देखो तमाशा ये एक शब होगा

कोई नहीं है जो बतलाए मेरे लोगों को
हवा के रूख़ के बदलने से क्या ग़ज़ब होगा

न जाने क्यों मुझे लगता है ऐसा हाकिमे-शहर
जो हादिसा नहीं पहले हुआ वो अब होगा

17

निकला है चाँद शब की पज़ीराई[3] के लिए
ये उज़्र[4] कम है अंजुमन-आराई[5] के लिए

था बोलना तो हो गए ख़ामोश हम सभी
क्या कुछ किया है शोहरतो-रुसवाई के लिए

पलभर में कैसे लोग बदल जाते हैं यहाँ
देखो कि ये मुफ़ीद[6] है बीनाई[7] के लिए

सरसब्ज़ मेरी शाख़े-हुनर क्यों नहीं हुई
ये मसइला[8] है तेरे तमन्नाई[9] के लिए

है आज ये गिला कि अकेला है 'शहरयार'
तरसोगे कल हुजूम में तनहाई के लिए

1.सामने, 2.निवासियों, 3.सम्मान, 4.बहाना, 5.महफिल सजाना, 6.लाभकारी, 7.दृष्टि, 8.समस्या, 9.इच्छुक

नज़्में

एक मैं भी हूँ

पतझड़ों के आने से
और कुछ तो क्या होगा
इन घने दरख़्तों के
साये के तले बैठे
लोग उठ खड़े होंगे
लंबी दूरियों वाले
अजनबी सफ़र जिनको
ये भुला चुके होंगे
उनको याद आएँगे
लज़्ज़ते-सफ़र[1] उनको
कब ये सोचने देगी
पतझड़ों के आने तक
इन घने दरख़्तों ने
धूप की तमाज़त[2] से
कितनी क्या हिफ़ाज़त की
पतझड़ों के आने का
ख़ौफ़ जिनपे तारी[3] है
उनमें एक मैं भी हूँ
उनमें एक मैं भी हूँ

हिंदुस्तानी दानिशवरों[4] के नाम

उन्हें ज़िंदा रहने की थी हविस
जो दिखाई देते थे हमनफ़स[5]
कभी रौशनी के हिसार[6] में
कभी च्यूँटियों की क़तार में

1.यात्रा का आनंद, 2.गर्मी, 3.छाया हुआ, 4.बुद्धिजीवियों, 5.साथी, 6.घेरा, चहारदीवारी

हैरान करने वाली एक बात

डूबती शाम के उस पार
खड़े थे जो लोग
हमने इन आँखों से देखा है
कि उन लोगों की
मुट्ठियाँ बंद थीं
ये रेत कहाँ से आई ?

मैं नहीं जागता...

मैं नहीं जागता, तुम जागो
सियह[1] रात की ज़ुल्फ़ इतनी उलझी है कि सुलझा नहीं सकता
बारहा[2] कर चुका हूँ कोशिश मैं तो
तुम भी अपनी-सी करो
इस तगो-दौ[3] के लिए ख़्वाब मिरे हाजिर हैं
नींद इन ख़्वाबों के दरवाज़ों से लौट जाती है
सुनो, जागने के लिए इनका होना
सह्ल कर देगा बहुत कुछ तुम पर
आसमाँ-रेग[4] में काग़ज़ की नाव
रुक गई है इसे हरकत में लाओ
और क्या करना है तुम जानते हो
मैं नहीं जागता, तुम जागो
सियत रात की ज़ुल्फ़
इतनी उलझी है कि सुलझा नहीं सकता कोई

1.काली, 2.अनेक बार, 3.दौड़-धूप, 4.आकाश रूपी रेत

टल जाए न साअत कुछ जल्दी

सूरज की राख भरो मुट्ठी
टल जाए न साअत कुछ जल्दी
वो लम्हा आनेवाला है
जिस लम्हे की हमराही[1] में
इस शाम-उफ़क़ पेशानी[2] पर
इक बोसा[3] और चढ़ाएँगे
और रात-शजर[4] तक जाएँगे
और सारे अधूरे ख़्वाबों को
इन आँखों में भर लाएँगे
और जाग के रात गुज़ारेंगे
यूँ दाद जुनूँ की पाएँगे
टल जाए न साअत कुछ जल्दी

1.संगत, 2.सांध्य-क्षितिज जैसा माथा, 3.चुंबन, 4.रात रूपी वृक्ष

आज के बाद...

आज के बाद दीवारे-जाँ[1] की तरफ़
मुझको जाते हुए देखना
(ऐसा होगा नहीं, फिर भी गर ऐसा हो)
रोक लेना मुझे
मेरे माथे पे गर्दे-नदामत[2] की तहरीर[3] को
ख़ुद भी पढ़ना, मुझे भी सुनाना ज़रा
इस नदामत[4] में हिस्सा तुम्हारा भी है
वो घड़ी किस क़यामत की थी
मुझको तुमको बहुत देर तक
तजरबे लोग अपने बताते रहे
ख़्वाब की अस्लियत और हक़ीक़त की सच्चाई में
फ़र्क़ करने की तलकीन[5] करते रहे
मैंने तुमसे बड़ी ग़ौर से सब सुना
मैंने तुमसे ये पूछा कि क्या राय है
तुमने आगे की जानिब[6] इशारा किया
एक साअत से आगे की साअत तलक लंबा रास्ता था
जब वक़्त-मीजान[7] से उसको नापा गया
रात थी, बेकराँ[8] रात थी
मैंने आवाज़ दी तुम भी बोले नहीं
आज के बाद दीवारे-जाँ की तरफ़
मुझको जाते हुए देखना
ऐसा होगा नहीं, फिर भी गर ऐसा हो
रोक लेना मुझे

1.प्राण की दीवार, 2.लज्जा की धूल, 3.लिखावट, 4.शरमिंदगी, 5.उपदेश, 6.तरफ़, 7.समय रूपी तराज़ू या- पैमाना, 8.असीम

ज़िंदा रहने का ये एहसास

रेत मुट्ठी में कभी ठहरी है
प्यास से इसको इलाक़ा[1] क्या है
उम्र का कितना बड़ा हिस्सा गँवा बैठा मैं
जानते-बूझते किरदार[2] ड्रामे का बना
और इस रोल को सब कहते हैं
होशियारी से निभाया मैंने
हँसने के जितने मुक़ाम आए हँसा
बस मुझे रोने की साअत पे ख़िजल[3] होना पड़ा
जाने क्यों रोने के हर लम्हे को
टाल देता हूँ किसी अगली घड़ी पर
दिल में ख़ौफ़ो-नफ़रत को सजा लेता हूँ
मुझको ये दुनिया भली लगती है
भीड़ में अजनबी लगने में मज़ा आता है
आशना[4] चेहरों के बदले हुए तेवर मुझको
हाल[5] से माज़ी[6] में ले जाते हैं
कुहनियाँ ज़ख़्मी हैं और घुटनों पर
कुछ ख़राशों के निशाँ
सोंध मिट्टी की महक खींचे लिए जाती है
तितलियाँ, फूल, हवा, चाँदनी, कंकर-पत्थर
सब मिरे साथ में हैं
साँस बेख़ौफ़ी से लेता हूँ मैं

1.संबंध, 2.पात्र, 3.शरमिंदा, 4.परिचित, 5.वर्तमान, 6.अतीत

ज़िंदगी ये तो नहीं

लबों पर मेरे
इक तवातुर[1] से कई नाम मचल उठे हैं
एक नाम उनमें हरेक नाम से पहले फिर बाद
ज़िंदा पैकर[2] में बदल जाता हूँ
मैं उसे छूने को जब बढ़ता हूँ
कोई दीवार मिरे बीच में आ जाती है
मैं ठहर जाता हूँ
सिज्द-ए-शुक्र अदा करता हूँ[3]
ज़िंदा होने का ये एहसास बहुत कुछ है मगर
ज़िंदगी ये तो नहीं
वो कहाँ रहे
मिरे अतराफ़ में[4] इसके कोई आसार नहीं
ज़िंदा रहने की रियाकारी[5] में मश्शाक[6] हूँ
दिन हो या रात
किस हुनर, किस सलीक़े से अदा करता हूँ ये रोल
तमाशाइ-ए-शब
ख़िज़्र[7] की उम्र मिले, मुझको दुआ देते हैं
मुस्तहक[8] जिसका नहीं मैं
वो सिला[9] देते हैं

1.निरंतरता, 2.काया, 3.कृतज्ञता में सर झुकाता हूँ, 4.इर्द-गिर्द, 5.मक्कारी, 6.अभ्यस्त,7.एक पैग़ंबर जो अमर माने जाते हैं, 8.अधिकारी, 9.पुरस्कार

हर्फ़े-नागुफ़्तनी

शाम ढलते ही मिरी आँखों ने
इक समंदर के ख़दो-ख़ाल[1] गढ़े
रात की कश्ती उतारी उसमें
इक किनारे पे तुझे बिठलाया
दूसरे पे मुझे ज़ंजीर किया
बावजूद इसके मेरे होटों ने
जिस्म पर तेरे बहुत देर तलक
हर्फ़े-नागुफ़्तनी[2] तहरीर किया[3]

दरिया-ए-ख़ूँ

पानी की लै पे गाता
इक कश्ति-ए-हवा[4] में
आया था रात कोई
सारे बदन पे उसके
लिपटे हुए थे शोले
होटों से ओस-बूँदें
पैहम[5] गिरा रहा था
सरगोशियों[6] के बादल
छाए हुए थे हर सू[7]
दरिया-ए-ख़ूँ[8] रगों में
बेताब हो रहा था
मैं हो रहा था पागल

1.नाक-नक़्शा, 2.न कहने लायक़ बात, 3.लिखा, 4.हवा रूपी नाव, 5.लगातार, 6.कानाफूसियों, 7.तरफ़, 8.ख़ून का दरिया

इस दीवार को गिरते...

इस दीवार को गिरते-गिरते
जाने कितनी देर लगे, मैं आँखें
बंद किए लेता हूँ अपनी
मेरे होटों पर बारिश हो
तेज़ मूसलाधार
चटानें अपनी-अपनी जगह से सरकें
मैं जज़्बात में बहते-बहते रुक जाऊँ
बीच नदी में कश्ती फिर हिचकोले खाए
दूर किनारे पर दो आँखें
मेरी राह तकें, खामोशी
इक लंबी सरगोशी बनके
सारी सिम्तों[1] पर छा जाए
भीगे बिस्तर की शिकनों से
खुशबू की लपटें-सी उट्ठें
मेरी आँखें उसके आगे
क्यों कुछ देखें ?
इस दीवार को गिरते-गिरते
जितनी देर लगे, अच्छा है

बदन के बंद

मैं हिसारे-आरज़ू[2] में मुतमइन[3] था
तुमने याद आके
बदन के बंद खोले
आओ मैं तुम पर हविस-असरार[4] खोलूँ
लब-तराज़ू में तुम्हें ता-देर[5] तोलूँ
आख़िरी सिसकी तलक मैं चुप रहूँ और कुछ न बोलूँ
बस इसी इक काम में मश्शाक़[6] हूँ मैं

1.दिशाओं, 2.इच्छाओं का घेरा, 3.संतुष्ट, 4.लोलुपता का भेद, 5.देर तक, 6.अभ्यस्त

शंख बजने की घड़ी

आँख मंदिर के कलस पर रक्खो
शंख बजने की घड़ी आती है
देवदासी के क़दम रुक-रुककर
आगे बढ़ते हैं
ज़मीं के नीचे
गाय को सींग बदलने की बड़ी जल्दी है
बुलहविस[1] आँखों ने फिर जाल बुना
राल टपकाती ज़बाँ फिर हुई मसरूफ़े-सफ़र[2]
जिस्म के खुरदुरे कुछ नर्म इलाक़ों का सफ़र
साधना भंग न हो अबके भी
ज़ोर से चीख़ के इश्लोक
पुजारी ने पढ़े
आँख मंदिर के कलस पर रक्खो

1.लोलुप, कामुक, 2. यात्रारत

बारे-दिगर

पास की लंबी सड़क
मेरे क़दमों के तले
आनेवाली थी, नहीं आई
मुझे रात ने कल
नींद से घेर लिया
क्या अजब रात थी, नादिर-नायाब[1]
सुर्मई शाल में लिपटी हुई
शरमाई हुई
मेरी बाहों की तमन्नाई[2]
मिरे ज़िस्म की सरगोशी[3] की मुंतज़िर[4]
मुझपे निसार
मेरे होंटों को छुवा उँगली से
और फिर बोसों की
तेज़ बारिश में शराबोर किया
ऐसा लुत्फ़, इतना करम
दिल को एहसास हुआ
ज़ीस्त[5] करने का कोई मसरफ़ है
मेह्रबाँ बारे-दिगर[6] रात हो
मैं चाहता हूँ
आज यही चाहता हूँ

1.दुर्लभ, 2.इच्छुक, 3.खुसफुसाहट, 4.प्रतीक्षक, 5.जीवन, 6.दूसरी बार

होंटों से नहीं लिक्खी

आज साफ़ पानी पर
उँगलियों से लिक्खी है
तेरे नाम इक चिट्ठी

आए अब हवा आए
और साफ़ पानी को
तेरी सिम्त[1] ले जाए

रास्ते में हाँ उसको
और कोई न पढ़ जाए
हो न तेरी रुसवाई[2]

तेरे नाम ये चिट्ठी
होटों से नहीं लिक्खी
उँगलियों से लिक्खी है

हविस सिवा कोई नहीं

तुम्हारे मेरे दरमियाँ
हविस सिवा कोई नहीं
तुम्हें भी इसका इल्म है
ख़बर मुझे भी इसकी है
कभी तुम अपने जिस्म से
अलग मुझे मिलो कहीं
कि मैं तो अपने जिस्म से
जुदा कभी हुआ नहीं

1.तरफ़, 2.बदनामी

इसका सबब ये आँखें हैं

ये दीवार हमारी दुश्मन
हम जैसे हर शख़्स की दुश्मन
इसका सबब ये आँखें हैं
जो दीवार में रौज़न[1] करके
इस दीवार की उस जानिब[2] की
हरकतो-नक़्ल[3] की सब तफ़सीलें
ख़ल्क़[4] के सामने लाती हैं

मात फिर खाएगा

एक-दो दिन तक रहेगा
तुझको जुदाई का मलाल
वक़्त के आगे तिरी हस्ती ही क्या है
चल देख-भाल
मात फिर खाएगा
अपने को सँभाल

प्यास से रिहाई

शब की सारी सुराहियाँ ख़ाली
हो चुकीं जब, तो सुब्ह का सूरज
मेरे होटों के पास आया, कहा,
"रात को क़तरा-क़तरा पीने से
प्यास बुझती नहीं है, बढ़ती है,
सब्त[5] कर होंट मेरे होंटों पर
और इस प्यास से रिहाई पा।"

1.झरोखा, रौशनदान 2.तरफ़ 3.कार्यकलाप, गतिविधि, 4.जनता, 5.अंकित

जिस्म ने दुहाई दी

तुम्हारी बात मानने को
सोच ही रहा था मैं
खुमारे-शब[1] के टूटने पर
जिस्म ने दुहाई दी
"मुझे बचाओ", की सदा[2]
जो पास से सुनाई दी
कोई भी शै[3] न फिर मुझे दिखाई दी

बुज़दिल होने का ख़मियाज़ा

इतनी देर तलक आँखों ने
रात तुझे सपने में देखा
तुझको छूने की ख़्वाहिश को
कितनी दुश्वारी से टाला
बुज़दिल होने का ख़मियाज़ा[4]
मैंनें सपने में भी भुगता

मिरी आँख ख़ौफ़-तही रही

चली रात बादे-हविस[5] अजब
जो चिराग़ तेरे ख़याल के
बड़ी ख़ामुशी से बुझा गई
कोई गूँज शह्रे-फ़लक[6] में थी
तिरी शक्ल बंद पलक में थी
नए हादिसात की मुंतज़िर[7]
मिरी आँख
ख़ौफ़-तही[8] रही

1.रात की खुमारी, 2.आवाज़, 3.वस्तु, 4.दंड, विशेषकर अर्थदंड!, 5.लोलुपता की हवा, 6.आकाशनगर, 7.प्रतीक्षारत, 8.भय से ख़ाली

चलो तुमको...

नुकीले नाख़ुनों से अपनी क़ब्रें खोदते जाओ
थकन से चूर चेहरों पर
अभी तक शर्म के आसार बाक़ी हैं
अँधेरों के किसी पाताल में उतरे चले जाओ
तुम्हारे रतजगों ने नींद को पामाल कर डाला
सख़ी[1] आँखों के अश्कों ने तुम्हें कंगाल कर डाला
तुम्हारी बेदिली का कर्ब[2] अब देखा नहीं जाता
चलो तुमको किसी इक घूमती कुर्सी पे बिठला दें

तुम मिरे पास...

तुम मिरे पास बहुत देर से हो
दस्ते-मेहताब[3] ने पेशानी पर
फिर वही लिक्खा है जो आख़िरे-शब[4]
रोज़ लिखता है, जिसे जानके
पढ़ते नहीं तुम
और मुझे पढ़ने पे उकसाते हो
तुम मिरे पास बहुत देर से हो

मुस्लिम यूनिवर्सिटी, अलीगढ़ की फ़रियाद

मुजाविरों[5] की भीड़ ने
मुझे फिर इक क़ब्र में बदल दिया
मैं कह रहा हूँ देर से, मैं ज़िंदा हूँ
मिरी सदा[6] में बाज़गश्त[7] क्यों नहीं
मिरे ख़ुदा, मुझे सज़ाएँ जितनी दे
पे[8] यूँ नहीं

1.दानी, 2.पीड़ा, 3.चाँद के हाथ, 4.रात के पिछले पहर, 5.मक़बरों की देखरेख करने वाले, 6.आवाज़, 7.प्रतिध्वनि, 8.पर, लेकिन

रोज़ की मानिंद

हाथ हरकत में हैं
लब हिलते हैं
और आँखों में
सरासीमगी[1]
आईने में
आज भी रोज़ की मानिंद[2] नज़र आता हूँ

आगे, बहुत आगे आ गया...

मैं इस सफ़र में आगे, बहुत आगे आ गया
पीछे मुड़ा
तो पैरों के नीचे की ये ज़मीं
मुझसे हिसाब माँगेगी फ़स्लों का
जिनको मैं
बोना तो चाहता था मगर बो नहीं सका
दरयूज़ागर[3] की तरह किसी मोड़ के क़रीब
उम्रे-अज़ीज़ मैंने बसर की कुछ इस तरह
आइंदा आनेवाले दिनों के ख़याल में
मैंने कभी भी हाल[4] की जानिब[5] न की नज़र
मिट्टी का रंग देखा
न उसकी सदा सुनी
उजलत-शुआर[6] इतनी तबीयत थी
रात-दिन
इक दूर की सदा की तरफ़ भागता रहा
जब ख़्वाब देखने थे तो मैं जागता रहा
यूँ इस तरह से आगे, बहुत आगे आ गया

1.शरमिंदगी, 2.तरह, 3.भिखारी, 4.वर्तमान, 5.तरफ़, 6.जल्दबाज़

आख़िरी कोशिश तो करनी है

माना हैं शल[1] हाथ तुम्हारे
माना हैं पतवार पुराने
माना साहिल[2] दूर बहुत है
माना दरिया है तूफ़ानी
कश्ती पार नहीं होने की
आख़िरी कोशिश तो करनी है

रात के आख़िरी किनारे से

ज़र्द पत्ते नहीफ़[3] शाख़ों पर
रात के आख़िरी किनारे से
आनेवाली मुहीब[4] आँधी का
देख लो, इंतज़ार करते हैं
लोग सब इस अजीब मंज़र को
बेज़रर[5] क्यों शुमार करते हैं

आख़िरी दुआ माँगने को हूँ...

आख़िरी दुआ माँगने को हूँ
आसमान पर रात के सिवा कुछ नहीं रहा
कौन मुट्ठियाँ रेत से भरे
पानियों का रुख़ शहर की तरफ़ अब नहीं रहा
कितने मुतमइन[6] लोग आज हैं
देर रात तक जागने का ग़म
अब उन्हें नहीं
मैं भी चाँद का मुंतज़िर नहीं

1.चूर, 2.किनारा, 3.कमज़ोर, 4.भयानक, 5.अहानिकर, 6.संतुष्ट

दिल-ज़मीन से उसके नक़्शे-पा[1] सारे मिट गए
ख़्वाब देखना तर्क कर चुका[2]
किस सुकून से सो रहा हूँ मैं
ऐसा क्यों हुआ
आग-जिस्म कब बर्फ़ हो गया
सोचता हूँ मैं
और सोचकर अपने आपको इस ज़वाल[3] पर
कुछ उदास-सा हो रहा हूँ मैं
आसमाँ पर रात के सिवा कुछ नहीं रहा
आख़िरी दुआ माँगने को हूँ

मेरी रुसवाई

सन्नाटों से भरी बोतलें बेचनेवाले
मेरी खिड़की के नीचे फिर खड़े हुए हैं
और आवाज़ें लगा रहे हैं

बिस्तर की शिकनों से निकलूँ
नीचे जाऊँ
उनसे पूछूँ
मेरी रुसवाई से उनको क्या मिलता है
मेरे पास कोई भी कहनेवाली बात नहीं है
सुनने की ताक़त भी कब की गँवा चुका हूँ

□□

1.पगचिह्न, 2.त्याग चुका, 3.पतन